북한연구학회 연구총서 **03**

김정은시대의
문화

전환기 북한의
문화현실과 문화기획

북한연구학회 기획 | 전미영 편저

North Korea's Culture under Kim Jong-un

한울
아카데미

이 도서의 국립중앙도서관 출판예정도서목록(CIP)은 서지정보유통지원시스템 홈페이지(http://seoji.nl.go.kr)
와 국가자료공동목록시스템(http://www.nl.go.kr/kolisnet)에서 이용하실 수 있습니다.
(CIP제어번호 : CIP2015013185)

차례

제3부 전환기 북한의 문화생태와 현실

발간사

북한 연구는 자료의 제약, 접근의 제약, 방법론의 제약 등 여러 가지 어려움을 안고 있습니다. 이러한 어려움 속에서도 연구자들의 노력에 힘입어, 그동안 북한 연구는 양적으로 확대되고 질적으로 발전했습니다. 이제 북한 연구는 하나의 지역학이자 여러 학문이 학제적으로 연결된 융합 학문을 지향해야 할 때입니다. 이러한 노력의 일환으로 북한 연구의 성과를 되짚어보고, 향후 연구 방향을 모색하기 위해 '북한연구학회 연구총서'를 발간하게 되었습니다.

그동안 북한연구학회 차원에서 북한 연구의 성과를 집대성하고, 연구 방향과 방법론을 모색하기 위해 여러 시도를 했습니다. 『분단반세기 북한 연구사』(1999)는 분단 이후 북한 연구의 분야별 업적을 종합적으로 검토했다는 점에서 의미가 있습니다. 또한 2006년 총 10권으로 발행된 총서 '북한의 새인식'은 북한의 정치, 경제, 군사, 사회, 외교 등 10개 분야에 걸쳐 북한의 진면목을 종합적으로 정리했다는 점에서 주목을 받았습니다.

북한연구학회 차원에서 추진된 이러한 업적을 바탕으로 김정은시대의 북한체제를 종합적으로 분석하기 위한 총서를 발간하게 되었습니다. 이것은 김정은체제가 공식적으로 출범한 지 3년이 가까워진 시점에 북한연구학회 차원에서 김정은시대를 조망할 수 있는 객관적 프리즘을 제시할 필요성이 있다는 점을 고려한 것이기도 합니다.

이번 '북한연구학회 연구총서'의 대주제는 '김정은체제: 유산과 도전, 새로운 국가전략의 모색'이라고 할 수 있습니다. 김정은체제는 이념과 권력 구조, 경제사회시스템 등 유산의 제약 속에서 새로운 방향을 모색하기 위해 노력하고 있는 것으로 보입니다. 또한 국가와 경제·사회관계의 변화, 주민의식의 변화, 국제환경의 변화 등의 도전에 직면해 있습니다. 이러한 상황에서 김정은체제는 '경제·핵 병진노선'을 국가전략으로 채택하고, 공세적 대외·대남전략을 추진하고 있습니다. 김정은체제의 이러한 국가전략에는 근본적 한계와 함께 여러 가지 장애 요인이 있습니다. 이러한 김정은체제의 모습과 딜레마를 객관적이고 다양한 시각을 통해 조망하는 것은 학문적으로, 그리고 정책적 측면에서 의미 있는 작업이라고 생각합니다.

이번 총서는 총 다섯 권으로 구성되어 있습니다. 김정은시대를 조망하기 위한 총서 1~3권은 각각 ① 정치·외교·안보, ② 경제·사회, ③ 문화예술·교육·과학·도시환경·일상문화를 다루고 있습니다. 이 세 권은 김정은시대에 초점을 맞추되 배경의 이해가 필요할 경우 시기적으로 김정은시대를 거슬러 올라가는 내용을 포함했습니다. 아울러 김정은시대를 이해하기 위한 핵심 쟁점을 다각적으로 분석했습니다. 또한 총서 4권은 북한 연구의 방법론에 대한 것입니다. 특히 지난 10여 년 동안 북한의 시장화, 계층화, 사회화, 도시화 등의 새로운 양상을 포착하기 위해 적용한 다양한 연구 방법을 소개했습니다. 마지막으로 총서 5권에는 통일 담론 및 통일정책과 관련된 12개의 질문에 대한 글을 담았습니다.

이번 기획은 시간적 제약, 예산의 제약, 집필진 확보의 어려움 등 여러 가지 현실적 여건을 감안해 기존 발표 논문을 재수록하거나 수정본, 새로 작성된 논문을 같이 포함하는 절충 방식으로 추진되었습니다. 이러한 여러 가지 현실적 어려움과 총서 권수의 제약 등으로 제한된 연구자들의 연구 성과만이 소개된 점을 매우 안타깝게 생각합니다. 앞으로 여건이 허락된다면 기획 목적에 충실한 새로운 논문들로 구성된 총서가 발간되어 더 많은 연구자들의 업적이 소개되는 기회가 있기를 바랍니다.

이번 총서를 기획하는 데 많은 분이 수고를 해주셨습니다. 특히 총서 발간위원회 위원장이라는 부담스럽고 수고스러운 직책을 흔쾌히 맡아 애써주신 박순성 교수님에게 진심으로 감사드립니다. 아울러 분야별로 기획과 편집을 맡아 수고한 우승지 교수님, 양문수 교수님, 전미영 교수님, 조영주 교수님의 노고에도 깊은 감사를 드립니다. 이분들의 학문에 대한 열정과 북한연구학회에 대한 애정이 없었다면 이번 총서는 햇빛을 보지 못했을 것입니다. 끝으로 출판업계의 어려움 속에서도 총서를 발간해준 도서출판 한울의 김종수 사장님과 편집을 맡아 수고한 신유미 씨에게도 감사드립니다.

2014년 12월
한 해가 저물어가는 겨울 언저리에서
북한연구학회장 박종철

김정은의 문화기획, '계승'과 '혁신'의 변주(變奏)

오랜 시간 북한을 향한 많은 시선은 북한의 변화를 주시해왔다. 이러한 변화에 대한 기대와 회의감이 공존하는 가운데 북한에 세 번째 지도자가 등장했다. 주석이나 총비서, 국방위원장이라는 명칭이 아닌 조선로동당 제1비서이자 국방위원회 제1위원장이라는 다소 기이한 직함을 가진 최고지도자 김정은의 등장은 북한이라는 나라에 예외국가적 이미지를 덧입히기 충분했다.

급박하게 진행된 권력승계와 유례없는 3대 세습은 리더십의 불안정성을 점치게 하기 충분했지만, 한편으로는 해외 유학 경험이 있는 젊은 지도자에 대한 기대감이 북한의 변화 가능성을 예측하게 하기도 했다. 권력승계 3년을 경과하는 현시점에서 볼 때 김정은체제의 정치, 군사적 행보는 정상국가로의 변화를 바라는 외부세계의 기대를 불식시키고 있다. 따라서 여전히 북한에 대한 전망이 엇갈리는 상황이긴 하지만 북한 사회문화의 다양한 영역에서 변화의 징후를 발견하기는 어렵지 않다.

권력승계 이후 김정은은 매우 빠른 속도로 제도적 리더십을 구축하고 지식경제시대를 염두에 둔 새로운 발전전략을 제시하면서 21세기 북한의 새로운 지도자상을 구축해나가고 있다. 비록 백두혈통 승계에 기반을 둔 리더십의 정통성 구축과 사상, 군사, 대외관계에서 선대의 정치방식을 지속하고 있지만, 교육개혁을 단행하고 과학기술 분야에서 개혁조치를 추진하는 등 사회문화 여러 영역에서 국가발전을 도모하기 위한 전략을 새롭게 추진 중이다.

이 책은 변화된 대내외적 환경에서 정권을 승계한 김정은체제와 북한 주민의 변화를 향한 몸짓을 조명해보고자 문화예술·교육·과학·도시환경·일상문화를 포괄한 북한 사회문화 전 영역에서 포착되는 북한의 문화현실과 변혁을 위한 움직임에 주목했다. 사회문화 영역의 변화는 정치경제 분야에 비해 매우 더디며 지속성을 갖는다. 따라서 김정은정권 출범 3년을 경과한 현 시점에서 전 시대와 구별되는 뚜렷한 변화의 징후를 규명해내기는 쉽지 않다. 이러한 어려움 속에서도 이 책의 저자 11명은 현재 북한 사회의 현실과 사회문화 전반에서 진행 중인 변화의 징후들을 세심히 관찰해냈다.

김정은시대의 문화 동향과 정책

제1부에는 김정은시대의 문화 동향과 정책에 관한 네 편의 글을 실었다. 제1장 「김정은시대의 문화정치, 정치문화」에서 전영선은 김정은시대 문화정책의 변화 양상을 조명한다. 저자는 권력승계 이후 김정은정권이 북한 주민들에게 변화를 보여주는 동시에 체제 안정을 과시할 수 있는 확실한 수단으로 문화예술을 활용하고 있음을 지적한다. 또한 김정은시대 문화정책의 방향을 첫째, 백두혈통을 중심으로 한 김정은체제의 정당성 확보, 둘째, 김정일에 대한 추모와 유훈의 강조, 셋째, 김정은식 긍정적인 미래 제시 등으로 정리한다. 김정은시대 문화정책의 특징으로는 김일성시대의 감성과 김정일시대 생활정치 계승의 연장선에서 김정은체제 출범의 새로운 이미지를 만들기 위해 이루어지는 '창신(創新)'을 지적한다. 모란봉악단 창단, 유희장 정치, 마식령스키장 건립 등을 '김정은식 창신'의 대표적 사례로 꼽는다. 또한 2011년 해외 음악인 초청, 해외 작품 재창작, 2013년 은하수관현악단의 파리

공연 등 북한이 적극적으로 추진한 대외 문화 교류 사업을 사례로 적시하면서 이를 문화 분야에서의 '북한식 세계화', '문화정책에서의 개방 행보' 등으로 진단한다.

제2장 「선군과 민생, 청년 지도자의 욕망: 김정은시대의 북한 문학 동향」에서 김성수는 김정은시대 문화예술정책의 구현 양상을 구체적으로 분석한다. 김정은시대의 문학작품 분석을 통해 북한 문화를 조명하는 이 장에서 저자는 선군 담론의 자장(磁場) 내에서 민생 담론이 강화되는 현상에 주목한다. 저자는 김정은시대 문학에서 선군 담론은 상투적 포장일 뿐 무게중심은 '경제강국 건설과 인민생활 향상' 담론에 놓여 있다고 분석한다. 또한 민생 담론 대두 현상은 김정일정권 말기부터 나타난 새로운 문학 현상의 일환이고, 김정은시대는 선군 담론의 구심력에서 벗어나 '선군과 민생의 군민 병진 담론'으로 원심화하는 과정에 있다고 평가한다. 특히 '사회주의 락원', '사회주의 문명국' 담론에 최고지도자 김정은의 욕망이 드러나 있음을 확인할 수 있다고 본다.

제3장 「김정은시대 북한 방송언론의 변화」에서 이주철은 최근 10년간의 방송언론 변화 실태를 분석한다. 선전선동기능으로 극대화된 북한의 방송언론은 북한의 문화정치를 구현하는 가장 대표적인 문화 기제다. 따라서 김정은시대 문화정책의 변화 여부를 파악하기 위해서는 북한의 방송언론 현황에 대한 이해가 전제되어야 한다. 이 장에서 저자는 북한 방송언론 분야의 지속성과 변화를 규명한다. 국내외적으로 여러 어려움에 처한 김정은정권이 내부 선전 수단을 강화하기 위해 많은 노력을 기울이고 있지만, 그 기본적인 시스템에서 김정일시대의 방송 상황을 대부분 유지하고 최고지도자 우상화를 위한 방송 편성 등을 여전히 지속하고 있다고 평가한다. 이와 함께 시장화로 주민 유동성이 증가하고, 기술적인 변화로 다양한 외부 정보가 유입되는 상황에서 조선중앙TV가 김정일 사망 전부터 부분적으로 변화를 시도해

왔다고 본다. 구체적인 변화로 해외 스포츠, 중국 드라마, '선정적'인 공연 등과 같은 오락의 확대와 증산을 위한 경제 선동 프로그램 방송 확대, 외부 세계 및 첨단과학기술 소개 등을 들 수 있으며 그 속에서 내용적인 변화를 읽어낼 수 있다고 진단한다. 그러나 저자는 김정은체제가 안정되고 경제적 성과를 통해 인민의 호응을 끌어낼 수 있는 상황이 전개되기 전까지는 우상화를 목적으로 하는 북한 방송의 기본적 성격은 크게 변하지 않을 것이라고 전망한다.

제4장 「세계화시대 북한의 문화 수용과 문화 정체성」에서 전미영은 세계 문화로 보편화되고 있는 자본주의 문화로의 동화라는 문화적 세계화의 강력한 원심력적 '위협'에 북한이 어떠한 방식으로 적응하는가에 주목해 북한 당국의 외래문화 수용 실태와 대응 전략을 분석한다. 이 장에서 저자는 북한의 방송매체는 서구 문화를 소개하는 데 여전히 제한적이지만, 과거와는 다른 유연성과 파격을 보인다고 지적한다. 또한 문화전략적인 측면에서 볼 때 현재 북한의 문화정책은 자본주의 문화 침투에 대항해 사회주의 민족문화를 지켜나간다는 명분하에 공식적으로는 외래문화의 유입을 불허하지만, 실제적으로는 '세계적 추세'를 고려한 당국의 선택적인 문화 도입을 통해 이 괴리 현상을 해결하고자 하는 입장을 취하고 있다고 평가한다. 그러나 저자는 또한 북한 사회의 시장화가 자체 동력을 가지고 지속적으로 확산되는 것과 마찬가지로 세계화의 원심력적 영향하에서 시장화를 동력으로 하여 급속히 확산되는 외래문화 유입 현상이 북한 당국의 미온적 정책 변화를 압박하는 요인으로 작용할 것이라고 평가한다.

변화와 혁신의 문화기획

제2부는 김정은시대에 가장 혁신적인 개혁 조치가 추진되고 있는 교육, 과학기술, 도시 건설 분야에 관한 네 편의 글로 구성되어 있다. 김정은 집권

이후 단행된 첫 번째 가시적인 개혁 조치는 교육 부문의 학제 개편이었다. 북한은 2012년 9월 25일 개최된 최고인민회의 제12기 6차 회의에서 「전반적 12년제 의무교육을 실시함에 대하여」라는 법령을 제정해 학제 개편을 단행하고, 종전의 11년제 의무교육을 1년 연장하는 조치를 단행했다.

제5장 「김정은시대 북한 교육정책 방향과 중등교육과정 개편」에서 조정 아는 북한의 학제 개편과 교육개혁의 함의를 세밀하게 조명한다. 저자는 학제 개편과 교육과정 개정은 한편으로는 2000년대 초반 김정일 집권기의 교육정책과 연속성을 띠고, 다른 한편으로는 김정일시대와 차별성을 기하려는 김정은시대 북한 교육의 방향성을 보여준다고 평가한다. 또한 현재 북한이 '정보산업시대', '지식경제시대'를 이끌어갈 '창조형'·'실천형' 인재 양성을 위한 교육정책을 기획하고, 세계적 교육 추세를 반영한 교육제도 개선과 교육정보화를 추진 중이라고 밝힌다. 저자는 현재 김정은정권이 정보화 사회로의 변화와 국제적 교육 추세를 고려해 교육내용을 개편하고, 이러한 개혁 조치들이 중국의 개혁개방 과정에서 이루어진 조치와 동일하다는 점을 지적한다. 또한 최근 김정은의 담화에서 확인할 수 있듯이 '글로벌 스탠더드(Global Standard)'를 염두에 둔 제도 개혁이 당분간 계속될 것이라고 조심스럽게 전망한다.

제6장 「북한의 과학기술체제와 정책」에서 이춘근은 과학기술체제의 개혁 동향을 분석함으로써 북한이 직면한 경제적 현실과 개혁개방 논리, 미래의 추진 방향 등을 구체적으로 언급한다. 저자는 북한이 중국의 경험처럼 사회주의 경제체제의 개혁은 이를 지원하는 과학기술체제의 근본적인 개혁을 수반해야 한다는 문제의식에 입각해 있다고 지적한다. 이에 1990년대 후반부터 진행된 '과학기술 중시정치'와 '강성대국' 전략에서의 과학기술 강조, '과학의 해' 지정, 과학원과 국가과학기술위원회 통합, 인민 경제의 기술적 개건과 정보화, 네 차례의 '과학기술 발전 5개년계획', '연료, 동력 문제 해결

을 위한 3개년계획' 등의 조치를 통해 북한의 개혁 의지를 전망한다. 저자는 아직까지는 개혁 조치들이 뚜렷한 성과를 내지 못했지만 북한의 현실에서 과학기술을 통한 생산성 개선은 포기할 수 없는 중요한 전략이기 때문에 김정은체제가 가까운 시일 내에 추가적인 과학기술 개혁을 추진할 것으로 내다본다.

제7장 「김정은시대 북한의 과학기술정책과 경제 발전전략」에서 강호제는 과학기술 분야의 개혁 조치들이 북한 사회의 경제 발전을 견인해나갈 것이라는 입장을 밝힌다. 이 장에서 저자는 과학기술 부문은 다른 부문과 달리 북한 지도부가 최근 20여 년간 상당히 공을 들인 부문일 뿐 아니라 권력승계 이후 김정은이 평양으로 초청해 환대한 첫 대상도 과학기술자였을 정도로 북한이 과학기술 활성화에 주력하고 있음을 강조한다. 나아가 저자는 최근 북한의 과학기술정책의 특징으로 과학기술과 생산의 일체화 또는 밀착화를 강조하며 상대적으로 낙후한 민간 부문의 생산기술 수준을 높이기 위한 북한식 과학기술정책이 다시 부활하고 있다고 평가한다. 또한 김정은시대 과학기술정책 변화에 대해서는 후계자 김정은이 선대 영도자 김정일의 정책을 충실히 계승하겠지만 계승의 수준을 넘어 이를 더욱 발전시키는 형태로 정책을 집행할 것이라고 전망한다. 최근 급속하게 전개되고 있는 '국방 과학기술의 민수 전환(spin-off) 프로그램'이 이러한 변화 의지를 잘 보여주는 근거라고 평가한다.

김정은정권의 또 다른 개혁 조치는 도시 건설 분야에서 가시화된다. 2012년 이후 북한의 수도 평양시뿐 아니라 지방의 여러 도시에서도 다양한 건설사업이 진행되었으며, 도시 내 상업시설, 문화체육시설, 주택 건설이 활발히 진행 중이다. 특히 김정은 제1위원장은 2013년 신년사에서 "사회주의 문명국" 건설을 강조하며 "모든 문화 분야를 선진적인 문명강국의 높이에 올려세울 것"을 지시했으며, 「도시미화법」, 「공원유원지법」 등 관련 법규도 속속 정비하고 있다. 이에 제8장 「김정은시대의 도시와 도시 건설」에서 박희진은 현재 진행 중인 김정은정권의 도시 건설 사업의 실태와 그 의미를 집중적으로 조명한다. 저자는 선군경제노선을 계승하면서도 세계적 추세에 맞게 대외 개방을 추진하고, 지식경제시대에 맞는 경제관리체계로 개선함으로써 경제 발전을 추동하겠다는 김정은의 국가 운영방침이 북한의 도시 변화에 그대로 투영되어 나타난다고 평가한다. 또한 지식경제시대를 이끌어가는 평양시의 도시 건설을 최우선 대상으로 하여 지식경제시대에 그 중요성이 더욱 강조되는 과학자와 교육자에 대한 주택 공급 우대정책을 펼치고 있다. 공공건물 건설 부문에서는 사회주의 문명국의 위상을 높일 문화체육시설 건설에 집중해 현대 도시로의 외형적 변화를 추구한다는 점을 강조하면서 북한의 발전전략을 추동할 도시 건설이 기획되고 있음을 밝힌다. 특히 저자는 김정은시대 지식경제강국을 표방하며 강조했던 도시 건설의 제 측면이 궁극적으로는 북한의 개혁개방 전략과 맞닿아 있다고 진단한다.

전환기 북한의 문화생태와 현실

제3부에서는 북한의 문화생태와 일상문화의 현실을 다룬 세 편의 글을 실었다. 먼저 제9장 「북한의 문화생태 현실과 구조」에서 김병로는 자연환경과의 관계에서 사람들의 생존과 생활의 범주를 포괄적으로 접근하는 문화생태 개념을 통해 북한 주민들의 삶의 환경을 분석한다. 저자는 북한 주민들의 기아와 삶의 질을 비롯해 생태환경의 열악한 실태를 상세하게 제시하는 한편 북한의 문화생태 상황이 이처럼 열악하고 근래에 더욱 악화된 현상의 주된 원인을 북한의 경직된 사회주의 국가발전전략에서 찾는다. 또한 경제 수준의 낙후로 파생된 북한 주민들의 삶의 방식과 관행 등이 생태환경을 파괴하는 또 다른 원인이라고 본다. 즉, 정책과 제도, 문화와 관행이 생태환경을 파괴하는 산림 황폐화를 가져왔으며, 생태 자원의 파괴가 기상·기후의 변화,

홍수, 가뭄 등을 불러옴으로써 문화생태의 악순환 구조를 더욱 심화시켰다고 평가한다. 이러한 관점에서 저자는 북한의 식량난과 기아 문제, 보건 및 의료 문제 등 주민 생활과 관련된 열악한 삶의 질이 농업 생산성 문제 이상의 복합적인 구조를 보인다고 지적한다. 결론적으로 저자는 북한 문화생태의 복합적인 구조로 야기되는 문제 해결은 북한 내부의 자원 동원이나 법제 개선으로는 한계가 있다고 보고 외부 지원의 필요성을 강조한다.

제10장 「북한 주민의 소비 생활에 나타난 추세현상 연구」에서 김석향은 1990년대 이후 20여 년간 북한 주민들의 생활세계에서 나타난 새로운 유행과 풍조를 분석한다. 이 장에서 저자는 북한이탈주민 면담을 통해 북한 주민의 생활세계 변화를 조명함으로써 1990년을 기점으로 북한 주민의 일상생활에 뚜렷한 차이가 나타났다는 사실을 밝혀낸다. 저자는 그 차이의 주된 요인이 대내외적 변화의 소용돌이에서 살아남으려는 주민들의 생존 방식의 변화에 있음을 강조하며, 북한 주민의 일상적 소비 생활에서 나타나는 '추세현상'이 큰 변화를 이끌어내는 원동력이 된다고 평가한다. 나아가 현재 진행 중인 이런 변화가 아직 북한 지역에서 대규모 사회 변동을 일으킬 만한 수준에 이른 것은 아니지만, 이제 변화의 흐름은 돌이킬 수 없을 것이라고 예측하며 이러한 변화가 더 큰 사회 변화를 이끌어낼 수 있다고 전망한다.

제11장 「북한으로의 외래문화 유입 현황과 실태: 제3국에서의 북한 주민 면접조사를 중심으로」에서 강동완은 외래문화 유입에 따른 현상과 북한 당국의 대응 양상을 밝히고 있다. 제3국에 체류 중인 북한이탈주민에 대한 심층면접을 통해 저자는 북한 주민들의 정보에 대한 호기심과 정보 독점에 대한 욕구가 외래문화 유입을 확산시키는 요인이지만, 중국으로부터 유입되는 저가형 디지털 제품 역시 북한의 영상물 시청 확산을 가져온 또 다른 요인이라고 평가한다. 또한 남한 영상물 시청을 가능하게 한 소프트웨어를 포함한 영상매체는 북한 장마당에서 인기리에 거래되는 품목으로, 이미 수요와 공

급이라는 자본주의 양식이 구조화되어가는 북한에서 사실상 이를 무조건 통제하는 데는 분명 한계가 있다고 진단한다.

변화의 기로에 선 김정은시대의 북한, 그리고 그들의 선택

현시점에서 김정은시대의 핵심 키워드는 '계승'과 '혁신'으로 대표된다. 후계자론에 근거한 '계승' 담론이 후계자 김정은의 정통성을 담보하는 안전장치의 역할을 한다면, '혁신' 담론은 명실상부한 최고지도자의 독자적 능력을 확인시켜야 하는 현재적 역량을 의미한다. 2015년 신년사를 통해 김정은이 '혁신의 불바람'을 불러일으킬 것을 요구한 이후 '혁신'의 깃발이 북한 사회에 펄럭이고 있다. 2015년 2월 12일 자 ≪로동신문≫ 사설에서 "오늘의 현실에 발을 붙이고 세계를 내다보면서 무슨 일이나 새롭게 착상하고 혁신적으로 전개해나가며 모든 사업을 과학기술에 의거하여 창조적으로 밀고나가야 한다"라고 주장한 것에 김정은정권이 지향하는 바가 잘 드러나 있다.

여전히 북한은 개혁이나 개방을 언급하지 않는다. 북한에서 '개혁개방'은 체제 전환과 동의어로 인식된다. 물론 이는 공산권의 체제 전환 과정에 대한 학습 효과 때문이기도 하지만 개혁개방과 체제 존속을 동시에 이루기 힘든 북한 정권의 취약성에 기인한 것이기도 하다. 따라서 북한이 자본주의와의 대결론을 극복하지 않는 한 북한 스스로 개혁개방을 언급하기는 어려울 것이다. 무엇보다 김정은권력 정당성의 기반인 '김일성·김정일 혁명위업의 계승'은 변화를 위한 김정은의 선택을 제한하는 요인으로 작용하고 있다. 그러나 최근 북한의 '혁신' 담론에는 김정은정권의 개혁개방 욕망이 그대로 드러나 있다.

'개혁'과 '혁신'이 새로움과 변화라는 의미를 내포하긴 하지만 그 성격에 다소 차이가 있다. '개혁'은 현재의 부정적 상태에 대한 의도적인 변화를 전제하는 데 반해, '혁신'은 상대적으로 가치중립적인 성격을 가진다. 북한의 사전적 개념도 '혁신'은 낡은 것을 새롭게 하는 것인 반면, '개혁'은 낡은 제도를 본질적으로 뜯어 고친다는 의미다. 이 용어의 미묘한 차이에 변화를 추진해야 하는 북한의 고민이 담겨 있다. 개혁이 체제 변화를 동반할 가능성이 있다면 혁신은 체제 내적 변화를 넘어설 수 없다. 이는 현재 김정은체제가 추구할 수 있는 변화의 범위와 그 한계를 의미하는 것이기도 하다.

김정일이 생전에 꿈꿔왔던 열망 ― 세계적 추세에 발맞춰 국제적 수준으로 도약하고, 세계적 문명국으로의 성장을 꿈꾸는 ― 은 이제 김정은이 이어야 할 과업이 되었다. 이러한 도약과 발전을 위한 개혁적 조치들이 '혁신'의 이름으로 시작되고 있다.

그러나 김정은시대의 북한은 그 선대와 비교해볼 때 문화환경적 측면에서 여러 어려움에 직면해 있다. 과거에 당국의 철저한 관리 아래 일사분란하게 통제되던 북한 주민들의 문화 및 일상생활에 심각한 전복 현상이 발생하고 있는 것이다. 시장화로 촉발된 인민의 사적 공간이 확장되고, 정보화와 문화적 세계화의 원심력에 의해 '일심단결', '사상강국'의 위용에 균열이 생기고 있다. 이제 북한의 일상문화는 당국의 통제 영역을 넘어서 있다. 따라서 김정은은 정책적 혁신을 단행해 국가경쟁력을 확보하는 한편 문화적 개방으로부터 주민들을 지켜내야 하는 이중 과제를 해결해야 한다.

김정은시대가 시작된 지 이제 3년여가 지나고 있다. 여전히 많은 우려가 있긴 하지만 김정은정권은 도약과 발전을 위한 새로운 문화기획을 추진해나가는 중이다. '혁신'으로 명명되는 개혁 담론 속에서 개혁개방에 대한 김정은의 열망을 엿볼 수 있다. 오늘날 김정은의 북한은 생존을 넘어 발전을 욕망하고 있다. 물론 그 기획이 순탄하지는 않을 것으로 보인다. 정치적 계승과 경제개혁, 핵무장과 대외관계 개선 등 정책적 딜레마는 김정은정권 발전전략의 치명적인 약점임에 틀림없다. 그렇기 때문에 우리는 여전히 우려와 회의감을 동시에 가지고 북한의 미래를 바라볼 수밖에 없다. 그러나 북한 주민들에게서 그 변화의 가능성을 찾을 수 있다. 북한 사회에서 급격히 진행 중인 시장화와 정보화 추세는 북한 주민들의 일상생활, 사고방식, 취향 등 삶의 영역 전반을 서서히 변화시키고 있다. 현재 진행되고 있는 아래로부터의 변화가 당국의 미온적 혁신의 속도를 앞서 나갈 것을 예측하기는 어렵지 않다. 이제 주민의 점증하는 변화 욕구는 김정은정권을 압박하는 요인으로 등장할 가능성이 높다. 그들의 혁신이 진정한 개혁으로 이어지기를 기대하며 오늘날 북한 사회에서 움트고 있는 변화의 열망에서 희망을 찾고자 한다.

2015년 5월
필자를 대표하여 전미영

제1부

김정은시대의 문화 동향과 정책

제1장

김정은시대의 문화정치, 정치문화

전영선 | 건국대학교 통일인문학연구단 HK연구교수

1. 머리말

2011년 12월 17일 김정일 국방위원장의 사망으로 김정일시대가 막을 내렸다. 북한 언론은 12월 20일 김정일 사망을 공식 보도하면서 김정은을 후계 지도자로 전면에 내세웠다. 김정은체제의 출발이었다. 김정일 사망 이후 '김정은' 앞에 붙은 수식어는 '존경하는'이었다. 김정일의 사망을 공식으로 발표하고 이틀 후인 2011년 12월 22일 ≪로동신문≫은 김정은을 '존경하는 김정은 동지'로 호명했다.[1] 그리고 다시 이틀 뒤인 2011년 12월 24일 김정은을

---

1) "위대한 장군님께 기쁨드릴 가장 성대한 경축 공연무대를 품들여 마련해가시던 존경하는 김정은 동지께서 우리 장군님의 휴식을 얼마나 간절히 바라시였던가"["위대한 눈보라한생", ≪로동신문≫, 2011년 12월 22일 자]; "진정 존경하는 김정은 동지의 두리에 철통같이 뭉쳐 위대한 장군님의 한생의 념원이였던 강성대국을 기어이 일떠세울 천만

'탁월한 령도자'로 호명하기 시작했다. 김정일 사망 1주일 만이었다. 이후 12월 31일까지 북한 언론에서는 김정은에 대한 충성 맹세가 이어졌다. 김정일에 대한 충성 맹세가 김정은으로 이어졌고, 그 틀 안에서 세습의 정당성을 강조하는 논의가 계속되었다. 김일성시대의 향수(鄕愁)를 자극하면서 충성을 다짐하게 하고, 다시 김정일의 유훈으로 김정은에 대한 충성을 맹세하는 방식이었다.

2012년 본격적으로 출범한 김정은체제는 빠른 시간 안에 권력승계 과정의 불안정성을 최소화하면서 대내외에 건재를 과시했다. 단기간에 급속도로 진행된 권력승계 과정은 예상보다 안정적으로 진행되었다. 내부적으로는 김정은의 검증되지 않은 능력으로 인해 발생할 수 있는 문제를 최소화하면서 인민에게 권력승계의 당위성과 새로운 시대의 비전을 제시하기 시작했다. 그 수단이 바로 문화였다. 새로운 지도자를 위한 문학예술, 체제 안정을 위한 문화정책이 속속 개발되었다.

이 글은 김정일 사망 이후부터 2014년까지 진행된 김정은의 문화정책이 흘러간 양상과 그 특징 분석을 목적으로 한다. 김정은으로의 후계 구도에서 북한이 내세운 정당성의 명분이 무엇이었으며 어떤 방식으로 논리화되었는지, 그리고 이를 위해 어떤 문화 자산을 활용했으며 그 특징은 무엇인지를 살펴볼 것이다. 이를 통해 김정은체제의 지향점을 분석하고 향후 변화를 전망하고자 한다. 문화적인 면에서 김정일시대와 김정은시대를 구분하는 것은 모호할 수도 있다. 문화적인 시기는 정치적인 시기 구분과 달리 분명하게 단절되지 않고, 정치적 행보와 달리 문화정책에까지 김정은의 정책이 반영되

의 맹세속에 이 나라 강산이 밝아온다. 이제 더는 복속에서 복을 찾는 철없는 자식이 되어서는 안될 천만군민이 아뢰이는 심장의 목소리가 밝아오는 조국땅에 메아리쳐간다("장군님, 새날이 밝았습니다", ≪로동신문≫, 2011년 12월 22일 자).

었다고 보기 어려운 부분도 있을 뿐 아니라 권력승계 과정에서 '계승'과 '변화' 두 방향이 교호(交互)하는 시간이 있기 때문이다. 이처럼 이 글에서 살펴보는 문화정책에는 권력승계와 수습 기간의 특징적인 면이 드러나 있기 때문에 김정은시대만의 문화정책이라 단정 짓기 어려운 부분이 있다.

2. 김정은시대 문화정책의 방향과 내용

1) 김정은의 정치자본과 후계 비전

김정은시대 문화정책의 방향은 크게 세 가지로 정리할 수 있다. 첫째, 백두혈통을 중심으로 한 김정은체제의 정당성 확보다. 즉, 혈통의 위대함과 순수성을 통해 김정은체제의 정당성을 확보하려고 했다. 둘째, 김정일에 대한 추모와 유훈 강조다. 셋째, 김정은식 긍정적인 미래 제시다.

김정은시대의 문화정책 중 가장 중요한 것은 '백두혈통의 계승'에 대한 정당성 문제였다. 김정은은 수령의 영생론을 활용함으로써 방송언론을 통해 후계자 이미지를 구축해나갔다. 2012년 1월 8일 김정은의 생일을 맞이해 기록영화 〈백두의 선군혁명위업을 계승하시여〉가 방송되었다. 이 영화는 3대에 걸친 지도자의 이미지를 반복해서 보여주었다. 김일성의 위치에 김정일이 있었고, 김정은이 김정일과 같은 자리에서 같은 방식으로 지시하는 영상을 보여주었다. 이는 혈통의 계승을 영상으로 보여준 것이며 준비된 지도자의 이미지를 강조하는 데 그 초점이 맞춰져 있었다.

김정일에 대한 추모가 문화 분야에서 본격적으로 나타난 것은 김정일 사망 이듬해인 2012년이 아니라 2013년이었다. 2012년의 문화정책은 김정일에 대한 추모보다는 새로운 지도자에 대한 희망과 포스트 주체 100년에 대한 비전 제시가 우선이었다. 김정은은 김정일의 장례 직후였음에도 북한 사회 전체를 밝고 희망적인 분위기로 연출하는 데 힘썼다. 대집단체조와 예술공연 〈아리랑〉에 김정일을 추모하는 별도의 장을 추가하고 김정일 관련 출판물이 나오기도 했지만, 2012년 문화정책의 중심은 김정은이었다. 『김정일전집』, 『김정일선집』, 총서 '불멸의 향도' 출판을 본격화하면서 김정일애국주의의 문화적 확산을 시도했다. 주목되는 작품으로는 장편소설 『아리랑』이 있는데, 이는 총서 '불멸의 향도' 중 하나로 대집단체조와 예술공연 〈아리랑〉의 창작과 관련된 것이다. 이 작품은 김정은의 예술적 감각과 예술정치의 전통이 김정일로부터 이어진 것임을 강조했다.

김정은식 미래 비전을 보여주기 위해 김정일시대에 시작된 다양한 성과를 김정은시대의 성과로 포장하는 여러 작품이 창작되었다. 새로운 시대 분위기를 조성하는 데 앞장선 것은 예술과 방송이었다. 그 선봉은 모란봉악단이었다. 2012년 모란봉악단 공연은 북한의 공연이라고 볼 수 없을 정도의 파격적인 모습으로 등장했다. 즉, 연주곡 선정, 무대 장치, 무대 매너 등 모든 면에서 이전 공연물과의 공통점을 찾기 어려울 만큼 파격적이었다. 군복을 입고 북한의 혁명가요를 부르기는 했지만 확실하게 각인된 것은 '변화'와 '파격'이었다. 북한은 김정은 제1위원장이 모란봉악단을 직접 지도해 만들었다는 것을 강조하면서 김정은시대의 경쾌한 '발걸음'을 보여주었다. 방송 또한 화려해지고 볼거리도 많아졌다. 방송 화면이 밝아지고, 첨단 모니터를 활용한 다양한 연출이 이루어졌다. 확실히 새로운 시대가 시작되었음을 느끼게 하기에 부족함이 없었다. 즉, 밝고 활동적인 모습을 통해 강성대국의 원년으로서의 2012년을 강조하기에 충분했다. 강성대국과 과학기술, 핵무기를 상징하는 '광명성 2호' 발사, 에너지 자력을 상징하는 희천발전소 건설과 주체철, 경제 분야의 혁신과 과학화를 상징하는 컴퓨터 수치 제어(computer numerical control: CNC), 인민생활의 풍요를 상징하는 평양 과수농장, 인민의 문화생활을 상징하는 평양 개선청년공원 등을 김정은시대 대표적인 성과로 계속해서 내보였다.

2) 혈통의 계승과 정통성 강화

김정일에서 김정은으로 이어진 권력세습 과정은 김일성에서 김정일로 넘어갔던 과정과 많이 달랐다. 김일성 사망 이후 김정일은 3년의 애도 기간을 거쳤다. 김정은 역시 김정일 사망이라는 명분을 가지고 충분한 애도 기간을 가질 수 있었지만 그 기간은 길지 않았다. 김정일에 대한 애도는 2011년에 마무리되었으며, 2012년부터 김정은체제로 넘어갔다. 김정일로부터 이어진 김정은체제의 출범은 상대적으로 단기간에 이루어졌다.[2] 내부적으로 준비가 되었다고 해도 절대적인 시간이 부족했으며 김정은의 나이나 경험 등을 고려할 때 그만의 정치 스타일을 보여주기에 충분한 시간은 아니었다. 부족

[2] 후계자로서의 김정은에 대한 본격적인 이야기가 거론된 것은 2011년 12월 24일이었다. "김정은 동지는 우리 당과 군대와 인민의 탁월한 령도자이시며 우리 조국과 민족의 운명이고 미래이시다. 김정은 동지께서 계시기에 경애하는 장군님의 선군혁명력사는 줄기차게 이어지고 있다. 우리는 존경하는 김정은 동지의 령도를 한마음한뜻으로 충직하게 받들어 선군혁명력사가 김일성조선의 새로운 100년대에도 변함없이 이어지게 하여야 한다"["위대한 김정일 동지는 선군조선의 영원한 백전백승의 기치이시다", ≪로동신문≫, 2011년 12월 24일 자]; "우리의 최고사령관 동지! 이 부름은 위대한 장군님 그대로이신 존경하는 김정은 동지를 목숨바쳐 따르려는 우리 인민의 신념의 웨침이다. … 우리는 심장으로 선언한다. 위대한 장군님의 령전에서 다진 피눈물의 맹세를 안고 우리는 김정은 동지, 그이를 우리의 최고사령관으로, 우리의 장군으로 높이 부르며 선군혁명위업을 끝까지 완성할 것이다. 김정은 동지이시여, 인민이 드리는 우리 최고사령관 동지의 그 부름을 안으시고 김일성조선을 영원한 승리에로 이끄시라!"["우리의 최고사령관", ≪로동신문≫, 2011년 12월 24일 자]; "인민이여 우리에겐 김정은 대장이 계신다"(김일성종합대학 문학대학 집체작), ≪로동신문≫, 2011년 12월 24일 자 등에서 김정은이 지도자가 되어야 한다는 것을 집중적으로 보도했다.

한 경험과 스타일은 김정일이나 김일성의 정치적 자산을 활용함으로써 보충했고, '김일성=김정일=김정은'의 등식을 만들어 활용했다. 김정은의 신화 만들기에서 가장 확실한 것은 혈통이었다. 이는 오직 김정은만이 가능한 것이었다.[3]

　2012년 들어 김정은은 생김새는 물론이요, 행동이나 몸짓까지 김일성의 이미지를 차용(借用)했다. 김정은의 이미지는 문학예술 작품에서 "발걸음(또는 발자욱소리)", "장군님 모습 그대로이신" 등으로 구체화되었다.[4] 후계자와 관련해서 '발걸음'이라는 이미지가 언급되기 시작한 것은 2009년이었다. 신병강의 시 「세계여, 바라보라!」에서 "2월의 정기 넘쳐나는 방선천리/ 발걸음도 척척척 …/ 태양위업 만대로 받들어갈 맹세높이"로 형상화되었다.[5] 김정은 칭송 가요인 「발걸음」의 가사도 동일한 맥락인데, 이 가사에서 발걸음은 최고지도자의 과거와 미래를 상징하는 것이다. 이는 김일성과 김정일의 발걸음을 따라가는 김정은의 발걸음, 즉 후계자로서의 연속성을 강조하는 것이었다.[6] 한편으로 발걸음은 김일성과 김정일로부터 이어지는 '혁명력사'의

3) 정영철, 「김정은체제의 출범과 과제: 인격적 리더십의 구축과 인민생활 향상」, ≪북한연구학회보≫, 제16권 제1호(2012), 1~23쪽.
4) 이지순, 「북한 서사시의 김정은 후계 선전양상」, ≪북한연구학회보≫, 제16권 제1호(2012), 217~243쪽.
5) 김성수, 「김정은시대 초의 북한문학 동향」, 남북문학예술연구회 지음, 『김정은시대의 문학예술: 3대 세습과 청년지도자의 발걸음』(도서출판 경진, 2014), 20쪽.
6) "발걸음이 김정은만 지칭하는 것이 아니라 김정일의 현지지도를 상징하는 경우도 없지 않기 때문이다. '발걸음', '발자국'의 김정은 상징성은 반증도 가능하다. 가령 김응조의 「빛나는 자욱 남기리」(2010)나 박정애의 「축복의 해빛은 눈부시다」(2012)에서는 '발자욱소리'가 여전히 김정일 상징으로 활용되고 있다. '발자욱'이란 김정일의 선군정치 현지지도 길이가 총 연장 수만 킬로에 이른다는 의미의 '선군 장정 천만리' 담론의 표현이며, 군대와 공장, 농촌 등을 부단히 현지지도로 강행군한 북한 특유의 정치 방식을 문학적으로 상징한 것이지 굳이 김정은'만'의 고유한 상징이라 하기 어렵지 않나 싶

미래를 상징한 것이기도 하다.

김일성으로부터 이어지는 혈통적 계승은 '김일성이며 김정일인' 이미지로 형상화되었다. 즉, 김정은에게 "조선혁명을 개척하시고/ 승리와 영광에로 이끌어오신/ 김일성 동지이시며 김정일 동지"의 이미지를 투영했다.

우리 한마음으로 우러릅니다
가슴속엔 힘이 넘칩니다
장군님 그대로이신 김정은 동지는
슬픔에 잠겨 있는 인민을 한 품에 안고
세기의 큰걸음 내짚으셨습니다.
(중략)
그렇습니다
그 이름도 친근한 김정은 동지는
조선혁명을 개척하시고
승리와 영광에로 이끌어오신
김일성 동지이시며 김정일 동지 ….[7]

슬픔의 눈물이
차먼치는 이 땅에
천백배 힘을 주시는
김정은 선생님

다"(김성수, 「김정은시대 초의 북한문학 동향」, 20쪽).

[7] 「위대한 김정일 동지의 령전에는」(조선작가동맹 중앙위원회의 추도시), ≪로동신문≫, 2011년 12월 30일 자.

아버지 장군님과

꼭 같으셔요.[8]

　김정일에서 김정은으로 이어지는 후계 구도의 핵심은 혈통이었다. 김정일의 사망으로 백두산 3대 장군이 없어진 시점에서 김정은이 백두혈통을 이어받았다. 김정은체제가 본격화된 2012년은 주체 100년이 되는 해였다. 사회주의 조선을 세운 김일성이 태어난 1912년으로부터 100년이 되는 해에 김정은이 지도자에 오른 것이다. 이는 김일성의 혈통, 즉 백두혈통을 상징하기에 절묘한 시점이었다. 김일성의 한 세기를 마감하는 동시에 '새로운 세기'의 100년이 되는 해에 새로운 지도자가 등장한 것이다. 김일성의 재림(再臨)이라는 신비주의 이미지를 만들 수 있는 최적의 조건이라고 할 수 있었다. 김정은의 혈통적 정당성은 김일성에서 김정일로 이어진 자질과 품격의 계승을 강화하기 위한 장치였다.

　　김정은 동지는 선군혁명의 령도자로서의 자질과 품격을 최상의 높이에서 체현하고계시는 백두산형의 위인이시다. 수령에 대한 고결한 충정과 숭고한 도덕의리, 비범한 사상리론적예지와 무비의 담력, 특출한 령도례술을 지니신 김정은 동지께서 계시여 우리 조국과 혁명의 밝은 미래는 확고히 담보되어 있다.[9]

　김정은이 지도자가 될 수밖에 없는 근본적인 조건으로 자질과 품격을 강

<hr>

8) 김철송(평양 인흥중학교)의 동시 「꼭 같으셔요」, 박춘선 엮음, 『영원한 우리 아버지』 (평양: 금성청년출판사, 2012).

9) "위대한 김정일 동지는 선군조선의 영원한 백전백승의 기치이시다", ≪로동신문≫, 2011년 12월 24일 자.

조한 것이다. 지도자적 자질과 품성은 '백두산형의 위인'이었다. '백두산형의 위인'은 백두혈통을 이어 받은 김정은의 위대성을 표현하는 상징이었다. 김정은의 최대 약점인 어린 나이와 일천한 경력은 '백두산형의 위인'으로서 타고난 자질과 품격으로 대치되었다. 백두산 3대 장군의 이미지를 활용한 것이다.

'백두산형의 위인'의 특징은 세 가지로 규정되었다.

첫째는 '수령에 대한 고결한 충성과 숭고한 도덕의리'였다. 이는 비단 김정은만의 자질이 아니라 김정은을 비롯한 북한 인민 전체가 갖추어야 할 자질이었다. 즉, 그중에서 김정은이 최고의 자질을 지녔다는 것을 의미했다.

둘째는 '비범한 사상이론적 예지와 무비의 담력'이었다. '비범한 사상이론적 예지와 무비의 담력'은 선군(先軍)시대를 이끌어갈 지도자로서의 덕목이었다. 김정은과 관련된 보도에서는 '필승의 신념과 배짱', '담대한 기상과 담력'이 자주 언급되었다. 이러한 자질은 주로 전략가와 관련된 것인데, 이는 과거 김일성을 형상할 때 붙였던 수식어이기도 했다. 김일성을 수식하던 표현들을 활용하는 한편 이러한 기질이 혈통에 기반을 둔 것이며 오랫동안 준비된 것임을 강조하는 것이다.

> 혁명의 군복을 입으신 김정은 동지를 대견하게 바라보시며 환한 미소를 지으시던 우리 장군님의 숭고한 세계를 더듬을수록 격정을 금할수 없다.[10]

회고 형식의 이 기사는 김정은이 '혁명의 군복'을 입은 모습을 보고 김정일이 '환한 미소를 지었다'는 내용이다. 언제부터인지, 그리고 어떤 자리에서인

---

10) "우리의 최고사령관", ≪로동신문≫, 2011년 12월 24일 자.

지는 알 수 없지만 김정은이 일찍부터 김정일의 혁명정신을 이어받았고, 이미 준비되어 있었음을 강조했다. 비범한 가문의 지도자로 태어나 어려서부터 김정일에 의해 후계자로 길러졌다는 것이다. 선군정치의 계승자로서 김정은의 위상은 그가 가장 먼저 군부와 함께 김정은을 공식 조문한 것에서도 확인되었다.[11]

셋째는 '특출한 영도예술'이었다. 김정일은 이른바 '음악정치'라는 말이 있을 정도로 예술과 정치의 결합을 강조했다. 김정일이 권력 기반을 구축할 때 가장 많이, 그리고 가장 유용하게 활용한 것도 예술이었다. 김정일은 2009년 새로운 음악단 은하수관현악단과 삼지연악단을 선보이면서 새로운 시대를 예고했다.[12] 삼지연악단은 만수대예술단의 '공훈녀성기악중주단'을 모체로

---

11) 《로동신문》이 김정은의 공식 조문에 대해 보도한 것은 2011년 12월 25일이었다. 즉, 《로동신문》 2011년 12월 25일 자에는 "조선로동당 중앙군사위원회 부위원장 김정은 동지께서 조선로동당 중앙군사위원회와 조선민주주의인민공화국 국방위원회 성원들, 조선인민군 주요지휘성원들, 조선인민군 최고사령부작전지휘성원들, 조선인민군 대련합부대 지휘성원들과 함께 위대한 령도자 김정일 동지의 령구를 찾으시여 심심한 애도의 뜻을 표시하시였다"라는 제목으로 김정은이 군부와 함께 김정일을 조문한 사실을 보도했다.

12) 은하수관현악단은 2009년 5월 30일 창립되었다. 창립 당시 평균 나이 20대의 연주자들로 구성되었으며, 그중에는 국제 콩쿠르 입상자들이 상당수 포함되어 있었다. 2009년 9월 8일 만수대예술극장에서 김정일 국방위원장이 참석한 자리에서 러시아 21세기관현악단, 북한 공훈국가합창단 등과의 합동 공연을 통해 존재가 알려졌다. 서양 클래식 악기와 개량 민족 악기로 구성된 '배합관현악'을 기본으로 하면서 다양한 전자 악기까지 결합한 세미클래식 악단(파퓰러 오케스트라)이라는 특징이 있다. 은하수관현악단은 창단 이후 '러시아 21세기관현악단'과의 합동 공연을 비롯해 '당 창건 64돌 경축 10월 음악회', '2010년 신년 경축 음악회', '2010년 설명절 음악회', '2010년 태양절음악회', '2010년 9월 음악회', '2010년 10월 음악회', '2011년 신년 경축 음악회', '2011년 설명절 음악회', '2011년 정월대보름맞이 조·중 지도부 관람공연', '은하수극장 개관 기념 공연', '2011년 7월 음악회', '2011년 10월 음악회' 등의 공연을 했다. 2010년 이후 왕성한 활동을 인정받아 2011년 7월 28일 정령 「은하수관현악단 일군, 창작가,

하여 2009년 1월 설립된 예술단이다. 젊은 여성 음악인들이 출연해 화려한 의상과 빼어난 미모뿐 아니라 수준 높은 실력을 선보였다. 삼지연악단은 클래식 악기를 중심으로 한 기악연주단으로 전통 국악기를 개량한 개량 악기가 아닌 정통 클래식 악기 중심으로 편성되었다. 20대 및 30대 전반의 젊은 예술인들로 구성되었고 세련된 미모와 공주풍 드레스, 경쾌한 음악 등을 특징으로 한 그 전에는 볼 수 없었던 클래식 연주단이었다. 실력과 외모, 무대 퍼포먼스에서 이전의 기악연주단과는 분명 차별되는 특성을 보였다.

은하수관현악단과 삼지연악단이 새로운 예술단으로 파격적인 모습을 선보였음에도 김정은은 2012년 새로운 공연단을 창단했다. 모란봉악단이 바로 그것이다. 모란봉악단은 김정은 제1위원장의 직접 지시로 결성되어 2012년 7월 6일 김정은이 참석한 가운데 시범 공연을 가졌으며,[13] 이후 최근까지 북한에서 가장 중요하게 평가하는 기념일에는 빠짐없이 축하 연주를 했다.

북한 언론도 모란봉악단은 김정은 제1위원장의 각별한 관심과 지도에 따른 것이라고 선전하면서, 김정은이 직접 악단의 이름을 짓고 시연회와 공연을 수십 차례나 지도했다는 점을 강조했다. 모란봉악단의 공연에는 7·27전승절 기념 공연, 로동당 창건 기념일 공연, 김일성군사대학 설립 기념일 공연, 김정은의 현지 지도 시에 이루어지는 화선 공연, 광명성 3호 발사 성공 축하 기념 공연, 신년 축하 공연 등이 있다. 그야말로 모란봉악단을 북한의 핵심 명절이나 기념일에 공연하는 핵심 단체로 내세우고 있다. 이는 김정은

예술인들에게 김일성상, 김일성청년영예상, 조선민주주의인민공화국 명예칭호, 훈장 침 메달을 수여함에 대하여」가 발표되었다. 이어 2011년 7월 29일 '은하수관현악단 창작가, 예술가들과 공연보장성원들에 대한 표창식'이 진행되었다[한국문화관광연구원, ≪KCTI 북한문화동향≫(2011년 하반기), 제6집(2012), 8~12쪽 정리].

13) "경애하는 김정은 동지께서 새로 조직된 모란봉악단의 시범공연을 관람하시였다", ≪로동신문≫, 2012년 7월 9일 자.

이 김정일의 음악정치를 계승했음을 과시하는 동시에 김정은의 예술적 감성을 강조하는 것이다.

3) 김일성시대의 감성 및 김정일의 생활정치 계승

김정은은 김정일의 업적을 활용해 정치적 연속성을 강조하는 한편 김일성시대의 추억과 김정일의 감성을 활용해 감성정치를 추진했다. 문화예술을 통해 김일성 시절의 추억을 호명하면서 사회주의 건설 시기의 감성과 추억을 재연했다. 또한 김일성시대에 유행했던 고전을 재창작이라는 명분으로 무대에 올렸다. 대표적인 작품으로 경희극 〈산울림〉과 김일성상 계관 작품인 연극 〈오늘을 추억하리〉가 있다.[14] 2010년 4월 국립연극단에서 재창작해 무대에 올린 〈산울림〉을 평단에서는 '역사적인 첫 경희극 작품'이라고 평가했고, 이를 언론을 통해 대대적으로 보도했다. 심지어 〈산울림〉은 2011년 신년 공동사설에도 등장했다.[15] 〈산울림〉은 "위대한 수령님께서 몸소 보아주시고 높이 평가하신" 작품으로 소개되었다.[16] 연극을 통해 김일성시대의 추억을 회상함으로써 김일성의 현신으로서의 김정은의 이미지를 강화하고

---

14) 연극 〈오늘을 추억하리〉는 '고난의 행군 시기'를 배경으로 중소형 발전소 건설장에서 당의 방침을 관철하기 위해 노력하는 한간마을 주민들의 이야기다.

15) 경희극 〈산울림〉은 이동춘 작으로 식량 생산과 농촌 발전을 위해 헌신하는 농민 활동을 주제로 한 연극이다. 이 작품은 1961년 강원도 도립예술극장에서 공연한 천리마시대의 대표 연극으로 꼽히며, 김일성으로부터 우수한 작품이라는 평가를 받았다. 1960년대에 영화로도 만들어졌다. 2011년 1월 1일 신년 공동사설에서 경희극 〈산울림〉을 '사상예술성이 완벽한 문학예술'로 평가했다. 이에 대해서는 "올해에 다시한번 경공업에 박차를 가하여 인민생활 향상과 강성대국건설에서 결정적전환을 일으키자", ≪로동신문≫, 2011년 1월 1일 자 참조.

16) "위대한 령도자 김정일 동지께서 연극 〈오늘을 추억하리〉를 관람하시였다", ≪로동신문≫, 2011년 7월 14일 자.

자 한 것이다.

　정치적 전략이 선군 계승이었다면 경제적 전략은 인민생활의 계승이었다. 즉, 김정은이 김정일의 정책을 그대로 이어가고 있음을 보여주려 한 것이다. 이는 정책의 일관성과 연속성이라는 측면보다는 '김정일이 곧 김정은'이라는 이미지 연출을 위한 장치였다.

　　12월 16일

　　이날은 우리 장군님께서 생애의 마지막을 하루 앞둔 날이었다.

　　밤이 깊어가는 21시 13분, 바로 그 시각 한 일군은 장군님께서 수표하신 하나의 문건을 받아 안았다. 양력설을 맞이하는 평양시민들에게 청어와 명태를 공급할데 대한 문제를 료해하시고 결론을 주신 문건이였다.

　　장군님께서 내려보내신 사랑의 문건을 받아안고 그 관철에 떨쳐나서던 일군들은 그 이틀후 또 하나의 문건을 받아안게 되었다.

　　존경하는 김정은 동지께서 내려보내주신 문건이였다. 그런데 그 문건은 뜻밖에도 경애하는 장군님께서 12월 16일 밤에 내려보내주시였던 문건그대로였다.

　　경애하는 장군님께서와 존경하는 김정은 동지께서 내려보내주신 같은 내용의 두 문건을 받아안은 일군들은 영문을 알수 없었다. 하지만 경애하는 장군님께서 서거하시였다는 비보에 접한 순간 모든 것을 때달았다.

　　장군님께서 수표하신 마지막 문건과 존경하는 김정은 동지께서 내려보내주신 첫 문건!

　　생애의 마지막 밤까지도 인민생활 문제 때문에 그토록 마음을 쓰신 어버이 장군님을 생각하시며 피눈물 속에 내려보내주신 첫 문건을 받아 안고 일군들은 가슴을 쾅쾅 두드렸다.[17]

이 글은 김정은의 첫 번째 문건이 김정일의 마지막 문건과 꼭 같은 것이었다는 내용의 ≪로동신문≫ 기사의 일부다. 김정일 사망 전날인 12월 16일 21시 13분에 받았던 문건을 이틀 뒤 김정은으로부터 다시 받았다는 것인데, 이것이 사실이라고 한다면 김정일이 사망한 17일 하루를 사이에 두고 꼭 같은 문건을 받은 것이라고 할 수 있다. 글의 사실성 여부를 떠나 상황 자체만을 놓고 보면 김정일의 생각과 정책이 김정은에게 그대로 이어졌음을 강조하는 것이다. 즉, 김정일이 강조했던 인민생활정책이 곧 김정은에게 이어졌음을 보여주려 한 것이다.

4) 김정은식 창신(創新)

정치와 경제 건설에서 김정은체제는 연속성을 강조했다. 즉, 혈통을 고리로 한 후계체제의 당위성을 강조했고, 인민생활을 중심으로 한 김정일 정책의 계승을 강조했다. 이와 함께 김정은체제 출범에 따른 새로운 이미지 연출도 필요했다. 새로운 시대 분위기를 조성하는 데 앞장선 것은 예술과 방송이었다. 김정일은 '음악정치'라는 용어를 정치에 활용하면서 예술성을 강조했다. 김정일의 자질이 김정은에게 이어졌다는 것이다.

생활문화를 중심으로 계층 아우르기 사업도 많아졌다. 특히 '유희장 정치'라고 평가할 만큼 유희장 보수나 새로운 유희장 건설 사업이 진행되었다. 평양을 비롯한 주요 지역에 인민이 쉽게 접근할 수 있는 놀이시설을 확충함으로써 김정은의 친서민적인 이미지를 만들기 위해 노력했다. 유희장에 이어 고층 아파트단지 건설, 민속거리 건설, 체육시설 확충 등을 통해 북한 주민들이 직접 보고 경험할 수 있는 김정은의 치적을 늘렸다.[18]

---

17) "장군님의 영원한 동지가 되자", ≪로동신문≫, 2011년 12월 25일 자.

2013년 김정은의 치적으로 강조하는 것은 마식령스키장이다. 마식령스키장은 김정은이 강조한 '세계적 수준'의 상징물이 되었다.

> 오, 그날의 아름다운 추억의 단맛은
>
> 단숨에 정신으로 ≪마식령속도≫로 달리여
>
> 오늘로 달려온
>
> 아름다운 추억의 성상봉
>
> 세계인류급의 마식령스키장에 오른
>
> 마식령병사 우리만이 할수 있는 추억이 아니라.[19]

마식령스키장 건설에 동원된 병사가 먼 후일에 현재를 아름답게 추억하리라는 내용의 시다.[20] 화자인 갓 입대한 병사가 10년 동안 건설해야 할 마식령스키장 건설 사업을 1년 만에 해냈다는, 이른바 '마식령속도'에 대한 기억을 회상하고 있다. '최고사령관 동지'의 명령을 받들어 "천고밀림속에/ 문명국의 상징/ 스키장"을 만들었다는 자부심을 표현했다. 오직 마식령스키장 건설에 참여한 군인만이 느낄 수 있는 추억을 만들었다는 자부심이 시의 전면

---

18) 체육 분야 역시 활발한 행보를 보이는 분야다. 북한은 해외에서 열리는 주요 국제대회에 적극적으로 참여하는 한편 북한 내에서 의욕적으로 국제 스포츠 대회를 개최했다. 2012년 런던 하계올림픽 때는 처음으로 중계방송팀을 파견해 올림픽경기를 현지에서 중계했고, 장애인올림픽 때도 선수단을 파견했다. 또한 남포와 원산을 비롯한 북한 전역에 롤러스케이트장을 개설했다. 군인 승마 훈련장을 일반 대중용 승마장으로 개방하는 등 생활체육도 확대했다. 북한은 2012년 11월 4일 조선로동당 중앙위원회 정치국 확대회의를 통해 '국가체육지도위원회'를 신설하고 장성택을 위원장으로 임명했다. 장성택 처형 이후에도 체육 분야의 활동을 여전히 활발하게 펼치고 있다.

19) 리경체, 「마식령병사는 추억하리」, ≪조선문학≫, 8호(2013).

20) 이상숙, 「김정은시대의 출발과 북한시의 추이」, 남북문학예술연구회 지음, 『김정은시대의 문학예술: 3대 세습과 청년지도자의 발걸음』(도서출판 경진, 2014), 99쪽.

에 드러난다. 과거 경제 건설에 동원되었던 '천리마운동', '천리마속도'를 '마
식령속도'가 대신하는 것이다. 마식령속도는 빠른 것만을 의미하는 데 머무
는 것이 아니라 '스키장'이라는 문명국의 상징을 빠른 속도로 건설하겠다는
의미다. 즉, 이는 문화의 세계화 및 선진화를 상징하는 속도다.

3. 김정은체제 문화정책의 특징

1) 김일성시대의 추억과 김정일의 감성 호명

김정은체제의 출범과 함께 북한이 당면한 최우선 과제는 김정은체제의 조
기 정착이었다. 북한은 단기간에 급속도로 진행된 권력승계 과정에서 발생
할 수 있는 문제를 최소화하면서 인민들에게 권력승계의 당위성과 비전을
제시해야 하는 과제를 안고 있었다. 그와 동시에 김정은시대가 맞이하는 새
로운 세기에 대한 비전을 제시해야 했다. 김정은체제의 안정과 새로운 체제
에 대한 이미지 구축이 필요한 상황에서 문화예술은 변화와 비전을 제시하
는 가장 확실하고 유용한 수단이었다. 김정은은 김정일에 대한 향수와 함께
세계적 추세에 맞춰가겠다는 메시지를 보여주는 데 주력했다.

김정은은 지도자 계승이 확정된 2008년 이후부터 자신의 이미지를 만들
기에는 시간이 절대적으로 부족했다. 따라서 김정은이 이를 위해 먼저 선택
한 것이 김일성 이미지였다. 김일성의 외모와 김정일의 문화 분야에 대한 관
심을 통해 김일성과 김정일의 이미지를 중첩시키면서 새로운 시대의 지도자
로서의 이미지를 강조해나갔다. 그는 김정일과 다르게 현지지도에서 과감한
스킨십을 보여주었다. 주민이나 병사의 손을 잡거나 포옹하는 등 주민들에
게 거리감 없이 다가가는 모습을 연출함으로써 친근한 지도자의 이미지를

만들었다. 이는 김정일 국방위원장이 현지지도 시 일정하게 거리를 두고 지시를 내리던 것과는 다른 모습이었다. 김정은은 이를 통해 인민들에게 더 가까이 다가가는 지도자 이미지를 구축했다.

한편으로는 김일성시대에 만들어진 '추억의 명작'을 재창작해 무대에 올림으로써 김일성시대의 감성을 호소했다. 최고지도자 자리에 오른 2012년에는 파격적인 연출을 통해 세계화와 변화의 이미지를 중첩시켰다.

당분간은 변화가 북한 문화계의 중심으로 자리 잡을 것이 예상된다. 김정은체제는 '이제는 달라질 것', 젊은 지도자가 나왔으니 '새로운 사회가 될 것'임을 과감하게 보여주고자 했다. 이러한 이미지 연출은 인민들에게 자주 노출되고 인민들이 체감할 수 있으며 선전 효과가 높은 분야에서부터 시작되었다.

김정은은 김정일과 김일성의 유산을 물려받았다는 것 또한 분명히 했다. 김정은은 혈연적 정통성을 강조하면서 2013년 4월「조선민주주의인민공화국 최고인민회의 법령」으로 금수산태양궁전을 '김일성, 김정일 조선을 상징하는 수령영생의 대기념비로 영구보존하고 길이 빛내이기 위한 결정'에 따라「조선민주주의인민공화국 금수산태양궁전법」을 채택했다. 이는 김정일과 김일성을 최고지도자 반열에 올리고, 김일성의 업적을 김정일과 연결해 '김일성 - 김정일애국주의'로 규정함으로써 일반화를 시도한 것이다.

2) 김정은시대의 아이콘, '변화'와 북한식 세계화

김정일 사망 이후 김정은체제의 북한에서 가장 관심을 둔 것은 '안정'과 '변화'의 코드였다. 대외적으로 우선시된 것은 '안정'이었고, 대내적으로 우선시된 것은 '변화'였다. 즉, 대외적으로는 정치적 안정성을 과시하는 한편 대내적으로는 새로운 지도자를 통한 변화의 기대감을 키우는 것이었다.

2012년 북한 지도부의 최고 관심사는 김정은체제의 안착이었다. 김정일 국방위원장의 갑작스러운 사망으로 최고지도자에 오른 김정은의 일천한 경력과 어린 나이는 상대적으로 안정감 있는 지도자 이미지와는 거리가 있어 보였다. 김정은을 바라보는 북한 주민의 인식 역시 크게 다르지 않았을 것이다. 국내외의 뜨거운 관심 속에 지도자로 등극한 김정은이 내세울 수 있는 카드는 바로 문화예술이었다. 정치 구조 개혁이나 경제적 업적을 내세우기에는 물리적인 준비 시간이 절대적으로 부족했기 때문이다. 이런 상황에서 문화예술은 북한 주민들에게 변화를 보여주는 동시에 체제 안정을 과시할 수 있는 확실한 수단이었다.

북한은 현재 문화예술을 포함해 사회 전반이 밝고 활기차 보인다. 새로운 젊은 지도자 이미지에 어울리는 밝고 새로운 분위기를 의도적으로 연출한 것이 어느 정도 효과를 보았다고 할 수 있다. 은하수관현악단과 모란봉악단의 공연 하나만으로도 북한 주민들이 받았을 충격은 엄청났을 것이라고 짐작할 수 있다. 북한 문화예술계의 변화는 '파격'이라는 말로 정리할 수 있다. 물론 이러한 변화가 곧 사회 전반의 변화를 의미하지는 않는다.

정치적인 변화보다는 생활경제 분야의 변화가 크고, 생활경제 분야보다는 사회 분야의 변화가 클 것이다. 현실적으로 체제를 안정시키면서 김정은의 치적을 선전하고 변화를 알릴 수 있는 수단은 사회 분야이기 때문이다. 김정은시대의 변화가 지향하는 것은 세계화다. 따라서 민족문화 발전을 명분으로 세계 문화를 수용하는 데 적극적으로 나설 것이다. 북한에서 세계화에 대한 표현이 등장한 것은 2008년 무렵이었다. 이는 남북관계가 경색 국면에 들어서면서 전략적으로 '세계화'를 명분으로 한 국제적인 행보를 확대하려는 조치로 해석되었다. 이후 '세계적 추세'라는 용어가 자연스럽게 확대되었는데, 세계화를 가장 적극적으로 활용한 것이 문화 분야다. 북한은 세계적 고전을 대외문화 유입에 적극적으로 대응하기 위한 문화정책인 동시에 북한 내부에서 발생한 다양한 문화에 대한 욕구를 충족시키기 위한 수단으로 활용한다. 침체되었던 문화계는 '혁명예술'이 아닌 외국 작품과 1950~1960년대 작품의 재창작을 통해 활기를 찾기 시작했다.

2008년부터 시작된 중국과 러시아의 고전 및 세계적인 클래식 명작의 재창작을 비롯해 세련된 공연예술 분야의 퍼포먼스 등은 문화 분야에서 더욱 과감한 개방이 이어질 가능성이 있음을 시사했다. '미국'을 대표하는 캐릭터인 백설공주, 미키마우스, 개구쟁이 스머프 등이 공연에 등장했으며, 영화 〈록키〉의 한 장면과 함께 주제가가 연주되기도 했다. 이는 어느 정도 북한 내부로 유입되는 문화를 차단하는 효과가 있었으며, 대외적으로는 세계화의 기치를 널리 알릴 수 있는 계기가 되었다.

또한 고전의 재창작 등을 통해 문화 분야에서의 '북한식 세계화'를 선보였다. 침체되었던 공연 문화의 한계에 '혁명예술'이 아닌 외국의 명작이나 추억이 깃든 작품의 향수를 통해 새로운 변화를 주는 것이다. 특히 외국 고전의 재창작은 2008년 이후 강조된 '문화의 세계화'의 다양한 양상을 보여준 사업이라 할 수 있다. 북한은 고전의 재창작과 함께 발레 활성화, 쇼팽 탄생 200주년을 맞이해 열린 폴란드 예술영화 〈쇼팽〉 감상회 진행 등을 통해 외국 작품을 선보이기 시작했다.

민간 분야의 외교도 확대되었다. 미국과 일본 당국의 제재 속에서도 비정치 분야의 교류가 늘어났다. 2011년 세계적인 음악감독이자 지휘자인 이노우에 미치요시(井上道義)를 초청해 국립교향악단과의 협연을 진행했으며, 2013년에는 미국 프로농구 선수 출신 데니스 로드맨(Dennis Rodman)과 미국 묘기 농구단 '할렘 글로버트로터스(Harlem Globetrotters)'를 초청해 시범공연을 가졌다. 북한 방송은 이례적으로 로드맨의 방북 활동을 거의 매일 보도했다. 세계적인 인터넷기업 구글의 에릭 슈밋(Eric Schmidt) 회장도 초청했다. 중국, 러시아와의 친선을 명분으로 이들 국가의 대표적인 작품을 재창작하고, 신문이나 방송을 통해 홍보하기도 했다. 2012년 3월에는 은하수관현악단이 프랑스 파리에서 라디오프랑스 필하모닉 오케스트라와 합동 공연을 하기도 했다.

또한 북한 내부에서 진행되는 국제 행사를 명분으로 대외 문화 교류 사업을 적극 추진했다. 2012년과 2013년 4월 봄 친선예술축전과 2012년 평양영화제를 성대하게 진행했다. 이는 적어도 문화 분야에서 김정은식 세계화가 진행되고 있는 징후로 볼 수 있다. 문화 분야에서 개방의 속도는 더욱 빨라지고, 폭은 더욱 넓어질 것이다. 하지만 이는 전면적인 개방이 아닌 '북한식 세계화'로 진행될 것이다.

3) 편의시설 확충을 통한 세대 아우르기

김정은이 최고지도자에 등극하기에는 그 준비 기간이 절대적으로 짧았다. 그러한 상황에서 유희장 개설은 단기간에 김정은의 업적으로 내세울 수 있는 성과물이었다. 2012년 〈아리랑〉의 '어린이장'에서 "경애하는 김정은원수님 고맙습니다"라는 '배경대미술(背景臺美術)'과 함께 유희장의 '배 그네(바이킹)' 조형이 등장했다. 청소년들이 등장해 주요 업적을 나열하는 '청소년장'의 배경대미술에는 '릉라인민유원지'가 등장했다. 공연 실황으로는 이례적으로 배경대의 구호, 유희장 조형 다음에 김정은이 손을 들어 화답하고 어린이들이 환호하는 장면이 이어졌다. 공연 중에 최고지도자의 모습을 보여주는 것은 이례적인 일이었다. 이를 통해 유희장 건설이 김정은의 배려라는 점을 부각시킨 것이다.

문화 사업도 강화되었다. 북한에서 문화 사업은 인민교양과 정서 함양에 중요한 영역이다. 즉, 문화 사업을 통해 사회에 대한 불만을 해소하고, 사상교양을 강화하려는 것이다. 하지만 북한은 다양한 문화시설이나 문화 인프라가 충분하게 갖춰져 있지 않아 실제 인민들이 즐길 수 있는 시설은 제한적이다. 이런 상황에서 북한의 유희장은 누구나 부담 없이 이용할 수 있으며 많은 인민이 유희장에 가보고, 새로운 지도자에 대한 고마움을 체험적으로 느끼게 할 수 있는 시설로 활용되고 있다. 평양에 새롭게 건설된 민속거리 역시 새로운 문화시설로 이와 같은 맥락에서 이해할 수 있다.

북한은 인민생활을 지도하는 김정은의 모습을 방송언론에 노출시킴으로써 세심한 지도자의 이미지를 각인시키려고 노력한다. 2012년 5월 유희장을 방문한 김정은이 유희장 관리에 대해 질타하는 모습이 방송되었다. 김정은이 지적한 내용은 유희장 내 도로 파손, 유희기구의 도색 상태, 물놀이장의 안전 문제, 잡초 제거 등의 사소한 것이었다. 어찌 보면 큰 문제가 아닐 수도 있지만 이를 방송을 통해 보여주었다는 것은 김정은이 이런 작은 부분까지 신경을 쓰고 있다는 것을 인민들에게 알려 친근한 지도자의 이미지를 부각시키기 위한 것이라 할 수 있다.

매년 4월 개최되는 '4월의 봄 친선예술축전' 행사에는 인민예술축전이 추가되었다. 북한의 보도에 따르면 2013년 4월 제3차 '4월의 봄 인민예술축전'이 열렸다. 인민예술축전은 평양대극장, 동평양대극장 등을 비롯한 실내 공연장과 야외 공연장에서 전문가예술축전, 전국예술선전대축전, 전국기동예술선전대축전, 전국근로자예술축전 등으로 진행되었다.

4. 맺음말

2011년 김정일 사망 이후 본격적인 지도자로 등장한 김정은의 우선 과제는 사회 안정이었다. '정치적 자본'이 적고 경험도 부족한 김정은의 등장으로 인한 불안감을 해소하고 새로운 지도자로서의 이미지 구축이 급선무였으며,

지도자 교체를 안정감 있게 진행하는 것이 우선 과제였다. 북한은 김일성 탄생 100주년이라는 절묘한 시점에 김일성의 부활이라는 이미지를 활용해 김정은의 지도자 이미지를 구축했다. 김정은은 김일성의 외모, 김정일의 문화 분야에 대한 관심을 동시에 추구하면서 김일성과 김정일의 이미지를 중첩시키고자 했고, 그 둘을 동시에 계승한 새로운 시대의 지도자를 자신의 이미지로 만들었다. 김정은의 시대는 그렇게 열렸다.

김정은체제 출범 첫해인 2012년 이후 북한은 빠르게 안정을 찾으면서 후계체제로의 전환에 성공했다. 김정일의 갑작스러운 사망으로 후계자 준비 기간이 충분하지 않았는데도 김정은체제는 연착륙에 성공한 것으로 평가할 만하다. 권력승계 과정에서 발생할 것으로 예상되었던 체제의 불안정성도 상당 부분 해소되었다.

김정일의 사망 이후 추모 분위기 대신 추진했던 젊은 지도자의 변화 메시지도 현재까지는 효과를 보았다고 할 수 있다. 인민생활을 중심으로 한 다양한 문화시설과 편의봉사시설을 개설했고, 노년과 청장년층, 소년층을 아우르는 정책도 효과를 보았다. 생활은 나아졌고 정치적 안정감도 더해졌다. 중년층에게는 1960년대 복고 분위기를 불러일으키는 향수를 자극함으로써 김일성 재림 효과가 있었고, 젊은 세대에게는 파격적인 예술단을 통해서 변화와 자신감을 심어주었다. 대대적인 소년단 행사를 통해 미래 주동 세력으로서의 자부심을 심어주기도 했다.

또한 김정은은 2000년대 중반부터 '인민생활제일주의'를 강조하면서 시작한 인민생활 편의 사업의 결과물을 자신의 치적으로 과시하는 데도 성공했다. 대외적으로는 문화를 통한 북·중, 북·러 친선 관계에도 힘을 쏟으면서 대외 불안 요소를 제거했다. 정권 교체기에 발생할 수 있는 사회 기강의 해이를 막기 위해 사회주의적 생활 기풍이 강조되었다. 인민들이 변화로 느낄 만한 성과와 조치가 이어지면서 김정은체제의 미래에 대한 기대감을 형성하는 데 어느 정도 성공한 것으로 평가된다. 북한 경제가 전반적으로 호전된 것도 중요한 요인이 되었다. 앞서 열거한 사업들은 경제 상황이 어려웠다면 쓸데없는 것으로 인식될 수도 있었을 것이다. 하지만 북한 경제가 살아나면서 인민생활을 위한 여유가 생겼다. 경제가 나쁘지 않은 상황에서 김정은의 행보는 인민생활을 다독이는 후광 효과를 냈다. 하지만 본격적으로 지도자의 능력을 평가받기에는 아직 이르다.

'주체 100년'이 된 2012년은 북한의 모든 역량을 최고로 투입한 시점이다. 북한은 2012년을 강성대국의 문을 여는 해로 만들겠다고 수차례 강조해왔다. '강성대국'은 '강성국가'라는 표현으로 바뀌고, 거창한 경제 건설을 위시해 '창광원식 목욕탕, 평양민속공원, 류경원, 인민야외빙상장, 로라스케트장, 릉라인민유원지, 릉라곱등어관, 인민극장, 통일거리 운동센터' 등이 건설되었다. 전국에 문화휴식터를 새로 건설하거나 개건·보수했다. 김정은이 유희기구에 직접 올라 점검하고, 타보기도 했다. 이처럼 인민들이 직접 체험할 수 있는 편의시설을 통해 '위무(慰撫)'정책을 확대했다.

예술 분야에서는 아직까지 뚜렷한 변화가 보이지 않는다. 김정은이 문학예술 분야에 대한 관심을 돌릴 만큼 여유가 없었기 때문이다. 정치적 안정과 인민생활경제를 중심으로 권력 기반을 다져야 했기 때문에 문화예술 분야는 김정일의 정책을 계승하는 선에 머물러 있다. 이에 따라 작가 및 예술가들이 앞장서서 김일성과 김정일의 치적을 작품화하기보다는 당의 정책 방향을 학습하고 김정은시대의 성과물을 예술적으로 형상화하기에 급급한 상황이다. 선군시대에 거창하게 논의되었던 '선군혁명문학'이 큰 내용 없이 주인공의 군대화, 인민의 선군원호화를 강조하던 것에 머물렀던 경험에 비추어본다면 김정은시대의 새로운 예술은 내용보다는 형식에 치우칠 가능성이 높다.

김정은시대의 문화정책에서 두드러진 것은 개방의 행보다. 2012년 이후 '세계적 추세'라는 용어를 잇달아 사용하고 있다. 국토관리, 환경보호, 산업 생산, 에너지 개발, 산업 분야의 표기 및 공업 규격화, 인민생활 등에서 세계적 추세를 강조했다. 이러한 변화를 일시적인 현상으로 평가할 수만은 없다. 2012년 선보인 모란봉악단 공연의 퍼포먼스는 세계 문화와 교류하겠다는 의지의 표명으로 해석될 여지가 충분하다. 세계 명작의 재창작이나 클래식 거장을 중심으로 한 외국 작품 연주회가 바로 이러한 변화를 시사한다.

참고문헌

1. 국내 문헌

김성수. 2014. 「김정은시대 초의 북한문학 동향」. 남북문학예술연구회 지음. 『김정은시대의 문학예술: 3대 세습과 청년지도자의 발걸음』. 도서출판 경진.

정영철. 2012. 「김정은체제의 출범과 과제: 인격적 리더십의 구축과 인민생활 향상」. ≪북한연구학회보≫, 제16권 제1호.

이상숙. 2014. 「김정은시대의 출발과 북한시의 추이」. 남북문학예술연구회 지음. 『김정은시대의 문학예술: 3대 세습과 청년지도자의 발걸음』. 도서출판 경진.

이지순. 2012. 「북한 서사시의 김정은 후계 선전양상」. ≪북한연구학회보≫, 제16권 제1호.

_____. 2014. 「김정은시대의 애도와 구원의 코드」. 남북문학예술연구회 지음. 『김정은시대의 문학예술: 3대 세습과 청년지도자의 발걸음』. 도서출판 경진.

한국문화관광연구원. 2012. 2. ≪KCTI 북한문화동향≫(2011년 하반기), 제6집.

2. 북한 문헌

김철송. 2012. 「꼭 같으서요」(동시). 박춘선 엮음. 『영원한 우리 아버지』. 평양: 금성청년출판사.

리경체. 2013. 「마식령병사는 추억하리」. ≪조선문학≫, 8호. 평양.

≪로동신문≫. 2011. 1. 1. "(공동사설) 올해에 다시한번 경공업에 박차를 가하여 인민생활 향상과 강성대국건설에서 결정적전환을 일으키자". 평양.

_____. 2011. 7. 14. "위대한 령도자 김정일 동지께서 연극 〈오늘을 추억하리〉를 관람하시였다". 평양.

_____. 2011. 12. 22. "(정론) 위대한 눈보라한생". 평양.

_____. 2011. 12. 22. "장군님, 새날이 밝았습니다". 평양.

_____. 2011. 12. 24. "(사설) 위대한 김정일 동지는 선군조선의 영원한 백전백승의 기치이시다". 평양.

_____. 2011. 12. 24. "인민이여 우리에겐 김정은 대장이 계신다"(김일성종합대학 문학대학 집체작). 평양.

_____. 2011. 12. 24. "(정론) 우리의 최고사령관". 평양.

_____. 2011. 12. 25. "조선로동당 중앙군사위원회 부위원장 김정은 동지께서 조선로동당 중앙군사위원회와 조선민주주의인민공화국 국방위원회 성원들, 조선인민군 주요지휘성원들, 조선인민군 최고사령부작전지휘성원들, 조선인민군 대련합부대 지휘성원들과 함께 위대한 령도자 김정일 동지의 령구를 찾으시여 심심한 애도의 뜻을 표시하시였다". 평양.

_____. 2011. 12. 25. "(정론) 장군님의 영원한 동지가 되자". 평양.

_____. 2011. 12. 30. 「위대한 김정일 동지의 령전에는」(조선작가동맹 중앙위원회의 추도시). 평양.

_____. 2012. 7. 9. "경애하는 김정은 동지께서 새로 조직된 모란봉악단의 시범공연을 관람하시였다". 평양.

제2장

선군과 민생, 청년 지도자의 욕망*

_ 김정은시대의 북한 문학 동향

김성수 | 성균관대학교 학부대학 교수

1. 머리말

이 글은 출범한 지 3년이 지난 김정은정권이 체제를 넘어 시대를 구가한 현실에서 북한 문학의 전반적인 동향과 추이를 전망함으로써 북한체제의 향방과 주민의 생활상을 탐색하는 데 그 목적이 있다.

---

* 이 글은 김정일시대와 김정은시대에 두루 걸친 북한 문학의 역사적 흐름에 관한 필자의 여러 논문을 요약·종합해 단행본의 취지에 맞게 고친 것이다. 김성수, 「선군사상의 미학화 비판: 2000년 전후 북한문학에 나타난 글쓰기의 변모양상」, ≪민족문학사연구≫, 제34호(2008); 김성수, 「김정은시대 초의 북한문학 동향: 2010~2012년 ≪조선문학≫·≪문학신문≫ 분석을 중심으로」, ≪민족문학사연구≫, 제50호(2012); 김성수, 「북한문학, 청년 지도자의 욕망: 김정은시대 북한문학의 동향과 전망」, 『세계 속의 북한학: 과거, 현재 그리고 미래』, 통일부 주최 제1회 세계북한학대회(2014. 10. 28) 자료집 참조.

2011년 말 아버지의 사망으로 권력을 승계한 김정은이 정권을 교체하고 체제를 다진 후 시대를 구가하기까지 김정은시대 문학의 전반적인 동향에 관해 남한 학계에서도 일정한 논의가 이루어졌다. 가령 남북문학예술연구회의 『3대 세습과 청년지도자의 발걸음: 김정은시대의 북한 문학예술』(2014)에서는 "김정은시대 초기의 문학예술이 '김일성=김정일=김정은' 명제의 상징을 통해 아버지와 할아버지의 권위를 성공적으로 승계하고 '인민생활 향상'을 위한 다양한 변화를 꾀하고 있긴 하지만 아직은 크게 보아 '선군문학예술'의 자장에서 그리 크게 벗어나지 못했다는 평가가 가능하다"라고 했다.[1] 또한 이지순은 김정일 말기 서사시와 김정은 초기 서정시를 분석해 김정은의 문학적 상징으로 '발걸음' 이미지, '애도와 구원의 코드', '청년 지도자의 젊음과 열정'의 이미지를 찾아냈다. 이상숙은 '김정일애국주의, 발걸음, 인공지구위성, 핵실험' 등의 표면적 이미지와 '쌀의 균열'이라는 숨겨진 이미지를 추적했다. 김성수는 선군(先軍) 담론과 민생 담론의 병행과 '친근한 청년 지도자'의 수령 형상을 분석했다. 오태호도 소설 수십 편을 개괄해 '김정일애국주의, 최첨단 시대의 돌파, 양심과 헌신의 목소리' 등의 이미지를 찾아냈고, 오창은은 그들 이미지가 바로 권력 교체기의 불안감을 해소하는 '통치와 안전을 위한 기억과 재현의 정치 행위'라고 해석했다.[2]

---

1) 남북문학예술연구회, 『3대 세습과 청년지도자의 발걸음: 김정은시대의 북한 문학예술』(도서출판 경진, 2014), 서문 참조.
2) 이지순, 「북한 서사시의 김정은 후계 선전양상」, ≪북한연구학회보≫, 제16권 제1호 (2012); 김성수, 「김정은시대 초의 북한문학 동향」; 이지순, 「김정은시대 북한 시의 이미지 양상」, ≪현대북한연구≫, 제16권 제1호(2013a); 오태호, 「김정은시대 북한 단편소설의 향방: '김정일애국주의'의 추구와 '최첨단 시대'의 돌파」, ≪국제한인문학≫, 제12호 (2013); 이지순, 「김정은시대의 애도와 구원의 코드」, ≪어문논집≫, 제69호(2013b); 김성수, 「선군(先軍)'과 '민생' 사이: 김정은시대 초(2012~2013) 북한의 '사회주의 현실' 문학 비판」, ≪민족문학사연구≫, 제53호(2013); 오창은, 「김정일 사후 북한소설에 나

이들 선행 연구를 통해 김정은시대 초반 북한 문학의 전반적 동향이 일정하게 정리되었다. 여기서는 김정은시대 북한체제의 성격과 주민의 생활상을 횡단면에서 심층분석하기 위해 '수령형상문학'과 '사회주의 현실주제문학' 작품을 중심으로 논의하고자 한다. 한편으로는 '핵무력과 경제' 병진정책으로 정치경제적 안정을 도모하면서, 다른 한편으로는 인민에게 '사회주의적 부귀영화'를 누리게 하려는 김정은시대 문학 담론의 표면적 환상과 그 이면의 실체를 분석하고자 한다. 김정은체제가 구호로 내세운 '사회주의 강성국가, 사회주의 문명국', 주민의 '사회주의적 부귀영화'가 문학작품에서 어떻게 표현되어 독자인 인민, 나아가 타자의 시선을 사로잡는지 그 본질을 찾아볼 것이다.

2. 김정은시대 문학의 전사, 주체문학과 선군문학

해방 후 60여 년간의 북한 문학을 역사적으로 개괄할 때 마르크스레닌주의에 기초한 사회주의 리얼리즘 미학을 내세운 1950~1960년대와 주체사상-김일성주의에 기반을 둔 주체문예이론의 시대인 1970~1990년대로 크게 이분할 수 있다. 그리고 2000년 이후 현재까지 주체사실주의문학의 자장 내에서 선군(혁명)문학예술이 창작·유통되고 있다.

1967년 주체사상의 유일사상체계화 이후 20여 년간의 주체문예이론 형성 과정에서 주체사상에 입각한 '종자론, 속도전, 수령 형상론' 등은 절대적 권위를 가졌다. 다만 1980년대 중반부터 이념적으로나 작품 성과 측면에서 경

타난 '통치와 안전'의 작동: 인민의 자기통치를 위한 기억과 재현의 정치」, ≪통일인문학논총≫, 제57집(2014).

직성을 완화시킨 결과 종래의 주체문예이론보다는 상대적으로 포용력 있는 『주체문학론』(1992)이 완성되었다. 그 앞뒤로 박태원의 『갑오농민전쟁』, 백남룡의 『벗』, 남대현의 『청춘송가』처럼 예술적 완성도도 높으면서 주민 생활상을 진실하게 담은 작품을 볼 수 있었다.

그러나 1994년 김일성 사망 이후 정세가 달라졌다. 김정일이 통치한 1994~2011년의 17년간을 '김정일시대'라 할 때 북한 사회의 흐름은 초기의 '유훈통치기'와 '고난의 행군, 강행군' 시기를 거치면서 '선군시대'로 자기정립을 했다고 할 수 있다. 1990년대 중후반 한때 체제 붕괴 위기를 거치면서 인민 생활은 대폭 악화되었지만 유일사상에 입각한 김정일체제는 더욱 견고해졌으며, 위기를 넘기는 과정에서 크게 공헌한 군(軍)의 위상이 절대화되었다. 문학도 '선군혁명문학'이라는 슬로건 아래 이념적으로 더욱 경직되었다.

선군혁명문학은 주체사실주의문학의 '새로운 형태'다. 작품 주인공도 이전 시대 문학이 노동계급이나 프롤레타리아 위주인 데 반해, '선군시대'에는 혁명 주력군이 노동계급이 아니라 인민군대이기 때문에 인민군이 기본 주인공이 된다는 논리를 펼쳤다. 군인이 아닌 등장인물까지 포괄하기 위한 미학적 장치로 '군민 일치의 전통적 미풍'을 감명 깊게 그려내면 된다고도 했다.[3] 수령에 대한 절대적 충성과 군부를 노동계급보다 우위에 두는 '선군사상'에 기초한 선군문학이 강한 구심력을 발휘한 셈이다. 선군문학의 역사적 추이를 살펴볼 때 처음에는 시와 소설 창작에서 군대식 특징이 소재 차원으로 수용되었지만, '군이 최우선'이란 담론이 차차 사상적·이데올로기적 차원으로 받아들여지다가 나중에는 비평과 미학 차원까지 '총대미학'식으로 전일화되

---

3) 방철림, 「위인의 손길 아래 빛나는 선군혁명문학」, ≪천리마≫, 11월호(2000); 방형찬, 「선군혁명문학은 주체사실주의문학 발전의 높은 단계이다」, ≪조선문학≫, 3월호(2003); 김정웅, 「선군혁명문학의 특성과 그 창작에서 나서는 요구」, 사회과학원 주체문학연구소 엮음, 『총대와 문학』(평양: 사회과학출판사, 2004).

는 방향으로 흘렀다.[4]

　문학사적 흐름에서도 1950년대 시대정신을 노동계급인 천리마기수들이 형상화했다면, 2000년대의 시대정신은 군인들이 창조해야 한다는 것이다. '고난의 행군'이라고 하면서 식량난과 체제 붕괴 위기를 전쟁으로 비유하는 북한 사회에서 전쟁 수행과 승리의 담지자는 오직 군인뿐이라는 현실이 이러한 주장의 근거로 확고하게 자리 잡았다. '군이 우선'이라는 슬로건 아래 더욱 강화된 강박적 글쓰기의 현실적 동인은 결국 '고난의 행군'으로 일컬어지는 체제 붕괴의 위기와 '선군사상'으로 일컬어지는 체제 극복 정책 노선을 창작의 동인으로 전화시킨 문예정책이며, 이를 외면·반대할 수 없는 작가의 처지를 반영한다고 생각할 수 있다.

　김정은시대 문학의 전사(前史)라 할 주체문학과 선군문학은 김정일시대(1994~2011)를 대표하는 문학적 핵심어다. '주체사실주의'를 창작 방법(미학)으로 한 주체문학과 그 자장 속에서 특히 군의 위상을 절대화한 선군문학은 겉으로는 인민의 자주성을 내세운 '주체의 문예관'에 기반을 두었다고 하지만, 실은 '수령에 대한 충실성'이 가장 중요한 지침이다. 문학 창작과 향유의 유일한 기준으로 수령에 대한 충성을 강조한 것이다. 게다가 선군 담론이 강화되면서 창작의 주체부터 미학에서까지 군의 역할이 강조되었다.

　주체문학과 선군문학은 지도자의 선군 영도 업적을 그대로 문학작품에 반영한 영도자의 문학이다. 북한의 문예이론체계에서 '수령형상문학론'은 주체

---

4)　김성수, 「북한의 '선군혁명문학'과 통일문학의 이상」, ≪통일과 문화≫, 창간호(2001); 노귀남, 「북한문학 속의 변화 읽기」, ≪통일과 문화≫, 창간호(2001); 이봉일, 「2000년대 북한문학의 전개양상」, 김종회 엮음, 『북한문학의 이해 3』(청동거울, 2004); 김성수, 「김정일시대 문학에 대한 비판적 고찰: 선군시대 선군혁명문학의 동향과 평가」, ≪민족문학사연구≫, 27호(2005); 김성수, 「선군사상의 미학화 비판: 2000년 전후 북한문학에 나타난 글쓰기의 변모양상」.

사상(나아가 김일성-김정일주의)이 마르크스 레닌주의와 차별화되듯이 보편적인 사회주의 리얼리즘 미학의 혁명적 지도자론과 거리를 둔다. 문학작품을 창작할 때 당 최고지도부로서의 개성 있는 캐릭터를 구축하는 정도가 아니라 아예 '수령 형상' 자체가 지도자에 대한 충성을 교육하고 당의 유일사상을 전파하는 중요한 수단으로 간주되는 것이다. 북한은 "아버지/ 친애하는 수령님"이라는 인물을 "가장 순수한 인종"인 북한 인민의 보호자로 제시함으로써 통치의 정당성을 확보해왔다.[5] 이와 관련해서 '수령형상문학론'을 체계화한 문예학자 윤기덕은 김정일이 처음으로 '수령형상문학론'을 체계화했다면서 "수령의 형상을 창조하는 것은 문학예술을 수령에 대한 충실성 교양과 당의 유일사상체계 확립을 위한 가장 위력한 수단이 되게 하는 결정적 담보"라고 규정한 바 있다.[6] 수령 형상을 다룬 대표작으로는 서사시 「영원한 우리 수령 김일성 동지」와 「조국이여 청년들을 자랑하라」, 김일성의 생애를 형상화한 총서 '불멸의 력사' 중 장편소설 『영생』과 『붉은 산줄기』, 김정일의 활동을 형상화한 총서 '불멸의 향도' 중 장편소설 『역사의 대하』와 『평양의 봉화』 등이 있다. 김일성과 김정일의 일대기를 대하 연작소설로 그린 총서 '불멸의 력사' 및 '불멸의 향도'를 수령형상문학의 대표작으로 내세우는데,

---

5) B. Myers, *The Cleanest Race: How North Koreans See Themselves and Why It Matters*(Melville House Publishing, 2011). T. Gabroussenko, "From Developmentalist to Conservationist Criticism: The New Narrative of South Korea in North Korean Propaganda," *Journal of Korean Studies*, Vol. 16, No. 1(June 2011), pp. 30~31에서 재인용. 타티아나 가브로우셴코가 브라이언 마이어스의 책을 요약한 것에 따르면 마이어스는 북한 선전물이 전통적으로 남한을 가난하고 오염된 '양키 식민지'로 묘사하며 마르크스 레닌주의보다 국수주의나 도덕적인 관점에서 비난해왔다. 여기서 도덕적 관점이란 바로 국가와 "어버이"를 일체로 사고하는 충효 이데올로기를 지칭한다고 생각한다(김성수, 「1990년대 주체문학에 나타난 충효 이데올로기」, ≪현대북한연구≫, 제5권 제2호(2002) 참조].

6) 윤기덕, 『수령형상문학』(주체적 문예리론연구총서 11)(평양: 문예출판사, 1991), 8쪽.

이는 봉건 왕조의 왕실 찬양 또는 개인숭배문학의 성격을 띠는 것으로 평가된다.

수령형상문학과 짝을 이루는 선군문학도 타자의 시선에서 볼 때 문제가 적지 않다. 1990년대 이후 세계사에서 현실 사회주의가 거의 소멸되었는데도 그들이 여전히 세계 사회주의권의 중심이라는 허장성세가 담긴 리종렬의 『평양은 선언한다』(1997), 선군문학의 대표작이라고 할 수 있는 백의선과 류동호의 공동 서사시 「조국이여 청년들을 자랑하라」(2000), 박윤의 장편소설 『총대』(2003) 등이 그 예다.[7] 가령, 1998년 미국의 북한체제 전복 계획이라는 '5027작전계획'을 '총대정신'으로 막아낸다는 『총대』의 "총대, 총대에 모든 것이 달려 있습니다. 선군정치는 우리 당의 전략적인 로선입니다. 그래서 우리는 시종일관 우리의 총대인 병사들 속으로 찾아가는 것입니다"라는 주인공 유진성의 외침이 선군문학의 한 표상이라 하겠다. 이 작품들이 김정일시대를 대표하는 체제 내부의 현실을 제대로 반영했는지는 몰라도 세계사의 흐름과는 일정한 거리가 있다고 할 수 있다. 즉, "붓대는 총대와 같아야 한다"라는 슬로건 수준의 '총대미학'이 과연 일반화가 가능한 보편이론인지에 의문이 든다. 타자의 시선에서 볼 때 가칭 '선군문학론'이 기존의 사회주의문학론이나 주체문학론 같은 위상을 지니기는 어렵다.

그런데도 김정일시대 북한에서 보편적인 사회주의문학 대신 주체문학, 선군문학을 내세운 현실적 이유는 무엇일까? 이는 현실 사회주의의 몰락에 따라 시효가 다한 사회주의 리얼리즘 대신, 최고지도자(수령, 장군)에 대한 충성과 '자민족 제일주의'라는 주관적 의지를 강조해서 위기를 돌파하겠다는

---

7) 북한에서 거의 매년 발간되는 『조선문학예술년감』 1998~2009년 판에 따르면 1997년부터 2007년까지 11년 동안 공식적으로 발표된 북한의 예술작품은 총 2만 8185건에 이른다. 그중에서 문학 부문 대표작으로 주로 거론되는 작품들이다.

전략의 일환이라 할 수 있다. 가령 "사탕알이 없이는 살 수 있어도 총알이 없이는 살 수 없다는 철석같은 신념을 간직한 우리 인민이기에 장군님 따라 선군의 길을 꿋꿋이 걸어왔고, 오늘 우리 조국은 그 어떤 대적도 두려움 없는 정치사상강국, 군사강국으로 거연히 일떠섰다"[8]라는 수필의 한 대목은 민생을 희생시키더라도 군대가 최우선이라는 선군 담론의 특징을 단적으로 보여준다. 김정일시대 북한이 내세웠던 '우리식 사회주의'는 '정치에서의 자유', '경제에서의 자립', '국방에서의 자위'를 통해 다른 나라에 의존하지 않는 자력갱생체제화에 초점이 맞춰져 있지만, 실제로는 인민의 생활을 희생시키고 상대적으로 체제 보위의 근거였던 군의 위상 강화로 드러났던 것이다. 이에 따라 문학도 지도자의 위상을 신성시하고 군(군인과 군대, 군인정신)이 창작의 주체이자 소재, 이념이 되었고, 심지어 미학까지 담론을 장악했던 셈이다.

3. 선군 담론의 자장과 리얼리즘의 틈새

물론 김정일시대에 혁명적 군인정신을 선군문학처럼 소재나 이데올로기, 미학 차원에서 작위적으로 만들려는 강박적 담론만 있었던 것은 아니다. 북한 주민의 다양한 일상과 삶을 생활 그 자체의 용어와 논리로 진실하게 포착하려는 리얼리즘 미학의 접근법도 적잖이 찾아볼 수 있다. 선군 담론의 강한 구심력 주변에 진실한 생활 감정을 섬세하게 그리려는 리얼리즘의 원심력이 북한체제의 문예체계에 균열을 불러일으키기도 했다. 이는 최고지도자의 개인숭배 선전물이라 할 수 있는 '수령형상문학'에서는 자취를 찾기 힘들지만, 주민들의 생활상을 형상화한 '사회주의 현실주제문학'에서는 심심치 않게 찾

---

8) 서현일, 「총대는 이어진다」, ≪조선문학≫, 4월호(2012), 66쪽.

아볼 수 있다. 「나의 교단」, 「쇠찌르레기」, 「영근 이삭」처럼 주민의 생활감정을 섬세하고 리얼하게 다룬 세태소설이 바로 그것이다. 특히 1990년대 중반의 식량난과 에너지난으로 대표되는 체제 붕괴의 위기 속에서도 라남 지역 탄광지대의 자력갱생을 그린 김문창의 『열망』이나 7·1 신경제관리체제 이후 변화한 농촌 현실을 다룬 변창률의 「영근 이삭」, 「밑천」 등이 그나마 북한 현실을 있는 그대로 재현한 리얼리즘 성과작이라고 판단할 수 있다.

『열망』(1999)은 '라남의 봉화'라고 일컬어지는 라남 지역 탄광지대의 생산 혁신이 이루어진 곳을 배경으로 1990년대 중후반의 체제 위기를 자력갱생으로 극복하는 과정을 보여준다. 여기에서 주된 갈등은 관료주의와 관행주의에 대한 주인공의 비판과 극복 내용이다. 작가의 관료제 비판은 김정일시대가 안고 있는 문제에 대한 체제 내적 반성의 산물이며, 체제 위기를 외세 탓으로만 돌리지 않고 체제 내에서 문제를 찾아 스스로 극복하려는 작가와 그를 지지하는 주민의 강한 열망으로 이어져 있다.

이러한 흐름에 변창률, 렴형미, 김혜성 등 젊은 작가들의 창작도 한몫한다. 변창률의 단편소설 「영근 이삭」(2004)을 보면 7·1신경제관리체제 이후 변화하고 있는 북한 농촌 현실에서 '고난의 행군'이라는 체제의 위기를 극복한 분조장 농민의 희망적·낙관적 현실 인식을 흥미롭게 보여준다. 홍석중의 역사소설 『황진이』(2002)와 같이 위기를 극복했다는 낙관적 분위기 속에서 이념과 현실의 미세한 균열을 뚫고 빼어난 문학이 탄생하기도 했다. 이 작품은 조선시대의 황진이를 통해 인간의 본능과 이를 인위적으로 억압하는 온갖 금욕주의적 허위의식을 날카롭게 비판한다. 민중사적 시각을 견지하면서도 멜로드라마적 요소와 민족 형식을 떠올리게 하는 문체 수준을 보인 홍석중의 『황진이』, 김혜성의 『군바바』(2007) 같은 역사소설이나 비전향 장기수의 북한 정착기라 할 남대현의 『통일련가』(2003) 등에서 1967년 이전의 사회주의 리얼리즘 미학이나 1980년대 중반의 유연한 사고를 연상할 수 있어

통일문학으로의 도정에 희망을 갖게 한다.

어느 재미 학자의 수사(修辭)처럼 사회주의 리얼리즘은 현실과는 거리가 멀지만 그 안에는 미래에 대한 유토피아적 세계관과 관련된 미신적인 구조가 있다. 북한 작가들은 리얼리즘의 전통에 따르고자 했지만 현실 정치적 신념을 묘사하는 데 최선을 다했다. 환상을 사실인 양 다루는 북한의 엄격한 선전체계하에서 혁명적 현실까지 포괄하고자 했던 공식적 정치 선언은 사회주의 리얼리즘에 의해 탄생되고 발전한 유토피아적 시각의 방해를 받을 수밖에 없다.[9] 문학이 꿈꾸는 환상은 현실에서 출발한 가상이지 그 자체로 현실은 아니다.

그런데 2010년대 들어 주민의 생활상을 그린 '사회주의 현실주제문학'에서뿐 아니라 체제 문학 내부에서도 선군문학 담론 자체의 강고한 원칙이 조금씩 균열을 보임에 따라 이러한 이념과 현실의 미세한 균열 조짐이 그 내파를 드러낸 바 있다. 무엇보다 선군의 자장 내에서 민생 담론이 고개를 든 것이다. 김정일의 와병과 김정은으로의 승계 작업이 시작된 2009년 이후부터 민생을 돌보는 '인민생활 향상'이 주요 문학 담론으로 부각되기 시작했다. 가령 김일신의 서사시 「수령복 넘치는 위대한 내 나라」(2010)와 조선작가동맹 시문학 분과위원회의 집체작 서사시 「비날론 송가」(2010), 주명옥의 서사시 「비날론」(2011), 김은숙의 장시 「누리에 울려가는 2월의 노래여」(2011) 등을 보면 김정일시대 말기의 민생 관련 치적이 화려하게 나열되어 있다. 즉, 발전소를 세우고 의생활을 향상시키며 제철소를 재가동하고 컴퓨터 산업화를 일반화하는 등의 새로운 세태를 "희천속도, 비날론 폭포, 주체철(김철)의 불

---

9) Suk-Young, Kim, *Illusive Utopia: Theater, Film, and Everyday Performance in North Korea(Theater: Theory/Text/Performance)*(University of Michigan Press, 2010), pp. 46~47을 요약한 것임.

노을, CNC기계바다" 등의 문학적 이미지로 열거한다.10) 여기에서 '선군' 담론은 표면적 구호나 상투적 포장(Cliché)일 뿐 시의 무게중심은 '경제강국 건설과 인민생활 향상' 담론에 놓여 있다. 다만 이 내용을 독자에게 전달하는 시적·문학적 레토릭(rhetoric)의 경우 철저하고 일관되게 '군대식 용어와 상상력'에 의존한다는 점에서 여전히 '선군 담론'의 자장을 실감할 수 있다.

표면적으로 선군 담론의 구호 속에서 전기, 건설, 철강, 의식주 생활의 향상 등 민생 담론이 활기를 띤 것은 김정일시대 말기의 새로운 문학 현상이라 하겠다. 최현일은 "폭포처럼 쏟아지는 이 세멘트 (중략) 행복의 창조물을 높이 쌓아올리고 있나니"라고 시멘트공장의 재가동을 찬양하고,11) 황성하 시인은 평양 교외 대동강 과수원 대농장의 사과밭을 두고 "과수의 바다에 햇빛이 쏟아진다"12)라고 노래한다. 이 시기에 나온 허수산의 평론 "더 깊은 시적 탐구가 필요하다"의 부제가 '인민생활 향상 주제의 시 작품을 읽고'인 것에서 확인할 수 있듯이 이 시기에는 「나는 강성대국의 비단을 짠다」, 「아버지의 사랑」, 「봄맞이 처녀의 노래」 등 인민생활 향상을 위한 경공업 생산현장의 목소리를 시로 담아내는 민생 담론이 주목을 받았다.13)

민생 담론이 일반 주민의 생활감정을 다룬 '사회주의 현실주제문학' 작품에만 담긴 것은 아니다. 지도자를 신성시해 형상화하는 '수령 형상' 작품, 심지어 서사시에서도 '주체'나 '선군' 대신 '민생' 담론이 자리 잡은 것이다. 김일

---

10) 김일신, 「수령복 넘치는 위대한 내 나라」, ≪문학신문≫, 2010년 2월 27일 자, 2~3쪽; 조선작가동맹 시문학 분과위원회, 「비날론 송가」, ≪문학신문≫, 2010년 3월 20일 자, 2쪽; 주명옥, 「비날론」, ≪조선문학≫, 9월호(2011), 40쪽; 김은숙, 「누리에 울려가는 2월의 노래여」, ≪문학신문≫, 2011년 2월 26일자, 3쪽.

11) 최현일, 「세멘트―나의 기쁨아」, ≪문학신문≫, 2011년 5월 21일 자, 2쪽.

12) 황성하, 「해빛 넘쳐라 과수의 바다여」, ≪문학신문≫, 2011년 11월 12일 자, 2쪽.

13) 허수산, "더 깊은 시적 탐구가 필요하다", ≪문학신문≫, 2011년 5월 21일 자, 2쪽.

성 사망 16주기 추모시인 김정덕의 서사시 「인민이 가는 길」(2011)도 그 예라 하겠다.[14] 표면적으로는 김일성의 추모를 내세우지만 실제로는 김정일 찬가다. "폭포처 흐르는/ 주체철/ 주체비료/ 주체비날론/ 우뚝우뚝 솟아나는 CNC화된 공장들"이란 시구를 보면 선군 담론 대신 '인민생활 향상' 담론이 더 많은 비중을 차지해 민생이 대세인 증거가 드러난다.

중간 결론을 말한다면 김정일시대 말기였던 2010년대 들어 북한 문학을 강고하게 지배했던 선군 담론의 일방적 우위는 조금씩 균열을 드러내고, 그 대신 민생 안정을 위한 '인민생활 향상' 담론이 창작과 비평의 구체적인 준거로 강화되기 시작한 것이다. 따라서 선군과 민생의 병진 조짐이 이미 김정은시대 출발 이전부터 준비되었다고 할 수 있다.

4. 청년 지도자 김정은의 수령 형상

2008년 김정일이 뇌졸중으로 쓰러진 이후 체제와 정권의 동요가 감지되자 후계자로 3남 김정은이 내정되었다. 2010년 9월 김정은이 중앙군사위원회 부위원장이 되면서 북한의 3대 권력세습이 대외적으로 공식화되었다. 하지만 문학예술 분야에서 3세대 후계자로 내정된 김정은의 승계를 정당화하기 위한 별다른 선전 양상은 드러나지 않았다. 2011년 12월 17일 김정일이 갑자기 사망한 후 모든 상황이 급변했다. 우선 2011년 12월 31일 당 중앙위원회 정치국회의는 김정은을 '조선인민군 최고사령관'으로 추대했다. 다만 할아버지 김일성은 영원한 수령, 주석의 지위에 두고 아버지 김정일은 영원한 국방위원장 및 당 총비서에, 김정은은 국방위원회 제1위원장과 당 제1비

---

14) 김정덕, 「인민이 가는 길」, ≪문학신문≫, 2011년 7월 9일 자, 2쪽.

서에 머물렀다. 이러한 조치는 김일성과 김정일에 대한 최고의 예우임과 동시에, 이들을 상징적인 역사로 놓고 이를 계승하는 김정은의 이미지를 연출하고자 한 것이라 할 수 있다.[15)]

김정일 국방위원장 사망 직후 조선작가동맹 시문학 분과위원회의 추도시 「위대한 김정일 동지의 령전에」, 장시 「장군님 세월은 영원히 굽이쳐 흐르리라」, 시 「김정일 장군의 인민이여 일떠서라」, 추모설화집 『백두산에 지동이 일다』, 작품집 『영원히 함께 계셔요』 등의 추모 문학이 족출(簇出)했다. 서사시 「인민의 그리움은 영원하리라」 역시 김정일 추모 문학의 대표작이라 할 수 있다.[16)] 「인민이여 우리에겐 김정은 대장이 계신다」나 「최고사령관의 첫 자욱」 등 추모시를 통해 "김정은 동지는 김일성 동지이시며 김정일 동지"라는 문학적 담론이 공식화되었다. '김정은=김일성=김정일' 명제는 할아버지와 아버지의 절대적 권위에 편승한 후계 권력자의 전형적인 모방, 승계 방식이다. 정권 초기의 숱한 문학작품에서는 여전히 아버지와 할아버지의 권위에 편승해 후계자 승계를 정당화하는 모습이 나타나 있다.

새 지도자인 김정은의 수령 형상은 아버지의 선군 담론이나 민생 담론과 어떤 차별화를 보일까? 이는 친근함의 이미지와 청년·아이들을 향한 미래 담론에서 드러난다. 「인민이여 우리에겐 김정은 대장이 계신다」나 「최고사령관의 첫 자욱」 등 정권 초기의 서사시·장시·비평 담론에서는 여전히 아버지와 할아버지의 권위에 편승하거나 후계자 승계를 자연스레 합리화·당연시하는 데 주력한 바 있다. 그래서 수많은 서사시가 일차적으로는 김정일 추모

---

15) 정영철, 「김정은체제의 출범과 과제: 인격적 리더십의 구축과 인민생활 향상」, 《북한연구학회보》, 제16권 제1호(2012), 2쪽.

16) 「인민의 그리움은 영원하리라」, 《문학신문》, 2012년 12월 17일 자, 2쪽. 1994년의 김일성 사후 1995~1996년의 추모시는 김만영의 작품이었던 데 반해, 2012년 김정일 추모시는 작가동맹 시분과위원회의 집체작인 점이 주목된다.

시의 성격을 띠지만, 이차적으로는 아버지와 할아버지의 복사판이라는 담론을 통한 김정은 승계 명분의 합리화였던 것이다.[17]

김정은이 아버지와 할아버지의 판박이에 불과하다는 비난과 매도를 받지 않으려면 자기만의 독자적 이미지를 구축해야 했는데, 이는 자연스럽게 나이 어린 지도자의 '젊음'에서 나온 미래 담론으로 표출되었다. 가령 소년단 창립 65주년 기념식 연설과 경축시 「우리는 영원한 태양의 아들딸」(2012)을 보면 그만의 개성을 확인할 수 있다.

> 뜻 깊은 설 명절날/ 장군님이 그리워 잠 못 드는/ 만경대 원아들을 찾아 한품에 안아주실 때/ 언 볼을 녹이며 흘러드는/ 어버이 뜨거운 사랑/ 머리맡에 깃드는 다심한 그 손길!// 하나의 작은 책상에도/ 강의실의 지형사판에도/ 정 깊게 깃들던 어버이마음/ 허리 굽혀 체육관의 바닥도 쓸어보시며.[18]

유아원 아이들의 눈높이에서 볼 때 김일성이나 김정일은 아버지, 어버이라기보다는 가까이 하기 어려운 할아버지나 너무 멀리 높은 곳에 있는 피안의 절대자였을 터다. 반면, 젊은 청년 김정은에게 아이들이 안기면 푸근하고 친숙하단 인상을 받을 것이다. 이 시는 바로 이런 점을 호소하고 대중이 접근하기 편한 친숙한 이미지로 아이들에게 다가가는 지도자상을 내세웠다. 이는 아버지, 할아버지와 차별되는 김정은만의 '구별 짓기' 전략의 산물이라고 하겠다.

---

17) 이지순, 「북한 서사시의 김정은 후계 선전양상」, 231쪽.
18) 「우리는 영원한 태양의 아들딸」, ≪로동신문≫, 2012년 6월 7일 자, 4쪽(이 작품은 ≪문학신문≫, 2012년 6월 9일 자 3쪽에도 실렸다).

집권 2년차에 들어선 2013년 하반기부터 시와 정론뿐 아니라 김정은의 풍모를 형상화한 일련의 단편소설 작품이 창작되기 시작했다. 즉, 단편적인 시적 이미지가 아니라 일정한 캐릭터와 내러티브를 지닌 서사문학이 김정은 개인숭배 선전물로 만들어지기 시작한 것이다. 김일수의 「불의 약속」(2013), 윤정길의 「우리의 계승」(2013), 윤경찬의 「감사」(2013), 김영희의 「붉은 감」(2013), 황용남의 「12월의 그이」(2013), 김하늘의 「들꽃의 서정」(2014), 림봉철의 「하모니카」(2014), 백보흠의 「푸른 강산」(2014) 등의 수령 형상 소설의 공통점이 바로 아버지와 할아버지의 권위에 편승하고 후계자 승계를 당연시하는 논리였다. 이 때문인지 이 단편소설들의 기본 갈등선이 이상화된 절대자에 의해 해소된다는 '무갈등' 내러티브는 여전히 김일성, 김정일이 주인공인 수령형상문학의 공식에서 한 치도 벗어나지 않은 것으로 분석된다.[19]

가령 김영희의 「붉은 감」은 김정은의 군대 시찰 에피소드를 통해 아버지와 할아버지의 지도자 권위와 선군정치 현지지도 방식을 그대로 재현한다는 내용으로, 3대 세습 권력의 정당성을 형상화했다. 2012년 8월 어느 날 일선 부대인 '감나무중대'에 신입 대원 최명옥이 배치된다. 부대 이름이 감나무인 것은 40년 전 김일성이 방문했을 때 기념 식수한 감나무에서 유래한 것이다. 이 소설의 서사 전개의 핵심은 1972년 3월 21일 김일성 군부대 시찰 시 있던 중대장과, 1995년 2월 김정일 시찰 시 있던 중대장이 2012년 8월 김정은 시찰 시 근무 중이던 신병 최명옥과 동명이인이라는 점이다.

명옥 동무, 1972년 3월 21일 위대한 수령님께서 우리 중대를 처음 찾아

---

19) 김성수, 「청년 지도자의 신화 만들기: 김정은 '수령 형상 소설' 비판」, ≪대동문화연구≫, 제86집(2014a) 참조. 이하 김영희, 「붉은 감」, ≪문학신문≫, 2013년 11월 16일 자 분석 일부 인용.

주시였을 때 수령님을 모시었던 중대장의 이름이 최명옥이였구 1995년 2월 중대에 찾아오신 위대한 장군님을 만나뵌온 중대장의 이름도 최명옥이였어요.[20]

조부손(祖父孫) 관계인 최고지도자 세 명의 40년에 걸친 세 번의 부대 방문 때마다 우연히도 세 명의 동명이인 최명옥이 근무 중이었다는 기연(奇緣)이 3대 세습 후계 구도의 정통성을 '운명적 필연'의 차원으로 형상화한 셈이다. 이는 김정은도 아버지, 할아버지와 마찬가지로 인민과 병사를 믿고 사랑하는 믿음의 정치, 사랑의 정치를 펼치겠다는 포부를 드러낸다.

그런데 김정은이 아버지와 할아버지의 판박이에 불과하다는 것이 자랑스러운 일만은 아니다. 제대로 된 지도자라면 자기만의 독자적인 지도자 이미지를 구축해야 할 터다. 이때 아버지나 할아버지처럼 투쟁이나 혁명, 건설의 업적 없이도 인민에게 곧바로 호소할 수 있는 가장 손쉬운 방식은 생물학적 '젊음'에서 나온 미래 담론이다. 새 지도자의 친근함과 청년·아이들을 향한 미래 이미지는 대중이 절대 권력자에게 쉽게 접근할 수 있다는 착시 효과를 불러일으키고, 청년과 어린아이들을 통해 미래를 기약하는 것이다. '젊음'은 정권의 영구 집권을 겨냥한 김정은식 차별화 전략의 산물로 해석해야 할 것이다.

새로운 청년 지도자의 이미지 중 가장 대표적인 표상은 서해대전과 연평도 포격 등으로 북방한계선(NLL)을 둘러싼 국지전이 전개된 바 있었던 서해 접적 지역 해상에서의 무동력선 초도순시 사건이었다. '최대열점 섬 방어대 시찰'이란 사건으로 신문에 기사화되고 사진과 영상이 조선중앙통신 등에 대대적으로 보도되었다. 최고지도자가 별다른 무장도 하지 않은 채 군 관계

20) 김영희, 「붉은 감」, 2~3쪽.

자 몇 사람만 대동해 연평도와 백령도가 훤히 보이는 북한 서남해안 재도와 무도 등의 대남 전초기지에 찾아가 그 앞바다에서 무동력 목선을 타고 군사분계선까지 시찰했으며, 마을 주민들이 사는 대도에 와서는 어린아이를 안고 웃는 사진을 찍었다는 것이다.

그런데 이런 사건을 보도하는 언론 매체의 특성상 일회적이며, 여운을 오래 남기기 힘들었을 것이다. 따라서 이 사건은 「그날 그 아침」(2012) 등 수많은 시와 림봉철의 소설 「하모니카」 등을 통해 문학적 이미지로 형상화되었다. 가령 "그이는/ 최대열점 섬 초소에서/ 병사들과 다정히 이야기를 나누시며/ 환히 웃으시는 분/ 유치원 아이들 능금볼을 다독여주시며/ 해님같이 웃으시는 분"[21]이나 "서남전선의 최남단 최대열점지역/ 바로 그곳에서/ 우리의 원수님께선/ 갓난아기를 품에 안으시고/ 태양처럼 환하게 웃으시었다"[22]에서는 미래를 창조하는 청년 지도자의 이미지를 드러냈다. 아버지나 할아버지만큼의 전쟁 경험이나 군 통수권 수행 경험이 없는 김정은으로서는 강력한 '장군형 지도자'[23]로서의 이미지 구축이 필요했을 것이다. 그래서 할아버지의 항일 빨치산 이미지와 아버지의 선군장정(先軍長征) 이미지를 모방·재연하되 자기만의 개성을 위해 적진 깊숙이 최전선까지 시찰하고, 그곳 어린아이를 안고 웃는 '친근한 청년 장군'의 이미지를 연출한 것이다.

항일 빨치산과 6·25전쟁의 독립투사(김일성), 문예혁명을 통한 선동선전과 선군혁명을 통한 전사(김정일)라는 강성 이미지 대신 김정은은 '친근한 지도자'라는 연성 지도자상을 택했다. 이는 '만성적인 벼랑 끝 위기' 전략의 산물인 선군 담론에 매우 지쳐 있던 인민들에게 '인민생활 향상'이라는 새로운

---

21) 김석주, 「령장의 한해」, 《문학신문》, 2013년 4월 25일 자, 3쪽.

22) 박성경, 「그날 그 아침」, 《문학신문》, 2012년 9월 22일 자, 4쪽.

23) "선군정치의 특징은 장군형 지도자의 정치방식이라는 데 있다"[朴鳳瑄, 『金正日委員長의先軍政治研究』(東京: 光明社, 2007), pp. 100~107] 참조.

돌파구와 함께 지도자의 친근성을 동반 상승시키는 효과를 불러일으킬 것임에 틀림없었다. 할아버지 김일성시대의 문학예술 담론이 빨치산 투쟁과 건국, 전쟁, 권력 다툼의 승리를 구가하는 투쟁가·혁명가를 노래하는 데 온 힘을 기울이고, 아버지 김정일시대의 문학 담론이 지도자 동상과 대 기념비나 혁명 사적지, 고속도로와 발전소, 공장과 기업체 등 거대 시설을 건설했을 때 감격의 기념시·행사시를 헌정하는 데 바쳐졌다면, 김정은은 미래를 담보할 어린이·학생·청년들이 고층 아파트와 물놀이장·스키장 등 위락시설에서 일상을 향유하는 생활에 대한 찬가 같은 미시 담론에 호소하는 셈이다.

원로 시인 백하의 시 「강성원은 노래한다」(2012)는 김정은만의 독자적 이미지를 구축하기 위한 고심의 산물로 평가된다.[24]

> 현란히도 눈이 부신 강성원의 체육관/ 넘어져도 무릎이 상하지 말라고 / 바닥에 고무판을 깐 체육관 (중략)// 공을 받아드신 그이/ 웬일이신가 롱구공을 /바닥에 치고 또 치신다/ 일군들 서로 얼굴만 마주보는데/ 나직이 하시는 말씀/ -무슨 소리가 들리지 않습니까? (중략)// ―들리지 않습니다/ ―울림이 전혀 없습니다// 순간 환히환히 웃으시는/ 경애하는 김정은 동지/ ―체육관이 소음방지를 잘했습니다.[25]

최고지도자가 기껏 한다는 일이 농구장에서 공을 튀겨보고 소음 방지시설이 잘 되었다고 칭찬하는 정도냐고 생각할 수도 있지만 이는 김정은시대의 청년 미래 담론을 잘 보여주는 예로 판단된다. 강성원은 주민복지센터쯤으로 짐작되는 복합 문화공간이라고 할 수 있다. 「사랑의 메아리」에서는 강성

---

24) 백하, 「강성원은 노래한다」 제하의 시 3편, ≪조선문학≫, 8월호(2012a), 31~33쪽.
25) 백하, 「사랑의 메아리」, ≪조선문학≫, 8월호(2012b), 31~32쪽.

원 실내 체육관 농구장에 소음 방지시설을 설치하겠다는 약속을, 「약속」에서는 구내 이발소 종업원에게 자기도 이곳에서 이발을 하겠다는 지도자의 약속을 형상화한다. 김정은은 항일투사(김일성)와 문화전사(김정일)와는 다른 생활 밀착형 지도자의 이미지를 구축하는 것이다. 이는 어린이와 청소년을 시적 소구 대상으로 삼아 현실 생활에 직감적·감각적으로 와 닿는 작은 사례를 통해 자연스레 인민에게 친근한 지도자로 다가가려는 청년·미래 담론의 표현으로 풀이할 수 있다. 앞에서 언급한 바와 같이 김정일시대의 문학 담론이 지도자 거대한 사회시설을 건설했을 때 감격의 기념시를 헌정하는 데 바쳐졌다면, 김정은은 미래를 담보할 어린이, 학생, 청년들에게 실생활의 질적 향상 같이 피부에 와 닿는 미시 담론에 호소하는 셈이다.

5. 선군 중심에서 민생 병진으로

북한은 최근 몇 년간 인민생활 향상을 중요한 문제로 제기하고, 2012년을 강성대국 진입을 위한 해로 선포했다. 이를 위해 북한은 주로 생필품 등의 경공업 발전에 노력을 경주했다. 최근 몇 년간 신년 공동사설의 흐름을 보면 2008년 "인민생활 제일주의"를 내걸면서 농업과 경공업 등 인민생활과 직결되는 문제들을 최우선 과제로 설정하고, 이런 기조를 2013년까지 계속 이어 왔음을 알 수 있다. 한마디로 '인민생활 향상' 담론이 김정일시대 말기에 이어 김정은시대 초기까지 가장 주요한 화두로 떠오른 셈이다.

이런 맥락에서 김정은시대 초기 북한 문단에서는 김일성과 김정일의 후광을 업은 '수령 승계' 담론과 함께 '민생' 담론이 주요 화두로 떠올랐다. 현지에서 '인민생활 향상'으로 명명된 민생 담론은 「우리는 영원한 태양의 아들딸」에서 보듯이 여전히 이데올로기의 표면에서 강고한 위력을 발휘하는 '선군'

담론과 충돌하기도 했다. 문학적 레토릭으로 표현한다면 '사탕 한 알과 총알 하나'의 상징적 대비가 정중동처럼 문학판 전체에서 역동적으로 펼쳐지는 것이다.

> 나는 우리 아이들에게
> 사탕 한 알 변변히 먹이지 못하는 것이
> 제일 가슴 아픕니다
> 이제 그 애들이 크면
> 사탕알보다 총알이 더 귀중해
> 이 눈보라를 헤쳐가는
> 아버지의 마음을 알거라고
> (중략)
>
> 밝게 웃어라
> 마음껏 뛰놀거라
> 사랑의 손풍금도 안겨주시고
> 야외빙상장, 물놀이장
> 이 세상에 제일 좋은 유희장도 주셨습니다.[26]

이 시에서 보듯이 김정일시대의 선군 담론에서는 "사탕알보다 총알이 더 귀중"했겠지만, 새로 출범한 김정은시대의 민생 담론에서는 더 이상 총알 최우선이 아니라 "사랑의 손풍금(아코디언)"이 필요하다. 군대 최우선 대신 오히려 인민의 삶의 질을 향상시키는 가시적인 무엇인가가 필요했고, 이에 따

---

26) 「우리는 영원한 태양의 아들딸」.

라 30세 청년인 새 지도자의 눈에 들어온 것은 도로 및 철도, 공항, 항만 등 대형 사회시설 대신 도시 경관 재개발과 공공 문화시설, 체육시설, 상업시설, 위락시설 등 대중의 일상생활과 밀접한 연관이 있는 분야의 획기적인 개선 이었다. 특히, 개개인의 생활문화를 바꾸어나갈 각종 인프라를 전방위적으로 정비하기 시작했다. 이러한 움직임은 평양의 일부 지역에 제한되지 않고 평양을 중심으로 각 도의 중심 도시는 물론이고, 시·군 지역에 이르기까지 광범위하게 이루어지고 있다. 아마도 북한이 외쳐대던 '강성대국'의 실체가 바로 이런 것이었지 않나 하는 생각이 들 정도다.

현재 북한 주민의 생활상을 그린 '사회주의 현실주제문학'은 "사탕 한 알과 총알 하나"의 상징적 대비에서 보듯이 표면적인 선군 담론 자장이 구심력을 잃고 그 이면에서 "인민생활 향상"이라는 민생 담론이 원심력으로 작동하고 있다. 문제는 민생의 구체적인 내용이 무엇인가다. 가령 김정은시대 초기 문학 담론의 두 방향, 즉 "발걸음"으로 상징되는 승계 담론과 "인민생활 향상"으로 상징화된 민생 담론이 하나로 합쳐진 주광일의 서사시 「만수대 기슭에 우리 집이 있다」(2012)와 선군과 민생, 미래 담론이 결합된 박성경의 시 「그날 그 아침」 등이 문제작으로 떠올랐다.[27] 이들 작품을 통해 볼 때 아버지 김정일시대 말기의 향상된 인민생활을 상징했던 "희천속도, 비날론 폭포, 주체철(김철)의 불노을, CNC기계바다" 등의 이미지에 새로 "만수대 언덕 고층 살림집의 새집들이, 평양 불장식의 불야성, 세포등판의 선경(仙境), 마식령속도" 등을 추가했음을 알 수 있다. 2012년 4월 김일성 탄생 100주년을 기념하는 주체 101주년 기념식에서 평양 시내의 네온사인과 불꽃놀이를 찬양하고, 평양 시내 창전거리와 만수대 언덕거리의 고층 아파트 신축 후 집들이의 감

---

27) 주광일, 「만수대 기슭에 우리 집이 있다」, ≪로동신문≫, 2012년 7월 1일 자, 4쪽(이 작품은 ≪문학신문≫, 2012년 7월 7일 자, 3쪽에도 실렸다); 박성경, 「그날 그 아침」, 4쪽.

격을 노래하고, 2013년 완성된 세포 지역 개간 초지의 축산시설을 자랑하고, 세계적 규모의 스키장을 군민 일체가 되어 속도전으로 건설했다는 자부심 등을 표현한 것이다.

하지만 문제도 없지 않다. 김일성, 김정일 시기부터 구두선 격 슬로건으로만 반복된 채 현실에서 실현되지 못한 '유토피아의 환영'28) 말이다. 구전으로만 반복된 "사회주의 락원" 실현을 위해 북한 주민들은 예나 지금이나 여전히 새벽부터 일어나 땀 흘리며 생산 노동에 계속 종사한다. 그것이 인민의 자발적인 노동 동원임을 입증하기 위해 중견 시인은 여전히 다음과 같은 선동시를 쓰는 것이다.

새들도 깨기 전에 먼저 웃으며/ 포전길을 메우는 미곡벌의 주인들/ (중략)// 옷자락에 소금버캐 하얗게 피도록/ 쌓아온 거름무지 그 얼마더냐/ 이 땅을 더 기름지게 하리라(중략) 미곡벌의 아름다운 선군 10경을.29)

이 시는 언뜻 북한 주민의 농업 노동을 찬양하는 범속한 선동시로 볼 수도 있지만, 타자의 시선에서 행간을 읽어보면 전혀 달리 해석되기도 한다. 인민들은 농업 노동에 동원되어 "새들도 깨기 전에 먼저" 새벽부터 일어나야 된다. "옷자락에 소금버캐 하얗게 피도록" 땀을 뻘뻘 흘리며 거름을 내고 농토를 개간해야 한다. 그런 힘든 개간 사업과 벼농사 노동에 반강제적으로 동원되고도 스스로를 "미곡벌의 주인"이라 하면서 "자발적 동원"이라고 자부하도록 자기 최면을 건다. 즉, 전형적인 선전 문학을 통해 농업 노동자가 동원되

---

28) 이는 재미 한인 학자 김수경의 북한 문예 연구서 제목이기도 하다(Suk-Young, Kim, *Illusive Utopia: Theater, Film, and Everyday Performance in North Korea*) 참조.

29) 권태여, 「미곡벌의 포전길」, ≪문학신문≫, 2013년 3월 23일 자, 3쪽.

고 스스로 주체로 고무되는 것이다. 타자의 시선에서 이 자부심은 착시나 환영에 불과한데 말이다.

하지만 권태여가 "아름다운 선군 10경"이라고 이름 붙여 찬양하고 김석천이 "사회주의 선경의 무릉도원엔/ 만복의 열매들이 주렁지리라"[30]라고 감격해 하는 이들 "사회주의 무릉도원"이 과연 북한 주민들에게 어떤 실상으로 다가갈지는 의문이다. 가령 2013년 새로 개척한 목축 초지 세포 벌판을 찬양한 '세포등판 개간 시초(詩抄)' 『아름다와라 세포등판의 래일이여』에 그려진 낙원의 모습을 보자. 서정적 주인공은 세포 개간지에서 방금 생산된 농산물을 싣고 "자동차들이 경쾌하게 달리고 달리라/ 머지않은 그날엔/ 매대들도 상점들도 언제나 흥성이리/ 집집의 주부들 푸짐한 밥상을 차리며/ 함박꽃 웃음 피워 올리리"[31]라고 노래한다. 하지만 그 시간은 현재가 아닌 미래라는 점이 걸린다. 방금 개척한 개간지에서 농산물이 제대로 생산되려면 짧게는 몇 년, 길게는 수십 년까지 걸린다.

"머지않은 그날"이 아닌 서정적 주인공의 2013년 현재 시간을 보면 자동차들도 제대로 달리지 못하고, 상점 진열대에 물건도 적고, 손님들로 흥청거리지도 않은데, 이는 주부들이 차리는 밥상이 여전히 풍성하지 못하다는 사실의 반증인 셈이다. 김일성·김정일시대로부터 전승된 유명한 명제 "인민들 누구나 기와집에 살면서 비단옷 입고 쌀밥에 고깃국을 먹는 사회주의 락원"의 이미지가 여전히 유토피아의 환영에 머물 뿐 일상에서 실현되지 못한 셈이다.

2012~2014년 김정은시대 초 북한 문학의 특징은 김일성·김정일시대의 과거를 회상하고 기념해 과거 전통의 계승을 내세우는 한편 어린이 및 청년을

---

30) 김석천, 「인민이 드리는 축원의 노래」, ≪로동신문≫, 2013년 1월 1일 자, 6쪽.
31) 리태식, 『아름다와라 세포등판의 래일이여』, ≪문학신문≫, 2013년 3월 23일 자, 2쪽.

중심으로 새세대에 대한 미래 담론을 부각시킨 것이다. 2011년 말 김정일 사망과 2012년 이후 김정은정권 초기에 한동안 '선군과 민생 사이'에서 오락가락하며 길항 관계를 드러내다가 2012년 중후반부터 병행 추진으로 입장을 정리했다.[32] 즉, 김정은시대 초에는 아버지 김정일시대를 상징하는 '선군후로' 노선의 강고한 구심점에서 벗어나 선군과 민생의 병진정책을 원심적으로 펴나가는 것이라고 풀이할 수 있다. 선군 담론의 구심력에서 벗어나 '선군·민생의 군민 병진 담론'으로 원심화하는 과정에 있는 것이다. 결국 이를 통해 이 시기 문학작품에 반영된 김정은체제의 지향과 안정성을 읽어낼 수 있다.[33] 급작스레 출범한 김정은'정권'이 이제는 어느 정도 '체제'로 안정되었고, '김정은시대'라는 담론도 어색하지 않을 정도다.

그러나, 그러나 말이다. 북한 주민들이 '사회주의 락원, 사회주의 문명국'에 살면서 물놀이장에 가고 스키를 타고 치즈를 먹는 등의 '문화정서생활'로 대표되는 '사회주의적 부귀영화'를 누리게끔 한다는 발상이 최고지도자의 욕망인 것은 맞다. 하지만 그 실현 여부는 여전히 의문이다. 타자의 시선으로 볼 때 오로지 속도전으로 건설한 '사회주의 문명국'이 사상누각처럼 실체 없는 환상은 아닐까 하는 의문은 점점 더 커진다. 김일성·김정일시대로부터 전승된 민생 슬로건 "인민들이 기와집에 살면서 비단옷 입고 이밥에 고깃국 먹

---

32) "당의 새로운 병진로선 관철에 이바지하는 창작활동을 힘있게 벌리자", ≪문학신문≫, 2013년 5월 11일 자, 1쪽 참조.

33) 2013년 12월 3~12일 장성택 숙청 및 처형 사건은 남한의 반북 보수파의 해석처럼 취약한 김정은체제의 안정성이 크게 흔들리는 증거가 아니라 김정은 리더십이 유일체제로 공고화되는 과정이라고 판단된다. 이 후견인 숙청 사건은 통치 경력이 짧은 청년 지도자 김정은의 권력을 위협했던 2인자의 제거 목적에서 이루어진 것이 아니라, '백두혈통' 김정은의 유일적 영도체계를 확정 짓는 중간 작업이라고 볼 수 있다. 그 증거가 '경제·핵 병진노선'의 지속적 견지 원칙에 따른 군부대 시찰과 민생 행보의 동시다발적 추진이 아닐까 한다.

는 락원"이 여전히 유토피아의 환영에 머물 뿐 가시적 실체로 구체화되지 못했다는 것이다.

이와 관련해서 김정은체제의 현 주소를 상징하는 시금석이라 할 '마식령속도' 담론의 전망이 그리 밝지 않다는 데 회의론의 현실적 근거가 더해진다. 2013년 12월 31일 개장 후 두어 달 남짓 운영된 스키장 중간 보고가 문학작품으로 형상화된 것이 보이지 않으니 문제다. 사회주의적 선전체제 특성상 건설 과정의 총력전이나 개장 이후의 장밋빛 전망이 있었다면 당연히 그 위용과 풍광, 향유의 전 면모가 언론 보도나 시, 소설, 수필, 그림, 영상 등의 문학작품으로 창작되었어야 한다. 그런데 2014년 1~8월에 나온 ≪조선문학≫이나 ≪문학신문≫에는 마식령스키장의 예술적 형상이나 문학적 중간 결산이 보이지 않는다. '마식령속도'가 담론만 무성했지 정작 스키를 즐기는 인민들의 환희를 형상화한 작품으로 표현되지 않았다는 것이다.[34] 오늘날의 북한 문학을 김정은체제가 추구하는 선군·민생 병진정책의 사회적 반영물로 이해하려 해도 실제로는 청년 지도자의 욕망의 산물일 뿐이며 상상의 공동체로만 머물러 있지 않나 하는 판단이 드는 이유이기도 하다.

---

34) 김성수, 「단숨에' '마식령속도'로 건설한 '사회주의 문명국': 김정은체제의 북한문학 담론 비판」, ≪상허학보≫, 제41호(2014b), 570쪽.

참고문헌

1. 국내 문헌

고유환. 2010.「김정은 후계구축 논리와 징후」.≪통일문제연구≫, 제22권 제2호.

_____. 2011.「김정은 후계구축과 북한 리더십 변화: 군에서 당으로 권력이동」.≪한국정치학회보≫, 제45권 제5호.

_____. 2012. 9.「'인민제일주의' 선경(先經)정치로 전환할 것인가」.≪민족화해≫, 통권 제58호.

김성수. 2001.「북한의 '선군혁명문학'과 통일문학의 이상」.≪통일과 문화≫, 창간호. 통일문화학회.

_____. 2002. 6.「1990년대 주체문학에 나타난 충효 이데올로기」.≪현대북한연구≫, 제5권 제2호.

_____. 2005. 4.「김정일시대 문학에 대한 비판적 고찰: 선군시대 선군혁명문학의 동향과 평가」.≪민족문학사연구≫, 제27호.

_____. 2008.「선군사상의 미학화 비판: 2000년 전후 북한문학에 나타난 글쓰기의 변모양상」.≪민족문학사연구≫, 제34호.

_____. 2012.「김정은시대 초의 북한문학 동향: 2010~2012년 ≪조선문학≫,≪문학신문≫ 분석을 중심으로」.≪민족문학사연구≫, 제50호.

_____. 2013.「선군(先軍)'과 '민생' 사이: 김정은시대 초(2012~2013) 북한의 '사회주의 현실' 문학 비판」.≪민족문학사연구≫, 제53호.

_____. 2014a.「청년 지도자의 신화 만들기: 김정은 '수령 형상 소설' 비판」.≪대동문화연구≫, 제86집.

_____. 2014b.「단숨에' '마식령속도'로 건설한 '사회주의 문명국': 김정은체제의 북한문학 담론 비판」.≪상허학보≫, 제41호.

남북문학예술연구회. 2014. 『3대 세습과 청년지도자의 발걸음: 김정은시대의 북한 문학예술』. 도서출판 경진.

노귀남. 2001. 「북한문학 속의 변화 읽기」. ≪통일과 문화≫, 창간호.

백학순. 2012. 「김정은 제1비서의 통치 8개월: 평가와 전망」. ≪정세와 정책≫, 9월호.

오창은. 2014. 「김정일 사후 북한소설에 나타난 '통치와 안전'의 작동: 인민의 자기통 치를 위한 기억과 재현의 정치」. ≪통일인문학논총≫, 제57집.

오태호. 2013. 「김정은시대 북한 단편소설의 향방: '김정일애국주의'의 추구와 '최첨 단 시대'의 돌파」. ≪국제한인문학연구≫, 제12호.

유임하. 2013. 「'전승 60주년'과 북한문학의 표정」. ≪돈암어문학≫, 제26집.

이기동. 2012a. 「김정은의 권력승계 과정과 권력구조」. ≪북한연구학회보≫, 제16 권 제2호.

_____. 2012b. 「김정일 유일지도체계의 이행 가능성에 관한 시론적 연구: 권력엘리 트 간 수평적 균열을 중심으로」. ≪한국과 국제정치≫, 제28권 제2호(여름).

_____. 2013. 「김정은체제의 권력구조와 향후 전망」. ≪KDI 북한경제리뷰≫, 제15권 제10호.

이봉일. 2004. 「2000년대 북한문학의 전개양상」. 김종회 엮음. 『북한문학의 이해 3』. 청동거울.

이상숙. 2013. 「김정은시대의 출발과 북한 시의 추이」. ≪한국시학연구≫, 제38호.

이지순. 2012. 「북한 서사시의 김정은 후계 선전양상」, ≪북한연구학회보≫, 제16권 제1호.

_____. 2013a. 「김정은시대 북한 시의 이미지 양상」. ≪현대북한연구≫, 제16권 제 1호.

_____. 2013b. 「김정은시대의 애도와 구원의 코드」. ≪어문논집≫, 제69호.

이창현. 2004. 「북한 속도전의 특징과 기원에 관한 연구」. 경남대학교 북한대학원 석사학위논문.

전미영. 2013. 「김정은시대의 정치언어: 상징과 담론을 통해 본 김정은의 정치」. ≪북 한연구학회보≫, 제17권 제1호.

정성장. 2010. 「김정은 후계체제의 공식화와 북한 권력체계 변화」. ≪북한연구학회보≫, 제14권 제2호.

_____. 2014. 4. 「장성택 숙청 이후 북한 권력구조와 파워엘리트 변동」. 『김정은체제에 대한 입체적 조명과 통일 담론』(2014년 춘계학술회의 자료집). 북한연구학회.

정영철. 2012. 「김정은체제의 출범과 과제: 인격적 리더십의 구축과 인민생활 향상」. ≪북한연구학회보≫, 제16권 제1호.

2. 북한 문헌

권태여. 2013. 3. 23. 「미곡벌의 포전길」. ≪문학신문≫. 평양.

김석주. 2013. 4. 25. 「령장의 한해」. ≪문학신문≫. 평양.

김석천. 2013. 1. 1. 「인민이 드리는 축원의 노래」. ≪로동신문≫. 평양.

김영희. 2013. 11. 16. 「붉은 감」. ≪문학신문≫. 평양.

김은숙. 2011. 2. 26. 「누리에 울려가는 2월의 노래여」(장시). ≪문학신문≫. 평양.

김인옥. 2003. 『김정일 장군 선군정치리론』. 평양: 평양출판사.

김일신. 2010. 2. 27. 「수령복 넘치는 위대한 내 나라」(서사시). ≪문학신문≫. 평양.

김정덕. 2011. 7. 9. 「인민이 가는 길」. ≪문학신문≫. 평양.

김정웅. 2004. 「선군혁명문학의 특성과 그 창작에서 나서는 요구」. 사회과학원 주체문학연구소 엮음. 『총대와 문학』. 평양: 사회과학출판사.

김정일. 1992. 『음악예술론』. 평양: 조선로동당출판사.

김철우. 2000. 『김정일 장군의 선군정치: 군사선행, 군을 주력군으로 하는 정치』. 평양: 평양출판사.

당력사연구소. 2006. 『조선로동당력사』. 평양: 조선로동당출판사.

류만. 1979. 『사회주의적 문학예술에서 생활묘사』. 평양: 과학백과사전출판사.

리태식. 2013. 3. 23. 『아름다와라 세포등판의 래일이여』(세포등판 개간시초). ≪문학신문≫. 평양.

박성경. 2012. 9. 22. 「그날 그 아침」. ≪문학신문≫. 평양.

방철림. 2000. 「위인의 손길 아래 빛나는 선군혁명문학」 ≪천리마≫. 2000년 11월호. 평양.

방형찬. 2003. 「선군혁명문학은 주체사실주의문학 발전의 높은 단계이다」. ≪조선문학≫. 2003년 3월호. 평양.

백하. 2012a. 「강성원은 노래한다」(제하의 시 3편). ≪조선문학≫, 2012년 8월호. 평양.

_____. 2012b. 「사랑의 메아리」. ≪조선문학≫, 2012년 8월호. 평양.

사회과학원 주체문학연구소. 2004. 『총대와 문학』. 평양: 사회과학출판사.

서현일. 2012. 「총대는 이어진다」. ≪조선문학≫, 2012년 4월호. 평양.

윤기덕. 1991. 『수령형상문학』('주체적 문예론연구' 11). 평양: 문예출판사.

주광일. 2012. 7. 1. 「만수대 기슭에 우리 집이 있다」(서사시). ≪로동신문≫. 평양.

주명옥. 2011. 「비날론」(서사시). ≪조선문학≫, 2011년 9월호. 평양.

조선작가동맹 시문학 분과위원회. 2010. 3. 20. 「비날론 송가」(서사시). ≪문학신문≫. 평양.

최현일. 2011. 5. 21. 「세멘트—나의 기쁨아」. ≪문학신문≫. 평양.

허수산. 2011. 5. 21. "더 깊은 시적 탐구가 필요하다". ≪문학신문≫. 평양.

황성하. 2011. 11. 12. 「해빛 넘쳐라 과수의 바다여」(장시). ≪문학신문≫. 평양.

≪로동신문≫. 2012. 6. 7. 「우리는 영원한 태양의 아들딸」경축시). 평양.

≪문학신문≫. 2012. 12. 17. 「인민의 그리움은 영원하리라」(서사시). 평양.

_____. 2013. 5. 11. "당의 새로운 병진로선 관철에 이바지하는 창작활동을 힘있게 벌리자". 평양.

3. 외국 문헌

朴鳳珥. 2007. 『金正日委員長의先軍政治研究』. 東京: 光明社.

Gabroussenko, T. 2009. "North Korean 'Rural Fiction' from the Late 1990s to the Mid-2000s: Permanence and Change." *Korean Studies*, Vol. 33.

_____. 2011. "From Developmentalist to Conservationist Criticism: The New Narrative of South Korea in North Korean Propaganda." *The Journal of Korean Studies*, Vol. 16, No. 1(June).

Kim, Suk-Young. 2010. *Illusive Utopia: Theater, Film, and Everyday Performance in North Korea(Theater: Theory/Text/Performance)*. Ann Arbor, MI: University of Michigan Press.

Myers, B. 2011. *The Cleanest Race: How North Koreans See Themselves and Why It Matters*. Melville House Publishing.

제3장

김정은시대 북한 방송언론의 변화*

이주철 | KBS 연구위원

1. 머리말

조선중앙TV는 북한을 대표하는 TV방송국으로서 북한의 정치, 경제 등 다양한 현실을 보여주는 매우 중요한 연구 자료다. 김일성·김정일시대에 최고지도자의 우상화를 위한 선전선동 역할을 성공적으로 수행했던 조선중앙TV는 1990년대 후반 경제위기를 겪으면서도 그 역할을 지속적으로 수행해왔다. 북한은 2000년대 들어 외부 접촉이 증가하고, 2011년에는 1970년대 이후 2인자와 최고지도자의 길을 걸어왔던 김정일 국방위원장이 갑자기 사망하는 등의 중대한 변화를 겪었다. 북한 정권은 이러한 어려운 상황에서도 정치

---

* 이 글은 이주철, 「김정은 시대 북한 방송언론의 변화: 조선중앙TV를 중심으로」, ≪북한연구학회≫, 제18권 제2호(2014)를 수정·보완한 것이다.

<그림 3-1> 북한 방송의 변화와 방송 환경의 관계

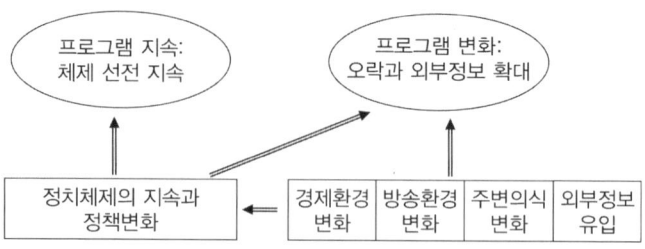

체제를 유지하고, 새로 등장한 김정은정권에서 3차 핵실험을 추진하는 등 정권 유지라는 최대의 목적을 달성하기 위해 노력하고 있다.

이러한 김정은정권의 목적을 달성하기 위해서는 국방력과 경제력 등이 필요하지만, 정권의 정당성이 취약한 김정은정권의 경우 그에 못지않게 선전 기능도 중요하다. 특히 김일성·김정일시대와 달리 경제 상황이 변화해 북한 주민의 외부 접촉이 크게 증가했으며, 기술적인 변화로 다양한 외부 정보가 북한으로 유입되고 있다. 이러한 상황에서 북한 정권은 북한 주민의 경제적 어려움과 불만을 사상적 선전으로 무마해야 할 필요가 있다. 따라서 이러한 불리한 환경하에서 조선중앙TV의 역할이 이전보다 더욱 중요해졌다.

이미 김정일 사망 전부터 조선중앙TV는 부분적으로 변화를 시도해왔는데, 우선 이러한 변화 실태와 의미를 분석하는 작업이 필요하다. 이 글은 조선중앙TV의 최근 10년 사이의 구체적 변화 실태를 정리해 변화와 지속의 영역을 설명하고, 향후 북한 방송의 변화 가능성을 전망하는 데 도움이 되고자 한다.

조선중앙TV에 대한 연구는 방송 접촉의 어려움, 체제 선전 방송이라는 특성, 북한 영상매체의 후진성 등 때문에 많은 어려움이 있다. 최근 진행된 조선중앙TV에 관한 대표적인 연구로는 2011년 이전까지의 자료를 분석한 것과 2009년부터 2012년까지의 자료를 두루 다룬 것이 있다.[1] 그러나 이 두 편의 연구도 김정은 등장 이후의 변화를 충분히 다루지는 못했다는 점에서 보완이 필요하다. 이 글은 김정은 집권 3년차를 마감하는 2014년 10월 말을 기준으로 기존의 연구들이 다루지 못한 부분을 보완하는 데 그 의미가 있다.

2. 방송 환경의 변화

1) 정치경제적 환경 변화

북한은 1945년 해방 이후 소련의 지원을 받아 평양에서 라디오방송을 시작했고, 이후 남한을 비롯한 국제사회는 방송을 통한 북한의 선전선동 효과에 크게 주목했다. 6·25전쟁 이후 어려워진 경제를 복구하는 과정에서도 방송은 중요한 사업이었으며, 1970년대 중반 출력과 수상기 보급의 확대로 TV 시청 가능 지역이 전국화되었다.[2] 이때는 김정일이 후계자로 등장하면서 방송을 통한 선전선동활동이 더욱 확대된 시기였고, 김일성 우상화가 방송의 주된 목적이 되었다. 방송을 통해서 북한 주민의 행동을 규율하는 유일사상체계 10대 원칙이 전파됨으로써 방송은 북한 정권의 사회 통제력을 강화하는 데 더욱 기여했다.

1980년대를 거치면서 김정일이 국가 업무 전반을 장악하는 후계자가 되

---

1) 이주철, 『북한의 텔레비전방송』(한국학술정보, 2012); 전미영, 「북한의 외래문화 수용 실태와 문화전략: 북한 텔레비전 방송 분석을 중심으로」, ≪통일정책연구≫, 제23권 제1호(2014). 고유환·이주철·홍민, 『북한 언론 현황과 기능에 관한 연구』(한국언론진흥재단, 2012)나 북한 애니메이션을 정리한 전영선, 『북한 애니메이션(아동영화)의 특성과 작품 정보』(선인, 2014) 같은 저작도 있다.

2) 강현두, 『북한의 언론』(을유문화사, 1989), 159~160쪽.

었고, 그로 인해 방송은 김정일의 직접적인 장악으로부터 벗어났다.[3] 하지만 1970년대를 거치면서 김정일이 체계적으로 장악한 북한의 방송은 일체의 자율성을 상실한 채 최고지도자의 선전 수단으로만 기능했다.[4] 이러한 북한 방송의 목적은 김일성 사후에도 계속되었는데, 김일성과 김정일을 우상화하는 것이 방송의 목적이 되었다.

최고지도자 우상화를 목적으로 하는 조선중앙TV의 역할은 다시 김정일에서 김정은으로의 권력 승계 과정에서도 지속되었다. 2011년 12월 김정일이 갑작스럽게 사망한 뒤 최고지도자에 오른 김정은의 권력을 공고히 하는 선전 작업을 맡은 것도 조선중앙TV였다. 이러한 조선중앙TV의 정치적 기능은 40여 년 전 김정일의 후계자 등장 시점이나 최근이나 크게 다를 바가 없다. 오히려 충분한 하부 권력 기반을 구축하지 못한 상태에서 권력을 장악한 김정은의 입장에서는 조선중앙TV의 선전 역할이 더욱 중요한 상황이 되었다.

게다가 새로 집권한 김정은 입장에서 중요한 또 하나의 핵심 과제는 20년 이상 계속되고 있는 열악한 경제 상황을 타개하는 것이며, 조선중앙TV의 역할은 최고지도자에게 이러한 경제적 책임 문제가 돌아가지 않게 하는 동시에 경제 상황을 개선하기 위한 선전활동을 펼치는 것이다. 경제적 어려움이 한 세대 이상 계속되고, 중국과 남한 등 주변국과의 경제적 격차가 비교할 수 없을 만큼 벌어진 상황에서 북한 주민의 불만을 무마하는 것이 북한 방송의 핵심 과제가 된 것이다.

---

3) 이주철, 「김정일선집 문헌의 변화연구: 양적 분석을 중심으로」, 『김정일연구 II: 분야별 사상과 정책』(통일연구원, 2002), 376~377쪽.
4) 북한이탈주민 장해성은 "김정일이 방송 편집, 계획 수립부터 취재 집필, 송출에까지 모조리 자기 생각과 다르게 하지 못하게 했어요."라고 증언한다("북한 방송절, 방송 기술은 변했지만 내용은 '선전선동' ", 미국의 소리(2014. 10. 15). http://www.voakorea.com/content/article/2483665.html

2) 방송매체와 사회문화적 환경 변화

(1) 기술적 변화로 인한 방송 환경의 변화

1980년대 전반에도 북한의 전자공업은 텔레비전을 자체적으로 생산하지 못했고,[5] 전력 사정이 나빠지면서 텔레비전을 시청할 수 있는 조건마저 악화되었다. 1980년대 북한 각 가정의 텔레비전 보급과 조선중앙TV의 방송 설비 상황 모두 개선이 어려울 정도의 경제 사정이 계속되었는데, 이러한 상황에서 1990년 전후 소련과 동구 사회주의 국가의 붕괴는 북한 경제 전반에 심각한 타격을 주었다.

1995년 이후 식량난 수준의 경제위기를 겪은 1997년 5월, 조선중앙TV를 현지지도한 김정일이 최신식 촬영 설비와 중계차를 지원했다고 하지만, 방송 설비는 거의 개선되지 않았다. 부분적으로나마 방송 설비가 개선된 것은 2000년 남북정상회담 이후 남북 방송 교류를 통해서였다. 남북 방송 교류 과정에서 남한의 방송위원회가 디지털방송 편집 및 송출 장비를 지원했고, 2005년에는 디지털방송 중계차량도 지원했다.[6] 2000년대 후반 남북 방송 교류 사업이 진행되면서 이엔지(ENG)카메라와 발전차, 각종 비디오·오디오 믹서, 동시녹음 장비 등이 지원되었다. 이에 따라 조선중앙TV는 최신 설비를 일부 갖추게 되었지만, 남한 입장에서 보면 방송을 하기에는 턱없이 부족한 상황이었다. 하지만 북한의 방송이 주민들에게 최소한의 정보를 제공하고 선전 프로그램을 반복적으로 방송하는 것을 기본으로 한다는 차원에서 보면 크게 부족하지 않을 수도 있었다.

---

5) 이우홍, 『어둠의 공화국』(통일일보, 1991).

6) SD급 디지털 중계 차량(5톤 중형 트럭 225마력)에는 포터블 카메라 4대, 캠코더 1대, 녹화기, 자막기, 모니터, 오디오 장비 등이 탑재되었다(방송위원회, 『2005 남북방송교류자료집』(2006), 236쪽].

최근에는 북한에도 상류층을 중심으로 대형 'LCD TV'가 보급되고 있으며, 최고지도자인 김정은은 고화질 TV를 통해 조선중앙TV의 열악한 방송 상태를 남한, 해외의 방송과 비교 인식하고 있다. 브라운관 소형 TV로 시청할 때와 달리 고화질 TV의 보급은 북한 방송 프로그램이 질적으로 열악한 상태임을 한눈에 확인할 수 있게 했다. 특히 조선중앙TV가 제작비 부족으로 오래전에 제작한 프로그램을 재방송하는 일이 많기 때문에 이러한 문제점은 더욱 크게 인식될 수밖에 없다.

　　김정은의 인식과 마찬가지로 북한 상류층도 최신 LCD TV를 구입하면서 조선중앙TV와 외부 동영상을 비교할 수밖에 없고, 이에 따라 외부 영상물에 대한 관심은 더욱 고조될 수밖에 없다. 이 과정에서 고화질 화면이 전달하는 외부 정보의 확대가 미치는 영향도 적지 않다. 또 디브이디(DVD)와 유에스비(USB)의 보급으로 외부 동영상 유포가 확산되는 상황에서 북한 주민들의 외부에 대한 관심은 커지고 있다. 심지어 외부 동영상 유입과 관련된 DVD 보급이 북한 사회의 특징으로까지 지적되고 있다.[7]

　　중국으로부터의 수입과 북한 내부 생산, 세관을 거치지 않은 각종 거래를 포함하면 북한에는 1999년 이후 2010년까지 컬러 TV만 약 200만 대가 보급되었을 것으로 분석된다.[8] 2013년 시점으로 본다면 적어도 250만 대 이상될 것으로 추정된다. 현재 북한에서도 다양한 형태의 TV가 제조(조립)되어 현대화된 TV가 보급되고 있는데, 즉 LCD TV의 보급이 현재의 트렌드인 것으로 보인다.[9] 고화질 LCD TV는 북한 주민들이 북한 방송의 질이 열악하다

---

7) N. Kretchun and J. Kim, "A QUIET OPENING: North Koreans in a Changing Media Environment"(InterMedia, 2012), p. 12.

8) 이주철, 『북한의 텔레비전방송』, 42쪽. 이 추정치는 중국의 해관 자료를 분석한 것이다.

9) 최근 김정은이 청천거리 아파트를 방문해 주민들에게 LCD TV를 선물했다는 보도가 있다[강진규, "북한 아리랑 LCD TV 모습", 디지털타임스(인터넷판), 2012. 9. 11].

고 인식하는 데 크게 기여할 것이며, 이에 따라 이들이 조선중앙TV를 외면할 가능성도 있다.

이처럼 기술적 변화가 폐쇄성을 특징으로 하는 북한 사회에서 외부 동영상과 정보, 문화에 대한 관심을 촉진·유포시키는 데 결정적인 역할을 하고 있다.

(2) 외부 방송의 영향으로 인한 방송 환경의 변화

기술적 변화와 북한체제의 변화는 기존 북한의 방송언론과 통제 시스템의 변화를 가져왔다. 2000년대 전후 북한에는 중국으로부터 저가 비디오플레이어가 유입되기 시작했고, 이후 중고 및 저가 DVD가 유입되면서 북한 주민들의 외부 동영상에 대한 접근이 확대되었다. 북한 방송은 오락적 성격이 약했기 때문에 북한 주민들의 외부 동영상 접근은 매우 빠르게 확산되었다. 또한 2000년 남북정상회담 이후 남북관계가 화해·협력 분위기에 접어들고, 사회문화 교류가 활발히 진행된 분위기 또한 북한 내 남한 동영상 유포에 큰 영향을 끼쳤다(〈표 3-1〉, 〈표 3-2〉 참조).

남북 화해 분위기를 바탕으로 남한 주민의 북한 방문이 확대되고, 심지어 북한 방송에서 남한 음악이 방송되는 상황도 수차례 전개되었다.[10] 이러한 남북관계의 진전과 북한 정권의 대남 유화정책, 경제난으로 인한 사회 통제 이완이 남한을 비롯한 외부의 동영상 유포 확대에 영향을 끼쳤다. 또한 기술적 변화로 인해 외부 동영상 유입이 간편해진 환경 변화는 북한 주민의 방송에 대한 인식 변화를 가져왔다.

---

10) KBS, MBC, SBS의 북한 공연을 직접 관람한 평양 주민만 약 2만 5000명에 달하는데, 이 숫자는 거의 평양 주민의 1%에 달한다[이주철, 「북한 주민의 외부 접촉과 대남 인식 변화」, ≪아세아연구≫, 제157호(2014), 196쪽].

〈표 3-1〉 2000년대 초반 분야별 방북 현황

(단위: 명)

구분	이산가족	경제	사회문화	관광 사업	경수로	대북 지원	남북회담 등	계
2000	348	543	674	2257	2231	751	476	7,280
2001	156	668	701	494	3514	803	2,215	8,551
2002	1,479	1,754	1,193	1,008	4,108	1,975	1,308	12,825
2004	1,616	13,075	2,894	4,471	723	2,067	1,367	26,213

자료: 통일부, 『통일백서』, 2000~2004년 자료 정리(2003년은 통계 누락).

흔히 '한류'라 불리는 남한의 동영상과 음악 유포는 과학기술 발전과 더불어 그 확산이 가속화되었고, 최근에는 북한 조선로동당 규약에까지 단속 규정이 삽입되었다.[11] 이처럼 내부 문건에까지 외부 동영상 단속 지시가 반복되는 상황에서도[12] 북한 민간에 남한 및 외부 국가의 동영상 유포가 상당히 확산되어 있다고 볼 수 있다. 특히 USB가 보급되면서 북한 당국의 단속이 매우 어려워졌으며, 중국에서 생산된 노트텔(EVD플레이어) 같은 소형 비디오 기기의 유통이 북한 사회에 큰 영향을 끼치고 있다.[13]

이 외에도 남한 방송이 북한 주민들에게 직접적으로 영향을 끼친 것도 의미 있는 상황이다. 상층부에서부터 남한 드라마를 즐기는 상황이 이미 오래전에 나타났고, 남한 TV 방송이 다양한 매체와 방법을 통해 북한 TV에 연결되는 상황도 발생했다.[14]

---

11) "(전략) 온갖 이색적인 사상요소들, 비사회주의적현상을 비롯한 부정적인 현상들을 반대하여 견결히 투쟁하여야 한다"[「로동당 규약」(2010), 제4조 5항].

12) 미공개 북한군 자료에는 북한군 중앙에서 하급 군부대에 내리는 외부 동영상 단속 지시가 반복적으로 나타나 있다.

13) 크기가 작은 노트텔은 외부 동영상을 외부에 노출시키지 않고 보기에 적절한 기기로 큰 인기를 끌고 있다. 중국 단동 등에서 북한 상인을 상대로 적극적으로 판매하고 있다(2014년 4월 말 중국 단동 북한 시장 실태 현장 확인).

14) 남한이 디지털방송으로 전환한 이후에도 북한에서는 남한 방송의 접근이 이루어지고

〈표 3-2〉 2000년대 남북 사회문화 교류(사회문화 분야 방북 인원)

(단위: 명)

구분	2000	2001	2002	2003	2004	2005	2006	2007	계
교육학술	76	76	68	360	797	273	273	827	2,750
문화예술	25	134	513	34	784	286	138	271	2,185
체육	446	310	326	1,190	5	799	266	1,198	4,540
종교	47	86	165	584	376	1,231	788	4,899	8,176
언론출판	143	82	84	253	107	1,122	487	289	2,567
과학기술	8	13	37	51	121	0	43	135	408
기타	476	2,215	1,308	923	1,367	7,066	2,266	4,720	20,341
합계	1,150	2,916	2,501	3,395	3,557	10,777	4,324	12,217	40,837

자료: 통일부, 『통일백서』(2008), 175쪽.

이러한 과정에서 북한 주민의 방송 영상에 대한 인식도 크게 변화했다. 상당수의 북한 지역은 여전히 경제나 전력 사정이 좋지 않고 외부 전파 사정도 나쁘지만, 평양 주변 지역은 경제적 형편과 전력 사정이 상대적으로 나은 편이어서 평양과 해안 지역 등을 중심으로 남한 방송 접촉이 꽤 빈번하다는 다수의 북한이탈주민 증언이 있다.

3. 조선중앙TV 프로그램의 변화

1) 편성의 기본 원칙

조선중앙TV는 1990년대부터는 거의 10년 동안 조선중앙방송위원회 위원장의 변화가 없을 만큼 변화보다는 철저히 안정 위주로 운용되는 체계다.[15]

있다(남한 정부 자료 참조).

15) 이주철, 『북한의 텔레비전방송』, 52쪽.

1980년대 중반을 지나 불안정한 국내외 정세 속에서 김기남을 고리로 조선 중앙TV 관리가 이루어졌고, 김정은 등장 이후 김기남의 역할은 더욱 중요해 진 것으로 보인다. 김정일의 사망으로 2012년 최고지도자에 오른 김정은에 대한 조선중앙TV의 선전선동활동이 더욱 중요해졌기 때문이다.

오늘날에도 김정일의 조선중앙TV 편성에 대한 지시가 관철되고 있는데, 김정일은 TV 방송의 편성 목적이 전체 당 조직과 북한 사회에 유일사상체계 를 세우는 데 있다는 지침을 내렸다. 이를 위해 사람들이 TV를 많이 시청하 는 시간에는 정치 선전물 위주로 프로그램을 편성하도록 했고, 방송 사업에 서도 다른 나라의 영향을 받지 말고 주체를 세우라고 요구했다.[16]

편성과 관련된 김정일의 구체적 지침은 우선적으로 김일성의 현지지도와 대외 활동, 김일성이 참여한 행사를 다룬 기록영화와 녹화물을 많이 내보내 는 것이었다. 인민의 인기를 끌기 위해 흥미 본위의 프로그램을 내보내거나 무사상적인 프로그램을 내보내서는 안 된다는 내용도 포함되어 있다.[17] 특 히 김일성의 항일무장투쟁과 관련된 혁명가극과 영화, 김일성을 찬양하는 노래를 많이 방송하도록 했다.[18]

편성 지침에 영향을 주는 핵심 요소는 '유일사상체계 확립의 10대 원칙'이 다. 이 원칙은 더욱 일상적이고 구체적으로 조선중앙TV 편성 지침에 적용되 었다.

권력의 정당성을 강조하는 프로그램, 김일성(김정일, 김정은)의 위대성을

---

16) 김정일, 「방송사업에서 제기되는 몇 가지 문제에 대하여」(조선중앙방송위원회 위원장과 한 담화, 1967년 7월 30일), 『김정일선집』, 제1권(평양: 조선로동당출판사, 1992), 288쪽.
17) 김정일, 「텔레비죤방송의 사상예술적 수준을 높일 데 대하여」(조선로동당 중앙위원 회 선전선동부 및 텔레비죤방송부문 일군들과 한 담화, 1972년 8월 22일), 『김정일선 집』, 제2권(평양: 조선로동당출판사, 1993), 420~421쪽.
18) 같은 글, 428쪽.

〈표 3-3〉두 10대 원칙에서 TV 편성에 중요한 영향을 주는 내용

유일사상체계 확립의 10대 원칙	당의 유일적 영도체계 확립의 10대 원칙
제1조 1항 당의 유일사상체계를 세우는 사업을 끊임없이 심화시키며 대를 이어 계속해나가야 한다.	**제1조 1항** 위대한 김일성-김정일주의를 우리 당과 혁명의 영원한 지도사상으로 확고히 틀어쥐고 나가야 한다.
제2조 위대한 수령 김일성 동지를 충성으로 높이 우러러 모셔야 한다.	**제1조 2항** (전략) 우리 당과 국가, 군대를 영원히 김일성, 김정일 동지의 당과 국가, 군대로 강화 발전시켜나가야 한다.
제3조 2항 경애하는 수령 김일성 동지의 위대성을 내외에 널리 선전하여야 한다.	**제2조** 위대한 김일성 동지와 김정일 동지를 우리 당과 인민의 영원한 수령으로, 주체의 태양으로 높이 받들어 모셔야 한다.
제3조 7항 경애하는 수령 김일성 동지의 (중략) 혁명전적지와 혁명사적지, 당의 유일사상교양의 거점인 '김일성 동지 혁명사적관'과 '김일성 동지 혁명사상 연구실'을 (중략) 잘 관리하며 철저히 보위하여야 한다.	**제3조 2항** 위대한 김일성 동지와 김정일 동지의 권위, 당의 권위와 위대성을 견결히 옹호하며 내외에 널리 선전하여야 한다.
제4조 7항 보고, 토론, 강연을 하거나 출판물에 실릴 글을 쓸 때 언제나 수령님의 교시를 정중히 인용하고 그에 기초하여 내용을 전개하며 그와 어긋나게 말하거나 글을 쓰는 일이 없어야 한다.	**제4조 2항** 위대한 김일성 동지와 김정일 동지의 말씀, 당의 로선과 정책을 사업과 생활의 지침으로, 신조로 삼으며, 그것을 자로하여 모든 것을 재여보고 언제 어디서나 그 요구대로 사고하고 행동하여야 한다.
제4조 10항 위대한 수령 김일성 동지의 혁명사상과 어긋나는 자본주의 사상, 봉건유교사상, 수정주의, 교조주의, 사대주의를 비롯한 온갖 반당적, 반혁명적, 사상조류를 반대하며 날카롭게 투쟁하며 수령님의 혁명사상, 주체사상의 순결성을 철저히 고수하여야 한다.	**제4조 6항** 보고, 토론, 강연을 하거나 출판물에 실릴 글을 쓸 때에는 언제나 수령님의 교시와 장군님의 말씀, 당 문헌을 정중히 인용하고 그에 기초하여 내용을 전개하며 그와 어긋나게 말하거나 글을 쓰는 일이 없어야 한다.
	제4조 8항 (전략) 부르죠아사상, 사대주의사상을 비롯한 온갖 반당적, 반혁명적사상조류를 반대하여 날카롭게 투쟁하며 김일성-김정일주의의 진리성과 순결성을 철저히 고수하여야 한다.

선전하는 프로그램, 김일성·김정일·김정은의 교시 인용, 김일성 혁명사적 관련 프로그램을 편성하는 것이 중요하고, 개별 프로그램에서 김일성·김정일·김정은의 위대성을 선전하고 충성을 선동하는 메시지를 전달하는 것을 방송 목적으로 한다. 이와 같은 방침은 '당의 유일적 영도체계 확립의 10대 원칙'이 새로 나온 이후에도 크게 달라지지 않았다(〈표 3-3〉 참조).

2) 프로그램 순서의 변화

조선중앙TV 프로그램의 구체적인 내용을 고려하지 않고 단순하게 남한과 같은 관점에서 장르 중심으로 분류하면 조선중앙TV의 특성을 제대로 이해할 수 없다. 따라서 조선중앙TV의 방송 목적과 장르의 특성이라는 두 가지 관점에서 프로그램을 구분할 필요가 있다.

최근 10여 년간 조선중앙TV는 평일(월~토) 오후 5시에서 밤 10시 반 즈음까지 약 5시간 30분 방송하고, 일요일에는 오전 9시부터 밤 10시 반 즈음까지 약 13시간 30분 방송함으로써 일주일에 약 46.5시간 방송해왔다. 이처럼 10여 년간 유지된 조선중앙TV의 방송시간은 2013년 8월부터 평일에는 오후 3시에 프로그램을 시작해 밤 10시 10분경에 마치고, 매월 1일과 일요일, 국경일 등에는 오전 9시부터 방송을 시작하는 것으로 변경되었다. 전체적으로 방송시간이 확대되었다는 것이 중요한 특징이고, 이때 확대된 시간을 채우는 주요 프로그램은 '예술영화'다.

2013년 9월의 경우 한 달에 일곱 번 9시부터 방송을 시작했는데, 이것은 주민들의 영상 방송물에 대한 요구 증가에 대응해 방송시간을 연장한 것으로 이해할 수 있다. 2000년대에 북한에 들어온 외부 영상물이 북한 주민 사이에서 큰 반향을 불러왔고, 이에 대응해 조선중앙TV가 방송시간을 확장한 것으로 이해할 수 있다.

평일 조선중앙TV 프로그램 순서의 줄기가 되는 형식은 보도와 김정은 선전 프로그램, 증산 선전 프로그램, 영화(드라마)로 크게 나누어 정리할 수 있다. 일요일에는 김정은 관련 보도나 기록영화가 방송되고, 〈텔레비죤잡지〉와 〈세계 여러 나라 동물들〉, 영화, 오후에 '요청 무대', 아동방송시간이 고정 프로그램으로 방송된다.

오전 9시부터 오후 5시까지 이러한 고정 프로그램 사이에 여러 가지 프로

〈표 3-4〉 2013년 8월 5일과 2010년 10월 15일 방송 편성표

2013년 8월 5일		2010년 10월 15일	
시간	프로그램	시간	프로그램
15:14	〈과학영화〉 새로운 방파제 건설공법 〈조선예술영화〉 41년도 바람	17:00	김일성 장군의 노래 김정일 장군의 노래 오늘의 순서
17:00	〈보도〉	17:08	〈보도〉
17:10	〈오늘호 중앙신문개관〉	17:18	〈오늘호 중앙신문개관〉 노래 「남해가의 붉은꽃」
17:19	〈아동방송시간〉 〈아동영화〉	17:30	〈아동방송시간〉 〈소개편집물〉 조중친선의 정 넘치는 교정 - 황계광중학교
17:45	김정은, 전승60돌경축 열병식 참가자들과 함께 모란봉악단 공연 관람	17:39	〈소개편집물〉 '발전소 건설도 자체의 힘으로: 성진제강련합기업소에서' (노래 1곡)
17:57	〈사랑송모임〉 시대의 메아리는 전화의 나날을 부른다	17:52	〈서사시〉「당은 어머니(1)」
18:34	〈조선기록영화〉 〈누리에 빛나는 선군태양〉(10부)	18:01	〈조선기록영화〉 당중앙위 정치국 상무위원회 위원이시며 당중앙위 비서이신 김정일 동지의 중국 방문(노래 「조중친선의 노래」, (노래 1곡 반주)
19:24	〈방문기〉 평안남도체신 관리국		
19:31	〈특집〉 '7·27 승리의 정신을 떨쳐 온 녀자배구팀'		
20:00	〈보도〉	20:00	〈보도〉, 일기예보, 김정일 동지의 명언(노래 「우리집은 군인가정」)
20:15	김정은, 전승60돌경축 열병식 참가자들과 함께 모란봉악단 공연 관람	20:20	〈병사의 고향소식〉 푸른 숲 설레이는 병사들의 고향 - 정평군 산림경영소의 후방가족들
20:30	〈조선기록영화〉 경애하는 김정은원수님을 모시고 위대한 조국해방전쟁승리 60돌 성대한 경축	20:30	〈중국텔레비죤련속극〉〈잠복〉, 5~6부
21:44	〈체육경기소식〉 국제축구련맹 2013 대륙별 연맹컵 경기대회 - 메히꼬 : 브라질)	21:54	〈소개편집물〉 여기처럼 나라의 표본 본보기가 되라 - 3월5일 청년광산(3) (노래 1곡)
22:27	오늘의 보도중에서	22:13	오늘의 보도중에서 (노래 「내 조국의 밝은달아」) 내일의 순서

그램이 방송되는데, 일요일에도 제일 먼저 김정은 선전 프로그램을 방송함으로써 조선중앙TV의 본래 목적을 우선적으로 수행했다. 하지만 〈텔레비죤잡지〉와 〈세계 여러 나라 동물들〉 같은 프로그램뿐 아니라 영화가 비교적 긴 시간 동안 방송되어 일요일 휴식을 돕기 위한 편성상 특징을 보인다.

평일과 일요일을 가리지 않고 중요한 고정 형식은 프로그램과 프로그램 사이의 '노래'인데, 이 노래들은 대부분 김정은(또는 김일성, 김정일) 찬양 내용이다. 전체적으로 조선중앙TV 프로그램 순서의 구체적인 예에서 확인할 수 있듯이 김정은 등장 이후에도 기본 순서는 크게 달라지지 않았다. 이처럼 편성 순서에 큰 변화가 없는 것은 조선중앙TV에 압도적인 영향을 끼치는 정치적 환경에 큰 변화가 없었다는 것을 의미한다.

3) 편성의 지속성: 기존 프로그램 유지

(1) 김정은 일가 우상화

2012년 김정은 등장 이후의 가장 큰 특징은 김정일을 선전하던 보도 프로그램이 전부 김정은 선전으로 대체된 것이다. 2012년 이전에 김정은이 김정일의 현지지도에 동행하는 모습이 ≪로동신문≫에 실리기도 했지만, 조선중앙TV에 확실하게 모습을 드러낸 것은 그리 많지 않았다(〈표 3-5〉 참조).

그러나 김정일 사망을 계기로 2011년 12월 21일부터 김정은이 조선중앙TV의 주역으로 등장했다. 이후 조선중앙TV에서의 김정일의 위상은 김정은에게 옮겨갔고, 기록영화도 김정은 중심으로 방송되었다. 김일성과 김정일의 기록영화도 함께 방송되긴 하지만, 이 과정에서도 김정은 우상화에 집중해 철저하게 김정은이 방송을 독점했다. 총리조차도 단독으로 조선중앙TV에 등장하는 경우가 거의 없었고, 모든 프로그램의 목적은 오직 김정은 일가에 대한 우상화와 선전에 있었다.

〈표 3-5〉 김정일 사망 전 김정은 등장 프로그램

제목	방송 일자
〈현지실황중계〉 당창건 65돌 경축 열병식(김일성광장): 김정일, 김정은 등 참석	2010. 10. 10
〈현지실황중계〉 당창건 65돌 경축 열병식(김일성광장): 김정일, 김정은 등 참석	2010. 10. 10
〈현지실황중계〉 당창건 65돌 대경축야회 번영하라 로동당시대(김일성광장): 김정일, 김정은 등 참석	2010. 10. 10
조선인민군 최고사령관 명령 제0051(김정일, 김정은 등에 조선인민군 대장칭호 명령 하달)	2010. 9. 28

〈표 3-6〉 김일성, 김정일, 김정은 관련 〈조선기록영화〉 방송 횟수

연도	2004	2005	2006	2007	2008	2009	2010	2011	2012	2013	2014. 10
횟수	312	420	578	313	283	368	454	439	839	848	607

〈표 3-7〉 김일성 및 김정일 관련 프로그램 방송 횟수

구분	2004~2011	2012~2014. 10
김일성	1036	877
김정일	5823	683

〈조선기록영화〉는 대부분 김일성·김정일·김정은을 찬양하는 프로그램으로 2003년부터 지금까지 대표적으로 많이 방송된 장르다. 12년간 약 5200여 회 방송되었으므로 거의 매년 평균적으로 연간 440여 회 방송된 셈이다. 그런데 2012년 김정은 집권 이후 이 빈도가 거의 2배 가까이 늘어난 것에 주목할 필요가 있다(〈표 3-6〉 참조). 이러한 현상은 갑작스럽게 김정은이 집권하게 되면서 알려지지 않았던 새로운 권력자에 대한 적극적인 선전선동이 필요했음을 보여준다.

김정은을 대상으로 하는 〈경애하는 최고사령관 김정은 동지를 모시고 광명설절 기념〉(2012년 4월 7일 방송)에서 시작된 김정은 등장 〈조선기록영화〉도 2012년부터 2014년 10월까지 488회 방송되었다. 결국 한 달에 약 15회 정도 김정은 기록영화가 방송된 셈이다. 이와 더불어 김정은 관련 보도는 김정

〈표 3-8〉 2014년 방송된 〈음악소개편집물〉

제목	방송 일자
청년전위들이 부르는 충정의 노래: 가요「김일성사회주의청년동맹가」	8. 28/ 9. 14/ 9. 20
더 높이 떨쳐가자 백승의 전통: 가요「승리는 대를 이어」	9. 1/ 9. 11
위인의 음악세계: 가요「동지애의 노래」	9. 7
위인의 음악세계: 가요「밀림이 설레인다」	8. 15/ 8. 21
행복을 안아오는 바다향기의 노래: 가요「바다만풍가」	8. 13
성스런 추억을 싣고 울려가는 전승축포의 노래: 조국해방전쟁승리 60돐 기념훈장을 수여받은 작품 가요「전승의 축포여 말하라」	7. 27/ 8. 2
영원히 울려갈 수령흠모의 노래: 가요「우리 수령님」	7. 8/ 7. 11
땅의 새 력사를 새겨주는 명곡: 가요「밭갈이 노래」	4. 21/ 4. 27/ 5. 21/ 6. 21
한편의 노래가 전하는 불멸의 령도: 혁명연극 〈혈분만국회〉	5. 27
주체문학예술사의 갈피를 더듬어 한편의 명작에 깃든 불멸의 령도: 혁명연극 〈혈분만국회〉	5. 12
한편의 명곡이 펼친 달밤장면: 혁명가극 〈꽃파는 처녀〉 중에서 가요「하늘중천 밝은 달은 하나이건만」	5. 5
원수님 우러러 부르는 인민의 노래: 가요「그이 없인 못살아」	1. 11/ 1. 19/ 2. 13/ 2. 21/ 3. 8
위대한 당기를 우러러 터친 인민의 송가: 가요「당기여 영원히 그대와 함께」	1. 3/ 2. 10/ 2. 17
대를 이어가야 할 인생길을 새겨주는 명곡: 가요「전사의 길」	1. 21/ 2. 11
다함없는 칭송으로 굽이치는 찬가: 가요「매혹과 흠모」	1. 26
민족의 자랑 우리 춤 우리 노래(50)	1. 26
위대한 그 품을 우러러 터치는 인민의 노래: 가요「그 품이 제일 좋아」	1. 1

은 집권 이후 2550여 회(1일 평균 2.48회) 있었다. 이러한 조선중앙TV의 김정은 관련 보도는 최고지도자 우상화라는 방송 목적이 김정일시기와 마찬가지로 김정은시대에도 관철되고 있음을 보여준다.

이 과정에서 2012년 이후 김일성 관련 프로그램이 증가했다는 점에 주목할 만하다. 김정일에 비해 김일성 관련 프로그램이 128%에 달했는데, 이는 김정은 우상화에 김일성이 김정일보다 적극적으로 이용되었음을 보여준다(〈표 3-7〉 참조). 일반적으로 남한에서 김정은의 '김일성 흉내 내기'로 설명되는 것들이 조선중앙TV의 상징 조작을 통해 이루어지고 있음을 알 수 있다.

최고지도자를 우상화하는 대표적인 방법은 음악이다. 〈음악소개편집물〉은 체제 선전, 특히 최고지도자 우상화 선전을 위한 북한의 대표적인 프로그램이다. 〈표 3-8〉을 통해서도 조선중앙TV 편성의 지속성과 방송 성격을 쉽게 알아볼 수 있다.

(2) 주요 고정 프로그램의 유지

북한 방송의 주요 프로그램은 김정은·김정일 선전(〈기록영화〉, 〈소개편집물〉, 〈방문기〉, 〈수기〉, 〈수필〉), 김일성 선전(〈기록영화〉, 〈련속기행〉, 〈참관기〉, 〈음악수필〉), 체제 선전(기록영화, 〈음악편집물〉, 〈소개편집물〉, 〈수필〉, 〈음악수필〉), 보도(〈보도〉, 〈중앙신문개관〉, 〈시사해설〉), 드라마(〈텔레비죤련속소설〉, 〈텔레비죤예술영화〉), 영화, 경제 소식(〈소개편집물〉), 사회 소식(〈소개편집물〉), 과학/상식(〈과학영화〉, 〈상식〉), 만화/어린이(만화영화), 공연/음악(〈방문기〉, 〈록화실황〉), 프로그램 사이 노래, 체육(경기) 등으로 구분할 수 있다.

〈표 3-9〉에서 보듯이 〈국제체육소식〉이나 〈김일성회고록〉을 제외하면 대부분의 프로그램이 김정일시기부터 계속된 것이다. 〈국제체육소식〉이나 〈김일성회고록〉이 각각 2011년 3월과 4월에 시작된 것을 보면 이 프로그램들은 김정은의 등장과 일정한 관련이 있음을 짐작할 수 있다. 이 두 프로그램을 제외하면 대부분의 프로그램은 2000년대 초반에도 방송되었고, 2000년대 후반에 방송된 프로그램은 〈현지방송〉, 〈집중방송〉, 〈텔레비죤잡지〉 정도를 꼽을 수 있다.

〈표 3-9〉에 있는 상식, 음악, 체육, 아동, 보도, 시사/경제, 편집물(체제 선전), 교양, 드라마, 영화(해외 영화 포함) 프로그램을 보면 대부분이 김정일시기부터 존속했음을 알 수 있다. 따라서 2012년 김정은 집권 이후 조선중앙TV 프로그램의 대체적인 편성은 김정일시대의 연속선상에 있다고 정리할 수 있다. 대표적인 프로그램 몇 개를 정리하면 〈소개편집물〉은 10년 이상 지

〈표 3-9〉 주요 장르와 고정 프로그램

장르	고정 프로그램	방송 시기
상식	〈과학기술상식〉	2005. 2~2014. 10
	〈세계상식〉	2004. 2~2014. 10
	〈력사상식〉	2007. 6~2014. 6
음악	〈음악소개편집물〉	2004. 1~2014. 9
	〈명랑한 텔레비죤무대〉	2007. 6~2014. 10
체육	〈국제체육소식〉	2011. 3~2014. 10
	〈체육경기소식〉	2006. 11~2014. 10
아동	〈척척박사〉, 〈재간둥이무대〉, 〈아동영화〉, 〈위대한 령도자 김정일원수님의 어린시절 이야기〉 등	2003. 12~2014. 10
보도	〈보도〉(오후 5시, 8시), 〈오늘의 보도중에서〉(오후 10:30)	2003. 12~2014. 10
시사/ 경제	〈각도 특파기자실에서 보내온 소식〉	2005. 10~2014. 10
	〈현지방송〉	2009. 1~2014. 10
	〈집중방송〉	2008. 7~2014. 10
	〈시사대담〉	2004. 11~2014. 10
편집물 (체제 선전)	〈소개편집물〉, 〈방문기〉	2003. 1~2014. 10
	〈련속참관기〉	2007. 7~2014. 10
	〈김일성회고록〉(700회 방송)	2011. 4~2013. 3 (2014년 부분 재방)
	〈조선기록영화〉	2003. 1~2014. 10
	〈병사의 고향소식〉	2004. 1~2014. 10
교양	〈세계 여러 나라 동물들〉	2004. 1~2014. 10
	〈텔레비죤잡지〉	2007. 6~2014. 10
드라마	〈텔레비죤련속소설〉, 〈텔레비죤련속극〉	2004. 1~2014. 10
영화	〈조선예술영화〉	2004. 1~2014. 10
해외 영화	〈중국예술영화〉, 〈중국텔레비죤련속극〉	2004. 7~2014. 10
	〈쏘련예술영화〉	2007. 7~2014. 10

속적으로 북한 사회 모든 영역을 다룬 프로그램으로, 10년 동안 8000여 회(주당 10여 회 이상)방송되었다(〈표 3-10〉 참조). 또한 '선군(先軍)시대'의 대표적 프로그램인 〈병사의 고향소식〉은 2004년에 연중 15회에서 시작해 2008년 이후 거의 매주 정기적으로 방송되고 있다(〈표 3-11〉 참조).

〈표 3-10〉 2014년 10월 방송된 〈소개편집물〉

연번	제목
1	탄광에서 만난 사람들 ― 보건성일군들과 종업원들
2	요술가의 평범한 하루 ― 김일성상계관인 로력영웅 인민배우 김택성
3	우리 사업소배구팀
4	당기가 전하는 불멸의 이야기
5	「ㅌ.ㄷ」와 력사적기록
6	당사업의 고귀한 지침을 밝혀주시던 나날에 ― 당중앙위원회 부부장이였던 한상규의 수기를 펼치며
7	조선화: 첫 승리를 「ㅌ.ㄷ」의 동지들과 함께
8	한 처녀정방공의 일기 ― 사리원방직공장 정방공 오명춘: 1.어머니의 목소리
9	송남탄전의 자랑 김진청년돌격대: 1. 김진청년돌격대가 태여나기까지
10	숭고한 후대관이 어린곳에서 ― 중구역 동흥초급중학교
11	복속에서 사는 우리 과학자들 ― 우리 나라에서의 지하초염수 개발과정을 두고
12	어린이민속놀이: 공안아오기
13	단정하고 아름다운 녀성들의 옷차림
14	세계적인 체조동작 '김광숙동작'
15	꿈을 키워가는 소녀 ― 모란봉구역 민흥소학교 윤현아
16	환경보호, 자연보호에서 나서는 몇가지 문제
17	우리 민족의 아름다운 치마저고리
18	출발전 한순간
19	장군님의 기쁨은 언제나 인민의 행복이였습니다
20	인민배우 한진섭의 창조생활을 더듬어

주: 재방송 제외 및 제2부 제목 삭제.

〈표 3-11〉 〈병사의 고향소식〉 방송 사례

연도	2004	2005	2006	2007	2008	2009	2010	2011	2012	2013	2014. 10
횟수	15	10	23	39	48	48	61	50	51	56	43

4) 편성의 변화: 새로 편성된 프로그램 장르

(1) 오락적 요소의 증가: 스포츠

김정은 집권 이후 조선중앙TV의 가장 주목할 만한 특징은 해외 스포츠 프로그램의 증가다. 2008년 6월 17일 〈2008년 유럽축구선수권 대회중에서〉라는 프로그램을 방송하기 시작해 7월 23일까지 14경기를 방송했는데, 이것은 김정은이 조선중앙TV의 편성에 영향을 끼친 것으로 보인다. 2012년에는 〈2012년 유럽축구선수권대회〉를 통해 6월 13일부터 7월 3일까지 18경기를 방송했다. 최근에는 이러한 유럽 축구경기 방송이 더욱 다양해졌는데, 2013년 3월 및 5월에는 〈2012~2013 유럽축구선수권 보유자련맹전〉 '바르쎌로나 : 헤따페, 아세날 : 바이에른 뮨헨, AC밀라노 : 바르쎌로나, 빠리SG : 바르쎌로나, 바이에른 뮨헨 : 유벤뚜스' 경기를 방송했다. 2013년 11월에는 〈2013~2014 유럽축구선수권 보유자련맹전〉을 5~7일 3일간 이어서 방송하기도 했고, 11월에만 6경기를 방송했다. 2014년에만도 〈2013~2014 유럽축구선수권 보유자련맹전〉을 6월까지 39경기 방송했다. 이러한 유럽축구에 대한 방송 증가는 김정은의 등장과 상당한 상관관계가 있는 것으로 보인다.

또 하나 주목할 만한 것은 〈표 3-13〉에서 확인할 수 있는 2013년 사례다. 2013년에는 특별한 국제 경기가 없었는데도, 국내 경기를 중심으로 261회나 〈체육경기소식〉을 방송했는데, 이것은 북한이 국내 스포츠에 대한 관심도 높다는 사실을 보여준다.

〈표 3-14〉와 같이 조선중앙TV는 2010년 이후 국제 스포츠 경기 방송을 확대했고, 이러한 추세는 대단히 뚜렷하게 확인된다. 이러한 국제 스포츠 경기 방송은 김정은 집권 이후 스포츠 강화정책으로까지 이어졌다. 김정은은 스포츠와 관련된 현지지도를 늘렸으며 월드컵, 올림픽, 아시안게임 등에 대한 적극적인 관심을 나타내고, 지원하기도 했다. 제도적으로는 국가체육지도위

〈표 3-12〉 2013년 유럽축구 방송

제목	방송 일자
〈2012~2013년 유럽축구선수권보유자련맹전〉 (레알 마드리드 : 갈라타싸라이)	2013. 5. 16
〈2012~2013년 유럽축구선수권보유자련맹전〉 (보루씨아 도르트문드 : 샤흐표르 도네쯔크)	2013. 5. 15
〈2012~2013년 유럽축구선수권보유자련맹전〉 (보루씨야 도르트문드 : 샤흐표르 도네쯔크)	2013. 5. 14
〈2012~2013년 유럽축구선수권보유자련맹전〉 (만체스터 유나이티드 : 레알 마드리드)	2013. 5. 13

〈표 3-13〉 연도별 〈체육경기소식〉 방송 횟수

연도	2007	2008	2009	2010	2011	2012	2013	2014.10
횟수	116	117	81	142	68	108	261	188
국제 경기				월드컵/ 아시안 게임		올림픽/ 동계 올림픽		월드컵/ 아시안 게임

〈표 3-14〉 국제 스포츠 경기 방송

대회	2006 도하 아시안 게임	2008 베이징 올림픽	2010 남아프리카 공화국 월드컵	2010 광저우 아시안 게임	2012 런던 올림픽	2012 소치 동계 올림픽	2014 브라질 월드컵	2014 인천 아시안게임
경기 일자	12. 1~16	8. 8~24	6. 11~7. 12	11. 12~27	7. 27~8. 12	2. 7~23	6. 13~7. 14	9. 19~10. 4
방송 기간	12. 3~19	8. 10	6. 12~7. 12	11. 17~12. 12	7. 29~9. 2	2. 10~3. 11	6. 14~7. 20	9. 28~10. 10
방송 횟수	17회	27회	36경기	22회	25회	25회	34경기	24회
비고			월드컵 폐막 후 6경기 방송		올림픽 폐막 후 2회 방송			

〈표 3-15〉 북한에서 방송된 2014 인천아시안게임

방송 내용	방송 일자
〈제17차 아시아경기대회중에서〉 체조(녀자조마운동, 평균대운동)	2014. 10. 10
〈제17차 아시아경기대회중에서〉 남자력기 62kg급	2014. 10. 8
〈제17차 아시아경기대회중에서〉 체조(녀자조마운동, 평균대운동)	2014. 10. 8
〈제17차 아시아경기대회중에서〉 남자력기 56kg급	2014. 10. 8
〈제17차 아시아경기대회중에서〉 남자력기 56kg급	2014. 10. 7
〈제17차 아시아경기대회중에서〉 여자력기 58kg급	2014. 10. 7
〈제17차 아시아경기대회중에서〉 여자축구 결승(조선 : 일본)*	2014. 10. 6
〈제17차 아시아경기대회중에서〉 녀자력기 58Kg급	2014. 10. 6
〈제17차 아시아경기대회중에서〉 여자력기 75Kg급	2014. 10. 6
〈제17차 아시아경기대회중에서〉 남자력기 62kg급	2014. 10. 5
〈제17차 아시아경기대회중에서〉 녀자녁기 75kg급	2014. 10. 5
〈제17차 아시아경기대회중에서〉 여자권투 75kg급 결승	2014. 10. 5
〈제17차 아시아경기대회중에서〉 녀자축구 결승(조선 : 일본)	2014. 10. 4
〈제17차 아시아경기대회중에서〉 여자권투 75Kg급 결승	2014. 10. 4
〈제17차 아시아경기대회중에서〉 탁구 혼성복식 결승(조선 : 중국홍콩)	2014. 10. 4
〈제17차 아시아경기대회중에서〉 녀자축구 조별련맹전(조선 : 중국홍콩)	2014. 10. 3
〈제17차 아시아경기대회중에서〉 녀자축구 준준결승(조선 : 중국)	2014. 10. 3
〈제17차 아시아경기대회중에서〉	2014. 10. 2
〈제17차 아시아경기대회중에서〉	2014. 10. 2
〈제17차 아시아경기대회중에서〉	2014. 10. 1
〈제17차 아시아경기대회중에서〉 남자축구 조별련맹전(조선 : 파키스탄)	2014. 9. 30
〈제17차 아시아경기대회중에서〉 여자축구 조별련맹전(조선 : 웰남)	2014. 9. 30
〈제17차 아시아경기대회중에서〉 남자축구 준준결승(조선 : 아랍추장련방국)	2014. 9. 29
〈제17차 아시아경기대회중에서〉 남자축구 조별련맹전(조선 : 중국)	2014. 9. 28

* 북한이 우승했다.

원회가 등장해 초기에는 실질적인 2인자 지위에까지 접근했던 장성택이 위원장을 맡았고, 현재는 가장 신뢰받는 측근 중 하나인 최룡해가 그 지위를 승계했다. 이러한 김정은의 스포츠 중시 정책은 북한 사회에 체제에 대한 자

신감과 활동적인 분위기를 조성하는 데 기여하는 동시에 방송에도 중요한 영향을 끼쳤다.

특히 2014 인천아시안게임 방송은 북한의 스포츠 경기 방송 중에서도 정치적 성격을 뚜렷이 보여주는 대목이다. 〈표 3-15〉에서 볼 수 있듯이 대부분의 아시안 게임 중에서 북한이 좋은 성적을 거둔 경기 중심으로 방송이 집중되었다. 즉, 스포츠라는 오락을 정치적 선전에 활용한 것이다.

(2) 오락적 요소의 증가: 공연

음악은 김정일의 '음악정치'가 회자될 만큼 북한 방송에서 중요한 요소다. 조선중앙TV는 2010년에 과거보다 시청자의 눈을 끌기 위해 '성적 관심'을 높이는 변화를 나타냈다. 2010년 5월 2일 방송된 〈대중률동체조〉와 같은 프로그램은 젊은 여성 출연자들이 몸매가 드러나는 딱 맞는 옷을 입고 체조하는 모습을 내보냈고, 2010년 3월 9일 10시에 방송된 프로그램 사이 노래 혼성5중창 「번영하여라 로동당시대」에서는 여자 가수나 기타리스트의 육감적인 모습이 시청자의 눈을 끌기도 했다. 김정은 집권기에 접어들면서 등장한 모란봉악단은 오락적 요소뿐 아니라 성적 관심을 자극하는 요소를 강화했다. 경음악밴드인 모란봉악단은 첫 공연부터 다른 악단의 공연과는 전혀 다른 패션으로 '선정적인 모습'까지 나타냈다.[19]

2009년에는 김정일의 지시로 은하수관현악단이 예술을 전공한 연주자들로 구성되어 활동을 시작했는데, 은하수관현악단의 신년경축음악회 같은 중요한 북한 내부의 음악 공연은 2010년 1월 한 달에 5~6차례 이상 재방송할 만큼 반복성이 높았다. 모란봉악단은 2012년 이후 조선중앙TV 공연의 대부

---

19) 피아노와 일렉트릭/어쿠스틱 기타, 일렉트릭 베이스, 전자 드럼, 신디사이저, 일렉트릭 바이올린, 일렉트릭 비올라, 일렉트릭 첼로 등으로 편성되어 있다.

〈표 3-16〉 조선중앙TV 악단 명칭 등장 횟수

구분	2004~2011	2012~2014. 10	2011년 이전
모란봉악단	-	161회 (47회 녹화 실황)	
보천보전자악단	10	-	2006~2011
조선인민군군악단	1	22	
삼지연악단	17	-	2009~2011
국립교향악단	40	2	2004~2011
은하수관현악단	78 (48회 녹화 실황)	16	2009~2011
왕재산경음악단	7	-	2004~2009

분을 차지했는데, 은하수관현악단의 공연 녹화 실황은 모란봉악단 공연 녹화 실황으로 모두 대체되었다.

모란봉악단의 등장은 김정은의 개방적이고 신세대적인 감각을 드러냈다는 점에서 큰 변화라고 할 수 있지만, 이러한 변화는 오래가지 않았으며 모란봉악단의 '선정적인 모습'은 점차 감소했다. 창단 이후 지난해 10월까지 모란봉악단이 공연한 179곡을 분석한 결과 당 찬양곡이 전체의 29.6%인 53곡으로 가장 많았다. 이어서 사회주의 찬양이 47곡(26%), 정권 찬양이 44곡(24.5%), 선군 강조가 30곡(16.7%), 통일이 4곡(2.2%)을 차지했고, 서정가요는 1곡에 불과했다.[20] 체제 찬양 중심의 모란봉악단 공연도 모란봉악단 신작음악회 무대에서는 민요풍의 노래로 분위기가 크게 변했다.[21] 김정은은 "우리 선율이 제일이고 우리 장단이 제일이라는 확고한 관점을 가지고 민요 창작에 힘을 넣으라"고 지시했는데, 이는 청년들 사이에 퍼진 자본주의 문화를 억제하기 위한 변화로 평가된다.[22]

---

20) 강동완, 『모란봉악단, 김정은을 말하다』(선인, 2014), 178쪽.
21) 2014년 9월 3일 김정은 제1위원장 부부가 관람한 가운데 만수대예술극장에서 열렸다.

김정은 집권 이후 모란봉악단의 등장은 조선중앙TV의 오락적 요소를 강화하는 데 중요한 기여를 했다는 점에서는 상당한 의미 부여가 가능하다. 하지만 대부분의 공연이 김정은과 그 체제에 대한 충성에 초점이 맞춰져 있다는 점에서 개혁적인 변화라는 의미를 부여하기는 어렵다. 더군다나 2년여 만에 나타난 민요풍 음악 및 의상으로의 회귀는 김정은정권과 조선중앙TV 변화의 한계를 보여준다.

(3) 오락적 요소의 증가: 드라마, 영화

　드라마와 영화는 조선중앙TV 프로그램에서 북한 시청자들이 가장 선호하는 장르 중 하나다. 경제적으로 어렵던 시기인 1992년부터 활발하게 제작된 북한 TV드라마는 2005년 이후 크게 감소했고, 조선중앙TV는 드라마 재방송과 중국 드라마, 그리고 이미 제작된 영화를 방송하는 것으로 드라마에 대한 시청자들의 욕구를 만족시켜야 했다.[23] 이처럼 드라마 제작이 감소한 것은 '대작도 좋지만 아담한 영화를 많이 만들라'는 당의 요구에 영향을 받은 것이고,[24] 더 직접적인 원인은 재정 사정의 악화였다.

　최고지도자에 대한 충성과 증산을 선동하는 것을 핵심 목적으로 하는 북한의 드라마는 2000년대 내내 재방송을 반복했고, 2009년부터 2011년까지는 편성이 축소된 북한 드라마를 대신해 중국 드라마를 대대적으로 방송한 경우도 있었다. 중국 드라마 〈홍루몽〉, 〈팔로군〉, 〈진갱대장〉, 〈잠복〉, 〈모안영〉, 〈강철은 어떻게 단련되였는가〉 등은 3년간 224회라는 엄청난 횟수로 방송되었다. 이것이 이 기간 동안 밀착된 북·중관계를 보여주는 사례가 된다

22) "北 모란봉악단 레퍼토리 바꿔 … '민요풍으로'", 연합뉴스, 2014. 9. 9.
23) 이주철, 『북한의 텔레비전방송』, 226쪽.
24) ≪조선예술≫, 8월호(2007). 이명자, 『북한 영화사』(커뮤니케이션북스, 2007)에서 재인용.

〈표 3-17〉 드라마 방송 사례

제목	방송 시기
〈우리 여자축구팀〉(5부)	2014. 10
〈자기를 바치라〉(10부)	2014. 6
〈기다리는 아버지〉(2부)	2014. 5
〈로병의 유산〉(제4부)	2014. 5
〈좌우명〉(10부)	2014. 2
〈백금산〉(16부)	2013. 11
〈자기를 바치라〉(10부)	2013. 10
〈좌우명〉(10부)	2013. 10
〈붉은 봉선화〉(8부)	2013. 7
〈붉은 흙〉(6부)	2013. 6
〈첫 연유국장〉(9부)	2013. 3
〈첨단선〉(7부)	2013. 3
〈한 녀당원의 추억〉(5부)	2013. 1
〈백금산〉(14부)	2012. 11
〈계월향〉(23부)	2012. 10
〈로병의 유산〉(9부)	2012. 8
〈징 벌〉(16부)	2012. 7
〈자기를 바치라〉(10부)	2012. 5
〈석개울의 새봄〉(23부)	2012. 5
〈강철은 어떻게 단련되였는가〉(20부)	2011. 11
〈좌우명〉(10부)	2011. 9
〈우리 여자축구팀〉(5부)	2011. 6
〈모안영〉(36부, 2010년의 재방)	2011. 2
〈계월향〉(10부)	2011. 1
〈모안영〉(36부)	2010. 11, 2010. 12 2차례 연속 방송
〈금골의 61년생들〉(8부)	2010. 11
〈잠복〉(30부)	2010. 10
〈첨단선〉(7부)	2010. 9
〈불을 다루는 사람들〉(17부)	2010. 8
〈첫 연유국장〉(10부)	2010. 7
〈붉은 흙〉(6부)	2010. 7

〈봉산탈춤〉(3부)	2010. 4
〈석개울의 새봄〉(23부)	2010. 3
〈사랑의 권리〉(8부)	2010. 1
〈사랑의 샘〉(3부)	2010. 1
〈백금산〉(16부)	2009. 11
〈진갱대장〉(20부)	2009. 9
〈사랑의 권리〉(8부)	2009. 9
〈팔로군〉(10부)	2009. 8
〈붉은 봉선화〉(9부)	2009. 7
〈홍루몽〉(36부)	2009. 5
〈석개울의 새봄〉(23부)	2009. 2
〈불길〉(7부)	2009. 1
〈행복은 어디에〉(6부)	2009. 1

주: 고딕 강조된 것은 중국 작품.

〈표 3-18〉 북한 영화, 중국 영화, 소련 영화 방송 횟수

구분	2005	2006	2007	2008	2009	2010	2011	2012	2013	2014. 10
북한	360	439	354	304	310	287	306	322	347	461
중국	2	0	13	3	12	1	29	9	10	3
소련			1	1	6	1	17	17	15	5

면, 이후 2012년부터 2014년까지 중국 드라마가 한 편도 방송되지 않은 것은 북·중관계의 변화나 김정은정권이 조선중앙TV 편성에 중요한 정책적 변화를 보였음을 의미한다.

이처럼 조선중앙TV의 드라마 방송은 북한 정권의 정책적 의지와 밀접한 관련이 있으며, 특히 국내외 정책과 관계되어 있음을 확인할 수 있다. 북한 내부 드라마로는 1950년대 농업 협동화를 성공적으로 묘사한 〈석개울의 새봄〉이 있는데, 이 작품이 농업 개혁이 진행되는 2012년 6월 시점 이후 방송

되지 않은 것도 같은 맥락으로 이해할 수 있다.[25)]

증가한 방송시간을 채우는 대표적 장르인 영화는 2013년 이후 증가세가 더욱 뚜렷해졌다. 〈표 3-18〉에서 보듯이 대부분은 북한 영화가 재방송되었고, 일부 중국 및 소련 영화도 방송되었다.[26)]

(4) 현장 방송의 증가

시사적인 측면에서도 작지만 의미 있는 변화가 나타났다. 2009년부터 〈집중방송〉이라는 새로운 형식의 프로그램이 만들어졌고, '특집' 형식의 프로그램도 생겼다. 〈현지방송〉과 〈특파기자〉 형식의 프로그램도 만들어졌는데, 최근 이러한 프로그램의 빈도가 증가하고 있다. 지방이나 현장에 밀착한 프로그램이 증가했다는 점에서 그 변화의 의미를 찾을 수 있다(〈표 3-19〉 참조).

〈현지방송〉 프로그램은 북한 방송의 가장 중요한 기능 중 하나인 '증산 선전'을 목적으로 한다(〈표 3-20〉 참조). 보통 15분 내외로 방송되는 이 프로그램은 특히 경제 문제에 초점이 맞춰져 있으며, 경제위기를 겪고 있는 북한의 입장에서 대단히 중요한 프로그램이다. 이 프로그램은 현지 상황을 고무·선전하고 북한 경제 전체를 활력 있게 그려내는데, 이것이 2009년 이후 급증한 것을 최근 조선중앙TV의 중요한 변화로 주목할 만하다.

〈현지방송〉과 비슷한 형식의 프로그램이 〈집중방송〉이다. 〈집중방송〉은 2008년 7월경 편성되기 시작해서 15분 내외로 방송되었는데, 〈현지방송〉과 같이 주로 증산과 관련된 선전을 목적으로 한다. 이러한 경제 관련 선전 프로그램의 증가는 한편으로는 경제적 활력이 강화된 현실을 반영한 것으로

---

25) 〈석개울의 새봄〉은 매년 봄마다 재방송된 대표적 드라마다.
26) 영국예술영화도 방송되었다(〈백캄처럼 뿔을 차라〉 제1회, 2010년 12월 26(일) 20:35
   에 방송).

〈표 3-19〉〈현지방송〉프로그램의 증가

연도	2007	2008	2009	2010	2011	2012	2013	2014. 10
횟수	6	2	162	296	187	108	185	165

〈표 3-20〉〈현지방송〉의 주요 내용(2014년 10월)

제목	방송 일자
화력탄생산에 앞장선 서창의 탄부들: 덕천지구탄광련합기업소 서창청년탄광	2014. 10. 19
증송의 기적소리 높이 울리며: 평양철도국 북창철도분국	2014. 10. 18
더 많은 화력탄생산을 위해: 덕천지구탄광련합기업소 월봉탄광	2014. 10. 18
대중적기술혁신운동을 힘있게 벌릴때: 평화화력발전련합기업소	2014. 10. 17
탄전이 끓는다: 덕천지구탄광련합기업소 덕성탄광	2014. 10. 16
증송의 기적소리 높이 울리며: 평양철도국 북창철도분국	2014. 10. 15
화력탄생산에 앞장선 서창의 탄부들: 덕천지구탄광련합기업소 서창청년탄광	2014. 10. 14
대중적기술혁신운동을 힘있게 벌릴때: 평양화력발전련합기업소	2014. 10. 13

볼 수 있고, 다른 한편으로는 경제에 대한 정책적 관심의 증대를 반영한 것으로 이해할 수 있다.

(5) 외부 세계 소개 프로그램의 증가

〈텔레비존잡지〉는 주로 중국과 제3세계 국가의 자연이나 문화를 소개하는데, 이는 북한 주민의 외부에 대한 관심을 반영한 것으로 볼 수 있다. 2007년 방송을 시작해 현재까지 계속되고 있으며, 최근에는 일부 서방국을 소개하는 모습도 보인다.

2005년에서 2011년까지 매주 1회 정도 방송된 〈과학기술상식〉은 대부분 농업과 관련된 내용이며, 그중 극히 일부만이 새로운 과학상식에 해당한다 (〈표 3-21〉참조). 2014년에 25회밖에 방송되지 않을 만큼 비중이 크지는 않은 편이다. 그러나 〈세계상식〉 프로그램을 보면 외부 과학기술을 전달하려는 북한 방송의 의지가 상당히 확대되었음을 확인할 수 있다(〈표 3-22〉).

〈표 3-21〉 〈과학기술상식〉의 신기술 방송 내용

2005년	2010년	2011년	2014년
나노기술(5): 나노재료의 응용(3. 26)	태양에네르기와 그 리용: 자동추종식태양열가마(2. 23)	전력선에 의한 통신기술과 그 리용(1. 17)	최근 주목되는 우주개발추세(1. 26)
형태기억합금에 대하여 (3. 30)	레이자종자처리기술 (1)(3. 19)	21세기 생물농약 아베르멕틴: 생물농약의 출현(2. 8)	지열과 그 리용: 얕은층지열난방체계(2. 2)
컴퓨터 비루스(5. 14)	나노기술을 리용한 자외선차단재료(2): 자외선차단재료의 사용 방법(5. 5)	방사선과 그것이 인체에 주는 영향(4. 4)	교차 생산조직과 전기 절약: 전기의 도중손실 감소 (10. 3)
레이자란 무엇인가(6. 9)	교차 생산조직과 전기 절약: 전기의 도중손실 감소(11. 20)	21세기 산업의 비타민 희토류원소(7. 11)	
나노빛촉매재료의 특성과 그 응용(8. 23)	CNC부하전력관리체계(11. 30)	지열과 그 리용: 지열에 대한 일반개념(12. 1)	

주: 괄호 안 숫자는 방송 일자.

〈표 3-22〉 〈세계상식〉의 신기술 방송 내용(2013)

제목	방송 일자
지구의 진화발전연구를 위한 발굴 사업	2013. 12. 29
새로운 재료 중합물의 리용	2013. 12. 22
달표면에서 움직일수 있는 차	2013. 12. 15
새로운 체계를 갖춘 승용차개발	2013. 12. 1
손전화기를 리용한 피부병검사	2013. 11. 17
레이자기술을 리용한 텔레비죤	2013. 10. 27
새로운 형의 바늘현미경/ 동물의 뇌기능저하현상	2013. 10. 20
농사일을 돕는 자동기계	2013. 10. 5
사람의 코를 모방한 전자장치	2013. 9. 29
물에서 분해되는 전자회로장치/ 암을 적발하는 지능수술칼	2013. 9. 22
식품안전을 위한 기술실험실	2013. 9. 21
최신의료설비전시회	2013. 9. 8
비행기 제작기술에서 주목되는 최신성과들	2013. 8. 18
여러분야에 적용되고있는 북두항법위성체계	2013. 8. 11
소형촬영기로 재현한 곤충들의 시야/ 지능손목시계의 출현	2013. 7. 21
인도네시아의 무인기 제작기술	2013. 7. 14
효율적인 소형풍력타빈생산	2013. 6. 16
방사성물질을 리용한 장식무리등	2013. 6. 9
극소형전자장치를 통한 개미의 생태연구	2013. 6. 2
다기능무인직승기의 리용전망	2013. 5. 26

새로개발되는 고도기술호물비행선	2013. 5. 19
불구자들을 위한 로보트팔	2013. 3. 17
4차원적인 공간기술효과를 리용한 영화관 / 초대형망원경에 의한 천체연구	2013. 3. 3
선을 쓰지 않는 손전화충전기	2013. 2. 9
고릴라유전자에 대한 새로운 해명	2013. 2. 3
오스트랄리아의 최신식 라지오망원경 / 새로 연구한 암치료방법	2013. 1. 20
새로 개발한 극소형발전장치	2013. 1. 13

〈표 3-23〉〈시사대담〉 프로그램의 증가

연도	2006	2007	2008	2009	2010	2011	2012	2013	2014. 10
횟수	9	16	9	17	7	28	18	4	22

외부 소식 전달과 관련해서는 〈시사대담〉 프로그램의 증가가 눈에 띤다. 조선중앙TV의 〈시사대담〉은 대부분 남한이나 일본에 대한 비판을 담고 있다. 이러한 비판을 하는 대표적 프로그램은 남북관계 상황을 반영한다는 특징이 있다(〈표 3-23〉 참조).

4. 맺음말

김정일시기에 갖춰진 조선중앙TV에 대한 통제 시스템과 관행이 김정은시대에도 지속적으로 작동하고 있다. 김정은은 김정일시기보다 더 치밀하고 조직적인 선전과 우상화가 필요한 입장에 처해 있으며, 오랜 기간 계속된 경제위기와 주민의 외부 정보 접촉 확대 등으로 여러 면에서 어려운 환경에 직면해 있다. 이러한 북한 내부의 정치경제적 상황과 더불어 외부 동영상 등이 북한 사회 전반과 심지어는 군대에까지 파급된 상황이라고 할 수 있다. 또 이러한 변화가 미디어의 기술적 변화까지 동반하면서 체제 상층부의 의식마저 부분적으로 변질된 상황이기 때문에 북한 정권의 통제에 한계가 드러나고 있다.

이처럼 국내외적으로 다양한 어려움에 처한 김정은정권은 내부 선전 수단을 강화하기 위해 많은 노력을 하는데, 그 기본적인 시스템은 김정일시기의 방송 상황을 대부분 유지하는 것으로 보인다. 대부분의 프로그램 편성은 김정일시기와 큰 차이가 없고, 오히려 김정은 우상화를 위한 프로그램이 김정일시기보다 강화된 상황도 나타난다.

조선중앙TV는 김정은의 우상화를 강화하는 동시에 북한 시청자들을 끌어들이기 위한 변화를 시도한다. 이러한 변화는 이미 김정은이 후계자로 등장할 때부터 나타나기 시작했는데, 주로 해외 축구 등의 스포츠 경기 방송, 중국 드라마 방송, '선정적'인 공연의 확대 방송으로 정리할 수 있다. 게다가 북한 사회의 개방과 경제성장 과정에 필요한 외부 정보의 유입을 위해 〈세계상식〉 등의 프로그램을 통해 외부 세계와 첨단과학기술을 소개하는 등의 변화도 나타났다.

김정은 집권 3년차가 마무리되어가는 2014년 10월 말을 기준으로 볼 때 국내외적 어려움에 봉착한 상황에서 김정은 우상화를 목적으로 하는 조선중앙TV의 변화를 기대하기는 어렵다. 따라서 향후 김정은체제가 안정되고 경제적 성과 등을 통해 인민의 호응을 이끌어내는 상황이 전개되기 전까지는 현재와 같은 방송 구조가 지속될 것으로 전망할 수 있다.

참고문헌

1. 국내 문헌

강동완. 2014. 『모란봉악단, 김정은을 말하다』. 도서출판 선인.

강진규. 2012. 9. 11. "북한 아리랑 LCD TV 모습". 디지털타임스(인터넷판).

강현두. 1989. 『북한의 언론』. 을유문화사.

고유환·이주철·홍민. 2012. 『북한 언론 현황과 기능에 관한 연구』. 한국언론진흥재단.

김승철. 2008. 「북한의 제3방송의 기능과 역할」. 2008년 12월 5일 세미나 발표.

방송위원회. 2006. 『2005 남북방송교류자료집』.

서재진. 1995. 『또 하나의 북한사회』. 나남.

심재주. 1998. 『오늘의 중국방송』. 나남.

이명자. 2007. 『북한 영화사』. 커뮤니케이션북스.

이우홍. 1991. 『어둠의 공화국』. 통일일보사.

이주철. 2002. 「김정일선집 문헌의 변화연구: 양적 분석을 중심으로」. 『김정일연구
    II: 분야별 사상과 정책』. 통일연구원.

＿＿＿. 2012. 『북한의 텔레비전방송』. 한국학술정보.

＿＿＿. 2014. 「북한 주민의 외부 접촉과 대남 인식 변화」. ≪아세아연구≫, 제157호.

이창현 외. 2001. 4. 『북한 텔레비전 뉴스프로그램 연구』. KBS통일방송연구.

전영선. 2009. 『문화로 읽는 북한』. 문예원.

이주철. 2008. 「북한 주민의 외부 정보 수용태도 변화」. ≪한국동북아논총≫, 제13
    권 제1호.

장세율. 2010. 「북한일상에서 방송통신 활용실태」. 남북방송통신포럼 발표

장해성. 2010. 「북한 언론의 대표적인 나팔수 조선중앙방송」. 남북방송통신포럼 발표

전미영. 2014. 「북한의 외래문화 수용 실태와 문화전략: 북한 텔레비전 방송 분석을

중심으로」. ≪통일정책연구≫, 제23권 제1호.

전영선. 2014. 『북한 애니메이션(아동영화)의 특성과 작품 정보』. 도서출판 선인.

주봉의. 1994. 「개혁개방에 따른 중국 언론의 변화에 관한 연구」. 서울대학교 박사 학위논문.

연합뉴스. 2014. 9. 9. "北 모란봉악단 레퍼토리 바꿔 … '민요풍으로' ".

2. 북한 문헌

김정일. 1992. 『김정일선집』, 제1권. 평양: 조선로동당출판사.

_____. 1993. 『김정일선집』, 제2권. 평양: 조선로동당출판사.

_____. 1997a. 『김정일선집』, 제9권. 평양: 조선로동당출판사.

_____. 1997b. 『김정일선집』, 제10권. 평양: 조선로동당출판사.

3. 외국 문헌

미국의 소리. 2014. 10. 5. "북한 방송절, 방송 기술은 변했지만 내용은 '선전선동' ". http://www.voakorea.com/content/article/2483665.html

Kretchun, N. and J. Kim. 2012. "A QUIET OPENING: North Koreans in a Changing Media Environment." InterMedia, p. 12.

제4장

세계화시대 북한의 문화 수용과 문화 정체성*

전미영 ㅣ 이화여자대학교 통일학연구원 연구위원

1. 머리말

최근 수많은 증언을 통해 알려진 것처럼 북한 주민의 일상에 외부 세계의 다양한 정보가 유입되고 있다. 평양의 대학생들이 세계적인 인터넷 사전 '위키피디아'를 은밀히 유통시키고 있다는 소식이 전해졌으며, 남한 드라마나 영화의 시청이 일상적인 것이 되었다고도 한다. 또한 근래에는 북한 젊은이들 사이에서 남한 및 중국 드라마뿐 아니라 미국 영화와 드라마가 각광을 받고 있다는 소식도 전해진다. 자본주의 문화의 유입 현상은 당국의 검열과 처벌로 통제하는 데 한계가 있을 만큼 이제 매우 광범위하게 확산되고 있는 것

---

* 이 글은 전미영, 「북한의 외래문화 수용실태와 문화전략」, ≪통일정책연구≫, 제23권 제1호(2014)를 수정·보완한 것이다.

으로 보인다.

결국 북한 사회는 원하든 원하지 않든 외래문화의 유입을 완벽히 차단할 수 없는 현실에 직면해 있다. 이러한 사실은 그동안 사상문화적 기제에 의존한 규범적 대중 통제 방식에 적신호가 켜졌음을 의미하기도 한다. 따라서 '문화 영역'을 '혁명의 수단'으로 명시하고 정치체제의 재생산(reproduction)을 위한 주요 기제로 활용해왔던 북한의 문화전략, 즉 문화를 통한 규범적 통제 방식에 일대 변화가 요구되고 있음을 시사한다.

심각한 경제난과 3대 세습으로 인한 체제 불안정성 등 전대미문의 체제 위기에 직면한 채 세계화에 대응해나가야 하는 북한으로서는 새로운 문화 수용과 새로운 문화 정체성 구축이 체제 생존의 관건이라고 할 수 있다. 지난 2010년 12월 26일 북한의 국영방송인 조선중앙TV는 남한에서 〈슈팅 라이크 베컴(Bend It Like Beckham)〉이라는 제목으로 상영된 '서구 자본주의 국가'의 영화를 〈벡캄처럼 뽈을 차라〉라는 제목으로 방송했다. 이날 방송에서 영국예술영화로 소개된 이 영화는 북한 전역에 방송되었다. 검열을 거쳐 절반 이상이 잘려나간 채 상영되었지만 북한 방송에서 방송된 최초의 서양 영화라는 점에서 매우 이례적인 사건이었다고 할 수 있다. 최근 북한의 텔레비전 방송에서 나타난 몇 가지 변화의 징후에는 자본주의 문화 유입이라는 현실에 어떻게 적응해나갈 것인가에 대한 북한 당국의 고민이 반영되어 있으며, 이러한 현실 적응을 위한 시도로 보인다.

이 글은 북한의 문화 영역에서 나타나는 변화를 통해 북한 사회 및 체제 변화의 단초에 접근하고자 한다. 체제 전환과 정보화로 촉발된 세계화, 이미 보편적 세계문화가 된 자본주의 문화로의 동화라는 강력한 원심력적 '위협'에 북한이 어떠한 방식으로 '응전(應戰)'해나갈 것인가? 이 글은 그 적용 과정에 주목하면서 북한 사회의 변화의 단초를 파악하고자 한다.

이에 이 글은 다음과 같은 문제의식에서 출발한다. 첫째, 이미 구호나 이념의 수준을 넘어 전 지구적으로 엄연한 일상의 일부가 된 세계화의 물결에 북한 사회는 어떻게 반응하고 있는가? 세계화를 체제 전환과 동의어로 간주하는 북한의 세계화 인식에 근거해 단지 부정과 저항으로만 일관하는가, 아니면 부정할 수 없는 현실에서 적절한 적응 방안을 강구하고 있는가? 둘째, 최근 북한의 텔레비전 방송에서 나타나는 변화, 즉 서구 영화의 상영 또는 자본주의 문화 코드의 등장을 외래문화의 수용으로 이해한다면 이를 북한 사회의 하위문화에서 움트는 문화적 다양성의 욕구를 당국이 제한적으로나마 수용하는 증거로 볼 수 있는가? 나아가 이를 하위문화에서부터 태동하고 있는 북한 문화 변동의 단초로 이해하는 것이 타당한가?

북한 지도부가 누차 언급해왔듯이 핵무기보다 강력한 북한의 힘, 즉 '일심단결의 사상강국'의 자부심은 역으로 사상문화적 단결이 와해되면 북한체제의 미래를 보장하기 어렵다는 것을 의미하기도 한다. 북한 당국은 자본주의 외래문화를 주체사회주의와 유일적 영도체계의 재생산 기반인 그들의 사상문화체계를 위협하는 가장 위험한 사상적 '독소'로 인식한다. 남북교류가 한창이던 2000년 북한 당국이 '자본주의 황색문화의 유입을 차단하기 위해 모기장'을 치라고 강조했던 것도 그러한 연유에 기인한 것이었다. 따라서 외래문화에 어떻게 대응할 것인가의 문제는 북한의 체제 유지와 밀접하게 연결된 사안이 아닐 수 없으며, 외래문화의 수용 여부는 바로 북한의 개방 의지와 북한 사회의 변화를 판단하는 척도와도 같다고 할 수 있다. 이러한 문제의식에 따라 이 글은 북한의 외래문화 수용 실태와 문화전략의 방향을 살펴보고자 한다.

특히 이 글은 현재진행형이며 지속적인 담론 생산의 기제인 텔레비전 방송을 분석 대상으로 한다. 북한의 텔레비전 방송은 다른 매체에 비해 변화의 수용이 빠른 편이어서 주민의 요구를 반영한 파격적인 프로그램을 종종 편성하기도 한다는 점 등에 주목할 때 외래문화의 수용 여부와 북한 사회의 변화를 파악하기에 훌륭한 텍스트가 될 수 있다고 본다.

이러한 문제의식에 따라 조선중앙TV에서 방송하는 해외 관련 프로그램의 실태를 분석하고자 한다. 분석 시기는 2009년 1월부터 2012년 12월까지 4년으로, 이 중 2009년은 김정은이 후계자로 등장한 시기다. 따라서 이 글은 김정은시대 문화정책을 조명한다는 또 다른 의미를 가진다.

2. 북한의 문화정책과 문화 정체성

1) '사회주의적 민족문화'와 북한의 문화 정체성

북한은 체제 건설 초기부터 정치적 수단으로 문화예술을 적극적으로 이용해왔다. 물론 이는 북한 사회에만 국한되는 것은 아니다. 문화란 기호, 이미지, 텍스트, 담론 등 상징체계를 통해 의미를 만들어내는 영역으로, 한 사회와 체제의 이데올로기, 가치관, 규범을 재생산하고 정당화하는 기능에 이용되어왔다. 특히 단기간에 체제의 정통성을 구축해야 하는 혁명체제 또는 대중 동원에 의거하는 동원체제에서 문화의 정치적 효용성은 더욱 강하게 요구되었다.

소련, 중국 등 공산주의 정권의 지도부가 그러했듯이 북한 지도부 역시 정치 과정에서 상징적 기술이 매우 중요하다고 파악했으며 대중 동원에 효과적인 예술, 드라마, 극장, 출판 등 다양한 문화예술 장르를 활용해왔다. 즉, 북한에서 문화예술은 정치의 한 부분이자 중요한 정책 수단이었다. 특히 북한의 경우 '유일적 영도체계'라 명명된 독점적 1인지배체제의 대중적 지지 기반을 구축해가는 과정에서 문화예술을 활용한 선전선동활동 등 기호와 상징을 통한 체제 정당화 작업이 집중적으로 진행되어왔다.

공산주의 문예정책의 기본 원칙이기도 한 '사회주의 리얼리즘'1)의 문예정책이 갖는 당성, 계급성, 인민성에 기초해 규범화된 북한 당국의 문화예술 통제방식은 문화예술 영역의 정치성을 더욱 공고히 하는 것이었다. 따라서 북한에서 문화예술은 인민으로 하여금 혁명적 세계관을 세우게 한다는 명분 하에 당국이 의도하는 방식으로 구성되어왔으며, 문화예술의 창작 및 실천, 수용 과정은 철저히 당국이 기획하고 통제했다.

현재 북한의 문화정책은 '인민적이고 혁명적인 사회주의 민족문화의 건설'에 기초를 두고 있으며, 더 구체적으로는 "제국주의적 사상문화의 침투를 막고 수령의 주체사상에 입각하여 혁명위업에 힘 있게 복무하는 혁명적 문학예술의 발전을 추구"하는 것을 근본 목표로 한다.

'사회주의 민족문화'로 집약되는 북한 문화의 정체성은 북한 건국 초기 문예정책의 추진 과정에서 시작되었다. 북한의 건국은 새로운 사회주의 사회를 기획하고 실현해나가는 과정이었으며, 이 과정에서 북한의 지도부는 문화예술적 자극을 강화함으로써 대중의 지지 기반을 구축하고자 했다. 해방 후 민족성의 회복과 사회주의 건설이라는 양대 목표를 수행해야 했던 북한 지도부는 이를 위한 문화정책을 구체화하고자 했다. 따라서 건국 초기 이들이 설정한 문화 형성의 방향은 '봉건사상 타파', '일제 잔재 극복', '민족문화

---

1) 스탈린주의가 문화 영역에까지 연장된 것으로 이오시프 스탈린(Iosif Stalin) - 안드레이 즈다노프(Andrei Zhdanov) - 막심 고리키(Maksim Gor'kii)가 창안해 소비에트작가동맹에서 확정되었다는 견해가 일반적이다. 그러나 실제로는 마르크스주의와 함께 등장했으며 사회주의 사회를 창조하기 위한 예술적 투쟁으로 전개되었다. 이를 이론으로 정교화하고 구체적 명칭을 부여한 것은 1932~1934년경이었다. 이는 1934년 제1회 소비에트작가회의에서 공식 용어로 채택되어 기본 창작 방법으로 받아들여진 후 교조화되었다. 당성, 계급성, 인민성을 지표로 공산주의적 전형성의 창조를 통한 혁명적 세계관 확립을 목표로 했다. 북한에서는 주체문예이론의 영향을 받아 주체의 사실주의로 변용되었다. 이에 따라 북한은 수령에 충실한 사회주의적 인간형 창조를 지향한다.

예술 유산의 비판적 계승'이었다.[2]

북한 국가 건설기 문화예술의 발전은 소련의 영향하에 진행되었다. 특히 1949년 3월 '조소문화협정' 체결을 계기로 소련의 문학작품이 대거 번역되어 북한 사회에 소개되었으며, 소련의 선진 사회주의 문화예술이론이 유입되었다. 그러나 이후 '반종파투쟁', '주체'의 등장과 함께 소련의 문화 영향력이 크게 약화되는 한편 혁명전통 계승이 문화예술의 핵심 주제로 등장하기 시작했다.

이어 1967년 북한판 문화혁명의 계기가 된 '5·25교시' 이후 유일사상과 무관한 일체의 문예활동이 억압되었으며, 특히 외래문화 요소는 수정주의로 비판받으며 철저히 근절되었다.[3] 이러한 가운데 북한은 '민족적 형식의 사회주의적 내용'이라는 창작 원리에 근거해 '조선화' 발전과 민족 악기 개량 등 민족문화 담론을 확산시켰으며, 문화예술에서의 민족적 형식과 정체성은 김일성체제의 정통성의 근거로 강조되어온 '주체', '자주', '우리식' 담론과 전략적으로 결합되었다.

김정일시대에 접어들어 북한은 선군문화예술[4]을 표방하는 한편 민족문

---

2) 당시 민족문화유산 가운데 "낙후한 것은 버리고 진보적이며 인민적인 것은 찾아내 새 민주조선을 건설하는 오늘의 현실과 인민의 생활감정에 맞게 발전시킨다"는 김일성의 입장에 따라 북조선고전보존위원회, 고전악연구소, 봉산춤보존회, 문예총산하동맹, 대학 등이 민족문화유산의 수집 정리와 연구, 계승 사업을 진행했다.

3) 김정일의 친척이자 북한의 여성 문예 엘리트였던 망명자 성혜랑은 "(5·25 교시 이후) 외국 음악은 소련 노래까지도 금지되었으며 고전 악보는 모두 불살라졌다. 석고 조각품은 비너스든 베토벤이든 모두 몽둥이로 깨버렸다. 서양화는 일체 찢어버렸다"라고 당시를 회상했다[성혜랑, 『등나무집』(지식나라, 2000), 314쪽].

4) 김정일시대에 접어들면서 김정일의 통치 방식인 '선군정치'가 문화예술 분야에 구현된 '선군문학예술'이 등장했다. 체제 수호 및 김정일체제의 문화적 정통성 구축을 위한 문화적 기획으로 등장한 선군혁명문화는 형상 창조의 미학적 문제로 혁명적 군인 정신을 체현한 새로운 성격 창조를 설정하는 한편 "수령님과 경애하는 장군님의 형상을 더욱 완벽

화 담론을 확산시키는 이중적 문화전략을 추진했다. 북한이 초기부터 설정한 사회주의 민족문화 건설 방침은 주체문화에 내재된 문화 민족주의적 경향 때문에 민족 전통을 호명하는 방식으로 전개된 것이 사실이다. 그러나 2000년대 이후 북한 사회에서 민족문화와 민족유산에 관한 강조는 당시 북한의 환경 변화, 즉 혁명 환경과 대외 환경 변화에 대한 문화적 대응 전략이었다는 점에 주목할 필요가 있다.

1990년대 초반 소련의 해체와 동유럽 국가의 체제 전환 등 사회주의 진영의 몰락은 북한 사회의 정체성을 구성해온 사회주의적 가치와 이념의 무력화를 초래했으며, 이에 당시 북한 지도부는 사회주의 이념 공백을 대체하는 차원에서 민족주의 이데올로기를 본격화했다. 1991년 김일성은 민족대단결 논의를 피력하며 "진정한 민족주의"를 선언한 바 있으며,[5] 1997년 김정일은 주체성과 함께 민족성 고수의 당위성을 피력했다.[6]

2000년대 이후 북한은 "남조선 사회의 양풍, 왜풍"에 맞서 "자본주의 황색바람을 차단하기 위해" 민속문화를 포함한 민족 전통 되살리기 운동과 전통예술 및 계몽기 문학예술의 복원과 진흥을 크게 강조하는 등 문화 민족주의를 전면에 내세우기 시작했다. 2002년 김정일은 당중앙위원회 책임일군들과의 담화 「우리 인민의 우수한 민족적 전통을 적극 살려나갈 데 대하여」를 통해 "우리 인민의 고유하고 우수한 민족적 전통을 적극 살려나가는 것이 당의 일관된 방침"이라고 선언하며 민족 전통을 살려나가는 것이 자본주의 문화에 대응하는 최선의 방안임을 강조했다.

하게 최상의 높이에서 창조하는 것"을 창작에서 가장 집중해야 할 주제로 제기했다.

5) 김일성, 「우리민족의 대단결을 이룩하자」, 『김일성저작집』, 제43권(평양: 조선로동당출판사, 1996), 170쪽.

6) 김정일, 「혁명과 건설에서 주체성과 민족성을 고수할 데 대하여」, 『김정일선집』, 제14권(평양: 조선로동당출판사, 2000), 326~329쪽.

2) 북한의 세계화 인식과 문화전략

북한이 여전히 '사회주의 민족문화론'을 주창하는 가운데 사회주의적 내용을 탈색시키고 민족 전통을 호명하는 이면에는 서구 자본주의 문화의 세계적 확산을 의미하는 문화세계화에 저항하고자 하는 전략적 의도가 깔려 있다. 북한 사회는 기본적으로 '세계화'를 "정치, 경제, 사상문화의 모든 분야에 걸쳐 다른 나라와 민족들에 독점자본이 지배하는 자본주의 착취제도를 수립하는 것"[7]으로 보고, "세계화의 간판 밑에 주권국가들의 정치, 경제, 사상문화의 전 영역에 걸쳐 서방의 대대적인 침투와 간섭이 감행되고 있다"[8]라고 인식한다. 무엇보다 각 나라의 자주권을 보장한 세계화란 존재하지 않는다는 입장이다. 즉, 북한에서 세계화란 강대국으로의 예속과 자주권 상실과 다름없는 것이다.

> 매개나라와 민족이 자기 인민이 자주적으로 선택한 사상과 제도, 력사적으로 형성되고 공고화된 고유한 문화와 전통을 가지고 자기 운명을 자주적으로, 창조적으로 개척해나가는 조건에서 정치, 경제, 문화를 포괄하는 세계화, 일체화란 있을 수 없다.[9]

세계화 전략의 측면에서 볼 때 북한은 철저히 세계화 거부 전략을 취한다. 북한이 전면적 개혁개방을 거부하고 체제 내적 개혁을 저울질하는 것도 세계화와 개혁개방으로 야기될 체제 전환을 피하기 위한 생존 전략의 일환으

---

7) 최철웅, 「미제의 세계화책동의 반동적 본질」, ≪정치법률연구≫, 제3호(2005), 46쪽.
8) 같은 글, 47쪽.
9) 최성일, 「미제가 제창하는 세계화론의 반동성」, ≪김일성종합대학학보(철학경제학편)≫, 제53권 제4호(2007), 38쪽.

로 볼 수 있다.

　현재 북한 사회에서 반세계화 전략은 정치와 문화에 집중되어 있다. 북한 당국은 민주, 자유화, 인권 등 서구 민주주의의 보편적 가치에 '우리식 민주주의', '집단주의', '사회주의적 인권론'으로 대응한다. 최근 더욱 강조되고 있는 민족주의와 민족문화는 반세계화 이데올로기로 작용한다.[10] 북한의 이러한 입장을 통해 현재 진행 중인 북한의 발전전략 방향을 유추해볼 수 있다. 즉, 시장경제 도입, 실리사회주의 등 경제 분야에서의 개혁 의지와 달리 정치·문화적 측면에서는 '주체 사회주의' 고수라는 입장을 분명히 한다.

　2002년 9월 당중앙위원회 책임일군들과의 담화 「우리 인민의 우수한 민족적 전통을 적극 살려나갈 데 대하여」에서 김정일이 "민족 전통을 고수하고 민족성이 강하면 제국주의의 사상문화적 침투도 막아낼 수 있고 그 어떤 이색적인 풍조도 스며들지 못하게 할 수 있다"라고 강조하면서 민족 전통을 복원 또는 확산시킬 방안을 제시한 것이 이를 잘 말해준다.

　　우리나라의 대외적 환경이 복잡하고 제국주의자들의 사상문화적침투 책동이 우심한 조건에서 우리가 민족적 전통을 잘 살려나가지 않으면 사람들이 썩어빠진 부르죠아문화와 생활풍조에 물젖을 수 있으며 우리 사회의 건전하고 혁명적인 생활기풍이 흐려질 수 있습니다. 우리 인민들이 우수한 민족적 전통을 고수하고 민족성이 강하면 제국주의의 사상문화 침투도 막아낼 수 있고 그 어떤 이색적인 풍조도 스며들지 못하게 할 수 있습니다.[11]

---

10)　전미영, 「사회변혁기 북한지식인의 역할과 정치의식」, ≪통일과 평화≫, 제3권 제1호 (2011), 338쪽.

11)　김정일, 「우리 인민의 우수한 민족적 전통을 적극 살려나갈 데 대하여」, 『김정일선집』, 제15권(평양: 조선로동당출판사, 2005), 315쪽.

이러한 문화 민족주의적 경향은 김정은 권력승계 이후에도 지속되었다. 지난 2013년 북한의 예술 전문 잡지인 ≪조선예술≫ 6월호는 만화영화 창작에서 동물이나 식물을 의인화한 캐릭터를 사용하던 방식에서 벗어나 강감찬, 이순신, 을지문덕 같은 애국 명장을 등장시켜야 한다고 주장하는 등 민족적 문화 코드를 강조했다. 김정은의 민족문화에 대한 관심은 민족체육경기 관람 등의 공개 활동에서도 잘 드러난다.[12]

김정은의 후계 승계 이후에도 북한은 자본주의 문화에 봉쇄정책으로 일관했다. 최근 북한 당국은 자본주의 사상과 문화의 침투를 막기 위한 투쟁을 연일 강조했다. 이는 2014년 신년사에서 김정은이 "우리 제도를 좀먹는 이색적인 사상과 퇴폐적인 풍조를 쓸어버리기 위한 투쟁을 강도 높이 벌여 적들의 사상문화적 침투책동을 단호히 짓부셔버려야 한다"[13]라고 역설한 것과 맥을 같이 한다.

2014년 1월 9일 자 ≪로동신문≫은 "적들의 사상문화적 침투책동을 단호히 짓부셔버려야 한다"라는 장문의 글을 통해 "부르죠아 사상문화는 매우 무서운 독소를 가진 제국주의자들의 침략수단"이라고 하면서 사상교양 사업 등 이를 막기 위한 투쟁을 강화해야 한다고 촉구한 바 있다. 또한 제국주의자들이 "협력과 교류 등 각종 허울 좋은 간판을 들고 보다 적극적이며 공개된 방법으로 부르죠아 사상문화를 유포시키고 있다"라고 하면서 이는 "자주의식과 혁명의식을 마비시켜 다른 나라들을 내부로부터 와해"시키려는 것이라고 주장했다.[14]

---

12) 김정은 제1위원장이 2013년 3월과 7월 두 차례 관람한 '활쏘기 경기'는 북한이 고구려 시기 선조의 기상을 보여준다고 선전하는 민족체육 중 하나다. ≪로동신문≫은 2013년 8월 20일~9월 9일까지 유네스코 세계유산에 등재된 개성 역사지구의 왕건왕릉, 공민왕릉 등을 소개한 연속 기사 12건을 게재한 바 있다.

13) ≪로동신문≫, 2014년 1월 1일 자.

현재 북한 지도부는 서구 자본주의 세계의 자유주의 문화 유입 및 확산이 체제 붕괴의 핵심 요인이라는 인식하에 이를 철저히 차단하는 폐쇄적 문화 정책 기조를 유지하고 있다. 그러나 현재 북한 당국이 취하는 자본주의 문화 유입에 대한 방어 전략은 북한 주민들의 일상문화와 충돌한다. 시장화가 진행되기 시작하던 2000년대 초반부터 시장을 통해 비공식적으로 유입되기 시작한 자본주의 영상물들이 주민의 일상에 깊이 침투함에 따라 당국의 정책과 현실 간 괴리는 점차 확대되고 있다.

3. 북한 텔레비전 방송의 외래문화 수용 실태

1) 조선중앙TV의 해외 관련 프로그램 실태

(1) 방송 프로그램 현황

북한 당국은 북한 주민들을 외부 세계와 철저히 단절시키려고 하지만, 방송매체를 통해 외래문화를 일정 부분 전달하기도 한다. 이 글에서는 2009년부터 2012년까지 4년 동안의 조선중앙TV 프로그램을 살펴보았다. 여기서 분석 대상으로 삼는 해외 관련 프로그램은 크게 다섯 개 분야로 구분할 수 있다. 먼저 해외 소식(해외 문화 단신) 분야로 〈세계상식〉, 〈텔레비죤잡지〉, 〈이름난 과학자들〉, 〈탐험가들〉 등이 있으며, 해외 영화·드라마 분야에 〈해외 영화〉, 외국텔레비죤드라마, 체육스포츠 분야에 〈체육경기소식〉, 〈국제체육소식〉, 〈체육시간〉, 〈특집경기〉가 있다. 이 외에 예술공연 프로그램으로 〈외국음악감상〉, 〈록화실황〉이 있으며 시사프로그램으로 〈국제소식〉,

---

14) ≪로동신문≫, 2014년 1월 9일 자.

<표 4-1> 조선중앙TV의 해외 관련 프로그램 방송 횟수

유형	프로그램	2009년	2010년	2011년	2012년
해외 소식	〈세계상식〉	53	37	57	31
	〈텔레비죤잡지〉 국제생활	3	50	43	24
	〈이름난 과학자들〉, 〈탐험가들〉	3	6	39	-
	〈소개편집물〉	3	3	4	3
해외 영화·드라마	〈쏘련예술영화〉	6	1	10	19
	〈중국예술영화〉	12	1	28	10
	〈해외 영화〉	-	1	-	-
	〈쏘련텔레비죤련속극〉	-	-	13	-
	〈중국텔레비죤련속극〉	33	52	33	-
해외 스포츠 중계	〈체육경기소식〉	22	79	44	58
	〈국제체육소식〉	-	-	32	27
	〈체육시간〉	-	-	39	12
	〈특집경기〉	-	-	3	2
국제정세·시사	〈국제소식〉	-	3	-	-
	〈국제정세해설〉	2	-	6	1
	〈시사대담〉	-	-	12	13
	〈기타〉	-	-	6	2
예술공연	〈록화실황〉	-	5	17	-
	〈외국음악감상〉	1	-	-	-
합계		138	238	386	202

〈국제정세해설〉, 〈시사대담〉 등이 있다(〈표 4-1〉 참조).[15]

이처럼 북한의 조선중앙TV도 외부 세계를 소개하는 것을 확인할 수 있다. 5개 분야 20개 내외의 프로그램들이 방송되기 때문에 프로그램 수만 보면 그리 적다고 할 수는 없다. 그러나 북한의 방송이 대부분 그러하듯이 이 프로그램들도 비정기적으로 편성되고 방송시간 또한 매우 짧은 편이다.[16]

---

15) 이 분석 과정에서 남한의 뉴스에 해당하는 〈보도〉는 제외했다. 북한의 〈보도〉에서 해외 뉴스가 가끔 소개되기는 하지만 그 빈도가 매우 낮고 비중이 크지 않다고 판단해 포함시키지 않았다. 단, 외부 세계의 정치 문제 등 외부 세계를 주제로 방송하는 시사 프로그램은 포함시켰다.

16) 해외 관련 프로그램의 평균 방송시간은 프로그램에 따라 편차가 매우 큰데, 영화 90

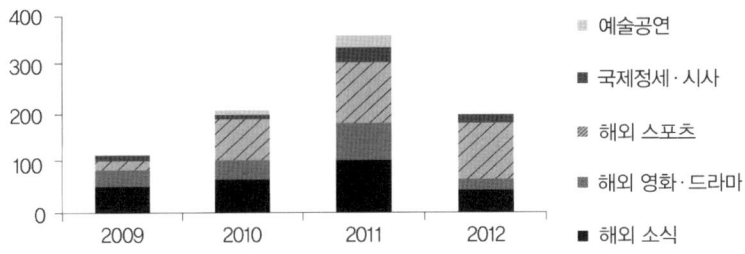

〈그림 4-1〉 시기별 해외 방송 빈도 추이(방송 횟수)

　　예술공연
　　국제정세·시사
　　해외 스포츠
　　해외 영화·드라마
　　해외 소식

1일 평균 해외 관련 프로그램의 방송시간은 2009년 16.4분, 2010년 26.2분, 2011년 37.1분, 2012년 21.7분이며, 〈표 4-1〉, 〈표 4-2〉에서 보듯이 해외 영화·드라마와 해외 스포츠가 가장 높은 방송 빈도와 긴 방송시간을 차지하기 때문에 영화·드라마와 스포츠를 제외한 해외 관련 프로그램은 극히 미미하다고 할 수 있다. 방송 횟수로는 해외 소식과 해외 스포츠가 높은 빈도를 보이고 있다(〈그림 4-2〉 참조).

시기별 변화 추이를 보면 2009년 이후 해외 관련 프로그램이 전반적으로 증가하고 있음을 알 수 있다. 2009년은 김정은 후계체제가 가시화되던 시점으로 후계체제 구축 과정과의 연관성을 추론해볼 수 있다. 2009년부터 계속 증가세를 보이던 해외 관련 프로그램이 김정은의 권력승계가 이루어진 2012년에 들어와서는 다소 감소하는 현상을 보였다. 2012년 해외 관련 프로그램의 감소는 당시 조선중앙TV 프로그램 편성의 전체적인 상황 변화의 영향을 받은 것으로 보인다. 김정은의 권력승계가 이루어진 2012년에는 김정은과 관련된 기록영화 방송 횟수가 급증하는 등 김정은의 인격적 리더십 구축을

분, 드라마 67분, 스포츠 60분으로 비교적 길게 방송되지만 이 외의 다른 프로그램들은 〈이름난과학자〉, 〈탐험가들〉 4분, 〈소개편집물〉 5.5분, 〈텔레비죤잡지〉 14분, 〈세계상식〉 7.5분 등 10분 내외의 방송시간으로 편성되어 있다.

〈표 4-2〉 프로그램별 방송시간(2009~2012년)

(단위: 분)

구분	해외 소식	해외 영화·드라마	해외 스포츠	국제정세·시사	예술공연	합계	1일 평균
2009년	468	3,831	1,320	26	13	5,983	16.4
2010년	1,018	3,754	4,740	30	120	9,577.5	26.2
2011년	1,207.5	6,502	5,122	258	384	13,561.5	37.1
2012년	585	2,610	4,497	203	0	7,940.5	21.7
합계	3,278.5	16,697	15,679	517	517	37,062.5	

〈그림 4-2〉 해외 관련 프로그램 방송 빈도 및 방송시간(2009~2012년)

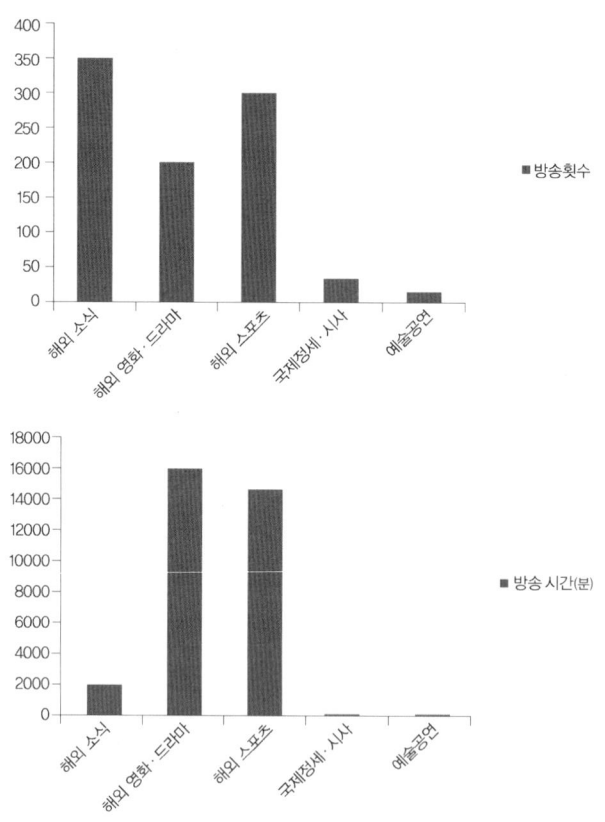

위해 정치사상성이 강한 프로그램이 집중적으로 방송되었다.[17]

(2) 프로그램별 특징

가장 방송 빈도가 높은 분야는 '해외 소식' 분야로, 전체 분석 기간에 걸쳐 가장 높은 방송 횟수를 기록했다. 그러나 이 분야는 방송시간이 평균 5분 내외로 〈그림 4-2〉에서 보는 바와 같이 총 방송시간 비중은 낮았다. 특히 해외 소식 프로그램 중 가장 방송 빈도가 높은 〈텔레비죤잡지〉 국제생활과 〈세계 상식〉은 일요일 오전에 5분에서 10분 내외로 방송되었다. 〈표 4-3〉은 2011년 5월 방송된 두 프로그램의 내용이다.

해외 소식 프로그램들은 대체로 신기한 해외 소식을 전하는 것을 기본으로 한다. 서구 자본주의 사회의 소식도 드물게 방송되지만, 주로 중국의 역사유적이나 자연경관 등에 관한 소식이 방송된다. 이들 방송은 정치적 언급은 일절 하지 않고 세계의 신기한 문화를 전달한다는 관점하에 비교적 사실 중심의 전달 태도를 보인다.

분석 시기 해외 관련 프로그램 중 지속적인 증가세를 보인 분야는 스포츠다. 특히 2012년 여타 해외 관련 프로그램들이 급격히 감소한 반면, 스포츠 분야의 경우 현격히 증가했음을 알 수 있다.

조선중앙TV는 2000년대 후반부터 북한이 참여하지 않은 해외 스포츠 중계에도 관심을 보이기 시작했으며 그 방송 빈도도 점차 증가해왔다. 북한의

---

17) 김정은의 권력승계 이후 조선중앙TV의 기록영화 방송 횟수는 한 달 평균 70회로, 높은 빈도를 보인다. 4월의 경우 김일성 탄생 100주년 태양절 행사 준비와 관련해 김일성의 위대성을 부각시키기 위한 기록영화들이 집중적으로 방송되었는데, 특히 이 시기는 제4차 당 대표자대회(4월 11일)와 제12기 제5차 최고인민회의(4월 13일)에서 김정은이 제1비서로 북한의 최고지도자 지위를 승계 받는 시점이라는 점이 시사하는 바가 크다[전미영, 「김정은 권력승계 이후 북한 텔레비전 방송의 실태와 변화」, ≪통일과 방송≫, 2호(2012), 33~34쪽 참조].

<표 4-3> 해외 소식 프로그램 방송 사례

방송 날짜	프로그램 제목	방송시간
2011. 5. 1(일)	〈텔레비죤잡지〉 국제생활 - 중국의 회곡예술/ 솔로몬제도의 조가비 화폐	10:45~10:50
2011. 5. 1(일)	〈세계상식〉 인기 있는 설계전시회/ 건강에 좋은 어린이 식료품	10:59~11.05
2011. 5. 8(일)	〈텔레비죤잡지〉 국제생활 - 중국 송강의 이름난 수예/ 언포도로 만든 포도술	10:42~10:47
2011. 5. 13(일)	〈텔레비죤잡지〉 국제생활 - 중국 오르죤의 기묘한 경치/ 도이췰란드의 이름난 도서수복센터	10:27~11:31
2011. 5. 13(일)	〈세계상식〉 휘발유연료차를 전기차로 개조/ 코코낫 야자열매 수확기구 창안	10:38~10:43

해외 스포츠 소개 또는 경기 중계 현황을 보면 2012년 99회로 다소 감소하긴 했지만, 2009년 22회, 2010년 79회, 2011년 118회로 크게 증가했음을 알 수 있다.

2012년의 경우 6~7월에 걸쳐 유럽축구선수권대회 경기 및 관련 소식이 18차례나 방송되었으며, 올림픽 경기가 방송되는 등 해외 스포츠 중계방송이 다양하게 방송되었다. 2012년 1월부터 9월까지는 해외 스포츠가(북한 참여 경기와 북한 미참여 경기 모두 포함) 68회 방송되었는데, 이는 이 기간 전체 스포츠 방송의 64%(방송 106회)에 해당하는 높은 빈도였다. 물론 이러한 높은 방송 빈도는 2012년 7~8월에 개최된 제30회 런던올림픽 중계의 영향을 받은 것으로 보인다. 그러나 유럽축구선수권대회 경기 방송 및 해외 스포츠를 소개하는 프로그램 등은 최근 조선중앙TV가 해외 스포츠를 적극적으로 소개하는 경향이 있음을 보여주는 것이기도 하다.

다음으로 국제정세·시사 분야 방송의 빈도는 상대적으로 낮다. 〈국제소식〉, 〈국제정세해설〉, 〈시사대담〉 등의 명칭으로 방송되는 대외시사 프로그램을 보면 남한을 비롯한 미국, 일본의 정치사회를 비판하는 내용이 주를 이룬다. 이 경우 객관적으로 사실을 보도하는 것이 아니라 해설이나 문답 형

〈표 4-4〉 국제정세·시사 프로그램 방송 사례

방송날짜	프로그램 제목	방송시간
2011. 8. 24(수)	〈시사문답〉 등록금문제를 통해 본 반역 '정권'의 정체	20:51~21:00
2012. 5. 6(금)	〈시사대담〉 여전히 엄중한 일본의 핵사고 형편	20:22~20:32
2012. 7. 29(일)	〈좌담회〉 미국과 리명박역적패당은 테로의 왕조	15:13~15:31
2012. 8. 1(수)	〈좌담회〉 미국과 리명박역적패당은 테로의 왕조(재방)	21:17~21:34
2012. 8. 30(목)	〈좌담회〉 을지프리덤가디언 합동군사연습은 방어의 외피를 쓴 북침핵선제공격연습	16:09~16:21

식을 빌려 비난하는 것으로 나타났다.

이러한 프로그램들의 경우 방송시간도 10분 내외였으며 방송 횟수도 2009년 2회, 2010년 3회, 2011년 24회, 2012년 16회 등으로 나타나 상대적으로 빈도가 낮았다. ≪로동신문≫에서 매일 1~2면에 걸쳐 남한과 해외 관련 기사를 게재하는 것에 비하면[18] 조선중앙TV의 세계정세 전달 기능은 매우 미약함을 알 수 있다.

2) 해외 영화·드라마

분석 시기 조선중앙TV에서 방송된 해외 관련 프로그램 중 방송시간 면에서 가장 많이 방송된 분야는 해외 영화·드라마였다. 해외 영화는 〈외국예술영화〉, 〈중국예술영화〉, 〈쏘련예술영화〉 등의 명칭으로 방송되며, 드라마의 경우 〈중국텔레비죤련속극〉, 〈쏘련텔레비죤예술영화〉 등의 명칭으로 다부작 드라마가 연속 방송된다. 조선중앙TV의 경우 한 달 평균 방송 횟수는 영화 27.6회, 드라마 6.8회다. 여기서 편수가 아닌 횟수로 지칭하는 것은 조

---

18) ≪로동신문≫은 전 6면으로 발행되는데, 5면에는 대남 기사, 6면에는 세계 소식이 정기적으로 게재된다.

〈표 4-5〉 해외 영화 드라마·방송 사례

방송 시기	영화, 드라마 제목	국적	주제 및 성격
2010. 12	〈잠복〉(16부)	중국	정치, 혁명성(첩보영화)
2010. 8	〈격술과 엽문〉	중국	오락(홍콩 액션영화)
2010. 12	〈벡캄처럼 뽈을 차라〉	영국	오락(축구 소재)
2010/2012	〈모안영〉(36부)	중국	정치, 혁명성(모택동 아들 일대기)
2011	〈강철은 어떻게 달련되였는가〉(14부)	중국	정치, 혁명성(10월혁명 배경)
2011. 3	〈17일동안 있은 일〉(13부)	소련	정치, 혁명성(소련 첩보물)
2011. 4	〈홍호적위대〉	중국	정치, 혁명성(인민해방군 관련)
2011. 5	〈류싼제〉	중국	중국 고전
2011. 10	〈전화로 보내오는 선물〉	소련	소련의 사회상

선중앙TV는 재방송 비율이 매우 높기 때문이다.[19] 분석 시기에 방송된 해외 영화·드라마의 방송 횟수는 영화의 경우 2009년 18회, 2010년 3회, 2011년 38회, 2012년 29회였으며, 드라마의 경우 2009년 33회, 2010년 52회, 2011년 46회, 2012년 0회 방송되었다.

조선중앙TV에서 방송되는 해외 영화·드라마의 해당 국가를 살펴보면 중국과 소련에 편중되어 있음을 알 수 있다. 분석 시기 중국과 소련 외 국가의 영화 방송은 2010년 영국 영화가 유일했다. 이 기간 동안 중국 영화 및 드라마가 169회(77%), 소련 영화 및 드라마가 49회(22%), 영국 영화가 1회 방송되었다.

지금까지 북한에서 방송된 해외 영화는 〈조선예술영화〉의 경우와 마찬가지로 당성과 혁명성을 강조한 정치영화가 대부분이었다. 그러나 분석 시기에 방송된 해외 영화들의 내용을 보면 기존의 경향과 다소 차이가 있었다. 여전히 대다수의 영화나 드라마가 중국의 혁명기나 소련을 배경으로 하는

---

19) 2012년 1월 방송된 예술영화 총 25편 중 17편이 재방송된 작품으로 재방송 비율이 68%에 달한다.

정치성이 강한 주제의 작품들이었지만, 정치성이 없는 중국의 고전 영화나 홍콩 오락영화가 방송되는 등 오락성이 강하고 다소 파격적인 영상들이 방송되기 시작했다는 점이다. 분석 시기에 홍콩 액션영화가 방송되는가 하면, 기존에는 금기시되었던 선정적인 내용과 장면이 담긴 해외 영화가 그대로 방송되는 파격을 보였다. 2010년 8월에는 홍콩에서 제작되어 한국에서도 상영된 바 있는 액션영화 〈엽문〉이 〈격술가 엽문〉이라는 제목으로 방송되었다.[20] 중국에서 높은 인기를 끌었던 중국 드라마 〈잠복〉이 2010년 방송되었는데, 방송 이후 이 드라마의 주인공 '위저청(余則成)'이 북한 주민 사이에서 큰 인기를 끌었다고 쓰촨 성 청두 시에서 발행되는 ≪성도만보(成都晚報)≫가 보도한 바 있다.[21] 2011년 방송되었던 중국 영화 〈영웅 정성공〉은 명·청 교체기에 대만을 수복한 명장 정성공(鄭成功)을 그린 중국의 역사물로, 여성의 목욕 장면 등 노출 장면을 그대로 내보내기도 했다. 또한 소련 영화 〈전화로 보내오는 선물〉의 경우 소련시대 젊은이들의 유흥 문화가 가감 없이 등장하는 등 이전과는 다른 파격성을 보였다.[22]

3) 북한 조선중앙TV의 해외 관련 프로그램 특성

이상의 북한의 해외 관련 프로그램 현황을 분석해보면 외래문화 유입을

---

20) 2009년 4월 제28회 홍콩 금상장 영화제에서 작품상을 받은 〈엽문〉은 이소룡의 스승이자 중국의 전설적인 무술 영웅인 엽문(葉問)의 일생을 다룬 작품으로, 중·일전쟁이 발발한 1930년대 중국을 배경으로 엽문이 민족의 자존심을 되찾기 위해 무술로 일본에 저항하는 내용이다.

21) 연합뉴스, 2011. 5. 6.

22) 소련 영화 〈전화로 보내오는 선물〉에서는 상관이 부하 여직원을 프랑스제 선물로 유혹하는가 하면, 바에서 선정적인 춤을 추는 무희들의 장면이 장시간 클로즈업되는 등 기존의 북한 텔레비전 영상에서 볼 수 없었던 장면들이 그대로 방송되었다.

철저히 차단하겠다는 북한 당국의 공언이 있었음에도 국가 차원에서 일정 부분 외래문화를 주민들에게 소개했음을 확인할 수 있다. 물론 방송시간, 방송 빈도, 방송 내용 등을 볼 때 아직까지 북한의 공식 매체를 통해 북한 주민들이 외부 소식을 접하기는 매우 어려운 수준이라고 할 수 있지만, 최근 조선중앙TV에서 소개하는 해외 관련 프로그램을 통해 몇 가지 특징을 확인할 수 있다.

먼저, 해외 영화·드라마 방송 빈도의 증가와 내용면에서의 오락성 증가를 들 수 있다. 조선중앙TV에서 해외 관련 프로그램 중 가장 많은 시간을 할애하는 것은 영화와 드라마로 북한 주민들도 이러한 프로그램에 상당한 관심을 보이는 것으로 알려져 있다. 물론 현재 북한에서 방송되는 해외 영화·드라마의 경우 단 한 편을 제외하면 중국과 소련 영화로 일관되어 있어 심한 지역적 편중성을 보인다. 가장 높은 비중을 차지하는 중국의 영화·드라마도 몇 편을 제외하고는 중국의 개방 이전 시기에 제작되어 혁명성이 강한 영화나 고전물이 대부분이다. 즉, 현대의 자유롭고 풍요로운 자본주의 문화는 북한의 텔레비전을 통해 제대로 소개되지 않는 실정이라고 할 수 있다.

그러나 주제의 제한성이 있는 해외 영화에서 과거에 비해 오락적 요소가 강한 영화 방송이 증가했다는 점에 주목할 필요가 있다. 이들 해외 영화는 오락성과 볼거리 면에서 북한의 영화나 드라마에 비해 북한 주민들의 오락적 욕구에 부응하는 것으로 보인다. 실제로 북한이탈주민의 문화예술 수용 실태에 관한 한 조사 연구는 북한 주민들의 해외 영화에 대한 높은 관심을 보고한 바 있다.[23] 이에 따르면 북한에서 방송되는 해외 드라마 인기의 원인은 '낯선 것'과 '재미있는 것'에 대한 선호이며, 이는 중국 텔레비전이나 'CD'에 대한 관심과 유사한 것이다.[24] 최근 조선중앙TV에서 중국의 오락영화들

---

23) 문화관광연구원 엮음, 『북한 주민의 문화예술 향유실태와 향후 전망』(2011).

을 집중 방송하는 것은 주민들의 오락적 욕구에 부응하고 지하 영상물에 빼앗긴 북한의 시청자들을 국영 TV로 이끌어내기 위한 자구책의 일환으로 볼 수 있다.

북한의 해외 영화·드라마 방송 증가의 원인은 크게 두 가지로 이해할 수 있다. 먼저 중국과 소련 영화 방송의 증가는 해당 국가와의 문화 교류 차원에서 추진되는 것으로 보인다. 2010년 7월 '중국 라디오텔레비전총국' 대표단이 북한을 방문해 양형섭 최고인민회의 상임위원회 부위원장과 만나 양국 간 문화 교류 확대 방안을 논의한 바 있다. 2011년 12월 9일 신화통신은 북한에서 방송되는 영화나 드라마는 거의 중국에서 무상으로 지원하는 것이며, 중국 라디오텔레비전총국 전진 부국장이 6월 28일부터 7월 2일까지 북한을 방문하면서 드라마 〈관동을 떠돌아다니며〉와 영화 〈엽문〉을 증송해 조선중앙TV가 8월 1일 홍콩 대작 〈엽문〉을 방송했다고 보도했다.25)

2010년 3월에는 동평양대극장에서 "조로경제문화협정" 체결 61주년 기념 공연을 진행하는가 하면, 러시아와의 친선, 선린 협조에 관한 조약 체결 10돌 기념 영화 상영 주간을 설정해 러시아 영화를 상영하는 등 중·러 간 문화 교류를 강화했다. 2011년과 2012년 조선중앙TV에서 소련의 영화나 드라마 방송이 증가한 것은 북·러 문화 교류 활성화에 따른 것으로 볼 수 있다.

한편, 북한 방송에서 해외 영화가 증가한 현상의 이면에는 북한의 드라마 제작이 부진해질 수밖에 없는 열악한 방송 환경이 자리하고 있다. 2000년대 초반까지는 한 해 20~25편 정도 제작되던 북한의 예술영화는 2004년경부터 급격히 감소하기 시작했다. 2004년 10편, 2005년 10편, 2006년 4편이 제작되더니 2007년에는 예술영화 2편, 2008년에는 예술영화 3편만이 제작되었

---

24) 같은 책, 10쪽.
25) 신화통신, 2011. 12. 9.

다.[26] 조선중앙TV는 북한의 영화 제작 부진으로 인한 텔레비전 방송용 영화·드라마 콘텐츠의 부족을 반복적인 재방송과 해외 영화로 대체하는 것으로 보인다. 이러한 현상을 통해 과거에 김정일이 영화의 높은 재방송 비율을 지적했던 문제가 여전히 해결되지 않았음을 알 수 있다.

> 지금 예술영화나 무대공연을 록화한 문예물들밖에 다른 것이 없기 때문에 늘 같은 것을 반복하여 내보내다보니 시청자들 속에서 텔레비죤방송이 다채롭지 못하고 재미없다는 의견이 적지 않게 제기되고 있습니다.[27]

다음으로 스포츠 분야에서의 해외 스포츠 방송 증가를 들 수 있다. 2000년대 후반부터 조선중앙TV는 북한이 참여하지 않은 해외 스포츠 중계에도 관심을 보이기 시작했으며, 점차 방송 빈도가 증가해왔다. 특히 분석 시기인 2009년 이후 해외 스포츠 경기 방송이 크게 증가했음을 확인할 수 있다.

이는 문화적·오락적 영역에서의 주민들의 욕구 불만을 스포츠 분야를 통해 충족시키고자 하는 북한 당국의 노력의 일환이라고 할 수 있다. 또한 스포츠 애호가로 알려진 젊은 지도자 김정은의 개인적 취향도 큰 영향을 미쳤을 것으로 보인다. 북한 방송에서 해외 스포츠 방송이 증가하기 시작한 시기가 김정은이 후계자로 부상하던 시기와 일치한다는 것도 이러한 추측을 뒷받침해준다.

2012년 신년 공동사설은 "체육에 대한 사회적 관심을 높이고 체육을 생활화, 습성화함으로써 부풀어 오른 체육열기를 더욱 고조시켜야 한다"라고 밝

---

26) 영화진흥위원회 엮음, 『한국영화연감』(2009), 185쪽.
27) 김정일, 「텔레비죤방송의 사상예술적 수준을 높일데 대하여」, 『김정일선집』, 제2권 (평양: 조선로동당출판사, 1993), 426쪽.

힘으로써 체육 활성화를 강조한 바 있으며, 이후 체육 열풍을 일으키려는 당국의 의지는 여러 선전 매체들을 통해 강조되었다.[28] 권력승계 이후 김정은은 체육계의 대외활동에 관심을 집중시켰다. 2012년 11월에는 북·중 간 '2013년 체육교류의정서'를 체결하는가 하면, 2013년 2월과 2014년 1월 두 차례에 걸쳐 미국 프로농구 선수 출신 데니스 로드맨(Dennis Rodman)을 초청해 시범경기를 개최하는 등 해외 스포츠계와의 관계 활성화를 모색했다.

조선중앙TV에서 방송되는 해외 관련 프로그램 편성 증가 현상은 지난 2012년 7월 방송되었던 모란봉악단의 시범공연에서 보여준 파격성을 통해 그 의미를 추론해볼 수 있다. 2012년 7월 12일 조선중앙TV는 7월 6일 김정은이 참석한 모란봉악단 시범공연 녹화방송을 내보냈으며, 이 공연은 기록영화로도 제작되어 이후 여러 차례 재방송되었다. 화려한 무대와 젊은 여성 연주자들로 구성된 전자악단의 훌륭한 연주에 맞춰 다양한 노래와 율동을 하는 이 공연은 기존의 북한 공연과는 크게 차별화된 것이었다.[29] 특히 이 공연의 하이라이트가 미국 문화의 상징으로 여겨지는 팝송 「마이웨이(My Way)」와 월트디즈니의 애니메이션을 비롯한 서구사회의 음악 공연이었다는 데서 그 파격성을 확인할 수 있다. 조선중앙TV는 이 공연을 "세계적 수준에서 발전된" 공연이자 "지난 시기 공연의 기성 틀에서 완전히 벗어난 새 맛이

---

28) 이와 관련해 ≪로동신문≫은 2013년 1월 6일 자 기사 "온 나라에 체육열풍을 일으키자"와 2013년 3월 4일 자 사설 "온 나라에 체육열풍을 세차게 일으키자" 등을 통해 온 나라에 체육 열풍을 일으키는 것은 사회주의 문명국 건설을 다그치기 위한 중요한 사업이라고 강조했다.

29) 현란한 무대, 노출이 심한 여성 가수들의 화려한 공연이 처음이라고는 할 수 없다. 2009년 창단된 은하수관현악단의 공연에서도 이러한 화려한 무대가 연출된 바 있다. 그러나 이번 모란봉악단 시범공연은 음악과 연주는 물론, 가수들의 의상, 율동 등 외적인 면모가 더욱 세련되고 자연스러워졌으며 내용이 다양해졌다는 데 그 차별성이 있다.

나는 공연"으로 평가했다.

　조선중앙TV의 해외 관련 프로그램 방송은 과거에 비해 양적으로 크게 증가했지만 내용 면에서 특정 프로그램과 특정 국가에 편중되어 있는 등 여전히 외래문화 도입에는 매우 제한적인 태도를 보인다. 즉, 대중의 문화적 요구에 일정 부분 부응하면서 외부 문물이 가져올 정치사상적 충격파를 최소화할 수 있도록 특정 프로그램에 집중하고 있음을 알 수 있다.

4. 세계화시대 북한의 문화 수용과 대응 전략

　세계화 담론은 학자에 따라 그 정의가 다양하며, 특히 세계화에 대한 지지와 비판의 입장에 따라 다양하게 정의되지만 20세기 말의 체제 전환과 정보화라는 기술 진보를 매개로 등장한 세계화가 이제 전 지구적인 현상이 되었다는 점은 부인할 수 없는 현실이다. 세계화 전략의 측면에서 볼 때 북한은 철저히 세계화 거부 전략을 취하고 있다. 북한 사회는 세계화를 '개혁개방', 더 나아가서는 '자본주의로의 체제 전환'의 다른 이름으로 인식한다. 북한이 전면적인 개혁개방을 거부하고 체제 내적 개혁을 저울질하는 것도 세계화와 개혁개방으로 야기될 체제 전환을 피하기 위한 생존 전략의 일환이다.

　지난 2010년 북아프리카 튀니지에서 시작되어 중동 지역으로 확산된 'M혁명' 혹은 '자스민혁명'으로 불린 모바일 커뮤니케이션에 의거한 시민혁명은 북한 지도부를 긴장시키기에 충분했던 것으로 보인다. 물론 북한 당국으로서는 외부 정보를 차단하기 위한 내부 통제에 최우선적으로 주력하겠지만, 이와 함께 변화된 문화 환경에 적응하기 위한 새로운 문화전략을 모색해나가지 않을 수 없는 기로에 서 있다.

　최근 북한 사회에 관한 남한의 관심 중 하나는 북한 내에 불고 있는 남한 대중문화 확산 현상이었다. 북한판 '한류'로 불리는 이 현상은 북한 내에 유입된 남한의 대중문화, 좀 더 구체적으로는 남한의 드라마, 영화, 가요에 대한 북한 주민들의 열광 현상이다.

물론 북한 주민의 남한 문화 접촉은 철저히 비공식적인 것으로, 이는 북한 당국의 법적 통제를 받는 범죄 행위다. 북한의 형법은 남한을 비롯한 자본주의의 영상물을 보는 행위를 형법 193조(퇴폐적인 문화 반입 류포죄), 195조(적대방송 청취, 인쇄물, 유인물, 수집, 보관 류포죄)에 의거 2년 이하의 '로동단련형'과 4년 이하의 '로동교화형'에 처한다고 규정한다.[30] 북한 당국이 취하는 자본주의 영상물 불용정책은 자본주의 문화 유입이 북한 사회의 사회주의 문화를 와해하고 체제를 붕괴시키는 주요 원인이라는 인식에 기반한다.

문화·사상적 개방은 곧 사회주의 문화의 훼손과 체제 붕괴라는 도식에 사로잡힌 북한 당국은 자본주의 문화 유입을 사회주의 문화를 훼손하는 범죄 행위로 설정한다. 그러나 현재 이러한 북한 당국의 정책 의지와 괴리된 상황이 북한 주민들의 일상문화 영역에서 연출되고 있다. 지난 2000년 초반부터 북한 사회에 비공식적인 경로, 즉 장마당에서의 불법 거래를 통해 남한의 영화나 드라마가 주민들에게 유입되기 시작한 이래 그 현상이 급속히 확산되고 있는 것이다.

2002년 공개된 북한의 내부 문건인 간부들에 대한 학습제강 「자본주의사상문화적 침투를 짓부시기 위한 투쟁을 강도높이 벌일 데 대하여」에도 당시 북한 사회에 유입된 자본주의 문화의 실상과 북한 당국의 위기의식이 잘 드러나 있다.[31] 이 문건은 "일부 일군들이 자본주의 선전물을 가지고 장난질을

---

30) 2004년 개정된 「조선민주주의인민공화국 형법」 제6장은 자본주의 문화의 유입 문제를 '사회주의 문화를 침해한 범죄'로 규정한다.

31) 『자본주의사상문화적 침투를 짓부시기 위한 투쟁을 강도높이 벌일 데 대하여』(평양: 조선로동당출판사, 2002) 참조.

하고 있으며, 어떤 사람들은 이색적인 록화테이프를 혼자 보는 데 그치지 않고 그것을 복사해서 외화나 물건을 받고 팔거나 빌려 주는 행동을 상습적으로 하고 있으며, 이런 현상은 일부 중앙기관 일군들 속에서도 찾아볼 수 있다"고 밝히고 있다. 이 문건은 이 외에도 남한 가요 부르기, 서양식 옷차림 등 자본주의 문화 영향 확산이 진행 중임을 밝히며 북한 주민들이 "부르죠아 생활풍조에 유혹되어 민족적이며 사회주의적인 우리의 생활양식을 이질화하고 있다"라고 비판했다.

이후 북한은 여러 차례 유사한 학습제강을 발표해 사상교양과 주민 통제를 통한 자본주의 사상문화 침투 척결에 집중해왔다. 그러나 이러한 북한 당국의 통제 감시와 사상교양이 있었음에도 자본주의 대중문화는 북한의 시장화와 더불어 지속적으로 확산되고 있는 실정이다.[32] 이는 자본주의 문화로부터 '사회주의 민족문화'를 수호함으로써 자본주의권의 세계화 전략이 의도하는 체제 전복의 위협에 대응하겠다는 북한 당국의 정책 방향과 현실의 간극이 확대되고 있음을 의미하는 것이기도 하다.

현재 북한 사회의 불안정성은 당국의 정책과 주민들의 일상 간 균열의 확대에서 기인한다고 볼 수 있다. 최근 북한 사회의 비공식 영역, 즉 주민들의 일상에서 급격한 변화가 진행되고 있다. 그들은 이미 시장경제를 몸으로 익히며 사적 이익에 눈을 떴으며, 시장과 부패한 관료제가 만들어낸 일탈 공간을 통해 자본주의적 유흥과 오락, 문화, 패션 등을 경험하고 있다. 이미 많은 북한 주민, 특히 북한의 젊은이들에게 '사회주의적 민족문화'는 상투적인 문

---

32) 최근 북한의 젊은이들은 스토리가 뻔한 남한 영화나 드라마보다 〈람보(Rambo) 4〉, 〈007 카지노 로얄(Casino Royale)〉, 〈슈퍼맨 리턴즈(Superman Returns)〉, 〈아마겟돈 (Armageddon)〉, 〈프리즌 브레이크(Prison Break)〉 등의 미국 영화나 드라마에 더 열광한다고 한다. 오양렬, 「북한 내 외래문화 유입으로 인한 영향과 전망」, ≪플랫폼≫, 제 26호(2011), 18쪽.

구일 뿐이며 풍요롭고 자유로우며 오락성이 넘쳐나는 자본주의 문화야말로 현재 북한 젊은이들이 선망하는 선진 문화로 부상하고 있다.

현재 북한 당국은 세계화로 상징되는 서구 문화의 확산과 남한 문화의 유입이라는 전례 없는 문화적 위기 상황에 직면해 있다. 즉, 외래문화의 유입을 통해 북한의 국가 주도적 문화정책과 문화 수용자인 주민 간 문화 감수성에 심각한 분열과 괴리가 발생하는 것이다. 이러한 괴리 현상은 북한 문화, 더 나아가서는 북한 사회의 본질적인 변혁의 가능성을 암시한다. 즉, 북한 주민들의 변화하는 문화 욕구와 당국의 교조적 정책 간 간극이 계속 커진다면 이는 북한체제 변동의 중요한 요인으로 작용할 것이다.

'사회주의적 민족문화'를 구호로 '우리식' 폐쇄적 문화전략을 통해 사회통합을 모색해온 북한 당국으로서는 외래문화를 수용해 문화적 세계화의 도전에 탄력적으로 대응할지, 민족문화의 정체성 고수를 통한 폐쇄전략을 지속할지의 선택의 기로에 서 있다고 할 수 있다.

교조화된 북한의 문화정책과 이데올로기화된 문화이론이 바뀌지 않는 한 사회주의 수호와 민족문화 발전이라는 명분하에 북한의 폐쇄적 문화정책은 당분간 지속될 것이다. 그러나 영화, 스포츠, 대중 공연 등 오락성이 강한 특정 영역에서 나타나는 파격성은 '세계적 추세'를 강조하며 "문화 분야를 선진적인 문명강국의 높이에 올려 세워야 한다"[33]는 김정은식 문화정책의 새로운 시도로 보인다.

현재 드러난 북한의 문화전략은 자본주의 문화 침투에 대항해 사회주의 민족문화를 지켜나간다는 명분하에 공식적으로는 외래문화의 유입을 불허하지만 '세계적 추세'를 고려해 국가 차원에서 외래문화를 도입함으로써 이 괴리 현상을 해결하겠다는 것으로 파악된다. 그러나 북한 사회의 시장화가

---

33) "2013년 신년사", ≪로동신문≫, 2013년 1월 1일 자.

자체 동력을 가지고 지속적으로 확산되어가는 것과 마찬가지로 시장화를 동력으로 급속히 확산되고 있는 외래문화 유입 현상은 북한 당국의 미온적 정책 변화를 압박하는 요인으로 작용할 것으로 보인다.

5. 맺음말

북한 당국은 문화예술을 사회주의 건설과 공산주의 혁명의 무기로 규정하고 철저히 관리해왔다. 수령의 유일적 영도체계로 명명되는 북한식 절대권력체제의 대중적 지지 기반을 구축하기 위해 북한 당국은 문화예술의 전 영역을 정치적으로 도구화했으며, 심지어 '수령형상예술'까지 나올 정도로 문화예술의 정치적 예속을 구조화했다.

'사회주의 민족문화'의 건설을 천명해왔던 북한의 문화정책은 주체사상에 내재된 민족 개념과 자주성 테제 등의 영향하에 '우리식', '주체의'로 수식된 민족적 형식의 전면화와 함께 문화 민족주의적 담론을 동원해 민족주의적 문화 정체성을 구성해왔다. 특히 1980년대 말부터 진행된 동유럽 사회주의 체제의 몰락을 지켜보면서 북한 당국은 민족문화 수호를 이데올로기화함으로써 사회주의 이념의 공백에 대처해나가고자 했다.

2009~2012년까지의 분석 기간에 북한 조선중앙TV의 해외 관련 프로그램 현황을 볼 때 북한 사회에 공식적인 경로로 서구 문화가 소개되기는 매우 어렵다는 사실을 확인할 수 있었다. 물론 최근 조선중앙TV가 해외 관련 프로그램을 정기적 또는 비정기적으로 방송하는 것은 사실이지만 프로그램 수나 방송 횟수에 비해 방송의 시간이나 내용 면에서 자본주의 문화가 충분히 소개된다고 보기는 어려운 실정이다. 실제로 정규·비정규 프로그램이나 영화혹은 드라마를 통해 간헐적으로 해외 문화가 소개되고 있긴 하지만, 이 또한

중국, 소련 등의 공산권 국가의 프로그램에 편중되어 있고 자본주의 문화 유입에는 여전히 매우 제한적인 태도를 보이는 것을 알 수 있다.

그러나 그 제한적 변화에 주목하는 이유는 최근 북한 당국이 외래문화에 대해 다소의 유연성을 보이기 시작했다는 점에 있다. 즉, 서구 자본주의 사회에서 만들어진 오락영화를 방송하는가 하면, 해외 스포츠 경기를 장기간 방송하고, 각광받는 예술단 공연에서 미국의 팝송이 연주되는 등 과거와는 다른 파격적인 방송 편성이 이루어지고 있다.

지난 날, '닫힌 사회' 북한에서 텔레비전 방송은 부족하긴 하지만 최대의 오락을 제공하는 매체로 기능해왔다. 그러나 이제 북한의 방송매체는 과거와 같은 독점적 지위를 누리지 못한다. 즉, 중국 텔레비전, 미국 드라마, 남한 드라마 등 자본주의 대중문화와 경쟁해야 하는 현실에 직면해 있는 것이다. 이미 서구사회의 방송매체를 접한 북한 주민들의 예술성이나 오락성에 대한 기대 수준이 크게 높아져 단조롭고 낙후한 조선중앙TV가 이들의 문화적 욕구를 충족시키기는 어려울 수밖에 없다. 최근 조선중앙TV의 외래문화 방송 증가 현상은 북한 주민들이 일상에서 경험하는 문화 다양성의 욕구에 일정 부분 완충지대를 마련하고자 하는 전략적 고려인 동시에 세계화시대에 적응하기 위한 김정은식 문화정책의 시도로 보인다.

북한 당국이 원하든 원하지 않든 현재 서구사회의 대중문화는 북한 사회의 일상을 잠식하고 있다. 북한체제의 최대 아킬레스건이 될 서구 문화의 확산은 이제 북한의 현실이 되었다. 북한 당국은 이 현실을 심각하게 인식하고 있으며, 여전히 공언하고 있는 '제국주의 문화 침투와의 대결'론의 장막 뒤편에서 서구 문화와의 조우를 준비하고 있다.

참고문헌

1. 국내 문헌

강내희. 2003. 『한국의 문화변동과 문화정치』. 문화과학사.

문화관광연구원 엮음. 2011. 『북한 주민의 문화예술 향유실태와 향후 전망』. 문화관광연구원.

성혜랑. 2000. 『등나무집』. 지식나라.

영화진흥위원회 엮음. 2010. 『한국영화연감 2009』. 영화진흥위원회.

오몽, 자크(J. Aumont). 1994. 『영화미학』. 이용주 옮김. 동문선.

오양렬. 2011. 「북한 내 외래문화 유입으로 인한 영향과 전망」. ≪플랫폼≫, 제26호.

이주철. 2006. 「북한의 방송과 TV드라마」. 『북한의 방송언론과 예술』. 경인출판사.

전미영. 2011. 「사회변혁기 북한지식인의 역할과 정치의식」. ≪통일과 평화≫, 제3권 제1호.

_____. 2012. 「김정은 권력승계 이후 북한 텔레비전 방송의 실태와 변화」, ≪통일과 방송≫, 2호.

전영선. 2006. 「북한의 민족문화정책과 민속문화」. 경남대학교 북한대학원 엮음. 『북한문화, 둘이면서 하나인 문화』. 한울.

쿤, 아네트(A. Kuhn). 1995. 『이미지의 힘』. 이형식 옮김. 동문선.

연합뉴스. 2011. 5. 6.

조선중앙TV 편성표(2009.1.1~2012.12.31). 통일부 북한자료센터.

2. 북한 문헌

김일성. 1976. 『민족문화유산 계승에서 나서는 몇 가지 문제』. 평양: 조선로동당출판사.

_____. 1996. 「우리민족의 대단결을 이룩하자」. 『김일성저작집』, 제43권. 평양: 조
선로동당출판사.

김정일. 1993. 「텔레비죤방송의 사상예술적 수준을 높일데 대하여」. 『김정일선집』,
제2권. 평양: 조선로동당출판사.

_____. 2000. 「혁명과 건설에서 주체성과 민족성을 고수할 데 대하여」. 『김정일선
집』, 제14권. 평양: 조선로동당출판사.

_____. 2005. 「우리 인민의 우수한 민족적 전통을 적극 살려나갈 데 대하여」. 『김정
일선집』, 제15권. 평양: 조선로동당출판사.

김창렬. 1988. 『현대제국주의의 반동사상. 부르죠아인간철학의 반동적 본질』. 평양:
과학백과사전종합출판사.

사회과학출판사 엮음. 1992. 『조선말대사전(2)』. 평양.

조선로동당출판사. 2002. 『자본주의사상문화적 침투를 짓부시기 위한 투쟁을 강도
높이 벌일 데 대하여』. 평양.

최성일. 2007. 「미제가 제안하는 세계화론의 반동성」. ≪김일성종합대학학보(철학
경제학 편)≫, 제53권 제4호.

최철웅. 2005. 「미제의 세계화책동의 반동적 본질」. ≪정치법률연구≫, 3호.

≪로동신문≫, 2013년 1월 1일 자; 2014년 1월 1일 자; 2014년 1월 9일 자. 평양.

「조선민주주의인민공화국 형법」(2004년 개정). 평양.

3. 외국 문헌

신화통신. 2011. 12. 9

Harvey, D. 1990. *The Condition of Postmodernity: An Inquiry into the Origins of
Cultural Change*. Cambridge: Blackwell.

Waters, M. 1995. *Globalization*. 2nd ed. London: Routledge.

제2부

변화와 혁신의 문화기획

제5장

김정은시대 북한 교육정책 방향과
중등교육과정 개편*

조정아 | 통일연구원 선임연구위원

1. 머리말

북한 당국은 2012년 9월 25일 개최된 최고인민회의 제12기 6차 회의에서
12년제 의무교육제 학제 개편을 단행했다. 학제 개편의 후속 조치로 2013년
부터 교육과정 개정과 새 교과서 편찬 작업이 진행되고 있다. 학제 개편과
이에 따른 교육과정 개정은 한편으로는 2000년대 초반 김정일 집권기의 교
육정책과 연속성을 띠고, 다른 한편으로는 김정일시대와 차별성을 기하는
김정은시대 북한 교육의 방향성을 보여준다. 이에 이 글에서는 김정은정권
출범 이후 북한의 교육 담론과 학제 개편에 따라 개정된 중등교육과정의 내

---

* 이 글은 조정아, 「김정은시대 북한 교육정책 방향과 중등교육과정 개편」, ≪통일정책연
구≫, 제23권 제2호(2014)의 내용을 정리한 것이다.

용을 분석함으로써 김정은시대 북한 교육의 방향성과 특성을 유추하고자 한다. 또한 북한의 개정 교육과정 편제를 남한의 현행 교육과정 편제와 비교함으로써 북한 중등교육과정의 특성을 분석하고자 한다.

이 글에서는 북한의 교육과정을 분석하기 위한 자료로 2013년 개정되어 2014년부터 고급중학교(기존 중학교 고학년)와 초급중학교(기존 중학교 저학년)에 각각 적용되는 '제1차 전반적 12년제 의무교육강령'을 활용했다. 2013년 발간된 『교육강령』은 개정된 학제에 따라 조정된 교육과정의 주요 내용을 담고 있다. 교육강령은 교과의 구조와 교육 목표, 교육내용, 교육방법을 명시한 문서로, 남한의 '교육과정'에 해당한다. 북한의 교육법에 따르면 교육강령과 교과서 작성을 위해 국가는 중앙교육지도기관, 즉 교육위원회에 비상설심의위원회를 설치하도록 되어 있다. '교육강령'은 각 학교, 학년별 과목 구성과 수업 시수, 전체 학기 일정을 명시한 '교육과정안'과 각 교과의 교육 내용, 방법, 교육내용별 시간 배정 등을 명시한 '교수요강'으로 구성된다. 이전에는 매년 부분적으로 개정되는 교과서를 기준으로 '교수요강'이 작성되었으나, 2012년 학제 개편에 따른 교육과정 개정 작업 과정에서는 '교육강령'을 먼저 작성하고, '교육강령'에 따라 교과서 집필을 위한 '집필요목', '집필요강', '전개된 집필요강'을 작성하고, 이에 따라 교과서를 집필하는 방법을 취했다. 교과서 집필도 2014년에는 1학년 교과서를, 2015년에는 2, 3학년 교과서를 만드는 순으로 단계적으로 진행하고 있다. 이처럼 교과서 집필이 단계적으로 진행되면서 화제 개편에 따른 개정 교육과정은 2014년 각급 학교 1학년부터 단계적으로 적용된다.[1]

이 글은 학제 개편의 성격과 교육정책을 분석하기 위해 ≪교육강령 교원

---

1) ≪교육신문≫, 2013년 1월 10일 자; "이렇게 세계앞에 나선다", ≪인민교육≫, 3호(2014), 16~18쪽.

신문≫, ≪인민교육≫, ≪교원선전수첩≫, ≪고등교육≫ 등 북한의 교육 관련 신문과 정기간행물을 활용했다. 또한 남한 교육과정과의 비교를 위해 남한의 「초·중등학교 교육과정 총론」을 참조했다.

2. 김정은시대 교육정책의 방향

김정은 집권 이후 교육 부문에서 이루어진 첫 번째 가시적인 개혁 조치는 학제 개편이었다. 북한은 2012년 9월 25일 개최된 최고인민회의 제12기 6차 회의에서 「전반적 12년제 의무교육을 실시함에 대하여」라는 법령을 제정해 학제 개편을 단행하고, 종전의 11년제 의무교육을 1년 연장하는 조치를 실시했다. 학제 개편 이전의 기본 학제는 4-6-4제로, 4년간의 초등교육, 6년간의 중등교육, 4~6년간의 고등교육으로 구성되어 있었다. 이 학제가 2012년 학제 개편으로 5-6(3-3)-4제로 바뀌었고, 중등교육은 전기중등교육기관인 초급중학교와 후기중등교육기관인 고급중학교로 분리되어 5년간의 초등교육, 3년간의 전기중등교육, 3년간의 후기중등교육, 4~6년간의 고등교육으로 구성되었다.[2] 학제 개편 추진 일정의 경우 소학교 교육기간을 5년으로 연장하는 것은 2014~2015학년도부터 시작해 2~3년 안에 종료하고, 중학교를 두 단계로 분리하는 것은 2013학년도부터 시작하도록 했다.

2012년 학제 개편으로 표면화되기 시작한 김정은시대 교육정책은 2000년대 이후 북한의 교육정책을 계승함과 동시에 김정일시대의 교육정책과의 차이점도 나타냈다. 1990년대 경제난에 따른 공교육의 위기를 극복하기 위해

---

2) 취학 전 교육기관으로 2년제 유치원이 있으며, 초등교육기관인 소학교의 취학 연령은 남한과 마찬가지로 만 6세다. 중등교육은 계열이 분리되어 있지 않은 단선형 학제다.

북한에서는 2000년대 이후 '교육에서의 실리주의'를 표방하면서 교육의 전문성과 효율성을 강조해왔다.[3] '교육에서의 실리주의' 구현의 관건으로는 과학기술교육, 특히 정보통신기술(IT)과 컴퓨터교육을 강화함으로써 단기간에 많은 인재를 양성하고, 중등 및 고등교육에서 '수재' 발굴과 양성에 중심을 둔 교육체계로 개편하며, 교육의 질을 향상하고 경쟁력을 강화하는 것 등이 제시되었다. 이에 따라 과학기술교육과 외국어교육을 강화하고 조기에 영재를 발굴해 중등교육 및 고등교육에서 영재교육을 강화함으로써 정보통신기술을 비롯한 첨단과학기술 분야의 인재를 집중적으로 육성하는 정책이 취해졌다.[4]

김정은시대 교육정책의 방향도 기본적으로는 2000년대에 등장한 '교육에서의 실리주의' 원칙을 계승했다. 2013년 ≪교원선전수첩≫에 실린 한 논문에서는 교육 사업에서 '실리주의'를 구현하는 데 중요한 요소로 다음의 세 가지를 제시했다.

첫째, "나라의 구체적인 현실과 과학기술 발전 추세에 맞게 교육의 효율성을 최대한 높이는 방향에서 교육체계와 교육내용, 교육방법을 개선해나가는 것"이다. 둘째, "교육 사업을 실력 본위로 해나가는 것"이다. 셋째, "발전하는

---

3) 북한은 1994년 김정일 명의의 문건 「사회주의는 과학이다」가 사실상 '실리사회주의'의 효시라고 시사한다. '실리'라는 개념이 최초로 등장한 것은 1998년이다. 이어 2001년 10월 3일 「강성대국건설의 요구에 맞게 사회주의 경제관리를 개선강화할 데 대하여」라는 김정일의 문건이 발표되면서 '실리사회주의'로 정식화되기 시작했다. 실리사회주의란 "사회주의 원칙을 지키면서 인민들의 혜택을 보장하기 위해 최대한의 실리를 얻도록 경제를 건설하는 것"이라고 정의할 수 있다. 따라서 실리사회주의를 구성하는 핵심 요소는 '사회주의 원칙', '인민들의 혜택', '최대한의 실리'다. 실리사회주의에 대해서는 이교덕 외, 『새터민의 증언으로 본 북한의 변화』(통일연구원, 2007), 13~15쪽 참조.

4) 조정아, 「교육에서의 실리주의와 교육의 불균등발전: 2000년대 북한 교육의 변화」, ≪교육사회학연구≫, 제17권 제4호(2007), 117~121쪽.

현실의 요구에 맞게 교육 사업을 과학화, 정보화하는 것"이다.[5] 이는 기본적으로 교육의 효율성과 경쟁력을 강화하고 정보화 사회로의 변화를 반영하는 교육을 지향한다는 점에서 이전 시기와 동일하다. 그러나 각 요소에 관한 구체적인 설명은 이전 시기와 약간 다른 어조를 띤다. 예를 들어 교육의 효율성을 말하면서 지식 전수 위주의 교육에서 벗어나 "학생들이 탐구를 하고 지식을 발견하는 교수, 자립적인 연구능력으로 문제를 해결해나가도록 하는 교수로 전환"해야 한다는 점을 강조하거나 실력 본위를 언급하면서 평가방법 개선과 함께 상급 학교 추천과 졸업 배치 제도 정비 등을 언급한 점이다.

김정은시대 교육정책의 특징은 교육에 관한 김정은의 담화, 교육 관련 신문과 정기간행물을 통해 재생산되는 교육 관련 담론, 구체적인 교육정책 등을 통해 더 분명히 드러난다. 학제 개편 방향과 관련된 교육 관련 담론에서 계속 인용되는 김정은의 담화는 2012년 4월 6일 발표된 「위대한 김정일 동지를 우리 당의 영원한 총비서로 높이 모시고 주체혁명위업을 빛나게 완성해나가자」다. 이 담화에서 교육에 관한 언급은 "교육 사업에 대한 국가적투자를 늘이고 교육의 현대화를 실현하며 중등일반교육수준을 결정적으로 높이고 대학교육을 강화하여 사회주의강성국가 건설을 떠메고나갈 세계적수준의 재능 있는 과학기술인재들을 더 많이 키워내야 합니다"[6]라는 한 문장에 불과하다. 그러나 이 한 문장에 담긴 키워드, 즉 '국가적 투자', '교육의 현대화', '중등교육 수준 향상', '대학교육 강화', '세계적 수준', '과학기술 인재 양성' 등은 이후 더 구체적인 교육 담론으로 재생산되는 한편 학제 개편을 비롯한 교육정책에 실질적으로 적용되고 있다.

---

5) 김용길, 「교육사업에서 실리주의를 구현하는데서 나서는 중요한 문제」, ≪교원선전수첩≫, 1호(2013), 138~139쪽.

6) ≪로동신문≫, 2012년 4월 19일 자.

교육정책 방향을 본격적으로 제시한 김정은의 담화문은 2014년 9월 5일 10년 만에 열린 전국교육일군대회에서 발표된 「새 세기 교육혁명을 일으켜 우리나라를 교육의 나라, 인재강국으로 빛내이자」다.[7] 이 담화문에서 김정은은 "전민과학기술인재화를 실현해 21세기 사회주의교육강국이 되는 것"을 "새 세기 교육혁명"의 목표로 제시하고, 교육발전을 위해 헌신하지 않는 교육자들을 질타하면서 교육제도를 근본적으로 개선해 지식경제시대에 걸맞은 실천형 인재를 육성할 것을 강조했다. 또한 중등일반교육에 대한 투자와 함께 고등교육제도의 개선을 과제로 제시했다.

이와 같은 김정은의 담화와 교육 관련 담론 속에서 김정일시대와 연속성을 지니면서도 김정은 집권 이후 특히 현저하게 나타난 교육정책 방향의 몇 가지 특성을 찾을 수 있다. 첫째, '새 세기 인재'의 유형으로 '창조형', '실천형' 인재를 강조한다는 것이다. 2000년대부터 북한에서는 '정보산업시대'에 맞게 지식습득뿐 아니라 사고력을 비롯한 지적능력과 지식탐구방법을 향상시키는 지능교육을 통해 지식 수준과 창조력이 높은 인재를 양성해야 한다는 주장이 전개되었다.[8] 최근에는 '정보산업시대'와 함께 '지식경제시대'라는 시대 진단이 부각되고, 이러한 시대에 필요한 '창조형 인재'가 교육을 통해 함양해야 할 능력으로 창조적 능력, 자기주도 학습능력, 연구능력, 지식활용능력 등이 강조되었다. 김정은은 전국교육일군대회 담화를 통해 고등교육체계가 '공업경제시대'의 틀에 머물러 있어 '지식경제시대'를 이끌어갈 인재를 양성하는 데 한계가 있다고 지적한 바 있다. '지식경제시대'가 요구하는 '창조형 인재'는[9] "배운 지식을 재현시키는 데 머무르는 것이 아니라 축적된 지

7) ≪로동신문≫, 2014년 9월 6일 자.
8) ≪교육신문≫, 2005년 1월 27일 자.
9) 차기철, 「현시기 교육방법개선에서 나서는 몇가지 문제」, ≪고등교육≫, 6호(2012), 36쪽.

식에 토대하여 제 머리로 착상설계하고 새것을 발명, 창조할 줄 아는"[10] 사람이며, "튼튼한 기초학력과 복합형의 지식구조, 높은 정보소유능력과 경쟁능력, 협동능력을 가진"[11] 사람이다.

지식 전수 위주의 교육으로는 양성할 수 없는 '창조형 인재' 양성의 강조는 교육내용과 교육방법, 교육 평가방법의 개선으로 이어진다. 교육을 통해 전달하는 지식의 내용뿐 아니라 분석 종합능력, 추상 일반화능력, 판단추리능력, 상상력, 창조력, 언어 표현능력, 문자 표현능력, 그래프 표현능력, 계산에 의한 표현능력, 계획화능력, 조직 관리능력, 정보산업시대의 요구에 맞는 열람·습작·계산능력, 창조적인 학습능력[12] 등 구체적인 능력이 교육을 통해 함양해야 할 능력으로 제시되고 있다. 지식 암기가 아닌 원리 이해와 그 응용능력이 중시되는 것이다. 이러한 기조는 과학기술 관련 교과뿐 아니라 사회 교과와 정치사상 교과에도 적용된다. 정치사상 교과는 기존의 지식 전수 위주의 혁명력사교육에서 위대성교육 위주의 혁명력사교육으로 전환해 김정은과 선대 지도자들의 위대성을 원리적으로 인식시키는 데 중점을 두어야 하며,[13] 역사 교과에서도 학생들이 역사적 사실을 아는 데 그치지 않고 역사적 사실로부터 스스로 교훈을 찾고 해석할 수 있는 능력을 함양하는 방향으로 교육내용을 편성해야 한다는 주장이 제기되고 있다.[14]

또한 학습 과정에서 학생들의 참여도를 높이는 방향으로 교수방법과 교과서 집필체계를 개선하는 움직임도 일어나고 있다. 학급 교수의 시공간적 구

---

10) 박영도, 「새 세기 인재양성을 위한 중학교 교육에서 나서는 중요한 문제」, ≪교원선전수첩≫, 3호(2012), 32쪽.

11) ≪교육신문≫, 2014년 4월 3일 자.

12) ≪교육신문≫, 2012년 11월 29일 자.

13) ≪교육신문≫, 2013년 5월 16일 자; 2013년 9월 5일 자.

14) ≪교육신문≫, 2014년 1월 30일 자.

조 변화, 쌍방향 및 다방향 의사소통체계로의 변화를 통한 교사 학생 간 연계 강화, 학급 인원수 축소, 좌석 배치방식 변화를 통한 교수 효율화, 학생의 심리적 특성에 맞는 교수시간 설정, 조별 교수 및 개별 교수 강화, 능력에 따른 조별 편성, 학생 이동수업, 교원 간 협동 교수, 컴퓨터 보조 교수 등 다양한 교수형식 개발과 원격 교수 강화 등이 '지식경제시대'에 적합한 교수방법으로 제안되었다.15) 또한 개편 교과서도 '해보기', '토론하기', '생각하기' 등을 통해 지식을 심화시키고 사고를 계발하도록 하며, 학생 스스로 법칙을 유도하고 응용해 결과를 종합하고 자신의 말로 서술함으로써 결론을 도출하도록 하는 방식으로 편성되었다.16)

평가방법과 대학입학시험제도 연구 및 개선 작업도 이루어지고 있다. 중등교육에서 평가방법 개선 방향으로 "원리적인 인식과 응용능력" 위주의 평가가 제시되었으며,17) 이와 같은 기준은 대학입학시험에도 동일하게 적용되었다. 김정은의 지시로 2013년 말 국가적 대학입학시험문제 데이터베이스를 구축하는 작업이 이루어졌다. 암기식 학습만으로는 입학할 수 없도록 교육 내용에 대한 "원리적인 인식과 응용능력"을 중심으로 실천활동, 실기, 서술 및 발표능력 등 학생들의 실력을 종합 평가할 수 있는 문제를 출제하도록 했다. 시험문제 유형을 원리적 인식 관련 문제와 응용능력 관련 문제로 구분하고 교과목마다 유형별 비율을 정해 이에 맞게 출제하도록 했다. 원리적 인식 관련 문제로는 개념·용어에 대한 인식, 법칙·원리·공식에 대한 원칙적인 이해, 사건·사실·현상의 원인과 이유 분석, 종합체계화 문제 등을, 응용능력 관

---

15) 김순, 「지식경제시대의 요구에 맞게 교수형식을 개선하는데서 나서는 과업」, ≪인민교육≫, 4호(2012), 24~25쪽.

16) ≪교육신문≫, 2014년 4월 3일 자; 전혜선, 「새 교과서를 리해하고 적용하는데서 나서는 몇가지 문제」, ≪인민교육≫, 1호(2014), 50쪽.

17) 박영도, 「새 세기 인재양성을 위한 중학교 교육에서 나서는 중요한 문제」, 34쪽.

런 문제로는 자료 처리 문제, 실험방안 구상 문제, 사물현상 모형화 및 변형 처리 문제, 열린형 문제, 글짓기 문제, 관찰 및 탐구 문제, 논증 및 해설 문제, 그리기 문제, 종합 응용 문제 등을 제시했다.[18] 이와 같은 평가방법 개선 노력은 암기한 내용 평가 중심의 기존의 평가 및 선발방법으로는 시대의 흐름에 맞는 '창조형', '실천형' 인재를 양성할 수 없다는 문제의식에서 비롯된 것이다.

둘째, '지식경제시대', '정보산업시대'라는 시대 진단은 교육 정보화의 추진으로 연결되는데, 이 점이 김정은시대 교육정책 방향의 또 한 가지 특징이다. 지식경제시대로 진입함에 따라 교수 매체의 멀티미디어화, 컴퓨터와 인터넷 기반 교육의 발전, 학습 환경 및 교수 방식 설계 중시, 교육에서 인공지능 응용 연구 심화, 교육기술 응용 방식의 다양화 등 다양한 교육기술의 변화가 일어나고 있다고 본다.[19] '교육의 현대화'로 명명되는 첨단과학기술을 적용한 교육 매체의 개발과 활용도 2000년대부터 계속 추진되어왔다. 고등교육기관을 중심으로 전자도서, 동영상 자료 등의 전자매체를 학습자료로 활용한 교육과 모의실험이나 설계 등 컴퓨터를 활용한 교육이 추진되었으며, 2007년에는 김책공업종합대학에 원격 교육센터가 설립되면서 원격 교육이 도입되었다.[20] 이러한 '교육의 현대화'는 김정은시대에 '교육 사업의 정보화'로 발전되면서 더욱 강조되었다. '교육 사업의 현대화, 정보화'는 12년제 의무교육의 수준을 보장하기 위한 필요조건의 하나로 제시되고 있다. 특히 교수 및 실험실습의 정보화와 교육행정 관리의 컴퓨터화, 교육기관 간 정보통신망 구축 등이 중요 과제로 제시되었다.[21]

---

18) 교육위원회, 「시험문제출제사업조직요강」(2013a).
19) 「지식경제시대의 교육」, ≪천리마≫, 7호(2013), 71쪽.
20) ≪교육신문≫, 2007년 1월 25일 자.
21) ≪교육신문≫, 2014년 4월 3일 자.

북한에서는 교육 정보화를 "컴퓨터를 비롯한 현대적인 정보기술수단들과 수법에 기초하여 교육과정을 정보처리과정으로 만들어 인재양성 사업과 교육행정관리 사업을 현대적으로 조직진행하는 것"으로 정의한다.[22] 즉, 컴퓨터를 비롯한 첨단과학기술 및 장비를 교수활동에 활용하는 것과 교육행정을 정보화하는 것 두 가지로 구분한다. 교육 정보화의 장점으로 교육내용을 풍부하게 하고, 시공간적 제약 없이 최신과학기술의 성과를 가르치고 참고자료를 쉽게 찾아볼 수 있게 하며, 교육방법을 혁신하고, 학습자들이 학습에 능동성을 발휘할 수 있게 한다는 점을 들고 있다. 구체적인 교육 정보화 과제로 교육지원 프로그램 연구 개발, 멀티미디어 편집물 제작기지 구축 및 보급체계 정비, 원격 교육의 광범위한 도입, 교육행정 정보화 등을 제시한다.[23] 2014년 리과대학에서 쌍방향 통신기능을 갖춘 온라인 원격 교육체계를 개발해 모든 학부에 도입했다는 보도[24]가 있었던 것을 볼 때 교육 정보화가 일부 고등교육기관 중심으로 확산되고 있는 것으로 보인다.

셋째, 김정은시대 교육정책 방향의 가장 중요한 특징으로 세계적 교육 추세에 대한 이해와 이에 입각한 제도 개선을 들 수 있다. "세계적인 교육발전 추세와 좋은 경험들을 우리의 현실에 맞게 받아들여 교육에서도 당당히 세계를 앞서 나가야 한다"라는 김정은의 말은 이러한 의지의 표명이다. "세계적 수준", "세계적 교육 발전 추세"에 대한 언급은 김정은의 첫 노작이라고 선전하는 2012년 4월 담화문에서도, 2012년 9월 「전반적 12년제 의무교육을 실시함에 대하여」에서도, 2014년 전국교육일군대회 담화문에서도 반복적으로 등장한다.

---

22) 김덕현, 「교육사업의 정보화는 지식경제시대에 맞게 교육의 질을 최상의 수준으로 높이기 위한 필수적요구」, ≪교원선전수첩≫, 4호(2013), 54쪽.
23) 같은 글, 54~56.
24) ≪교육신문≫, 2014년 2월 20일 자.

최고지도자의 발언과 당의 공식 담론에서뿐 아니라 교육 관련 신문과 정기간행물도 교육의 세계적 추세에 대해 해설하고, 이에 기초해서 교육정책 방향을 제시하는 기사를 많이 내보냈다. "세계와 경쟁하자면 세계를 알아야 한다"[25], "이 땅에 발을 붙이고 눈은 세계를 굽어본다"[26]라는 수사들은 세계적인 흐름을 파악하고, 이를 현실에 맞게 적용함으로써 교육 발전을 도모하고자 하는 시각을 보여준다. 이러한 기사들이 전하는 세계적 교육 추세는 학교 교육을 넘어서는 평생교육의 발전, 고등교육체계 통합, 고등교육을 통한 영재 양성, 의무교육 연장, 중등교육의 다양화 및 직업화, 교육 정보화, 분과형 교육과정에서 통합형 교육과정으로의 이행, 통합적·연관적 사고능력 함양, 지식 전수 위주에서 사고 위주의 교육방법으로의 전환, 탐구·발견식 교수방법, 토론식 교수방법 등이다.[27] 이 중 의무교육 연장, 중등교육 직업화, 통합형 교육과정 도입, 교육방법 개선 등 많은 부분이 2012년 학제 개편과 그에 따른 중등교육과정 개편 과정에 반영된 것들이다.

2014년 9월 '전국교육일군대회'에서 발표된 김정은의 담화 내용은 '글로벌 스탠더드(Global Standard)'를 염두에 둔 제도 개혁이 당분간 지속될 것이라는 점을 추측하게 한다. 특히 박사원 과정 확대, 석·박사 학위제도 연구, 학점제와 대학입학제도 개선, 대학의 종합대학화 및 전문학교와 대학의 통폐합 등은 좁은 전공 분야의 기술 인력 양성을 목표로 하는 소규모 단과대학 중심의 현행 고등교육체계를 개편하고자 하는 시도다. 이러한 조치들은 중

---

25) ≪교육신문≫, 2014년 4월 3일 자.
26) 차기철, 「현시기 교육방법개선에서 나서는 몇가지 문제」, 37쪽.
27) ≪교육신문≫, 2014년 4월 3일 자; 「지식경제시대의 교육」, 「지식경제시대의 교육」, ≪천리마≫, 7호(2013), 71쪽; 김영남, 「교육의 형식을 높은 수준에서 보장하는 것은 지식경제시대의 절실한 요구」, ≪고등교육≫, 6호(2012), 32쪽; ≪교육신문≫, 2012년 10월 11일 자.

국의 개혁개방 과정에서 이루어졌던 조치이기도 하다.

3. 개정 교육과정의 내용 및 특징

학제 개편은 그에 따른 교육과정 개정을 동반한다. 학제 개편 당시 교육과
정 개정의 방향으로 첫째, 김정일애국주의 구현 등 정치사상교육 강화, 둘째,
기초과학 분야를 기본으로 하면서 컴퓨터기술교육과 외국어교육 강화, 셋
째, 실험실습교육을 통한 응용실천능력 향상과 기초기술지식 습득을 제시했
으며, 이 외에도 교육방법 및 평가방법 개선, 교육 사업 정보화 등의 과제를
언급했다.[28] 이 절에서는 학제 개편에 따라 개정된 '교육강령'의 내용을 분
석함으로써 김정은시대 북한 중등교육의 특성을 탐색하고자 한다.

1) 교육 목표

교육과정이란 교육 목표를 달성하기 위해 선택한 문화 또는 경험을 교육
적인 관점에서 편성하고, 그러한 학습활동을 언제, 어디서, 어떻게 수행할
것인지 종합적으로 묶은 교육의 전체 계획이다.[29] 따라서 모든 사회의 학교
교육과정에는 그 사회의 특성, 사회가 추구하는 바람직한 인간상과 이를 추
구하기 위한 방법론이 반영된다. 학제 개편에 따라 개정된 교육강령에 명시
된 교육 목표는 김정은시대 북한 교육이 양성하고자 하는 인간형이 무엇인
지를 보여준다.

---

28) 최고인민회의 제12기 제6차 회의에서 최태복 대의원의 보고.
29) 서울대학교 사범대학 교육연구소, 『교육학용어사전』(하우, 1994), 100쪽.

새로운 교육강령에서는 전반적 12년제 의무교육의 목표를 "자라나는 모든 새세대들에게 자주적인 사상의식과 창조적 능력을 키워주어 그들을 지덕체를 겸비한 전면적으로 발전된 선군혁명인재로 키우는 것"이라고 하면서 구체적으로 다섯 가지의 교육 목표를 제시한다.

첫째, 정치사상교육 분야의 교육 목표로 "학생들이 투철한 혁명적 수령관을 핵으로 하는 혁명적 세계관의 골격이 튼튼히 서고 학습과 생활에서 진실하고 문화적이며 고상한 정신도덕적 품성을 지니도록 하는 것"을 가장 중요한 목표로 제시한다. 여기에는 학생들이 혁명적 수령관, 당과 수령에 대한 충실성을 갖추도록 하는 교육과 함께 김정은을 결사옹위하는 '총폭탄정신', '육탄정신'을 체질화하는 것이 포함된다. 또한 주체사상과 선군(先軍)사상의 본질과 원리 인식, 김일성, 김정일의 유훈과 김정은의 '말씀' 신념화, 혁명전통의 옹호·계승과 혁명적 기풍 함양, 우리식 사회주의의 우월성 인식, 군사 중시 사상, 집단주의, 김정일애국주의, 사회주의적 도덕 원리, 규범 및 국가법, 규정 인식과 사회주의도덕 품성 함양 등이 포함된다. 새로운 교육강령에서는 이전 시기와 다르게 김일성뿐 아니라 김정일 유훈의 계승과 관철을 강조하고, 김정일에 대한 충실성을 함양할 것이 새롭게 포함되었으며, '김정일애국주의' 정신도 강조되었다.

둘째, 일반교과의 교육 목표로 "학생들에게 중등일반지식을 충분히 주는 기초 위에서 정보기술교육과 기초기술교육을 옳게 배합하여 창조적 능력을 키워주는 것"을 제시한다. 여기에는 어학과 사회과학 분야의 일반기초지식 교육, 자연과학 분야의 일반기초지식과 응용능력, 정보기술교육 분야의 기초지식과 조직기능, 정보처리능력, 기초기술 분야의 기초기술지식과 기술 소유 등이 포함된다.

일반교과교육에서 특히 정보기술교육과 기초기술교육을 별도로 강조한다는 점이 이전 시기와 구분되는 특징이다. 2011년 1월 19일 발표된 「보통교육법」에서는 주요 교육내용 범주를 정치사상교육, 일반지식교육, 외국어교육, 예체능교육으로 구분해 제시했다. 이에 비해 새 교육강령의 경우 정보기술교육과 기초기술교육 분야에서 별도의 교육 목표를 제시하는데, 이는 새 교육과정에서 이 분야의 교육이 상당히 강화되었음을 의미한다. 정보기술교육과 관련해서는 학생들이 정보기술의 기초지식과 조작기능, 정보처리능력을 소유하도록 하고, 정보도덕과 법질서를 지킬 수 있도록 하는 것이 중요 교육 목표로 제시된다. 이와 함께 정보윤리와 법질서 준수 태도 함양 또한 관련 세부 교육 목표로 제시된다. 이는 정보통신기술 및 컴퓨터 보급에 따라 이를 활용한 불법행위나 외부로부터 유입된 컴퓨터게임, 영상물 등이 확산되는 것을 미연에 방지하기 위한 것으로 보인다. 기초기술교육과 관련해서는 초보적인 기술 문제 해결능력과 지역의 산업 특성을 반영한 한 가지 이상의 기초기술을 습득하도록 하는 것이 구체적인 교육 목표로 제시된다.

셋째, 예능교육의 목표로 학생들에게 예술에 대한 기초적인 지식과 예술적 기량, 미학적 정서를 체득시키면서 문화정서적으로 학습하고 생활할 수 있는 능력을 형성시키는 것을 제시한다.

넷째, 체육교육의 목표로 학생들이 노동과 국방에 필요한 건장한 체력을 기르도록 하는 데 기본을 두면서 일생동안 체육을 할 수 있는 일반적인 운동 능력과 체육기초지식, 한 가지 이상의 체육기술을 소유하도록 하는 것을 제시한다.

다섯째, 군사적 능력 함양과 관련된 목표로 조국보위가 최대의 애국이라는 자각을 가지고 군사활동을 벌일 수 있는 초보적 능력을 소유하게 하는 것을 제시한다. "혁명을 총대로 끝까지 완성해야 한다는 자각"으로 군사를 성실히 배우는 태도와 함께 자동보총과 개인용 반화학기술기재의 구조와 원리, 조작법 숙지, 초보적 군사지식과 야전생존능력 체득 등이 구체적인 목표로 제시된다.

2) 교과목 편제

교육 목표를 달성하기 위해 어떤 교과목을 배치하고 일정한 교육시간을 교과목별로 어떻게 배정하는지를 분석함으로써 교육과정 변화의 초점이 무엇인지를 파악할 수 있다. 다음 내용에서는 북한 초급중학교와 고급중학교의 교과목 편제와 수업 시수를 분석함으로써 교육과정 개정 전후의 차이와 개정 교육과정의 특성을 파악한다.

(1) 초급중학교

초급중학교는 3년제 전기중등교육기관으로, 소학교 5년 과정을 마치고 졸업한 만 11세의 학생들이 입학한다. 연간 교육과정은 총 52주로, 수업 34주, 집중 교수 2주, 시험 3주, 나무심기 1주, 새 학년도 및 새 학기 준비 10일, 명절휴식 1주, 방학 8주로 구성된다. 매 학년 나무심기 1주의 경우 봄에 4일간 나무심기와 가을에 3일간 나무 열매 따기를 하도록 규정한다.

초급중학교의 교과목 구성 및 과목별 수업 시수, 수업 시수 비중은 〈표 5-1〉과 같다. 3년간 총 16개 과목을 가르치며, 1학년부터 3학년까지 주당 32시간, 연간 1152시간, 3년간 총 3456시간의 수업을 진행한다. 수업은 45분 단위로 진행되며, 월요일부터 금요일까지는 하루 6시간 이내, 토요일에는 4시간 수업을 하도록 한다.

전체 교과목 수가 16개로 많지만 교육과정 개정 이전 시기에 비해서는 세분화의 정도가 약해져 저학년에서 통합형 교육과정을 지향하는 정책 의도를 보여준다. 정치사상 교과로는 '위대한 수령 김일성대원수님 혁명활동'('김일성 혁명활동'), '위대한 령도자 김정일대원수님 혁명활동'('김정일 혁명활동'), '항일의 여성영웅 김정숙어머님 혁명활동'('김정숙 혁명활동'), '경애하는 김정은원수님 혁명활동'('김정은 혁명활동')과 같이 김정은 일가의 항일 혁명력사

〈표 5-1〉 초급중학교 교과목 및 수업 시수

교과목		총 수업 시간	주당 수업 시간			수업 시수 비중(%)
			1학년	2학년	3학년	
정치 사상 교과	위대한 수령 김일성대원수님 혁명활동	136	2	2	-	3.9
	위대한 령도자 김정일대원수님 혁명활동	136	-	2	2	3.9
	항일의 녀성영웅 김정숙어머님 혁명활동	34	1	-	-	1.0
	경애하는 김정은원수님 혁명활동	102	1	1	1	3.0
	사회주의도덕	102	1	1	1	3.0
	소계	510	5	6	4	14.8
어학· 인문학 교과	국어	510	5	5	5	14.8
	영어	408	4	4	4	11.8
	조선력사	136	1	1	2	3.9
	조선지리	102	1	1	1	3.0
	소계	1,156	11	11	12	33.4
자연 과학 교과	수학	578	6	5	6	16.7
	자연과학	510	5	5	5	14.8
	소계	1,088	11	10	11	31.5
기술 교과	정보기술	192	2주	2주	2주	5.6
	기초기술	102	1	1	1	3.0
	소계	294	1	1	1	8.5
예체능 교과	체육	204	2(1주)	2(1주)	2(1주)	5.9
	음악무용	102	1	1	1	3.0
	미술	102	1	1	1	3.0
	소계	408	4	4	4	11.8
주당 시간 수			32	32	32	-
계(학년별 수업 시수)		3,456	1,152	1,152	1,152	-
과외 학습		540	5	5	5	-
소년단 생활		432	4	4	4	-
과외 체육		306	3	3	3	-

주: 각 학년의 1학기는 총 18주, 2학기는 총 16주로 운영된다.

관련 교과와 사회주의도덕 과목을 가르친다. 이 중 '김정은 혁명활동' 과목은 교육과정 개정으로 새롭게 편성되어 전 학년에서 주당 1시간씩 비교적 높은 비중으로 교육하도록 한다. 2013년 교육강령에 김정은 관련 교과의 세부적인 교육 목표와 교육내용은 제시되어 있지 않다. 구체적인 교육내용을 담은 교수요강과 교과서 편찬 작업이 현재 진행 중인 것으로 판단된다.[30] 이 교과의 내용은 김정은 지배체제의 정통성과 계승성을 부각시키고 김정은의 업적을 과시하는 내용으로 편성될 것으로 예측된다.

어문·사회과학 교과 영역에 속하는 과목으로 '국어', '영어', '조선력사', '조선지리'가 있다. 이전에는 외국어교과로 영어, 러시아어 등을 학교별, 반별로 선택하도록 했으나, 개정된 강령에는 영어만 포함되어 있는 것으로 보아 일반 중학교에서는 외국어로 영어만 가르치고 있음을 알 수 있다. 자연과학 영역에 속하는 과목으로 '수학', '자연과학'이 있다. 교육과정 개정 이전에는 자연과학 분야의 교과가 '물리', '화학', '생물'로 구분되어 있었다. 새 교육과정에서는 고급중학교 단계에서 이와 같이 세분화된 교과가 유지되는 데 반해, 초급중학교 단계에서는 이 교과목들을 '자연과학'으로 통합해 가르친다. 저연령층 학생들에 대해 통합형 교육과정을 지향하는 정책 의도가 반영된 것이다.

한편, 개정 교육과정에서는 '정보기술', '기초기술' 등 기술 관련 교과가 새롭게 편성되었다. 이전의 '콤퓨터' 교과가 컴퓨터의 활용과 기초 프로그래밍에 초점을 둔 개론서적 성격의 교과라면, '정보기술' 교과에서는 컴퓨터와 네트워크를 중심으로 한 정보기술 전반을 다루고 있으며, 애플리케이션 프로그램 활용을 특히 강조한다. '정보기술' 교과는 교육조건을 고려해 몇 시간, 하루, 며칠씩 나누어 집중적으로 수업을 진행하도록 한다. '기초기술' 과목은 학생들이 실생활에서의 기본적인 의식주 생활을 영위할 수 있는 방법을 습득하고 산업 현장에서 생산의 기초가 되는 도구와 연장의 사용법을 익히고 기초적인 공정을 이해하는 것에 초점을 두는 교과목이다. 수업과 평가에서

---

30) 2013년 1월 17일 자 ≪교육신문≫에 따르면 교육위원회에서 김정은 위대성 교양자료집과 '김일성-김정일주의' 교과서 출판 작업이 이루어지고 있다. 또한 각급 학교에서는 '김정은 동지 현지지도 사판'을 게시하고 이를 통한 정치교양을 전개한다.

기능 습득에 특히 중점을 둬 수업 시간 중 많은 부분을 실습에 할애하도록 한다. 예체능 교과로는 '체육', '음악무용', '미술' 과목이 있다. '체육' 과목에서 7~8월에 매 학년 1주일씩 수영을 집중적으로 진행한다.

교과 영역별 수업 시수 비중을 살펴보면 정치사상 교과가 15% 정도의 비중을 차지하고, 어학·인문학 교과와 자연과학 교과가 각각 30% 정도를 차지한다. 기술 교과의 비중이 10%에 약간 못 미치며, 예체능 교과의 비중은 10%를 약간 상회하는 수준이다. 개별 과목으로는 '수학' 시간이 3년간 578시간으로 가장 많고, '국어'와 '자연과학'이 각각 510시간, '영어'가 408시간으로 그 뒤를 따른다(〈표 5-1〉 참조).

교과수업 외에 과외시간과 방학기간을 이용해 자기 지방에 있는 혁명전적지, 혁명사적지, 전쟁사적지, 계급 교양 거점 참관과 과학, 교육, 문화기관 및 공장, 기업소, 협동농장, 명승지 견학, 등산 등의 활동을 하도록 규정한다. 과외 학습은 토요일을 제외하고 하루 한 시간씩 하도록 한다. 북한 중학교에서는 각종 회의와 학생들의 정치활동이 학생조직을 중심으로 이루어지기 때문에 소년단과 청년동맹은 학생들의 학교생활에서 중요한 의미를 지닌다. 방과 후 초급중학생들은 소년단, 고급중학생들은 청년동맹 조직활동을 하거나 소조활동 등의 방과 후 활동을 한다. 소년단 활동은 주당 4시간씩 '백두절세 위인들을 따라 배우는 학습'과 소년단 조직의 사회정치활동을 하도록 한다. 과외 체육은 체육수업을 하지 않는 날 진행한다.

(2) 고급중학교

고급중학교는 3년제 후기중등교육기관으로, 초급중학교 3년 과정을 마치고 졸업한 14세 학생들이 입학한다. 학기 구분과 학업 일수는 초급중학교와 같다. 1학년과 2학년은 총 52주, 3학년은 48주 동안 교육과정이 운영된다. 이 중 수업은 1학년 30주, 2학년 28주, 3학년 23주로, 전체 교육과정에서 수

<표 5-2> 고급중학교 교과목 및 수업 시수

교과목		총 수업 시간	주당 수업 시간			수업 시수 비중(%)
			1학년	2학년	3학년	
정치 사상 교과	위대한 수령 김일성대원수님 혁명력사	160	3(104)*	2	-	4.9
	위대한 령도자 김정일대원수님 혁명력사	148	-	2	4	4.5
	항일의 녀성영웅 김정숙어머님 혁명력사	42	-	1/2	-	1.3
	경애하는 김정은원수님 혁명력사	81	1	1	1	2.5
	현행당정책	88	1주(20)*	1주	1주	2.7
	사회주의도덕과 법	81	1	1	1	2.5
	소계	600	5	6.5	6	18.4
어학· 인문학 교과	심리와 론리	34	-	-	1주	1.0
	국어문학	215	3	2	3	6.6
	한문	81	1	1	1	2.5
	영어	243	3	3	3	7.5
	력사	104	1	1	2	3.2
	지리	81	1	1	1	2.5
	소계	758	9	8	10	23.3
자연 과학 교과	수학	368	5	5/4	4	11.3
	물리	331	5	4	3	10.2
	화학	248	3	4	2	7.6
	생물	220	3	3	2	6.8
	소계	1,167	16	16/15	11	35.8
기술 교과	정보기술	111	2	1	1	3.4
	기초기술	272	2주	3주	3주	8.3
	공업(농업)기초	92	-	-	4	2.8
	소계	475	2	1	5	14.6
예체능 교과	체육	81	1	1	1	2.5
	예술	81	1	1	1	2.5
	소계	162	2	2	2	5.0
군사 교과	군사활동초보	96	-	1주(48)*	1주(48)*	2.9
주당 시간 수		-	34	34	34	-
계(학년별 수업 시수)		3,258	1,122	1,136	1,000	-
과외 학습		465	5	5	5	-
청년동맹생활		372	4	4	4	-
과외 체육		243	3	3	3	-

* 괄호 안 숫자는 최소 수업 시간을 의미하는 것으로 파악된다.

주: 1학년은 1, 2학기 모두 각각 15주, 2학년은 1, 2 학기 모두 각각 14주, 3학년은 1학기 13주, 2학기 10주로 운영된다.

업 시간의 비중이 초급중학교보다 낮다. 이는 교육기간 3년 동안 수업 외에도 견학 1주, 붉은청년근위대훈련 1주, 나무심기 3주, 생산노동 9주 등 다른 활동을 많이 하기 때문이다. 견학은 3학년 과정에서 1주간 실시되는데, 도 내에서 진행하는 것을 원칙으로 한다. 고급중학교 1학년이 되면 학생들은 소년단 생활을 끝내고 김일성사회주의청년동맹에 가입한다. 청년동맹에 가입하면 동시에 붉은청년근위대원이 되어 남녀학생 모두 학교 내와 근위대 야영훈련소에서 군사훈련을 받는다. 이 군사훈련은 2학년 과정에서 1주간 하도록 되어 있다. 나무심기는 초급중학교와 동일한 방식으로 진행된다. 생산노동도 초급중학교에는 없는 과정으로, 매 학년마다 3주 동안 주로 농번기에 농촌 지원활동을 하는 것이다.

고급중학교의 교과목 구성 및 교과목별 수업 시수, 수업 시수 비중은 〈표 5-2〉와 같다. 고급중학교에서는 재학기간 3년 동안 총 22개 과목을 가르친다. 1학년부터 3학년까지 주당 34시간, 3년간 총 3258시간의 수업을 진행한다. 수업은 초급중학교와 마찬가지로 45분 단위로 진행되며, 월요일부터 금요일까지 하루 6시간 이내, 토요일에는 4시간 수업을 한다.

고급중학교 과정에서는 자연과학 교과가 물리, 화학, 생물로 세분화되는 등 교과목이 초급중학교보다 좀 더 세분화되고, 현행당정책, 심리와 론리, 한문, 공업(농업)기초, 군사활동초보 등 초급중학교 과정에 없는 과목이 추가되었다. 정치사상 교과로는 초급중학교의 '혁명활동' 대신에 '혁명력사'를 가르친다. '위대한 수령 김일성대원수님 혁명력사'('김일성 혁명력사'), '위대한 령도자 김정일대원수님 혁명력사'('김정일 혁명력사'), '항일의 여성영웅 김정숙어머님 혁명력사'('김정숙 혁명력사'), '경애하는 김정은원수님 혁명력사'('김정은 혁명력사')와 같이 김정은 일가의 항일 혁명력사 관련 교과와 '사회주의 도덕과 법', '현행당정책' 과목을 가르친다. 현행당정책은 학기에 관계없이 김정은의 노작을 학습하도록 하는 과목이며, 여기서 배운 내용은 해당 학년의 '김정은 혁명력사' 과목에 포함시켜 시험을 보도록 한다. 이 중 김일성 혁명력사 교과는 1~2학년에서, 김정일 혁명력사는 2~3학년에서, 김정숙 혁명력사는 2학년에서만 가르치는데 비해, 김정은 혁명력사는 1~3학년까지 매주 1시간씩 가르쳐 전체 수업 시수는 김일성, 김정일 혁명력사 과목보다 많지 않지만 전 학년에서 가르친다는 특징이 있다.

어문·사회과학 교과 영역에 속하는 과목으로 '국어문학', '한문', '영어', '력사', '지리' 과목이 있고, 자연과학 영역에 속하는 과목으로 '수학', '물리', '화학', '생물' 과목이 있다. '정보기술', '기초기술', '공업(농업)기초' 교과도 별도로 가르친다. '정보기술' 교과수업은 1학년에 2시간씩, 2, 3학년에는 1시간씩 배정해 고급중학교 저학년 단계에서 정보기술 기초를 다지도록 한다. '정보기술' 교과 관련 교수요강을 분석해보면 '정보기술' 교과 교육과정은 활용가능한 지식과 기능 습득에 초점을 맞춰 세부적인 기술 내용을 가르친다. 응용 프로그램 사용법 위주의 교육내용이 강화되어 실제 컴퓨터와 네트워크를 실생활과 산업에 활용하는 측면을 강조한다. 즉, 정보화 사회를 살아가는 사람으로서의 소양과 더불어 졸업 후 자신이 일할 분야에서 필요로 하는 정보 탐색 및 활용 관련 사무능력과 기술을 획득하는 것을 목표로 교육한다.

'공업(농업)기초' 과목은 북한 중등학교 교육과정 중 유일하게 학교별로 선택할 수 있는 과목으로, 지역 특성에 따라 도시와 공업지역에서는 '공업기초'를, 농촌지역에서는 '농업기초'를 가르친다. 공업(농업)기초 교과는 기계, 금속, 광업, 수산, 임업, 농산, 축산 등 지역 특성에 맞는 내용을 군교원 재교육 강습소에서 편성하고 인민위원회 교육부의 비준을 받아 각 학교에서 선택해 가르치도록 한다. '공업(농업)기초' 교과는 3학년에서만 주당 4시간을 가르치는데, 이는 졸업하고 직장에 배치되기 전에 각 산업 분야에 필요한 기초기술을 집중적으로 가르치기 위한 것이다. 고급중학교에서는 운전수 양성을 위해 '기초기술' 과목과 '공업(농업)기초' 과목 대신 '자동차' 또는 '뜨락또르(트

랙터)' 과목을 가르치도록 한다.

예체능 교과로는 '체육', '예술'이 있다. '체육' 과목에서는 7~8월에 청년동맹조직과 협동해 매 학년 1주씩 수영 수업을 집중적으로 진행한다. 이 외에 군사 과목으로 '군사활동초보' 과목이 있다. 이 과목은 2학년에서 붉은청년근위대훈련으로, 3학년에서는 하루씩 하는 야외 숙영으로 대체되어 초보적인 군사활동 능력을 기르도록 한다. '현행당정책', '심리와 론리', '기초기술', '군사활동초보'는 학기와 관계없이 진행할 수 있다.

교과 영역별 수업 시수 비중을 살펴보면 가장 큰 비중을 차지하는 것은 자연과학 교과다(전체 수업 시수의 35% 정도). 정치사상 교과와 기술 교과의 비중은 초급중학교보다 약간 높아져 각각 18%, 15% 정도다. 반면, 어학·인문학 교과와 예체능 교과는 초급중학교보다 그 비중이 낮아져 각각 23%, 5% 정도다. 고급중학교에서만 다루는 군사 교과목의 비중은 약 3% 정도다. 개별 과목으로는 '수학' 시간이 3년간 368시간으로 가장 많고, '물리'가 331시간, '기초기술'이 272시간, '화학'이 248시간으로 그 뒤를 이어 자연과학 및 기술 교과에 중점을 두는 것을 알 수 있다. 그 밖에 '영어' 교과도 총 243시간으로 총 215시간을 교육하는 '국어문학'보다 수업 시수가 많아 영어교육을 상당히 강조한다는 것을 알 수 있다(〈표 5-2〉 참조).

초급중학교와 마찬가지로 교과수업 외에 과외 학습과 방학을 이용해 혁명전적지 참관 등의 활동을 하도록 한다. 청년동맹활동의 일환으로 주당 4시간씩 정치학습과 사회정치활동도 진행된다.

3) 개정 교육과정의 특징

개정된 교육과정을 2012년 학제 개편 이전의 중학교 교육과정과 비교하면 다음과 같은 특징을 발견할 수 있다.[31] 첫째, 가장 근본적인 차이는 중학교 6년 과정으로 연결되어 운영되었던 교육과정이 초급중학교와 고급중학교로 분리됨에 따라 초급중학교와 고급중학교에서 가르치는 일부 교과목이 변경되고, 이에 따른 교과목 및 학년별 수업 시수 조정이 있었다. 기존에는 초기중등교육과 후기중등교육의 교과목이 구분되지 않았지만 개정 교육과정에서는 학생들의 연령상 특성을 반영해 초기중등교육과 후기중등교육의 교과목이 다르게 구성되었다. 완전한 통합형 교육과정이라고 보기 어렵긴 하지만 초급중학교 단계에서 일정 정도 통합형 교육과정을 적용하고자 한 시도가 나타났다. 자연과학 교과의 경우 기존에는 중학교 1학년부터 6학년까지 물리, 화학, 생물이라는 과목명으로 운영되었으나, 개정 교육과정에서는 초급중학교에서는 자연과학이라는 통합교과로, 고급중학교에서는 물리, 화학, 생물이라는 기존의 과목명으로 운영된다.32) 기존의 북한 교육과정은 교과가 세분화되고 교과목 간 분리의 정도가 강한 분과형 구조로 구성되어 있었다.33) 학제 개편 이후 교육과정 개정 방향으로 '통합교육'에 관한 논의가 등장했다는 점은 북한 교육의 큰 변화로 주목할 만하다.

둘째, 김정은체제의 출범에 따라 김정은 관련 정치사상 교과가 신설되었

---

31) 학제 개편 이전의 교육과정 자료는 『북한이해』(통일부 통일교육원, 2013), 198쪽의 교육과정을 참조했다. 이는 북한 교육성의 과정안(1996년 3월)을 바탕으로 이후 확인 가능한 변화를 반영해 작성된 것이나, 이 시기 북한 교육과정을 문서 자료로 확인하기 힘들기 때문에 오류가 있을 수 있어 구체적인 수업 시수 비교 분석은 하지 않았다.

32) 전기중등교육 단계에서 통합 교육을 지향하고자 한 정책 의도는 ≪교육신문≫에 실린 기사를 통해서도 확인할 수 있다. 2013년 9월 12일 자 ≪교육신문≫는 새 교육강령이 "낮은 교종단계에서의 통합교육방식과 높은 교종단계에서의 학과목 위주의 교육방식을 배합하여 학교전교육으로부터 고급중학교에 이르는 모든 교종의 교육내용에서 체계와 순차를 명백히 하고 계승성과 통일성, 련관성이 철저히 보장되도록" 작성되었다고 밝히고 있다.

33) J. A. Cho, H. K. Lee and K. S. Kim, "Korea: An Overview," in Pei-tseng Jenny Hsieh ed., *Education in East Asia*(London & NY: Bloomsbury Academic, 2013), p. 31.

다. 정치사상 교과로 초급중학교에서 '김정은 혁명활동', 고급중학교에서는 '김정은 혁명력사' 교과가 신설되어 김일성, 김정일에 이어 김정은의 혁명 업적을 찬양하고 그에 대한 충성심을 고취시키는 우상화교육이 진행될 전망이다. 또한, 고급중학교에서 김일성과 김정숙 관련 교과의 수업 시수는 미미하게 감소했으나, 초급중학교에서 김일성, 김정일, 김정숙 관련 교과의 주당 수업 시수는 3년을 통틀어 각 과목당 1시간 정도씩 증가했다. 여기에 김정은 관련 교과가 신설된 것까지 고려하면 전체적으로 정치사상교육이 강화된 것으로 평가할 수 있다.

셋째, 교육과정 개정의 초점 중 하나는 시대의 요구에 맞는 응용가능한 지식의 습득이다. 이는 특히 고등교육이나 생산현장으로 연계되는 후기중등교육 단계에서 중시되는 부분으로, 교과목 구성과 교육내용을 중등교육 이수 이후의 전문기술교육이나 산업의 요구와 연계되도록 재편하는 시도로 나타났다. 사회 변화 추세를 반영해 기술 관련 교과가 신설되고 관련 수업 시수가 증가하는 등 기술교육이 강화되었고, 특히 정보화교육이 강화되었다. 기존에 중학교 4학년부터 가르쳤던 '콤퓨터' 과목이 '정보기술'로 과목명이 변경되면서 초급중학교 1학년부터 가르치도록 했다. 정보기술 과목에서는 특히 응용프로그램 사용법 위주의 교육내용이 대폭 강화되어 교육의 주안점이 실제 컴퓨터와 네트워크를 실생활과 산업에 활용할 수 있도록 하는 데 있음을 알 수 있다. 기존에 중학교 4, 5학년에서 가르쳤던 제도 과목과 매 학년 1주씩 교육했던 실습과목 대신 '기초기술' 교과를 신설해 초급중학교 1학년부터 고급중학교 3학년까지 가르치도록 한다. 고급중학교 3학년 과정에서는 지역별 산업 특성을 반영한 공업(농업)기초 과목을 가르치도록 해 졸업 후 각 산업 부문에서 활용할 수 있는 기초산업 기술교육을 강화하고 있다. 기술 관련 교과군의 경우 교육 시작 학년을 낮추거나 교과를 신설함에 따라 전체적인 교육시간이 늘어났다.

넷째, 정치사상 교과와 기술 관련 교과의 수업 시수가 늘어남에 따라 여타 교과의 수업 시수 조정이 이루어졌다. 중학교 저학년에서 물리, 화학, 생물로 나뉘었던 자연과학 교과는 초급중학교로 개편되면서 자연과학 교과로 통합되고 수업 시수가 30% 이상 증가했다. 이는 기술 교과의 수업 시수 증가와 함께 2012년 교육과정 개정의 중점이 초급중학교 단계의 자연과학 기초 및 기술 기초 형성 강화에 있음을 말해준다. 특히 종결 교육인 후기중등교육의 특성상 고급중학교에서는 기술 교과의 비중이 초급중학교보다 상당히 높고, 자연과학 교과의 비중도 초급중학교보다 약간 더 높다. 교육과정 개정 이후 수업 시수가 감소한 교과는 한문, 지리, 역사, 수학 등의 과목이다. 기존에 중학교 1~3학년 과정에서 매주 1~2시간씩 가르쳤던 한문 교과는 개정된 초급중학교에서는 폐지되고, 고급중학교에서만 가르친다. 초급중학교 조선지리(기존에 지리) 과목의 수업 시수는 주당 2시간에서 1시간으로 크게 감소했으며, 고급중학교 과정에서 역사와 지리 과목의 수업 시수도 상당히 감소했다. 수학 교과의 수업 시수도 각 학년당 1시간씩 정도로 크게 감소했다.

4. 남북 교육과정의 구성 비교

이 절에서는 남북 중등교육의 교과별 수업 시수 및 비중을 비교함으로써 북한 교육과정의 특성을 추출하고자 한다. 본격적인 남북 교육과정 비교를 위해서는 교과서 분석을 통해 교육내용 구성 및 계열성, 난이도 등의 차이를 파악해야 하지만, 이 글에서는 전체 교과목 구성과 수업 시수 분석 등 기초적인 특성 비교로 한정한다.

1) 전기중등교육(남한: 중학교, 북한: 초급중학교)

남북 전기중등교육 교과(영역)별 수업 시수 및 비중을 표로 나타내면 〈표 5-3〉과 같다.[34)

남북 전기중등교육과정의 특성을 살펴보면 첫째, 북한 교육과정에서는 김일성, 김정일, 김정숙, 김정은 혁명활동 과목 등 정치사상 교과가 매우 세분화되어 있다. 남한에서 기술·가정 과목으로 다루는 기술교육내용을 북한에서는 정보기술, 기초기술 두 과목으로 구분해 가르친다. 북한의 역사와 지리 교과의 경우 '조선력사', '조선지리'로 그 내용을 북한의 역사와 지리로 한정한다는 점에서 남한과 차이가 있다. 이 외에 다른 교과는 남북이 대체로 유사하게 구성되어 있다.

둘째, 남한에는 선택 교과군이 있어 한문, 정보, 환경, 제2외국어, 보건, 진로와 직업 등의 교과를 학교별로 선택해 교육하는 데 반해 북한에서는 지역 특성에 따라 선택하는 '공업(농업)기초'를 제외하면 선택 교과가 전혀 없다.

셋째, 전체 수업 시수는 북한이 10% 정도 더 많으나 〈표 5-3〉에 포함되어 있지 않은 총 306시간의 창의적 체험활동 시간을 포함하면 남북의 수업 시수는 거의 비슷하다.

넷째, 각 교과별 비중을 살펴보면 북한이 남한보다 높은 비중을 차지하는

---

34) 남한의 교육과정은 초등학교 1학년부터 중학교 3학년까지의 공통 교육과정과 고등학교 1학년부터 3학년까지의 선택 교육과정으로 편성된다. 이 중 북한의 초급중학교에 해당하는 남한의 중학교 교육과정은 교과(군)와 창의적 체험활동으로 편성된다. 교과(군)는 국어, 도덕/사회·역사, 수학, 과학/기술·가정, 체육, 예술(음악/미술), 영어, 선택으로 구성된다. 선택은 한문, 정보, 환경과 녹색성장, 생활 외국어(독일어, 프랑스어, 스페인어, 중국어, 일본어, 러시아어, 아랍어, 베트남어), 보건, 진로와 직업 등 선택 교과로 구성된다. 창의적 체험활동은 자율활동, 동아리활동, 봉사활동, 진로활동 등으로 구성되어 있다.

<표 5-3> 남북 전기중등교육 교과(영역)별 수업 시수 및 비중

구분	남한		북한	
	수업 시수	비중(%)	수업 시수	비중(%)
국어	442	14.4	510	14.8
도덕(정치사상)/ 사회·역사	510	16.7	748	21.6
수학	374	12.2	578	16.7
과학/기술·가정(정보기술·기초기술)	646	21.1	804	23.3
체육	272	8.9	204	5.9
예술(음악/미술)	272	8.9	204	5.9
영어	340	11.1	408	11.8
선택	204	6.7	-	-
합계	3,060	100.0	3,456	100.0

교과군은 도덕/사회·역사 교과와 수학, 과학/기술 교과다. 도덕/사회·역사 교과는 북한이 남한보다 5% 정도 높은 비중을 보이는데, 이는 총 다섯 과목에 달하는 정치사상 교과의 비중이 높기 때문이다. 수학 교과의 비중도 북한이 약 5%가량 높고, 과학/기술 교과는 2% 정도 높다. 이는 북한이 남한에 비해 정치사상교육뿐 아니라 기초 자연과학 및 기술 교과도 중시하는 교육과정 구조임을 말해준다. 영어 교과의 비중은 남북이 비슷하다. 그러나 전체 교과수업 시수가 북한이 더 많기 때문에 영어 교과의 절대적인 수업 시수는 북한이 남한보다 20% 정도 많다. 체육과 음악, 미술 수업 시수와 비중은 남한이 더 높다. 그러나 이는 북한에서 예체능 활동이 방과 후 소조를 중심으로 이루어지는 것을 감안하지 않고 교과수업으로 이루어지는 것만 계산한 것이다.

2) 후기중등교육(남한: 고등학교, 북한: 고급중학교)

남북 후기중등교육 교과(영역)별 수업 시수 및 비중을 표로 나타내면 〈표 5-4〉와 같다.[35] 〈표 5-4〉에서 확인할 수 있듯이 남한의 창의적 체험활동 시

<표 5-4> 남북 후기중등교육 교과(영역)별 수업 시수 및 비중

교과	남한		북한	
	수업 시수 (필수 이수 기준)	비중(%) (필수 이수 기준)	수업 시수	비중(%)
국어	255	12.9	215	6.6
수학	255	12.9	368	11.3
영어	255	12.9	243	7.5
사회·역사·도덕(정치사상)	255	12.9~17.2	785	24.1
과학	255	12.9~17.2	799	24.5
체육	170	8.6	81	2.5
예술(음악/미술)	170	8.6	81	2.5
기술·가정/ 제2외국어/ 한문/ 교양 [북한의 정보기술, 기초기술, 공업(농업)기초, 심리와 론리, 군사활동초보 포함]	272	13.8	686	21.1
합계 (필수 이수시간)	3,060 (1,972)	(100.0)	3,258	100.0

간(총 408시간)은 제외되어 있다. 남한의 경우 교과별 수업 시수는 필수 이수 기준이며, 수업 시수 비중도 이에 준해 계산한 것이다. 수업 시수 합계는 최소 수업 시수이며, 합계의 괄호 안 수치는 필수 이수시간 합계다. 남한의 경

---

35) 북한의 고급중학교에 해당하는 남한의 고등학교 교육과정은 학교 종류에 따라 상당한 차이가 있어 여기서는 일반 고등학교만 다루었다. 교과군별로 필수 이수 기준을 규정하는 형태로 교육과정안이 제시되는데, 총 3468시간의 최소 이수시간 중 1972시간의 교과 필수 이수시간과 408시간의 창의적 체험활동 필수 이수시간을 제외한 1088시간은 학교 재량에 따라 교과목별 수업 시수를 배정할 수 있도록 되어 있다. 고등학교 교육과정은 교과(군)와 창의적 체험활동으로 편성된다. 교과는 보통 교과와 전문 교과로 구분되며, 그중 보통 교과 영역은 기초, 탐구, 체육·예술, 생활·교양, 교과(군)는 국어, 수학, 영어, 사회(역사/도덕 포함), 과학, 체육, 예술(음악/미술), 기술·가정/제2외국어/한문/교양으로 구성된다. 전문 교과는 농생명 산업, 공업, 상업 정보, 수산·해운, 가사·실업 등의 교과다. 창의적 체험활동은 자율활동, 동아리활동, 봉사활동, 진로활동 등이다. 고등학교 교육과정의 총 이수 단위는 204단위이며, 교과(군) 180단위, 창의적 체험활동 24단위(408시간)로 나뉘어 편성된다『초·중등학교 교육과정 총론』(교육과학기술부, 2012) 참조].

우 50분 수업 기준이다. 또한 남한의 고등학교 교육과정은 학교 종류별로 교육과정 구성에 차이가 있는데, 〈표 5-4〉는 일반 고등학교를 기준으로 작성한 것이다.

후기중등교육과정에서 남북의 가장 큰 차이는 남한 교육과정은 학교별로 교과목 시수 배정을 할 수 있는 선택의 폭이 크고 선택 교과도 다양한데 비해, 북한은 학교별로 다른 교과목이나 교육시수를 편성할 수 있는 여지가 거의 없다는 점이다. 남한의 경우 교과수업에 배정되는 수업 시수 중 약 1/3을 학교 특성에 맞게 자율적으로 배정할 수 있도록 하지만, 북한의 경우 모든 교과목의 수업 시수를 국가가 일률적으로 결정해 모든 학교가 이에 따라 시행하도록 한다. 북한의 고급중학교에서는 문과와 이과의 구분도 없기 때문에 영재교육을 실시하는 제1중학교나 외국어학원을 제외하면 모든 학교에서 동일한 교과목을 동일한 시간만큼 교육하는 것이다. 다만, 학교의 지역별 특성을 감안해 공업(농업)기초 교과서의 내용을 편성하도록 한 것이 유일한 학교별 특성을 반영한 조치라고 할 수 있다. 그만큼 북한의 교육과정에서는 지역과 학교 단위의 자율성이 없다고 평가할 수 있다.

둘째, 교과목 구성에서 남북이 서로 다른 교과목이 있다. 북한에서만 가르치는 교과목으로 김일성, 김정일, 김정숙, 김정은 혁명력사 과목과 현행당정책 등 정치사상 교과가 있다. '사회주의도덕과 법' 과목은 남한의 도덕 교과에 해당하지만, 그 내용은 북한 사회의 특성을 반영한 것이기 때문에 남한과 매우 다르다고 볼 수 있다. 제2외국어의 경우 남한에서는 가르치지만 북한에서는 가르치지 않는다. 또한 '군사활동초보' 과목을 들 수 있다. 북한에서 모든 학생에게 가르치는 '심리와 론리' 과목은 남한의 교육과정에서 '기술·가정/ 제2외국어/ 한문/ 교양' 교과군에 해당하는 것으로, 남한에서는 학교에 따라 심리학이나 논리학 교과를 선택해 가르칠 수 있다. 북한의 정보기술, 기초기술, 공업(농업)기초는 남한에서는 기술·가정 과목의 일부 내용으로 가르치는 것으로, 북한은 이를 별도의 과목으로 구성한다.

셋째, 전체 수업 시수는 북한이 더 많으나, 〈표 5-4〉를 보면 수업 시수 1시간 기준 북한은 45분, 남한은 50분이기 때문에 이를 분 단위로 환산하면 전체 수업 시간은 남한이 약간 더 길다고도 할 수 있다.

넷째, 각 교과별 비중을 살펴보면 북한에서 도덕/ 사회·역사(정치사상) 교과와 자연과학 교과, 기술 교과의 비중이 높게 나타난 점이 눈에 띈다. 자연과학 교과군은 북한의 고급중학교 과정에서 가장 큰 비중을 차지하는 것으로, 남한보다 7~12% 정도 높은 비중을 보인다. 수학 교과의 비중은 남북이 거의 비슷하며, 기술 교과 및 기타군의 비중은 북한이 남한에 비해 7% 정도 높다. 이 교과군은 기술 교과뿐 아니라 제2외국어, 한문, 군사활동 등의 교과를 포함하지만 북한은 정보기술, 기초기술, 공업(농업)기초 등 세 과목의 기술 교과만 하더라도 전체 교육과정에서 14.6%의 비중을 차지하기 때문에 이 교과군의 높은 비중은 기술 교과군의 비중이 높기 때문이라고 볼 수 있다. 북한 후기중등교육과정에서 자연과학 교과와 기술 교과의 높은 비중은 전기중등교육과정에서도 일관되게 나타나는 특성으로, 특히 12년제 의무교육과정으로의 학제 개편에 따른 교육과정 개정의 주요한 특징 중 하나로 볼 수 있다.

다섯째, 도덕/ 사회·역사 과목도 북한이 남한보다 7~11% 정도 높은 비중을 보인다. 이는 초급중학교와 마찬가지로 고급중학교에서도 총 여섯 과목에 달하는 정치사상 교과의 수업 시간이 상대적으로 많기 때문이다. 전통적으로 북한 교육과정에서는 정치사상 교과가 강조되는데, 이는 김정은정권의 출범과 함께 더욱 강조되고 있다.

여섯째, 국어, 영어, 예체능 관련 교과의 비중은 남한의 교육과정이 4~6% 정도 높다. 북한의 경우 전기중등교육과정에서는 영어 교과의 비중이 남한과 거의 비슷했으나, 고급중학교에서 그 비중이 상당히 낮아졌다.

5. 맺음말

　이상에서 살펴본 바와 같이 김정은 집권 이후 교육정책은 상당한 폭의 변화를 보여준다. '정보산업시대', '지식경제시대'를 이끌어갈 '창조형', '실천형' 인재 양성이 강조되었으며, 세계적 교육 추세를 반영한 교육제도 개선과 교육 정보화가 추진되고 있다. 그러한 교육정책의 방향성을 잘 보여주는 것이 2012년 9월 실시된 학제 개편이다. 북한은 학제 개편과 교육과정 개정을 통해 김정은 영도체계에 대한 주민들의 동의를 확보하고, 경제난 이후 현저히 저하된 교육 수준을 향상시키고자 한다. 특히, 정보화 사회로의 변화와 국제적 교육 추세를 고려해 교육내용을 재편함으로써 후기중등교육에서 산업의 요구를 더욱 효율적으로 반영해 경제 회복의 디딤돌로 삼으려 한다. 2013년 교육강령에 나타난 중등학교 교육과정은 확실히 초등교육 1년 연장을 반영하는 등 난이도가 높아졌고, 이전 시기보다 잘 구조화되고 세계적 흐름을 반영한 교육내용으로 편성되어 있음을 보여준다.

　북한이 밝힌 교육과정 개정 추진 일정을 보면 2014년부터 각 학교 1학년부터 개정 교육과정을 단계적으로 적용한다. 현재 1학년의 교과서 편찬 작업이 마무리되었고, 새 교육과정에 따른 교사 연수 및 2~3학년 교과서 편찬 작업이 진행 중이다. 새로운 교육과정이 제대로 운영되려면 교사와 교육시설, 기자재 등 제반 여건이 뒷받침되어야 하는데, 평양 등 대도시를 제외한 대부분의 학교에서 이를 원활하게 보장하는 것은 쉽지 않아 보인다. 특히 정보기술 등 일부 과학기술 관련 교과의 내용은 컴퓨터 등 첨단교육시설 없이는 교육과정의 정상적인 실행이 불가능한 부분이 많아 교육강령상의 교육과정이 실제로 운영될지 여부가 또 다른 문제라고 할 수 있다. 북한 당국이 최고인민회의에서 밝힌 대로 교육 정보화, 교원 양성 강화, 교육 예산 증액 등을 추진할 것으로 보이지만 별도의 재원을 마련하기 어려운 상황에서 이는 전 국가적 동원이나 국제적 지원에 의존할 가능성이 높다. 더 본질적인 문제로는 정치사상교육이 창조적 사고를 제한하는 근본적인 요소로 작용하는 현실에서 개정 교육과정을 통해 얼마나 창조적이고 융합적 사고를 지닌 인력을 양성할 수 있을지는 미지수라는 점이다. 김정은식 교육개혁이 성공하려면 이와 같은 여러 가지 현실적 조건이 뒷받침되어야 하고 여전히 북한 교육 및 체제의 특성으로 인한 근본적인 제약이 존재하긴 하지만, 최근의 교육정책 및 교육과정의 변화가 국제적 교육 추세를 반영한 전격적인 변화임을 감안할 때 향후 북한 교육의 귀추가 주목된다고 하겠다.

참고문헌

1. 국내 문헌

교육과학기술부. 2012.『초·중등학교 교육과정 총론』.

서울대학교 사범대학 교육연구소. 1994.『교육학용어사전』. 하우.

이교덕·임순희·조정아·이기동·이영훈. 2007.『새터민의 증언으로 본 북한의 변화』. 통일연구원.

조정아. 2007.「교육에서의 실리주의와 교육의 불균등발전: 2000년대 북한 교육의 변화」.≪교육사회학연구≫, 제17권 제4호.

통일부 통일교육원. 2013.『북한이해』.

2. 북한 문헌

교육위원회. 2013a.「시험문제출제사업조직요강」. 평양.

_____. 2013b.『제1차 전반적 12년제의무교육강령(고급중학교)』. 평양.

_____. 2013c.『제1차 전반적 12년제의무교육강령(초급중학교)』. 평양.

김덕현. 2013.「교육사업의 정보화는 지식경제시대에 맞게 교육의 질을 최상의 수준으로 높이기 위한 필수적요구」.≪교원선전수첩≫, 4호. 평양.

김순. 2012.「지식경제시대의 요구에 맞게 교수형식을 개선하는데서 나서는 과업」. ≪인민교육≫, 4호. 평양.

김영남. 2012.「교육의 형식을 높은 수준에서 보장하는 것은 지식경제시대의 절실한 요구」.≪고등교육≫, 6호. 평양.

김용길. 2013.「교육사업에서 실리주의를 구현하는데서 나서는 중요한 문제」.≪교원선전수첩≫, 1호. 평양.

리무석. 2012. 「경애하는 김정은 동지께서 제시하신 중등일반교육수준을 결정적으로 높일데 대한 사상은 보통교육부문에서 튼튼히 틀어쥐고 나가야 할 강력한지침」. ≪인민교육≫, 4호. 평양.

박영도. 2012. 「새 세기 인재양성을 위한 중학교 교육에서 나서는 중요한 문제」. ≪교원선전수첩≫, 3호. 평양.

유성철. 2012. 「중등일반교육단계의 교육내용개선에서 나서는 몇가지 문제」. ≪교원선전수첩≫, 3호. 평양.

전혜선. 2014. 「새 교과서를 리해하고 적용하는데서 나서는 몇가지 문제」. ≪인민교육≫, 1호. 평양.

차기철. 2012. 「현시기 교육방법개선에서 나서는 몇가지 문제」. ≪고등교육≫, 6호.

≪교육신문≫. 2005년 1월 27일 자; 2007년 1월 25일 자; 2012년 4월 19일 자; 2012년 10월 11일 자; 2012년 11월 29일 자; 2013년 1월 10일 자; 2013년 1월 17일 자; 2013년 5월 16일 자; 2013년 9월 5일 자; 2013년 9월 12일 자; 2014년 1월 30일 자; 2014년 2월 20일 자; 2014년 4월 3일 자. 평양.

≪로동신문≫. 2012년 4월 19일 자; 2014년 9월 6일 자. 평양.

「이렇게 세계앞에 나선다」. 2014. ≪인민교육≫, 3호. 평양.

「지식경제시대의 교육」. 2013. ≪천리마≫, 7호. 평양.

최고인민회의 제12기 제6차 회의에서 최태복 대의원의 보고. 평양.

3. 외국 문헌

Cho, J. A., H. K. Lee and K. S. Kim. 2013. "Korea: An Overview." in Pei-tseng Jenny Hsieh(ed.). *Education in East Asia*. London & NY: Bloomsbury Academic.

제6장

북한의 과학기술체제와 정책*

이춘근 ┃ 과학기술정책연구원 선임연구위원

1. 머리말

김정일의 사망과 김정은 제1위원장의 정권 승계로 북한의 과학기술정책
과 그 체제가 많이 달라질 것이 예상되므로, 이를 상세히 관찰할 필요가 있
다. 장성택 숙청에서 보듯이 정치 분야에서는 이미 상당히 급격한 변화가 나
타나기도 했다. 여타 분야에 비해 상당히 늦지만 해외 유학을 경험한 김정은
의 과학기술정책 특성도 서서히 나타나고 있다.

북한은 1990년대 후반부터 국정 제1지표로 '강성대국(사상, 총대, 과학기술)
전략'을 추진했다. 최근에는 경제·핵 병진노선을 천명해 국방과 경제 모두를

---

* 이 글은 이춘근, 「과학기술체제 개혁」, 북한연구학회 편, 『북한의 교육과 과학기술』(북
한학총서 '북한의 새인식' 제7권, 2006)을 최신 추세를 반영해 대폭 수정·보완한 것이다.

지원하는 과학기술의 역할을 강조했다. 장기 경제계획을 수립하지 못하는 상황에서 네 차례에 걸쳐 과학기술 발전 5개년계획을 수립하고, 과학기술을 통한 경제 발전전략을 추진 중인 것이다. 핵문제와 국제사회의 제재 등 변수가 있으나 많은 전문가는 북한이 현재의 개혁개방 기조를 유지하고 그 폭을 더욱 확대하리라는 것에 동의한다.

중국의 경험과 같이 사회주의 경제체제의 개혁은 이를 지원하는 과학기술 체제의 근본적인 개혁을 수반한다. 1990년대 후반부터 진행된 '과학기술 중시정치'와 '강성대국전략'에서 과학기술 강조, '과학의 해' 지정, 과학원과 국가 과학기술위원회 통합, 인민경제의 기술적 개건과 정보화, 네 차례의 '과학기술 발전 5개년계획', '연료, 동력문제 해결을 위한 3개년계획' 등이 그것이다.

특히 북한이 과학기술계획전략을 경제계획보다 앞세워 추진하고 있으므로 과학기술체제 개혁 동향 분석을 통해 북한이 직면한 경제적 현실과 개혁 개방 논리, 미래 추진 방향 등을 좀 더 정확하게 파악할 수 있을 것이다. 이 글은 이러한 전제를 바탕으로 북한의 경제개혁과 연동되는 과학기술체제 개혁의 동향을 체계적으로 분석하고, 몇 가지 시사점을 도출할 것이다.

2. 북한 과학기술체제 개혁의 동인

1) 경제성장 방식의 전환

북한은 초기 여건이 부족한 상황에서 자본과 노동력을 집중해 중화학공업을 육성했다. 김일성은 1950년대 말 종파사건을 통해 경공업 우선론자들을 숙청하면서 "중공업을 우선적으로 발전시키면서 경공업과 농업을 동시에 발전시키는 전략을 경제 건설의 기본 노선으로 삼을 것"을 명확히 천명했다.

북한의 중공업 우선 발전정책은 1960년대 국방산업 육성이 가속화되면서 기계공업을 중심으로 더욱 강화되었다.

북한은 자원이 부족한 소국이면서도 70% 이상을 국내산 원료로 충당하는 종합적인 중공업 구조를 이루기 위해 여타 사회주의 국가에 비해 공업화 비중을 높였고, 이 과정에서 원료, 연료 분야에서 '규모의 경제'와 자본 투입 효과가 크게 훼손되었다. 1970년대 이후에는 낮은 기계화 수준과 근로자들의 의욕 상실, 자발성 결여 등으로 노동생산성이 극히 저하된 가운데 청년들의 장기 군복무로 노동력의 추가 투입 여력을 상실했다.

이와 함께 장기간의 공장 가동률 저하와 재정 수입 감소, 사회주의 시장의 상실로 인한 대외무역 위축, 합작 부실, 농업정책 실패와 자연재해로 인한 농산물 생산 감소 등으로 경제성장에 필요한 대규모 자본 조달능력도 상실했다. 이에 따라 1970년대부터 원료 수급체제에 문제가 나타났고, 1980년대부터 경제 전반에서 성장률 침체가 나타났다.

1980년대 말부터는 사회주의 국가들의 붕괴와 외환 부족으로 석유 등의 외국산 원료 수입이 급감하고, 자력갱생정책에 의해 전체의 70% 정도를 국내산으로 조달하던 공업원료 부문마저 위축되면서 전력, 원료, 연료 등 인민경제의 선행 부문이 더욱 급격히 마비되었다. 이에 따라 공장 가동률이 20~30% 선으로 감소하고 경제도 10여 년간 마이너스성장을 기록했다.

기술 수준과 효율이 낮은 중공업체제에서 자본과 노동의 추가 투입 여력마저 상실했으므로, 이제 남은 것은 생산성 향상과 노동의 질적 수준 제고밖에 없다. 바로 개혁개방 직후 중국이 추진했던 경제성장방식의 전환, 즉 과학기술과 교육을 중시하는 국가발전전략으로의 전환이 필요해진 것이다. 최근 들어 북한이 대대적으로 강조하는 과학기술 중시정치, 강성대국, 과학의 해, 인민경제의 기술적 개건, 교육개혁 등은 바로 이러한 배경과 전략적 선택에서 나온 것이라 생각된다.

경제성장 방식을 전환하고 과학기술을 강조하면서 자립적 민족경제 건설의 기본 방도인 자력갱생에도 이전과 다른 의미를 부여하고 있다. 즉, 최근 들어 "자력갱생을 일관되게 틀어지고 나가되 현대적 기술에 의거하지 않는 자력갱생, 실리가 안 나는 자력갱생은 하지 마라"고 강조하는 것이다. 이는 자력갱생의 강조로 국내산 원료, 연료에 지나치게 의존하면서 효율성과 기술 수준이 크게 저하된 현실을 인정하고 과학기술 발전을 통해 이를 극복하려는 것이라 볼 수 있다. "현대과학기술에 기초한 자력갱생이 오늘의 자력갱생이다"라는 구호에서도 "국가의 이익, 전 인민의 경제적 이익을 실현하는 데 복무하지 못하고 경영손실을 내는 그 어떤 경제활동도 자력갱생으로 정당화될 수 없으며 이런 현상은 더는 묵인될 수 없는 우리의 투쟁대상으로 된다"라고 했다. 이른바 '신사고'에서 실리주의 원칙을 강조하고, 자력갱생의 개념을 새롭게 해 외국의 첨단기술을 적극 받아들일 것을 강조한 것도 이 때문이다.

자력갱생의 개념이 약화되면서 1970년대 초부터 지속적으로 강조했던 주체의 기술혁명 이론, 즉 "중노동과 경노동의 차이 해소", "공업노동과 농업노동의 차이 해소", "여성들의 가사노동으로부터의 해방"에 대한 강조도 크게 누그러들고 있다. 이에 대한 일방적인 강조가 생산성 향상과는 거리가 멀기 때문이다. 최근 들어 북한이 "인민경제의 주체화, 현대화, 과학화"에서 "주체화"를 소극적으로 언급한 것도 이 때문이라 생각된다.

2) 인민경제의 현대화 필요성

북한이 새롭게 선택한 경제성장전략은 총요소생산성 증가를 위해 과학기술 진보와 확산, 교육을 통한 노동의 질적 수준 제고 등을 적극 추진하는 것이다. 특히, 인민경제의 기술적 개건과 정보화를 지속적으로 강조하고 있다.

심지어 "인민경제의 기술적 개건은 현 시기 경제 사업의 중심 고리이며 더는 미룰 수 없는 절박한 과제"라고 표현할 정도다. 중국이 1980년대 초반 취했던 정책과 유사하게 기존의 중공업 설비들을 개조해 적은 비용으로 생산성 향상 효과를 얻으려 한 것이다.

설비 개조의 핵심은 노후 설비의 보수 및 정비, 자동화이고, 이를 통해 북한은 인민경제의 현대화 또는 정보화를 실현하고자 한다. 이를 실천하기 위해 정부 예산도 인민경제 선행 부문의 기술적 개건과 컴퓨터산업 등 최신 기술 분야에 집중 투입했다. 중국의 경우처럼 자동화를 통한 기술 개건을 전면적으로 추진하고, 이 과정에서 전자 부품, 자동화 요소 산업을 육성하며, 궁극적으로는 이를 컴퓨터산업 육성과 경제 전반의 정보화로 연결시키려는 것이다.

따라서 현재 북한의 정보통신기술(IT) 산업의 목표는 공장의 기술 개건 지원과 인민경제의 정보화, 신산업 창출 등으로 다양하다. 북한 IT 부문에서는 이를 효과적으로 추진하기 위해 각종 자동화 설비와 소프트웨어를 개발·보급하고, 전국적인 전산망을 구축해 다양한 목적으로 활용하며, 반도체, 컴퓨터, 전자 부품, 수치제어(NC) 장치 등 관련 산업을 적극 육성해나가고 있다. 결국 국가경제, 국유기업체제를 지원하는 북한의 IT산업은 강한 시장 지향적·소비자 지향적 특성을 갖는 남한의 IT산업과 상당한 차이를 보이게 되었다.

기술 개건 사업은 최근 강화된 경제관리개선조치와도 밀접한 관련을 맺고 있다. 기술 개건 사업을 공장과 기업소의 중점 과제로 설정하고 중앙 및 지방 차원에서 다각적인 계획을 수립해 추진한다는 점에서 계획 권한의 이양을 엿볼 수 있고, 모든 공장과 기업소의 실정을 상세히 검토해 전체 개건 대상과 집중 투입 대상, 자체적으로 기술을 개건할 수 있는 대상을 선정한다는 점에서 공장과 기업소의 자율성 확대를 엿볼 수 있다.

인민경제의 정보화는 효율 개선과 함께 각종 기술혁신 자료의 전국적인 확산에도 큰 역할을 담당하고 있다. 전반적인 기술 수준이 낮고 부문 간 격차가 큰 상황에서 투입 여력의 부족으로 새로운 연구 성과를 산출하기 어려울 때 선진 기술의 도입과 확산만으로도 상당한 생산성 개선 효과를 거둘 수 있는 것이다. 최근 들어 북한이 전국적인 전산망을 구축하고 과학원 중앙과학기술통보사의 '광명' 시스템 등을 통해 외국 기술 자료와 기술혁신 성과들을 널리 보급하는 것도 이 때문이다.

3) 과학기술에 대한 수요 변화

새로운 경제성장전략하에서 과학기술은 인민경제의 선행 부문과 기술 개건 위주의 경제성장을 체계적으로 지원하게 되었다. 즉, 내부적으로는 자체 혁신과 자율성, 인센티브 확대를 통해 연구 역량을 개선하고, 외부적으로는 기존 설비의 기술 개조와 수준이 낮은 분야로의 기술 확산, 자동화 요소 자체의 생산 확대를 통한 첨단기술 산업 육성 등에 치중하기 마련이다. 최근의 과학원 산하 연구소 개편도 이와 유사한 맥락에서 추진되고 있다.

경제계획과 과학기술 발전계획이 국가전략하에 강력히 연동되는 북한의 체제에서 새로운 경제성장전략은 바로 국가과학기술 발전계획과 국가 과학원 산하 연구소들의 주력 연구 과제에 반영된다. 특히, 공장 가동률이 급감하고 10여 년간 경제계획을 수립하지 못한 상황에서 북한 과학기술계가 국민경제 발전의 가종 병목을 해소하는 주요 역량으로 부상했다.

최근 들어 북한이 '제1차 과학기술 발전 5개년계획'(1998~2002), '제2차 과학기술 발전 5개년계획'(2003~2007), '연료, 동력문제 해결을 위한 3개년계획'(2003~2005), '산림 조성 10개년계획'(2001~2010), '제3차 과학기술 발전 5개년계획'(2008~2012), '4차 과학기술 발전 5개년계획'(2013~2017) 등의 다양한 계획들을 수립·추진하면서 경제 살리기에 매진한 것이 이를 잘 반영한다. 신년

공동사설에서도 경제와 과학의 일체화를 천명함으로써 과학기술을 통한 경제 발전을 지속적으로 강조하고 있다.

경제성장전략의 변화에 따라 노동력의 소질 개선에 기여하는 교육계, 특히 대학도 크게 개편되었다. 개혁의 주요 내용은 사회주의 교육의 특징인 평균주의의 극복과 소수의 우수 중점대학 육성, 인민경제의 기술 개건에 필요한 자동화와 IT 중심의 학과 개편, 간학문(間學問)체제에 대응하는 유연한 교과과정 수립, 미래 첨단기술 영역에서의 해외 유학생 파견 확대 등이다.

북한은 이를 실현하기 위해 김일성종합대학에 컴퓨터 단과대학을 신설하고 전자계산기 단과대학을 컴퓨터기술대학으로 개편했으며, 각급 대학에 IT 관련 학과들을 크게 증설하고 중고등학교에서 컴퓨터 영재교육을 확대하는 등의 종합적인 IT인력 양성 확대 방안을 추진했다. 이와 함께 조선컴퓨터센터와 정보총국 등의 인력과 개발능력을 확충하고 IT 관련 연구소를 신설했으며, 광명 시스템 등의 전국적인 인트라넷을 구축해 과학기술정보 확산에 활용하고 있다. 다음 절에서는 과학기술체제 개혁에 초점을 맞춰 논의를 진행할 것이다.

3. 북한의 과학기술체제 개혁

1) 국가과학기술위원회의 분리 독립

북한에서 과학기술행정을 전담하는 국가과학기술위원회가 설립된 것은 과학원 설립 10년 후인 1962년이었다. 이때까지는 과학원과 각 생산부서 산하 연구소들이 병존하는 가운데 과학원의 현지 연구 사업 강화로 많은 중복이 발생했다. 따라서 북한 정부는 국가계획위원회에 과학연구국을 설치해 통일적인 행정체제를 수립하고, 각 생산성 산하 연구소들에 대한 과학원의 지도기능을 강화함으로써 제한된 자원을 집중적으로 이용하려 했다.

이런 상황은 1962년에 국가과학기술위원회가 설립되면서 크게 변화했다. 과학원이 국가과학기술위원회 산하기구로 개편되고, 신설된 국가과학기술위원회가 과학기술계획과 실제 연구 사업에 대한 지도기능을 수행하게 된 것이다. 이에 따라 1950년대부터 추진되었던 과학원의 현지 연구 사업과 공장에 대한 기술 지원, 각 생산성 산하 연구소들과의 공동 연구가 더욱 강화되었다.

국가과학기술위원회의 설립과 기능 강화는 당시 적극적으로 추진된 국방공업 육성과도 연관 지을 수 있다. 일반 공업 연구와 군수공업 연구 사이에 많은 중복이 발생했으므로 이를 종합적으로 조정하고 자원을 효율적으로 사용하기 위한 위원회 성격의 행정기관이 필요해진 것이다. 1960년대에 제2자연과학원의 전신인 국방과학원이 설립된 것이 이를 입증해준다. 단, 과학기술 수준이 높아지면서 비전문가인 국가과학기술위원회의 지도기능이 과학원의 연구기능과 잘 융합하지 못했던 것으로 보인다. 당시 국가과학기술위원회와 과학원 등의 과학기술 담당 부서들은 현장에 대한 체계적인 기술 지원과 기술적인 병목 현상 해소 미흡, 합리적인 과학기술계획 수립과 관리능력 미비, 연구원 소질 부족, 연구 기자재 부족, 대외교류 부족 등으로 큰 난관에 처해 있었다.

이에 북한은 인민경제의 주체화, 현대화, 과학화가 강조되던 시기인 1982년을 기해 과학원을 국가과학기술위원회 산하에서 분리해 정무원 직속부서로 격상시켰다. 첨단기술과 현장 지원연구에 대한 과학원의 주도적 역할이 강화되고, 국가과학기술위원회는 원래의 기능인 과학기술행정과 연구계획 수립, 기술지도 등의 업무로 복귀한 것이다.

동유럽 순방에서 돌아온 김일성은 침체되었던 해외 유학을 크게 확대했다. 김정일도 "그동안은 과학연구 사업에 큰 힘을 기울이지 않았다", "일군들이 과학자들에게 사죄하여야 한다"라고 강하게 질책하면서 "앞으로 과학기술 관련 책임자들은 과학을 잘 아는 사람들로 꾸려야 한다"라고 강조했다. 당시의 심각한 원료, 연료, 식량난으로 국가계획 수립이 어려워지고 각 지방의 자체 수급이 가속화되자 기술 확산기능을 강화하기도 했다.

1998년의 내각 개편 당시에는 국가과학기술위원회를 과학원에 통합했다. 과학기술 연구기관의 역할이 증대되고 행정기관의 역할이 축소된 것이다. 이것은 국가경제가 위축되고 계획기능이 마비되면서 다른 부처와 연계된 과학기술행정의 종합 조정기능이 크게 축소되었기 때문이라고 생각된다. 축소된 재정으로 추진하는 소수의 전문적인 과학기술계획은 최고의 연구기관인 과학원 자체에서 수행하는 것이 더욱 효과적이다.

이 국가과학기술위원회를 2008년 다시 부활시켰다. 이는 중장기 경제계획 없이 '과학기술 발전 5개년계획'을 연이어 추진하면서 타 부처와의 종합 조정과 대외협력의 중요성이 크게 부각되었기 때문이라고 생각된다. 국가전략 안에서 독자적 위상을 상실했던 국가과학기술위원회가 동일한 국가전략 하에서 그 기능을 강화할 계기를 만든 것이다.

2) 국가과학원의 개편

북한 최고의 연구기관인 과학원도 크게 개편되었다. 1980년대 후반의 과학원은 직속 연구소 34개와 연구분원(건설건재, 금속, 생물분원), 지방분원(함흥분원) 등으로 구성되어 있었고, 1989년 11월에 전자자동화분원이, 1991년 2월에 석탄분원이, 1991년 6월에 세포및유전자공학분원이 신설되면서 부분적으로 확대되었다.

이 외에 각 부, 위원회 산하 연구소로 농업과학원(24개 연구소)이 농업위원회에, 경공업과학분원(14개 연구소)이 화학 및 경공업위원회에, 의학과학원 (15개 연구소)과 동의과학원(5개 연구소)이 보건부에, 수산과학연구원(9개 연구소)이 수산위원회에, 산림과학원(6개 연구소)이 임업부에, 철도과학연구원 (6개 연구소)이 철도부에 소속되어 있었다.

이런 체제는 1993년 11월, 김정일이 "국가과학원에서 모든 연구기관과 연구 사업을 통일적으로 장악, 지도하라"고 지시한 이후 크게 변화했다. 1994년 초 신설된 국가과학원은 정무원의 각 부, 위원회 소속 연구기관들을 대거 흡수해 연구분원 9개, 과학연구원 4개, 산하 직속 연구소 등 총 200여 개 연구소로 확대·개편되었다. 국가과학원을 설립하고 각 연구기관들을 집중시킨 것은 고난의 행군 초입에서 국가 전체의 과학기술 역량을 총집결해 농업제일주의, 경공업제일주의, 무역제일주의 실현에 필요한 연구를 추진하려 한 것으로 보인다. 이와 함께 제한된 재원으로 국가 경제의 병목 현상을 타개하고, 분산되는 과학기술자들을 보호하기 위해 통일된 연구관리체제를 형성하려 한 것으로 보인다.

그러나 이런 개편만으로는 '고난의 행군' 등으로 더욱 열악해진 연구 환경에 제대로 대처하지 못했던 것으로 보인다. 특히 국가계획체제가 무너지고 연구비 지원이 대폭 감소하자 각 연구소들이 자구책으로 수익 사업에 몰두하면서 국가과학원의 통일적인 지도를 탈피하려는 노력을 기울였던 것으로 보인다.

여기에는 농장이나 병원, 목초장 등으로 사체 수익이 있는 농업, 의학, 산림 관련 연구소들이 더욱 적극적이었다. 이들이 자기들을 지원하지 못하는 국가과학원에 자체 수익을 귀속시키는 것보다 수입 원천인 원래 소속부서와의 관계를 더욱 중요시하게 된 것이다. 이에 북한은 1998년 9월 내각 조직개편에 따라 국가과학원과 국가과학기술위원회를 통합해 과학원으로 환원하면서 농업과학원은 농업성에, 의학과학연구원과 동의과학연구원은 보건성

〈그림 6-1〉 북한 국가과학원의 주요 조직과 분원

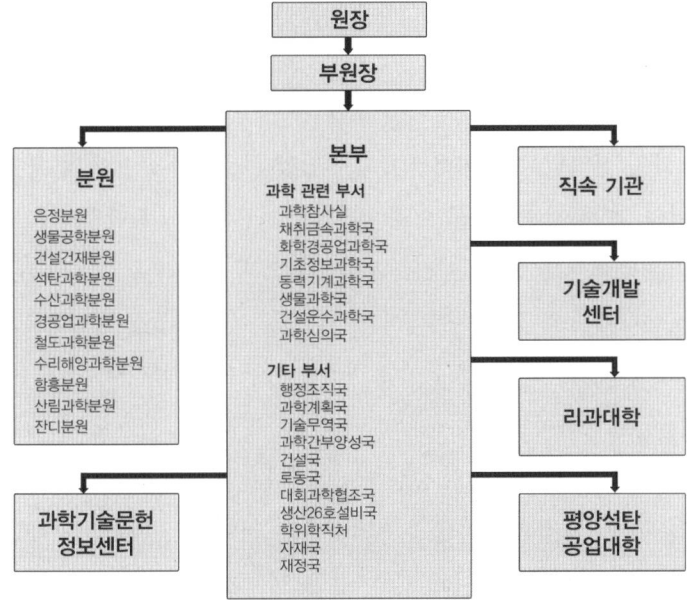

에, 산림과학원은 국토환경보호성에 귀속시키는 조치를 취했다.

〈그림 6-1〉은 2012년 발표된 북한 국가과학원의 중앙조직을 나타낸 것이다. 이를 통해 각 산업 분야에 대한 과학기술 지도와 연구개발 기능이 강화된 것을 확인할 수 있다. 개혁개방 이후의 중국 과학원이 기초 연구와 첨단 기술 연구에 집중되었던 것과 달리, 북한 과학원은 북한 주력 산업의 구분 형태를 거의 그대로 답습하면서 이들에 대한 기술 지원에 몰두했다. 따라서 연구기관도 중국 과학원이 학문 구분에 따른 학부 중심으로 운영된 것과 달리 북한은 현장 기술과학 중심으로 운영되었다. 북한 과학원의 각 위원회들이 기술과학 중심으로 편성된 것도 이 때문이다.

산하 연구소들도 크게 개편되고 있다. 국가과학원 산하 연구소들의 기본 골격이 1960년대에 완성되었고, 그 후 이를 보완하는 차원에서 새로운 연구소들이 설립되었다. 특히 산하 연구소 대부분이 기술과학 분야 연구소들이고, 나머지도 농업을 지원하는 생물 분야와 에너지 문제를 지원하는 석탄 문제에 집중되었다.

기초과학을 연구하는 수학·물리 분야 연구소들은 1952년 과학원 창립 당시 두 개가 설립된 이후 거의 추가되지 않았다. 이것은 1950년대 이후부터 과학원의 생산현장 지원 집중으로 기초과학 지원이 거의 중단되거나 최고지도자의 관심에서 멀어졌다는 것을 시사한다.

1950년대에는 각 전문 분야에서 기반이 되는 연구소들을 설립했고, 이를 기초로 1960년대에 각 전문 분야를 망라한 연구소체제를 구축했다. 1970년대에는 당시 북한이 당면한 문제인 에너지와 경공업에 집중했고, 1980년대부터는 이전까지의 기간산업 중심에서 벗어나 전자산업 중심의 첨단기술과 경공업, 과학기술정책 등의 종합 관리 쪽으로 전환했다. 1990년대에도 세계 추세에 맞는 첨단기술 분야의 연구소들을 계속 설립하면서 경제의 병목인 에너지와 식량 문제 해결에 치중했다.

소속별로 보면 핵심과학기술 단지인 은정분원 산하 연구소들은 기초과학과 기간산업, 지학, 첨단기술 등에 고르게 분포된 반면, 전문분원 산하 연구소들은 기초과학이 없고 기술과학과 생물, 화학화공, 지학(석탄) 등에 치우쳤다. 최근에는 과거와 달리 전문분원 산하 연구소가 월등히 더 많이 설립되고 있다. 이것은 최근 들어 국가과학원이 치중하는 식량, 석탄, 에너지, 수송 등이 경제 발전의 병목 분야가 되고, 과학원 전문 분원들이 이 문제의 해결에 적극적으로 대처하고 있다는 것을 말해준다.

김정은 등장 이후 가장 흥미 있는 것은 국가과학원 산하에 잔디를 연구하는 대형 연구기관이 설립되었다는 사실이다. 이는 김정은이 평양을 비롯한 북한 대도시들이 너무 황량하니 유럽처럼 잔디를 심으라고 지시했기 때문이라 한다. 이에 따라 세계 각국에서 수십 종의 잔디를 수입, 개량한 뒤 북한 토양에서의 적응성을 높여 각지에 보급하는 사업이 국가과학원의 핵심 과제로 추진되고 있다.

IT 분야에서 소프트웨어(S/W)와 하드웨어(H/W)를 넘어 정보 유통과 보급을 강조한 것도 최근에 나타난 현상이다. 이를 위해 국가과학원 컴퓨터 연구소를 정보과학기술 연구소로 확대 개편하고, 집적회로 연구소와 정보공동연구소 등과 함께 IT 분야의 연구역량을 대폭 강화했다. 각 분원 산하에 생물정보연구소, 산림과학 정보센터, 철도과학정보연구소, 수산과학기술 정보센터 등 전문적인 과학기술정보를 수집, 분석, 보급하는 기관들을 신설하기도 했다.

생명공학 분야도 지속적으로 강화하고 있다. 세포및유전자공학분원을 생물공학분원으로 확대 개편하고, 산하에 게놈연구소, 줄기세포연구소, 유전자 전이연구소, 식물조직 배양연구소 등을 설치했다. 산림과학분원을 국가과학원 산하로 이전해 여타 분야와의 협력을 강화하고, 애국수목조직 배양연구소를 신설해 북한 특성에 적합한 묘목을 개발, 보급하는 과제도 추진 중이다.

3) 법제 정비

법에 의한 과학기술 관리체제도 강화하고 있다. 2011년 개정된 「과학기술법」[1]을 보면 '국가 과학기술정책 실현', '과학기술계획의 수립과 실행', '과학기술심의와 도입', '부정행위 처벌' 등을 특히 강조하는 것을 알 수 있다. 과학

---

1) 북한은 1988년 12월 15일에 제정된 「과학기술법」을 1999년 5월 6일, 2004년 12월 23일, 2005년 12월 13일, 2011년 4월 12일, 2011년 12월 21일 등 다섯 번에 걸쳐 수정·보완했다. 특히 2011년에는 그 전의 행정체제 개편과 IT 강화 추세를 반영해 상당히 많은 항목을 수정했다.

〈표 6-1〉 북한의 과학기술, 지적 소유권, 체신 분야 법령

법명	수립 연도
「과학기술법」	1988(2011)
「유전자전이생물안전법」	2004(2011)
「쏘프트웨어산업법」	2004
「유기산업법」	2005
「기상법」	2005
「저작권법」	2001(2006)
「발명법」	1998(2011)
「상표법」	1998(2011)
「공업도안법」	1998(2011)
「원산지명법」	2003
「콤퓨터쏘프트웨어보호법」	2003
「체신법」	1997(2001)
「전기통신법」	2011
「콤퓨터망관리법」	2011
「전자인증법」	2011
「전파관리법」	2006(2011)

주: 괄호 안 연도는 최종 수정 연도로, 2011년에 발간된 북한법전을 참고해 그 이후의 수정 상황
은 반영되지 않았다.

기술 연구에서도 최종 제품 생산까지를 「과학기술법」 규정에 의거해 계열화함으로써 과학기술과 경제의 연동을 강화하고 연구 성과의 산업화를 촉진하는 조치를 취했다. 이에 따라 일반 연구기관과 기초 및 첨단과학기술 연구기관, 응용 부문 연구기관, 설계기관, 기술서비스기관, 연구센터, 첨단기술제품 생산기지 등의 설립 근거와 역할, 운영에 관한 조항이 구비되고, 이들 간 연계가 강화되었다.

신리와 효율을 중시하는 정책에 따라 최고지도자의 지시에 과도하게 의존하던 이전 체제에서 벗어나는 경향이 나타났다. 「과학기술법」의 "과학기술 활동과 발전 수준을 객관적으로, 정량적으로 평가할 수 있는 과학기술 통계지표를 정하고 해마다 집계분석하며, 통계에 따라 과학기술활동을 평가하는 과학기술연보를 해마다 작성하여야 한다"라는 규정에서 나타나는 것처럼 더 합리적이고 과학적인 관리 기법들을 도입하는 것이다.

「과학기술법」과 함께 IT 관련법도 체계적으로 제정해나가고 있다. 2000년 대 전반 「콤퓨터쏘프트웨어보호법」과 「쏘프트웨어산업법」 등의 S/W 육성 관련법을 제정했고, 최근에는 「전기통신법」, 「전자인증법」, 「전파관리법」 등의 정보통신 관련법을 정비해 IT 전 분야의 동반 성장을 도모한 것이다(〈표 6-1〉 참조).

4) 연구기관 운영 메커니즘 변화

연구기관의 운영 메커니즘도 개혁 중이다. 북한은 오랫동안 과학기술 연구비 전부를 국가 예산으로 조달하는 체제를 고수했다. 그러나 2002년 7월 '경제관리개선조치'를 통해 가격과 환율, 임금체제, 기관관리체제 등을 획기적으로 개선한 것처럼 과학기술계에서도 시장경제적 요소를 지속적으로 도입하고 있다.

예산 구분과 산출, 재정 수입, 결산 등에서 과학연구기관과 생산기업에 상당한 유사성이 있다는 점을 강조하면서 일부 연구소에 기업의 운영 원리를 적용하는 것이다. 이에 따라 이런 유사성이 큰 응용형 과학연구기관들이 실질적인 독립채산제나 반독립채산제로 전환되었다.[2] 이는 1980년대에 주요 체제 전환국들이 자체 수입이 많은 응용형 연구기관들을 자력갱생체제로 개편해 국가재정 투입을 감축하고도 생산성 촉진 효과를 높인 것과 일맥상통하는 것이다.

이러한 논의는 북한이 2011년 수정·보완한 「과학기술법」에도 그대로 반영되었다. 즉, "응용연구기관은 반독립채산제, 독립채산제로 운영해야 한다. 과학기술과 생산의 밀접한 결합을 위하여 중앙과학연구기관 산하의 응용부

---

[2] 리정민, 「과학연구기관 재정관리의 특성과 기본요구」, ≪경제연구≫, 3호(2001), 32~41쪽.

문 과학연구기관을 해당 성, 중앙기관에 이중 종속시킬 수 있다" 등의 조항을 통해 연구기관의 자체 수입 창출과 부분적인 독립 운영을 명시한 것이다.

체제 전환국의 사례에서 보듯이 연구소의 수익 창출은 기술시장 활성화와 이에 대한 동기 유발이 지극히 중요하다. 이에 따라 북한도 과학기술 분야에서의 '지적제품 창조와 유통', '계약에 의한 과학기술 도입' 등을 명시하고, 수익금 일부를 '공로 과학기술자 상금 지급' 등에 활용할 수 있도록 했다. 북한 국가과학원 참사실장[3]인 리문호는 ≪조선신보≫와의 인터뷰에서 "과학기술 부문에 대한 국가적 투자를 결정적으로 늘리는 한편 과학연구 사업의 조건을 원만하게 보장하기 위하여 은행을 통한 대부나 투자기금의 운영 등 자금원천의 다원화를 위한 대책들을 강구하고 있다"[4]라고 했다.

이러한 국가 정책에 따라 응용 연구기관들을 중심으로 많은 연구소가 독립채산제 또는 반독립채산제로 전환하고 있다. 여기에는 산하 부서와 연계해 이중독립채산제를 시행하는 조선컴퓨터센터와 기관 단독 독립채산제를 시행하는 발명총국, 반독립채산제를 시행하는 중앙식물원 등이 있다. 이들은 S/W 개발과 특허 관리 및 확산, 건강보조식품의 재배 및 판매 등을 통해 다양한 수입을 확보하고, 이를 연구비와 기관 운영, 인센티브 지급 등에 활용한다.

그러나 기초과학연구소들과 첨단기술 관련 연구기관들은 전면적인 독립채산제를 받아들이지 못하고 있다. 이들 기관은 일정한 수익을 확보하기 어렵고 고기의 설비와 시약 대부분을 외국에서 도입해야 하므로 국가의 재정 지원 없이는 연구 수행이 사실상 곤란한 것이다. 따라서 「과학기술법」도

---

3) 국가과학원 참사실은 우리의 정책보좌관실과 유사한 역할을 하며, 5~7명의 분야별 전문 참사들로 구성되어 있다.

4) 리문호, "과학기술발전은행 설립 등 국가투자 확대, 목표는 2022년 과학기술강국", ≪조선신보≫ 기고. ≪민족21≫, 제7호(2006), 44~49쪽에서 재인용.

〈표 6-2〉 북한 연구기관들의 새로운 유형

구분	국가 과제 대(大)	국가 과제 소(小)
자체 수입 많음(多)	(I) 형 일부 IT, BT 연구기관	(II) 형 응용형, 대외형 연구기관
자체 수입 적음(少)	(III) 형 국방, 첨단, 인민경제 선행 부문	(IV) 형 전통산업 부문

"기초 및 첨단과학기술 연구기관은 중앙과학연구기관과 해당 대학에 두고 국가예산으로 운영한다"라고 규정하고 있다.

국가 과제 참여 여부와 자체 수입 규모에 따라 각 연구소들의 유형화가 진행되는데, 〈표 6-2〉는 이를 간단히 정리한 것이다. 국가 과제와 자체 수입이 모두 많은 (I)형 연구기관에는 인민경제의 기술적 개건과 관련해 상당한 국가적 지원과 기업으로부터의 수요를 확보하는 S/W 개발 기관과 시험농장을 가진 일부 농업 관련 연구기관이 포함될 수 있다. 전형적인 예로 조선컴퓨터센터를 들 수 있다. 단, 현재 국가 과제와 자체 수입 사이의 연계가 취약하고 국가적 투입 능력이 부족한 상황에서 이런 유형의 연구소들이 장기간 지속되기 힘들다는 문제가 있다. 따라서 이런 유형의 연구소들은 점차 (II)형이나 (III)형으로 전환되는 것으로 보인다.

(II)형에는 민간용 프로그램을 개발하는 기관이나 서비스에 종사하는 응용형 연구기관이 포함될 수 있다. 이들은 국가적 지원이 대폭 축소되면서 자체 수익으로 생존해야 하는 절박한 상황에 직면해 있고, 경제관리개선조치로 자율성이 신장되고 있으므로 독자적인 수익 추구 활동을 상당히 활발하게 추진할 것으로 보인다. 향후 남북협력을 포함한 대외 과학기술협력에서 이런 유형의 연구소들이 위탁 연구나 제품 판매 형식으로 전면에 나설 가능성이 있다고 하겠다.

(III)형에는 국방연구기관과 대규모 외화가 투입되는 소수의 기초기술 및 첨단기술 연구기관, 연료와 에너지, 철도, 금속 등의 인민경제 선행 부문을

연구하는 기관, 과학기술 인력 양성에 종사하는 기관 등이 포함될 수 있다. 대표적인 예로 과학원 산하 세포및유전자공학분원과 제2자연과학원 산하 연구소들을 들 수 있다. 필자가 만난 북한 과학자는 첨단기술 중에서도 국가가 필요로 하고 재정을 담보할 수 있는 소수의 첨단기술 분야를 선정해 집중적으로 지원할 것이라고 했다. 향후 이 유형의 연구소들이 남한 측 정부 출연 연구기관들의 주요 협력 대상이 될 가능성이 크다고 하겠다.

(IV)형에는 공장 가동률이 급감해 기술혁신 수요와 국가 과제가 대폭 감소하고 자체 수입도 창출하기 어려운 상당수의 전통산업 연구기관들과 지방 소재 연구소들이 포함될 수 있다. 이들은 고유의 연구활동과 무관하게 다양한 수단을 발휘해 수익을 창출하고, 이를 매개로 상부의 관심을 끌 만한 연구를 수행한다. 장기적으로 생존이 어려운 경우에는 통폐합의 대상이 되기도 한다.

이러한 유형별 분류가 반드시 고정된 것은 아니다. 현재 대부분의 북한 연구기관들은 (II)형이나 (III)형에 포함되어 지속적인 생존과 발전을 추구하기 위해 상당한 노력을 기울이고 있는 것으로 보인다. 단, 현재 북한의 국가 과제가 소수 특정 분야에 집중되고 기술 거래 시장도 극히 취약한 상태이므로 이런 노력이 지속되기 힘들다는 문제가 있다.

5) 주력 연구 과제의 변화와 연구소의 유형화

최근의 경제난과 과학기술체제 개혁, 연구소 개편에 따라 이들의 주력 연구 과제도 크게 변화했다. 특히 과학기술 발전 5개년계획은 중장기 경제계획을 수립하지 못하는 상황에서 북한이 처한 경제 현실과 수요를 반영하고 이를 과학기술로 극복하려 한다는 점에서 의의가 있다. 계획의 주요 내용은 첫째, 인민경제의 4대 선행 부문, 둘째, 인민경제의 개건, 현대화, 셋째, 먹는

〈표 6-3〉 북한 국가과학기술계획의 주력 연구 과제 변화

제1차 과학기술 발전 5개년계획(1998~2002)		제2차 과학기술 발전 5개년계획(2003~2007)	제3차 과학기술 발전 5개년계획(2008~2012)
인민 경제 기술적 개건	에너지 해결 (6개 부문)	인민경제의 기술적 개건 (8개 중요 부문 53개 대상)	인민경제 4대 선행 부문 (전력, 석탄, 금속, 철도운수)
	기간산업 정상화 (5개 부문)		인민경제의 개건, 현대화 (자원, 채취, 기계, 화학, 건설건재, 국토환경)
인민생활 개선 (6개 부문)		인민생활 향상 (7개 부문)	식량 문제 해결 (농업, 수산업, 경공업, 보건)
기초, 첨단기술 (5개 부문)		첨단과학기술 (5개 부문 37개 대상)	첨단과학기술 (IT, NT, BT, 에너지, 우주, 해양, 레이저/ 플라즈마)
		기초과학 (4개 부문)	기초과학 (수학, 물리, 화학, 생물, 지리)

문제 해결, 넷째, 첨단과학기술, 다섯 째, 기초과학 5개 분야로 이루어져 있다.[5] 이를 〈표 6-3〉과 같이 비교·정리했다.

전반적으로 주력 분야가 세분화되면서 목표가 분명해진 것을 알 수 있다. 특히 일부 수출품과 국방 분야를 제외하면 생산공장의 기계화, 자동화, 컴퓨터화 분야가 많이 줄어들었고, 대규모 종합기지 건설항목은 더 이상 추진되지 않았다. 이는 국가적 재정난으로 투입 여력이 크게 감소했고, 설비 노화와 공장 가동률의 대폭 감소로 자동화에 대한 관심이 줄어들었기 때문이라고 할 수 있다.

이와 함께 식량 생산 분야가 독립되어 크게 확충되었다. 특히 종자 개량과 각종 부산물 생산 확대를 통해 농업 생산을 제고하는 데 전력을 기울이고 있다. 이는 전국적인 자연재해와 식량난으로 고난의 행군 등을 거치면서 이 문제가 과학기술계 전체의 역량을 기울여야 할 핵심 문제로 부상했기 때문이

---

5) 이춘근·김종선, 『과학기술분야 대북 현안과 통일준비』(과학기술정책연구원, 2014) 참조.

라 생각된다.

기초과학과 첨단기술 연구의 경우 1980년대 말부터 강조한 전자공학, 생물학, 열공학, 신소재 등이 있으나 역시 고난의 행군을 겪으면서 크게 위축되었다. 국가적 위기 상황 타개에 전체 연구 조직이 동원되었고, 고가 설비, 시약 부족으로 첨단기술 연구를 수행할 수 없었기 때문이다. 최근 들어 첨단기술 연구를 기초과학과 분리해 다시 강조하고 있다.

북한은 연이어 추진 중인 과학기술 발전 5개년계획을 좀 더 체계적으로 정비하고 단계적 추진 목표를 설정해 2022년6)까지 '과학기술강국'으로 부상한다는 전략을 수립했다. 따라서 2008년부터 추진되는 차기 과학기술 발전 5개년계획의 위상과 역할이 중요하다. 최근 들어 경제 지원을 지속하는 가운데 첨단기술을 특히 강조하는 경향이 나타나는 것도 이 때문이다.

리문호는 ≪조선신보≫와의 인터뷰에서 2008~2012년의 5개년계획은 토대를 구축하는 기간으로서 "국가경제의 긴요한 과제, 식량 문제나 에너지 문제를 풀고 기간공업의 기술 개건을 기본적으로 완료하며, 첨단과학기술을 다룰 수 있는 인재들을 더 많이 양성하는 데 주력한다"라고 했다. 이어 2013~2017년은 골조를 세우는 기간으로, 2018~2022년은 미장과 완성 작업을 수행하는 기간으로 삼는다고 했다.

이에 따라 북한 국가과학원은 단기적으로 연료와 에너지 등 경제적인 사활이 걸린 영역과 일부 첨단기술, 특히 IT, 생명공학기술(BT), 나노기술(NT) 등에 제한된 자원을 집중하고, 장기적으로는 새로운 산업을 형성할 수 있는 세계적 수준의 첨단기술 개발과 전통산업의 고도화에 치중할 예정이다. 향후 지속될 연구소들의 추가 개편도 이와 같은 방향에서 단계적으로 추진될 것이고, 각 연구소들의 생존 전략도 이에 적응하는 방향으로 추진될 것으로

---

6) 이 해는 주체 111년이 되는 해로 북한이 중요한 의미를 부여하는 해다.

보인다.

6) 과학기술 지표체계 수립

더욱 합리적인 과학기술체제 개혁과 생산성 증대를 위해 국제사회에서 통용되는 과학기술 지표체계를 북한의 실정에 맞게 도입하고, 이를 국가정책 수립에 적극 활용하는 경향도 나타났다. 〈표 6-4〉는 북한이 추진 중인 과학기술 지표체계를 나타낸 것이다. 이는 국제사회에서 통용되는 과학기술 지표들과 거의 동일한 것임을 확인할 수 있다. 특히, 과학기술의 경제사회적 기여와 과학기술에 대한 사회적 관심을 지표화해 반영한다는 것은 사회주의 북한에서는 거의 획기적인 일이라 할 수 있다. 다만, 세부 지표에 북한의 특수성을 반영한 체제 개혁 이전의 구사회주의 과학기술 지표체계들이 다소 존재한다는 문제가 있다. 주요 체제 전환 국가들이 지표체계를 개혁해 경제협력개발기구(OECD) 기준을 채택했으므로 북한의 개혁 지표와 수평 비교하기 어려운 것은 사실이다.

〈표 6-4〉 북한의 과학기술 지표체계

순번	지표
1	과학기술 인력
2	과학기술 투자
3	과학기술교육 및 인력 양성
4	과학기술 성과
5	과학기술의 경제, 사회적 기여
6	과학기술에 대한 사회적 관심
7	국제 과학기술 교류와 협력

자료: 과학기술정책연구원 내부 자료.

4. 맺음말

  북한은 최근 자본과 노동의 추가 투입 여력을 상실한 경제 문제의 해결 방안으로 과학기술을 통한 생산성 제고를 강력히 추진하고 있다. 단, 현장 지원연구 위주인 북한의 과학기술계가 경제 침체 여파로 인해 경제 회생에 필요한 자생력을 확보하지 못한 것이 큰 문제가 된다. 따라서 북한은 과학기술 체제 개편을 통해 자원 투입 효율을 개선하는 한편 제한된 자원을 효과적으로 경제 발전에 투입하기 위해 노력하고 있다.

  그 노력의 일환으로 가장 먼저 추진한 것이 과학기술행정기관과 연구기관의 역할 재조정이다. 북한은 1998년 국가과학기술위원회를 과학원에 합병했다가 최근 다시 분리 독립시켰다. 과학기술계획이 국가 전반의 생산현장 지원을 책임지면서 여타 분야와의 조정이 중요해졌기 때문이다. 이와 함께 국가과학원 자체에서도 유명무실한 연구소 상당수를 통폐합하고 현대 추세에 맞는 연구소들을 신설하고 있다.

  연구기관 운영체제도 크게 개선되고 있다. 국가 과제에 포함되지 않는 연구소들을 독립채산제로 전환하거나 자체 수익 창출을 확대하도록 한 것이다. 이에 따라 응용형 연구소 중심으로 독립채산제나 이중독립채산제 기관들이 크게 확산되고 있다. 수익이 없는 일반 연구소 중 상당수는 기존의 연구 목적 외 활동으로 수익을 창출한다. 단, 중국의 경우와 같이 소수의 첨단 기술 연구소들은 국가의 집중 지원으로 상당한 외화를 사용하면서 연구를 진행한다.

  단, 아직까지 이러한 개혁 조치들이 뚜렷한 성과를 거두지는 못했다. 자본과 노동의 추가 투입 여력을 상실한 상황에서 내부 동원을 극대화하고 과학기술을 통한 생산성 향상에 치중했으나, 이 역시 과학기술계의 자생력 부족과 연구비 투입 부족, 낙후한 설비와 기술 등으로 소기의 목적을 달성하지 못하고 있는 것이다.

북한의 현실에서 과학기술을 통한 생산성 개선은 포기할 수 없는 중요한 전략이라고 할 수 있다. 따라서 가까운 시일 내에 추가적인 과학기술개혁을 추진할 것으로 생각된다. 북한이 과학기술계획을 경제계획에 앞세우는 정책을 추진해왔으나 개혁 내용에 따라 그 반대되는 경우가 많이 발생하고, 이들이 정확하게 연동되는 데는 상당한 시간이 걸리기 때문이다.

예상되는 주요 개혁 내용에는 재정능력이 있는 기업의 연구소 설립과 위탁연구 활성화, 기술의 유상 거래 확대, 국가 과제 이외의 과제 수행 확대, 연구소 자율성의 대폭 신장과 독립채산제, 연구과제 책임제, 연구원 유동 확대, 유명무실한 연구소들의 대대적 통폐합 등이 있다. 대학의 구조조정과 규모 효율 개선, 교과과정 개편 등도 지속적으로 추진될 것이다. 이와 함께 부족한 자원과 기술 도입 차원에서 연구소의 대외 개방이 더욱 절실해질 것으로 보인다.

최근 김정은은 적은 자본으로 큰 성과를 낼 수 있는 분야에 집중하는 경향을 보였다. 이는 김정일이 주체철과 비날론, 비료 등의 대형 산업에 집중하면서 많은 경비와 시간, 노력을 투입한 것과 대비된다. 이런 과제들은 외국의 지원이 부족한 상황에서 북한이 스스로 해결해야 하는 핵심 과제다. 김정은도 이런 현실 문제를 비켜갈 수 없는 만큼 향후 북한의 과학기술정책들이 특히 주목된다.

북한의 개혁 조치들은 그 실행 과정에서 다양한 문제점에 직면한 것이 사실이다. 북한의 과학기술계는 1950년대에 생산현장 중심으로 개편되었다. 이를 지속하는 과정에서 경제체제의 문제점이 이어져 자생력을 상실한 과학기술계에 오늘날 생산현장을 회생시키라는 무거운 책임을 지운 것이다. 이를 달성할 능력과 자발성을 확보하려면 연구비 투자 확대와 선진 기술 도입이 필수적이나, 이는 북한의 현 상황에서 상당한 무리가 따르는 일이다. 남한에는 이를 체계적으로 지원할 여력이 있으므로 향후 남북관계 개선 여부에 따라 그 실현을 공동으로 담보할 가능성은 여전히 남아 있다고 하겠다. 최근 들어 북한이 남한과의 대화에 적극적인 반응을 보이는 것도 이 때문이라고 할 수 있다. 핵문제가 평화적으로 해결되고 남북 대화가 활성화되면 이런 협력이 더욱 촉진될 수 있을 것이다.

참고문헌

1. 국내 문헌

김연철. 2003. 「북한의 개혁개방 시나리오와 남북경협」. ≪과학기술정책≫, 제13권 제3호(2003 5/6).

김종선·이춘근. 2010. 『북한의 산업기술 발전경로와 수준 및 남북 산업연계 강화방안』. 과학기술정책연구원.

_____. 2011. 『남북한 과학기술혁신체제 연계 방안』. 과학기술정책연구원.

김종선·서지영. 2013. 『통일 이후 남북한 과학기술 통합전략을 위한 사례조사 연구: 독일사례를 중심으로』. 과학기술정책연구원.

이춘근. 2001. 『북한의 첨단기술(IT, BT) 개발동향 조사연구』. 과학기술부.

_____. 2004. 『북한-중국 과학기술협력 동향 조사연구』. 과학기술부.

_____. 2005. 『북한의 과학기술』. 한울.

_____. 2009a. 『북한의 과학기술 수준 및 관심분야 분석』. 통일부.

_____. 2009b. 『상생과 공영의 남북 과학기술협력 추진방안』. 과학기술정책연구원.

이춘근·김종선. 2014. 『과학기술분야 대북 현안과 통일준비』. 과학기술정책연구원.

2. 북한 문헌

과학원. 2000. 『위대한 령도자 김정일 동지의 과학영도사』, 제1~3권. 평양: 조선로동당출판사.

_____. 2002. 『위대한 수령 김일성 동지의 과학영도사』, 제1~2권. 평양: 조선로동당출판사.

김병진. 1983. 『자립적 민족경제 건설 경험』. 평양: 사회과학출판사.

김복신. 1998. 『위대한 사랑의 품』. 평양: 조선로동당출판사.

김혜선. 2005. 『꿈을 실현한 과학자』. 평양: 금성청년출판사.

렴태기. 1994. 『조선민주주의인민공화국 화학공업사 1』. 평양: 사회과학출판사.

리건일. 1992. 『어버이 수령님을 모시고』. 평양: 금성청년출판사.

리문호. 2006. "과학기술발전은행 설립 등 국가투자 확대, 목표는 2022년 과학기술
　　강국". ≪조선신보≫와의 인터뷰. 평양.

리승기. 1962. 『과학자의 수기』. 평양: 국립출판사.

리정민. 2001. 「과학연구기관 재정관리의 특성과 기본요구」. ≪경제연구≫, 제3호. 평양.

리종옥. 1998. 『영원한 인민의 태양 2』. 평양: 금성청년출판사.

윤명수. 1994. 『조선과학기술발전사(해방 후 편) 1』. 평양: 과학백과사전종합출판사.

임진숙. 1996. 『화학사』. 평양: 교육도서출판사.

3. 외국 문헌

Meske, W. 2002. *Science in Formerly Socialist Countries*. Berlin: WZB.

_____. 2004. *From System Transformation to European Integration*. Berlin: Trans-
　　action Publishers.

제7장

김정은시대 북한의 과학기술정책과 경제 발전전략

강호제 ┃ 극동문제연구소 객원연구위원

1. 머리말

과학기술 부문은 다른 부문과 달리 북한 지도부가 최근 20여 년 동안 상당히 공을 들이고 있는 부문이다. 김정일 사후 최고지도자가 된 김정은이 평양으로 초청해 환대할 첫 대상을 인공위성 발사에 공이 있는 과학기술자로 지정했을 정도로 과학기술자 우대정책을 펼치기 시작했다. 또한 그는 과학기술자들의 '살림집'과 휴양시설까지 국가적 과제로 설정해 직접 건설 과정을 챙길 정도로 과학기술자들의 삶을 보장해주기 위해 노력했다. 국방 부문을 발달시키기 위해서도 과학기술의 발전이 필요했고, 낙후한 경제를 빠른 시간 내에 끌어올리기 위해서도 과학기술의 지원이 필요했기 때문이다. 따라서 계속적으로 과학기술에 대한 예산 지원을 늘리고 있고, 과학기술정책 또한 상황에 맞게 계속 바꿔 적용하고 있다. 2015년 신년사에서는 "사회주의 경제강국, 문명국" 건설을 위해 과학기술을 "확고히 앞세울 것"을 이전보다 더 강조했다.

북한 지도부가 생각하는 과학기술 부문의 목표는 다른 나라에서 이상적으로 생각하는 것과 큰 차이가 없는데, 다만 좀 더 실용적인 측면에서 과학기술 발전을 바라본다는 점이 특이하다고 할 수 있다. 즉, 과학기술을 발전시켜 생산활동의 질적 성장을 도모해 상품 생산능력을 극대화하는 것이 북한 과학기술정책의 기본 방향이라 할 수 있다. 원천기술을 개발·보유·발전시킬 수 있는 능력을 갖춰야 하고, 이를 생산현장에 도입할 수 있는 시스템이 구비되어야 하며, 최종적으로 생산현장에서 최신 기술을 최대한 빨리, 적극적으로 유입할 수 있는 제도가 완비되어야 하는 것이다. 다만 북한은 자력갱생, 자립경제 노선을 강하게 추구하기 때문에 원천기술 확보에 대한 집착이 강하다고 할 수 있다.

따라서 북한의 과학기술정책은 다른 부문과 달리 체제 속성의 영향을 덜 받는 부문이라 할 수 있다. 오히려 일반적인 사회주의 국가처럼 기초과학 분야만 강조하지 않고 실용적인 과학기술 발전을 요구하는 북한 지도부의 정책적 의지는 과학기술 발전에 상당히 긍정적으로 작용했다. 막대한 자본과 자원, 인력이 요구되는 과학기술활동이 원활하게 진행되고 계속 발전할 수 있으려면 이러한 요소들을 효율적으로 운용할 수 있는 시스템이 뒷받침되어야 한다. 이런 측면에서도 북한의 강력한 1인 지배체제 및 중앙집권체제는 과학기술 발전에 상당히 긍정적으로 작용했다고 볼 수 있다.

다만 북한의 경우 국방 부문에 대한 자원 쏠림 현상이 너무 과도해 과학기술도 민간 부문보다 국방 부문이 비대칭적으로 커져 있다는 단점이 있다. 특히 1990년대 이후 선군(先軍)정치1)를 추구하면서부터 국방과학기술의 비중

---

1) 영어로는 'The Songun Policy, The Military-First Policy, The Army-based Policy' 등으

이 민간 부문보다 과도하게 커져 민간 부문의 발전을 제약하는 상태에까지 이르렀다. 따라서 앞으로 북한의 과학기술이 어느 정도로 발전할지, 그리고 과학기술 발전이 민수 경제에 얼마나 긍정적으로 기여할지는 국방과학기술과 민간과학기술 사이의 간극을 얼마나 좁힐 것인지에 달려 있다. 즉, 다른 부문에 비해 발전한 국방과학기술 분야를 통해 민간과학기술 분야의 발전을 얼마나 효율적으로 이끌지에 따라 북한의 과학기술 수준과 경제 발전 정도가 결정될 것이다.

최근 북한의 경제 발전전략과 과학기술정책을 비교 분석해보면 명확하게 드러나지는 않지만 전체적인 흐름이 발전된 국방과학기술을 민간으로 이전해 민수 경제를 발전시키려는 방향으로 전개되고 있다는 것을 확인할 수 있다. 민간 부문이 어떤 피해를 입든 개의치 않고 국방과학기술만 발전시키려던 1990년대와 달리 국방 부문과 민간 부문의 보조를 맞추려는 노력이 조금씩 관측되는 것이다. 그중 대표적인 것이 기계공업 부문의 최첨단 기술이자 공업화를 위한 가장 기초기술이라 할 수 있는 컴퓨터 수치 제어(Computer Numerical Control: CNC)기술의 발전이다. 이는 발달한 국방과학기술을 민간 부문에 접목시켜 성공한 사례라 볼 수 있다.

이 글은 북한의 과학기술정책에 어떤 특징이 있는지를 역사적인 관점에서 정리한 후 과학기술정책이 어떤 모습으로 귀결되는지 살펴볼 것이다. 단 두 명의 최고지도자가 50년, 30년 동안 통치한 북한이기에 역사적 관점에서 살펴보는 것이 중요하다. 오늘날 김정은시대에도 이러한 역사적 전통을 충실히 따르고 있다고 볼 수 있다. 후계자의 중요한 자질로 계승과 발전을 거론하는 만큼 후계자 김정은은 선대 영도자 김정일의 정책을 충실히 계승하는 수준을 넘어 이를 더욱 발전시키는 형태로 정책을 집행할 것이다.

로 표현한다.

선군정치 노선의 채택이 과학기술정책의 비중 하락으로 이어지기보다 과학기술 중시정책으로 이어지면서 군이 보유한 수준 높은 과학기술력이 경제발전전략의 핵심이 되었다. 선군정치 노선 등장 이전에는 민간 부문의 희생을 바탕으로 국방과학기술 부문이 비대칭적으로 발전했다면, 선군정치 노선 채택 이후에는 민간 부문과 국방 부문의 대칭적 발전을 꾀하고 있다.

최근 급속하게 전개되고 있는 '국방 과학기술의 민수 전환(spin-off) 프로그램'은 이러한 변화를 잘 보여준다. 결국 오늘날 북한의 과학기술정책은 국방과학기술을 적극 활용해 과학기술과 생산을 '일체화, 밀착화'하는 방향으로 형성되고 있는데, 이는 1950~1960년대 고속 성장기 과학기술정책과 맥이 닿아 있다.

2. 북한 과학기술정책의 기본 틀 형성

북한 과학기술정책은 해방 직후 시작되어 1960년대 초 기본 틀을 형성했다.[2] 북한 과학기술정책의 중요한 특징은 '현장 중심', '현장 지향성'이다. 생산현장 중심으로 과학기술활동이 전개되면서 생산현장의 상황을 충분히 반영한 기술 발전을 추구하고 생산력 향상에 기여하는 것이 과학기술정책의 최종 목표라는 것이다. 북한식 과학기술의 특징이라고 할 수 있는 '자체 연료, 자체 원료, 자체 인력, 자체 기술 활용'이 1960년대 초 이미 기본 골격을 갖추었다. 1960년대 후반에는 사회 전반에 대한 유일체제가 갖춰지면서 북한 과학기술은 '주체과학'으로 바뀌었다. 과학기술 부문에서도 김일성의 영

---

2) 북한의 과학기술정책이 형성되는 과정에 대해서는 강호제, 『북한 과학기술 형성사 I』(선인, 2007)을 참조.

도가 강조되기 시작한 것이다.

당시 북한은 과학기술 발전에 유리한 조건을 갖고 있었다. 우선 과학기술을 우선적으로 발전시켜야 한다는 강력한 신념을 가진 최고지도자가 있었다. 과학기술활동은 인력이나 자금, 자원이 막대하게 요구되는 것이다. 따라서 과학기술활동을 안정적으로 추진할 수 있으려면 이러한 막대한 지원이 안정적으로 이루어질 수 있는 환경이 필요하다. 과학기술활동을 적극 지원하는 강력한 리더십의 존재는 과학기술 발전을 위한 필수 요소라 할 수 있다. 북한에서 초기 과학기술정책의 핵심 입안자이면서 버팀목은 김일성 자신이었다. 또한 김일성에 의해 행정 집행자(리승기, 강영창, 리종옥 등)로 발탁된 능력 있는 과학기술자들이 과학기술을 통한 경제 발전정책을 실행하는데 결정적인 역할을 수행했다. 비록 김일성의 지지를 받지 못한 1960년대 후반부터 과학기술정책에 대한 지원이 줄어들어 발전 속도가 떨어지긴 했지만 1980년대 중반부터 김정일이 과학기술 중시정책을 채택함으로써 다시 과학기술활동에 대한 지원이 많아졌다.

오늘날 과학기술 발전은 더 이상 개인적인 차원에서 감당할 수 있는 것이 아니라 조직화된 집단 차원의 활동이 보장되어야만 가능하다. 북한 과학기술계는 일단 1960년대 초 이미 과학기술활동을 위한 조직을 완비했다. 1947년 북조선중앙연구소, 1952년 과학원(오늘날 국가과학원) 등 상당히 일찍부터 중앙연구기관이 만들어졌다. 1960년대 초에는 자연과학과 기술과학만을 중심으로 하는 '과학원'과 농업과학원과 의학과학원, 사회과학원, 교육과학연구원과 같은 '부문별 과학원체계'가 최종적으로 갖춰졌다. 계획경제를 추구하는 만큼 과학기술계도 강력한 중앙집권적 형태의 조직을 갖춘 것이다. 과학기술계 조직은 오늘날까지 당시의 기본 골격을 그대로 유지하고 있다.

또한 과학연구기관과 행정기관(내각의 담당 성) 간 협력 활동을 원활하게 추진하려는 목적으로 1962년 '국가과학기술위원회'를 조직해 과학기술 연구 결과를 경제활동에 적극적으로 도입할 수 있는 조직체계를 갖추었다. 무엇보다 현장 중심의 과학기술활동을 위한 '현지 연구 사업'이 1958년 이후 성공적으로 수행되면서 이후 '과학자·기술자 돌격대 운동', '기술혁신돌격대'로 이어지는 바탕이 마련되었다.

마지막으로 과학기술 인력을 자체적으로 양성할 수 있는 체계가 갖춰졌는데, 고급 과학기술자를 길러낼 김일성종합대학, 김책공업대학, 평성이과대학이 자리를 잡았다. 일반 기술학교와 공장대학 등도 설립되어 활발하게 운영되기 시작했다. 해방 직후에는 유학에 의존해 고급 과학기술자를 양성할 수밖에 없었는데, 1960년대를 넘어서면서 점차 자체적인 인력 양성체계를 갖춘 것이다. 이러한 체계 완비는 유학을 통한 외부 세계와의 소통이 점차 줄어드는 문제 또한 야기했다.

북한 지도부의 과학기술활동에 대한 지원 정도는 과학기술자들에 대한 특별대우정책을 통해 짐작할 수 있다. 대부분의 과학기술자들은 과거 일제강점기 시기의 전력 때문에 사상적으로 의심받아 활동이 위축될 수밖에 없었다. 고급 과학기술자들은 유산계급 출신이 많았으며, 해방 전에는 대부분 정부기관에서 일했으므로 친일 부역에 대한 의심을 살 만했다. 이에 대해 북한 지도부는 그들의 피지배민족 경험을 중시하면서 '과거 경력'보다는 '현재 의지'를, '사상성'보다는 '능력'('紅'보다는 '專')을 중요시하는 "오랜 인테리 정책"[3]을 마련했다. 과학기술자들을 적극 우대했고, 이를 통해 과학기술자들이 적극적으로 정부정책에 호응할 수 있는 바탕을 마련한 것이다. 1950년대

---

3) 일제강점기 시기에 교육받은 과학기술자인 "오랜 인테리"들도 식민지 지식인으로서 제국주의의 폐해를 충분히 체감했으므로 잘 교화하고 포용하면 국가 경제 발전에 큰 도움이 될 것이라는 정책이다. '오랜 인테리 정책'에 대해서는 신언갑, 『주체의 인테리 리론』(평양: 과학백과사전출판사, 1986), 128~151쪽; 차용현·사광웅, 『조선로동당 인테리 정책의 빛나는 력사』(평양: 사회과학출판사, 2005), 53~140쪽 참고.

후반 북한 과학기술계 활동의 중심에는 오랜 인테리 정책에 의해 중임된 과학기술자들이 있었다. 과학기술자 우대는 1970년대 들어 사라졌다가 1980년대 이후 '과학기술 중시사상'이라는 이름으로 재도입되었다.

1950년대 후반 과학기술활동이 북한 경제 발전에 결정적으로 기여할 수 있었던 원인은 노동자들과 과학기술자들이 협력해 '기술혁신'을 추진하는 대중운동의 전형을 만들었다는 데 있다. 즉, '천리마운동', '천리마작업반운동'을 전개하면서 생산현장 중심으로 과학기술계 활동을 재편함과 동시에 이를 생산활동과 긴밀하게 결합시킨 것이 당시 경제 발전의 원동력 중 하나였다. 1959년 3월부터 시작된 '천리마작업반운동'은 '북한식 기술혁신운동'의 전형이 되었으며, 당시 상황에서 나름 성과를 냈다.[4] 이는 경제의 양적 성장뿐 아니라 '질적 성장' 또한 가능한 체계가 마련되었다는 의미다. 흔히 이 당시 북한의 경제성장을 질적 성장에 실패한 양적 성장으로 파악하는데, 이는 북한 과학기술계의 활동과 기술혁신운동의 성과를 고려하지 않은 탓이라 할 수 있다.

1950년대 후반 기술혁신의 뒷받침을 받은 경제 발전의 성과를 경험한 북한 지도부는 1960년대에 들어서면서 기술혁신을 넘어 '기술혁명'을 거론하기 시작했다. 1960년대 경제 발전계획의 목표가 '전면적 기술혁신'이었고 당시 '3대 기술혁명'이라는 구체적 목표가 정식화되었다. 이는 1970년대에 이르러 '3대혁명'이라는 형태로 최종 정리되었다. 이러한 역사적 경험을 바탕으로 과학기술정책은 북한 경제 발전전략의 핵심이 되었다. 급격한 경제성장을 위해서는 과학기술 발전이 선행되어야 한다고 인식하기 시작한 것이다.

---

4) 일반적인 '사회주의 경쟁운동'이 북한식 사업 추진 방식이라 할 수 있는 '집단주의'와 결합된 형태로 진행된 것이 '천리마작업반운동'이라 할 수 있다. 그 핵심 내용이 '기술혁신'이었으므로 이 운동을 '북한식 기술혁명운동'이라고 할 수 있다. 이에 대해서는 강호제, 『북한 과학기술 형성사 I』(특히 3, 4장) 참조.

'국방-경제 병진노선'은 1960년대 초반부터 도입되어 국방 부문이 과학기술활동의 중심에 자리 잡는 계기가 되었다. 당시만 해도 병진노선은 민수 경제활동, 좁게는 과학기술활동에 제한적으로 작동했지만 역설적이게도 오늘날 북한 경제 및 과학기술활동의 핵심은 국방 부문에 있다. 민수 경제, 민간 과학기술 발전이 국방 부문에 비해 한참 뒤처진 '비대칭적 발전' 상태에 있기 때문이다. 오늘날 북한의 선군정치, 혹은 선군정치 노선 경제 발전전략의 기본 틀은 이때부터 이미 형성되었던 것이라 할 수 있다.

3. 국방 우선 정책으로 인한 과학기술정책의 변화

　'국방-경제 병진노선'은 1962년 12월 당중앙위원회 제4기 제5차 전원회의에서 논의되었다. 1960년대 들어 북한의 대외관계 변화 및 한반도 주변의 군사적 긴장감 증가와 관련된 이 노선은 1966년 10월 '제2차 당대표자회의'에서 최종 확정되었다. 이로 인해 과학기술정책의 우선순위가 약간 뒤로 밀려나게 되었고 과학기술에 대한 지원도 상대적으로 축소되기 시작했다. 이러한 상황에서도 과학기술계에 대한 북한 지도부의 신뢰는 크게 바뀌지 않았다. 하지만 1967년에 터진 '박금철, 이효순 사건'(일명 '갑산파 사건')은 이를 완전히 뒤집는 결과를 낳았다.

　1967년 5월 당중앙위원회 제4기 제15차 전원회의에서 박금철, 이효순 등이 종파주의 행동을 했다고 고발되면서 대대적인 숙청이 진행되었다. 이 사건에는 허석선이라는 당 과학교육부장도 연루되어 있었다. 제1대 사회과학원장을 역임했던 허석선이 연루되면서 그가 담당했던 과학기술계를 포함한 지식인 전체의 사상성까지 의심받게 되었다. 이는 북한에서 과학기술자 우대정책이 처음으로 축소되는 계기가 되었다. 당시 김일성은 과학연구 사업과 교수교양 사업에서 사대주의, 교조주의가 발로했다고 비판했다. 그는 인 텔리 속에 이기주의 사상, 소부르주아 사상이 남아 있다고 지적하면서 모든 인텔리를 노동계급화, 혁명화해야 한다고 주장했다.[5] 물론 이런 비판의 대 상에 과학기술자도 포함되어 있었다.

이 사건 이후 과학기술정책은 우선순위에서 크게 밀려났다. '오랜 인테리 정책'으로 대변되는 과학기술자 우대정책 또한 전면 후퇴했고, 1970년대에 는 현지 연구 사업을 본뜬 '과학자·기술자 돌격대운동'이 추진된 것 외에는 새로운 과학기술정책이 도입되지 않았다. 이 당시에는 적어도 10년에 한 번 씩 개최되었던 '과학자·기술자 대회'도 열리지 않았다. 새로운 정책을 추진 하는 데 과학기술자들의 협력이 중요하다고 생각하지 않았던 것이다. 그만 큼 신뢰가 줄어들었음을 뜻한다.

그 대신 1970년대 들어서면서 국방 관련 부문에 대한 정책적 우선순위가 더욱 올라갔다. '제2경제'라고 불리는 북한의 군수 경제 부문은 1970년대부 터 민수 경제 부문에서 완전히 분리 독립된 예산, 편성, 집행체제를 갖추었 는데 '제2경제위원회'가 이를 관리했다. 국방 부문에 대한 지원을 보장하고 유사시 민수 경제를 군수 경제로 빠르게 전환하기 위한 조치였다. 이는 위기 상황에서 국방 부문을 보호하는 기능으로도 작동했다. 1990년대 위기 상황 에서 민수 경제는 심각한 타격을 받았지만 국방 부문의 경우 큰 영향을 받지 않고 그나마 이전 수준을 유지할 수 있었던 것은 이처럼 구조적으로 분리되

---

5) 김일성, 「우리의 인테리들은 당과 로동계급과 인민에게 충실한 혁명가가 되여야 한다」 (함흥시 대학교원들 앞에서 한 연설, 1967년 6월 19일), 『김일성저작집』, 제21권(평양: 조선로동당출판사, 1983a), 283~313쪽; 「혁명가유자녀들은 아버지, 어머니들의 뜻을 이어 혁명의 꽃을 계속 피워야 한다」(창립 스무돐을 맞는 만경대혁명학원 교직원, 학 생 및 졸업생들 앞에서 한 연설, 1967년 10월 11일), 『김일성저작집』, 제21권(평양: 조 선로동당출판사, 1983b), 419~436쪽.

어 보호, 육성되었기 때문이다.

이처럼 국방 부문에 대한 지원을 강화하면서 생긴 재원 부족 현상과 사상적인 부분에서 신뢰를 잃은 점 때문에 1960년대 후반부터 약 20년 동안 과학기술계에 대한 정책적·재정적 지원은 대폭 줄어들었다. 하지만 국방 부문의 강화정책에 따라 이 부문과 관련된 과학기술, 즉 국방과학기술은 계속해서 우선적인 지원을 받으며 발전할 수 있었다. 부문별 과학원체제가 형성될 당시인 1964년 국방과학기술 부문에서 '국방과학원(제2자연과학원)'이 설립되었다. 경제 발전을 위해 관련 과학기술의 발전을 앞세우겠다는 정책과 같은 논리로, 국방 발전을 위해 국방 관련 과학기술 발전을 앞세우겠다는 정책이 수립된 것이다. 1960년대 초 김책공업대학을 졸업한 탈북 과학자의 증언에 따르면 자신보다 한 해 후배들은 졸업과 동시에 모두 '국방과학원'에 배치되었다고 했다.[6] 민간과학기술보다 군사력과 직접적으로 연관된 과학기술을 더 우선시했던 것이다. 즉, 민간과학기술계는 1970년대를 전후로 침체기를 겪었지만, 국방과학기술계는 1950년대 과학기술 우대정책의 기조를 그대로 이어받았기 때문에 오늘날 북한이 독자적으로 개발한 로켓 혹은 미사일 기술과 핵 기술 등을 보유할 수 있게 된 것이다.

과학기술에 대한 관심이 되살아나기 시작한 것은 1980년대에 접어들면서부터였다. 1982년 2월, 김일성은 과학기술 부문 일군협의회에서 오랜만에 과학기술정책에 대해 일장 연설을 했다.[7] 하지만 그에게는 여전히 과학기술

---

6) 아직 국방과학원의 설립과 관련된 문헌적 근거는 발견되지 않았다. 따라서 탈북 과학자의 증언에 의존할 수밖에 없으므로 이에 대한 진실성 여부는 계속 확인해야 할 과제다. 하지만 최근의 연구 성과들을 바탕으로 북한 과학기술 전반에 대해 정리한 이춘근이 국방과학원이 1960년대 초반 설립되어 1970년대 중반에 '제2자연과학원'으로 개칭되었으며, 그 산하에 유도 무기, 전기 및 전자, 금속 및 화학 소재 등 40여 개의 연구소가 있었다고 구체적으로 밝힌 것으로 보아 1960년대 초 국방과학원이 설립되었다는 것은 사실인 듯하다[이춘근, 『북한의 과학기술』(한울, 2005), 67쪽].

자들에 대한 불신이 남아 있었다. 과학기술활동의 중요성을 강조하면서 일부 과학기술자들에 대한 불만을 드러내기도 한 것이다.[8]

1985년 8월 3일, 김정일은 과학기술계에서 「과학기술 발전에서 새로운 전환을 가져오게 한 력사적 문헌」[9]으로 불리는 연설문을 발표했다.[10] 이 연설문에서 그는 '사회주의 경제 건설 10대 전망목표'를 달성하기 위한 과학기술계의 역할과 목표를 두루 거론했다. 새로운 목표가 수립됨으로써 과학기술의 역할이 증대되었기 때문에 과학기술 관련 정책들을 일단 정리, 종합한 것이다. 과거와 달라진 새로운 정책이 두드러지지는 않았지만 미묘하게 드러나 있다. 이전 시기 김일성의 연설문과 달라진 표현이 있는데, 대표적으로 "과학기술자들을 노력 동원하지 말라는 것"과 "외국의 선진 과학기술을 받아들이기 위해 노력"해야 한다고 강조한 것 등이 있다.

결정적으로 이전 시기 과학기술과 달라진 과학기술정책이 도입되기 시작한 것은 1988년부터였다. 1988년 8월 31일, 김정일은 과학 부문 책임일군협

---

7) 김일성, 「과학기술연구사업을 우리나라의 실정에 맞게 할데 대하여」(과학기술 부문 일군협의회에서 한 연설, 1982년 2월 17일), 『김일성저작집』, 제37권(평양: 조선로동 당출판사, 1992), 32~49쪽.

8) "어느 해인가 내가 과학원 함흥분원을 현지에서 지도한 일이 있습니다. 그때 청사복도로 걸어가면서 방안을 들여다보니 과학자들이 모두 책을 보고 있기에 리승기 동무에게 과학자들이 책을 열심히 보는 것 같은데 늘 그런가하고 물었습니다. 그는 '과학자들이 늘 책상 앞에 앉아 책을 보고 있지만 과학서적을 보는지 소설책을 보는지 알 수 없습니다. 지금 이것이 제일 문제입니다. 과학원 함흥분원에 숱한 과학자들이 있지만 그들이 연구하여 내놓은 것이란 별로 없습니다(중략)'라고 말했습니다"[같은 글, 32~49쪽].

9) 「과학기술 발전에서 새로운 전환을 가져오게 한 력사적 문헌」, ≪자동화공학≫, 3호 (1995), 5~7쪽.

10) 김정일, 「과학기술을 더욱 발전시킬데 대하여」(조선로동당 중앙위원회 책임일군들 앞에서 한 연설, 1985년 8월 3일), 『김정일선집』, 제8권(평양: 조선로동당출판사, 1998), 240~261쪽.

의회에서 과학기술활동의 문제점을 강하게 비판하면서 새로운 정책을 제안했다. 그는 1988년 3월 개최된 당중앙위원회 제6기 제13차 전원회의에서 채택된 '제1차 과학기술 발전 3개년계획'(1988~1990)을 제대로 수행하기 위해서는 기존의 정책을 바꿔야 한다고 말하면서 과학원이 인민경제 기술 개건 사업에 적극 참가하라고 지시했다. 그는 과학원이 새로 연구, 개발하는 것만 신경 쓰고 공장, 기업소의 기술 개건 사업을 너무 등한시한다고 비판했다. 과학원이 과학적으로 뒷받침하지 않으면 현재 진행 중인 기술 개건 사업을 제대로 수행할 수 없다고 말하면서 1989년부터 과학원 사업계획에 이를 적극 반영하라고 지시했다.[11] 즉, 1950년대 말 과학기술을 통한 경제 발전전략의 핵심이었던 과학원의 현장 진출을 1960년대 들어 축소했던 것을 1980년대 말 다시 추진하라는 결정이었다.

이때부터 오늘날 과학기술정책의 핵심인 '일체화'라는 용어가 사용되기 시작했다. 1989년 《경제연구》에서 처음으로 '일체화'를 목표로 한 과학기술, 경제, 정보공학의 연계가 강조되었다.[12] 또한 이 시기부터 《력사과학》에서 지난 시기 과학기술정책들을 부문별, 시기별로 구분해 연구한 논문들이 대거 발표되기 시작했다. 이런 연구활동의 결과가 쌓이면서 윤명수는 북한 최초의 현대 과학기술사 저서를 발표했고, 렴태기는 최초의 화학공업사 저서를 발표했다.[13]

---

11) 김정일, 「과학기술을 발전시키기 위한 몇 가지 문제에 대하여」(과학 부문 책임일군협의회에서 한 연설, 1988년 8월 31일), 『과학교육사업을 발전시킬데 대하여』(평양: 조선로동당출판사, 1999), 171~189쪽.
12) 최중국, 「경제, 과학기술 및 정보공학의 일체화과정의 필연성과 균형적 발전」, 《경제연구》, 제2호(1989).
13) 윤명수, 『조선 과학기술 발전사: 해방 후 편 1(해방 후~1970년)』(평양: 과학백과사전종합출판사, 1994); 렴태기, 『조선민주주의인민공화국 화학공업사 1』(평양: 사회과학출판사, 1994).

이처럼 의욕적으로 과학기술 발전을 위해 새롭게 장기 계획을 마련하고 과거 정책을 면밀히 검토해 정책을 개발하는 등 과학기술을 통해 경제를 발전시키겠다는 북한 지도부의 구상은 당시 극심해지기 시작한 경제난 때문에 무산되었다. 1987년부터 시작된 '제3차 경제발전 7개년계획'(1987~1993)은 실패로 끝났고 이후 3년간 조정기에 들어갔다.[14] 따라서 '1차 과학기술 발전 3개년계획'뿐 아니라 뒤이어 실행된 '제2차 과학기술 발전 3개년계획'(1991~1993)도 별다른 성과 없이 끝났다. 윤명수와 렴태기의 두 저작도 원래 시리즈로 출간할 계획이었지만 경제난 때문에 무산되었다. 김일성시대의 과학기술정책사 관련 서적은 이후 2002년에 비로소 출간되었다.

4. 선군시대와 과학기술

1980년대 후반부터 1990년대 후반까지 거의 10년 동안 북한은 안팎으로 위기 상황에 빠져들었다. 소련이 망하고 동독을 비롯한 동유럽 진영이 차례로 무너졌다. 그러면서 북한과 미국의 관계는 계속 악화되어 전쟁 직전 상황까지 가기도 했다. 그나마 체제를 유지하던 중국도 남한과 수교를 맺고 북한과의 무역에서 기존의 우대조건들을 철회해버렸다. 북한에 대한 우호적인 국제정세가 거의 사라진 셈이었다. 게다가 약 50년 동안 북한을 지배했던 최고지도자 김일성이 1994년 사망하기까지 했다. 뒤이어 수해, 냉해 등 기후변화에 따른 극심한 자연재해가 발생해 북한 경제는 거의 마비되었다. 주민들은 식량이 없어 굶어죽을 위기에 봉착했고, 대부분의 산업현장에서는 설

---

14) 1993년 12월 8일 개최된 당중앙위원회 제6기 제21차 전원회의는 계획을 수행하는 데 실패했음을 공식적으로 밝혔다.

비 가동이 멈춰버렸다. 말 그대로 내우외환의 시기였다.

북한은 이 시기를 '고난의 행군'이라 명명하면서 위기 상황을 버텨 이겨내자고 주민들을 독려했다. 1998년 들어 '고난의 행군'을 잘 이겨냈다고 선언하면서 북한 지도부는 무너진 경제를 회복하기 위한 노력에 집중하기 시작했다. 이런 상황에서 등장한 것이 '선군정치', '선군시대'라는 말이었다.

'선군정치'라는 용어는 1997년 12월 12일 자 ≪로동신문≫에 실린 "우리는 백배로 강해졌다"라는 기사에서 처음 등장했다.[15] 하지만 비슷한 용어인 '선군후로'가 1997년 10월 7일 조선중앙방송에서 언급되기 시작했고, 1998년 4월 25일 자 ≪로동신문≫에는 '선군혁명령도', '선군혁명사상'과 같은 말이 등장하기 시작했다. 선군정치에 대한 상세한 내용이 정리되어 나온 것은 1999년 6월 16일 자 ≪로동신문≫ 기사 "우리당의 선군정치는 필승불패이다"였다.[16] 여기서 선군정치는 "군사선행의 원칙에서 혁명과 건설에 나서는 모든 문제를 해결하고 군대를 혁명의 기둥으로 내세워 사회주의위업 전반을 밀고나가는 영도방식"이라고 정의되었다. 군대에 의지해서 위기 상황을 돌파하겠다는 뜻인데, 정책의 우선순위를 밝힌 것이기도 하고 '혁명 주력군'에 대한 개념을 새롭게 바꾼 것이기도 하다. 시대의 변화에 따라 노동자계급보다 사상적으로 단련된 군인이 혁명의 핵심이 되었다고 밝힌 것이다.

경제가 매우 심각해졌지만 경제 우선을 명시하지 않고 군대를 우선시한다는 주장은 경제 살리기를 포기한 것으로 보일 수도 있다. 하지만 북한은 선군정치를 제기함과 동시에 경제 발전까지 포함하는 개념인 '강성대국 건설'을 목표로 제기했다. 즉, 경제를 포기하지 않았다는 것이다. '강성대국'이라는 말이 처음 등장한 시기는 1997년이었다.[17] 이후 1998년 8월 22일 자 ≪로

---

15) 최용덕·김정웅, "우리는 백배로 강해졌다", ≪로동신문≫, 1997년 12월 12일 자.
16) "우리 당의 선군정치는 필승불패이다", ≪로동신문≫, 1999년 6월 16일 자.

동신문≫ 정론에서 강성대국 건설을 구체적으로 거론함으로써 "사상의 강국을 만드는 것부터 시작하여 군대를 혁명의 기둥으로 튼튼히 세우고 그 위력으로 경제 건설의 눈부신 비약을 일으키는 것"을 강성대국 건설방식이라고 소개했다. 결국 강성대국 건설은 1999년 1월 1일 ≪로동신문≫, ≪조선인민군≫, ≪청년전위≫ 공동사설을 통해 최종 목표로 공식화되었다.[18]

북한은 사회주의강성대국을 '정치(사상)강국, 군사강국, 경제강국'의 통일체라고 정의하면서 정치(사상)강국과 군사강국은 이미 달성했으므로 경제강국만 완성하면 된다고 주장한다. 선군정치를 거론함과 동시에 경제강국 건설 방침이라고 할 수 있는 강성대국 건설론을 주장한 것으로 봐서 선군정치가 경제를 도외시한 채 국방에만 초점을 맞춘 것은 아님을 알 수 있다. 사실 북한은 1962년부터 '국방-경제 병진노선'을 추진했고 군사적 위험이 급증한 1960년대 중후반부터는 국방을 우선으로 하는 경제정책을 시행해왔다. 따라서 경제활동에서 국방 관련 정책을 우선시한다는 소극적인 수준을 넘어 군대가 국방은 물론 경제 발전까지 담당해야 한다는 적극적인 주장이 '선군정치'의 실질적인 의미라 할 수 있다. 선군정치 노선에서 제기하는 이전과 달라진 핵심 요소는 '과학기술 중시사상'의 급부상이라 할 수 있다.

1) 과학기술 중시사상

앞에서도 살펴봤듯이 북한 지도부는 해방 직후 과학기술을 중요하게 취급했고 우선적으로 보장했다. 심지어는 사상적인 문제보다 더 중요하게 다루

---

17) "위대한 당의 령도따라 사회주의건설에서 일대 앙양을 일으키자", ≪로동신문≫, 1997년 7월 22일 자.

18) "올해를 강성대국건설의 위대한 전환의 해로 빛내이자", ≪로동신문≫·≪조선인민군≫·≪청년전위≫, 1999년 1월 1일.

기도 했다. 하지만 이런 흐름은 1967년의 박금철, 이효순 사건에 과학기술자들이 대거 연루되면서 사라진 듯했다. 그러다가 1980년대 중반부터 경제 발전을 위해 과학기술자들을 우대하면서 과학기술 중시정책을 펴야 한다는 이야기가 나오기 시작했다. 이 시기 실질적인 최고지도자였던 김정일에 의해 과학기술 중시정책은 거듭 강조되었다. 이러한 정책이 1990년대 선군정치노선, 강성대국 건설론 속에서 사상의 지위를 얻으면서 급부상한 것이다.

강성대국 건설론에서 과학기술의 중요성은 빠지지 않고 거론되었다. 즉, 경제강국 건설을 위해 과학기술이 핵심이라는 설명이었다. 강성대국 건설론이 처음으로 공식화된 1999년 1월 1일 공동사설에서는 과학기술을 "강성대국건설의 힘 있는 추동력"이라는 정도로만 언급한 반면, 2000년 1월 1일 공동사설에서는 "강성대국의 3대 기둥"으로 "사상 중시", "총대 중시"와 더불어 "과학기술 중시" 노선이 거론되었다. 급기야 2000년 7월 4일 ≪로동신문≫·≪근로자≫ 공동사설에서는 "과학중시사상을 틀어쥐고 강성대국을 건설하자"라는 제목의 기사를 통해 강성대국의 핵심으로 '과학기술 중시사상'을 직접 거론했다.

과학기술을 중시한다는 것은 "과학기술을 혁명과 건설의 모든 사업에 확고히 앞세우고 여기에 최대의 힘을 기울이며 사회주의건설에서 제기되는 문제를 과학기술에 의거하여 풀어 나간다"라는 의미다.[19] 과학기술을 앞세워 경제강국 건설 및 강성대국 건설, 나아가 사회주의 혁명의 완성을 꾀하겠다는 뜻이다. 즉, 사회주의 국가 건설을 위한 경제 발전전략의 핵심으로 과학기술 중시사상을 제기한 것이다.

과학기술을 앞세우자는 제안이 나올 수 있었던 데에는 크게 두 가지 이유

---

19) "과학중시사상을 틀어쥐고 강성대국을 건설하자", ≪로동신문≫·≪근로자≫, 2000년 7월 4일.

가 있었다. 첫 번째는 위기 상황에서 발휘된 과학기술자들의 생활력이었다. 즉, 고난의 행군 시기에 북한 과학기술계는 놀라운 현실 적응 능력을 발휘해 위기 상황을 돌파했던 것이다. 내우외환이 여러 층으로 겹쳐 경제 활동이 대부분 중단되고, 국가기관 대부분이 제대로 작동하지 않는 위기 상황에서 자체적으로 살아남으라는 지도부의 방침을 현장 중심의 전통을 간직한 과학기술계는 어떤 단위보다 효율적으로 실천할 수 있었다. 그 결과 위기 상황에서 탈출하는 것도 매우 빨랐다.[20]

과학원의 과학기술자들은 연구소 단위로 예전의 현장 경험(기술 지원활동을 위해 현장에 파견되어 활동했던 경험)에 기초해 자신들의 기술 지원이 필요할 만한 곳을 적극 물색하고, 그 현장(기업소, 농장 등)과 협력 사업을 진행함으로써 자체 살림을 꾸려나갔다. 과학원 과학기술자들은 다른 어떤 단위보다 과학기술적 능력이 뛰어나 빠른 시간 안에 생산에서 혁신을 이끌어낼 수 있었다. 예를 들어 새로운 미생물을 활용해 된장, 고추장과 같은 발효식품을 더 빠른 시간에 더 좋은 품질로 만들어낸다거나 해외 유명 가구 디자인을 차용하고 그것을 구현하기 위해 새로운 가구 제작 기법을 개발해내는 등 상품 생산 단계의 혁신을 적극 이끌어냈다. 또한 품위가 낮아 버려두었던 금광석에서 금을 더욱 잘 채취할 수 있는 방법을 찾아내 생산에 적용하는 데 성공한 것은 과학원 수준의 과학기술자들만이 할 수 있는 일이었다. 당시 가동률이 그나마 정상에 가까웠던 군수 관련 생필품 공장들도 과학원(혹은 국방과학원)의 지원을 받아 상품 생산 혁신을 통해 살림을 꾸릴 수 있었다고 한다.

국가 차원의 지원 없이 각 단위별로 자체적으로 협력 대상과 협력 요소를

---

[20] 2014년 6월 10, 17일과 9월 26일 필자가 시행한 인터뷰. 고난의 행군 시기 과학기술자들의 대응에 대해서는 문헌 자료가 없어서 탈북 과학기술자들의 인터뷰를 바탕으로 상황을 판단했다. 이후 다른 자료들을 통해 정보를 상호교차 점검해야 한다.

찾을 수 있었던 것은 전적으로 북한 과학기술의 활동이 현장 중심으로 이루어졌기 때문이다. 또한 이러한 협력 과정을 통해 과학기술자들이 현장에서 성과를 거둘 수 있었던 것도 이들의 활동이 생산 혁신을 기본으로 전개되던 전통 덕분이었다. 탁상공론, 고담준론만 일삼던 과학기술자들이라면 협력을 하더라도 짧은 시간에 성과를 거두기 어려웠을 것이다. 하지만 비록 이전 시기에 효과적으로 작동하지 못했다 하더라도 생산현장 중심으로 여러 단위의 사람들이 생산 혁신을 목표로 활동했던 전통이 과학기술자들이 고난의 행군 시기의 위기 상황에 효과적으로 대응할 수 있게 했다고 볼 수 있다. 과학기술자들이 위기를 잘 돌파할 수 있었던 데에는 상황 판단과 수리적·합리적 사고에 익숙한 과학기술자들의 특성도 있었을 것이고, 자금을 공급받기 쉬운 일본 귀환인 출신의 과학기술자들이 많았던 것도 중요한 요소로 작용했을 것이다.

두 번째는 과학기술계가 앞으로 북한의 생산현장을 혁신할 수 있는 원천 기술을 확보했기 때문이다. 1980년대부터 김정일이 적극 추진한 기계공업 발전전략은 최첨단 수준의 CNC기술 확보로 이어졌다. '련하기계'라고 이름 붙은 북한 최초의 CNC기계가 고난의 행군 시기 국가적 지원이 끊긴 상황에서도 만들어졌다는 것이 핵심이었다. CNC기술의 발전으로 사거리를 대폭 늘린 로켓(인공위성 발사체 혹은 미사일)을 제작할 수 있음을 확인한 북한 지도부는 이를 민간 부문에 이용하면 생산현장의 일대 혁신이 가능할 것이라고 판단했다.

과학기술 중시사상은 단순한 선언에 그치는 것이 아니었다. 선군정치 노선과 강성대국 건설론이 정리, 공표되던 1999년은 '과학의 해'로 규정되었고, 김정일은 과학원을 현지지도하는 것으로 새해 첫 일정을 시작했다. 그만큼 과학기술을 중요하게 여긴다는 의중을 밝힌 것이다. 또한 1990년대 '고난의 행군'을 마치면서 '제1차 과학기술 발전 5개년계획'(1998~2002)을 '경제 발전계획'보다 먼저 마련해 1998년부터 시행했다. 그리고 1999년 3월 25일에는 '제6차 전국 과학자·기술자 대회'도 개최했다. 과학기술 발전 5개년계획은 그 뒤로도 제2차(2002~2007), 제3차(2008~2012)에 걸쳐 계속 이어졌다. 강성 대국 건설을 위한 과학기술 중시사상을 이미 구체적으로 실천하고 있었던 것이다.

2) 선군시대의 경제 발전전략

2002년 9월 김정일은 강성대국 건설론의 과학기술 우선사상과 군사 문제 를 우선시한다는 선군정치 노선을 새롭게 정리했다. 그는 "국방공업을 확고 히 앞세우는 것과 함께 경공업과 농업을 동시에 발전시켜 인민생활을 획기 적으로 높이는 것"을 "선군시대의 경제 건설 로선"이라는 이름으로 정식화했 다.[21] 군사 문제와 과학기술의 공통분모라 할 수 있는 '국방공업'을 우선적 으로 발전시키면서 경공업과 농업을 동시에 발전시킨다는 것이었다. 이는 1950년대 북한의 경제 발전전략인 '중공업을 우선적으로 발전시키면서 경공 업과 농업을 동시에 발전시킨다'와 같은 맥락으로 이를 좀 더 세밀하게 다듬 은 것이다. 상당히 넓은 범위를 지칭하는 중공업이 이제는 국방공업이라는 좀 더 특정한 부문을 가리키는 말로 바뀐 것이다.

이러한 경제 발전 노선은 크게 두 가지 의미를 동시에 가진다. 즉, 국방공 업 우선 정책은 다른 부문보다 국방공업을 우선적으로 지원해 발전시킨다는 뜻도 되지만, 발달한 국방공업 부문을 활용해 다른 부문의 발전을 도모한다 는 뜻도 있는 것이다. 북한의 국방공업 부문은 1962년 '국방-경제 병진노선'

---

21) "국방공업 선행, 대를 이어 계승된 원칙: 조미대결에 대비한 국가경제전략", ≪조선신 보≫, 2003년 4월 11일 자.

이 수립된 이후 "가장 우수한 과학기술력량"을 우선적으로 확보했고, 과학기술정책의 우선순위가 뒤쳐졌던 1970년대에도 항상 우선적으로 지원받았다. "최신 과학기술의 성과들이 선차적으로, 집중적으로 도입"되었으므로 국방공업 부문은 현재 북한 내에서 최고 수준을 유지하는 부문이라고 할 수 있다. 따라서 이 정책은 '국방 과학기술의 민수 전환 프로그램'의 일환이라고 할 수 있다. 실제로 2007년 ≪경제연구≫의 한 논문은 국방공업 우선정책을 다음과 같이 설명했다.

> 국방공업은 국방과학과 군수 생산에서 이룩된 최신과학기술 성과에 토대하여 인민경제 여러 부문들에 현대적인 전자 및 기계설비들과 선진적인 생산공정들을 도입함으로써 전반적경제의 현대화, 정보화를 다그치고 강력한 국가경제토대를 축성한다. (중략) 국방공업의 선도적역할은 최신과학기술의 보급, 현대적 전자 및 기계설비들과 선진적인 경영방법의 도입 등으로 경공업 부문의 현대화와 농업생산의 발전을 추동한다.[22]

국방 관련 정보가 거의 외부에 알려지지 않아 국방공업 관련 기술 수준을 알 수 있는 방법은 많지 않지만, 1998년 8월과 2009년 4월의 인공위성 발사, 2006년 10월, 2009년 5월의 핵실험 성공 등을 보면 적어도 이와 관련된 북한의 국방과학기술 수준은 상당한 수준에 도달했다고 판단할 수 있다. 적어도 국방공입 부문에서는 기계, 재료, 제어, 연료 공업 등에서 세계적으로도 앞선 기술력을 보유하고 있다고 볼 수 있다.

북한의 군수 경제 부문은 1970년대부터 민수 경제 부문에서 완전히 분리

---

22) 신우균, 「국방공업의 선도적 역할은 사회주의경제강국건설의 합법칙적 요구」, ≪경제연구≫, 제3호(2007).

〈표 7-1〉 제2경제위원회 산하 기구와 역할

구분	기구명	주요 업무	소속 군수공장
8국	종합계획국	군수공업제품의 생산과 공급에 대한 총괄적 계획	
	제1총국	소형 무기 및 탄약 생산, 군사시설 운용	2·8기계공장, 제42호 공장, 제61호 공장, 제93호 공장, 제101호 공장, 제17호 공장, 제62호 공장 등
	제2총국	전차·장갑차 생산	구성탱크공장, 제915호 공장
	제3총국	대포·고사포·자주포·로켓포·다연장 로켓포 생산	강계뜨락또르공장, 제32호 공장, 삭주병기공장, 곽산포수리공장, 용성기계공장, 만경대보석가공공장, 금성뜨락또르공장
	제4총국	각종 미사일 생산	제26호 공장, 만경대약전기계공장, 평양돼지공장, 동해약전공장
8국	제5총국	생화학무기 및 핵무기 생산	강계화학공장, 청수화학공장, 2·8 비날론연합기업소 일용분공장, 순천비날론공장 일용분공장, 평원 279호 공장, 함흥본궁, 량강도 혜산, 자강도 강계 화학공장
	제6총국	작전함정 및 잠수정 생산	함남 신포 아양도 소재 봉대보일러공장, 라진조선소, 남포조선소 일용분공장, 청진조선소 일용분공장, 원산조선소 일용분공장, 평양 1월 2일 공장
	제7총국	통신설비 및 비행기 생산	남포통신기계공장, 성천 69호 공장, 성천 24호공장, 의주건전지공장, 청천강전기공장, 평북 구성시 방현노동자구항공기공장
기타	제2자연과학원	군수물자의 연구·개발	
	대외경제총국	생산에 필요한 물자 수입 및 외화벌이	
	자재상사	자재의 수급	

자료: 임강택, 『북한의 군수산업 정책이 경제에 미치는 효과 분석』(통일연구원, 2000), 69쪽; 정유진, 「북한 제2경제권에 대하여」, ≪통일연구≫, 창간호(1997), 99~104쪽. 전소영, 「북한의 '경제·국방 병진노선'에 관한 연구: 1990년대 경제·안보 위기와 선군정치를 중심으로」(이화여자대학교 대학원 석사학위논문, 2004), 67~68쪽 재인용.

독립된 예산, 편성, 집행체제를 갖추었다. 이로 인해 1990년대 경제난 속에서도 상대적으로 군수 경제 부문은 민수 경제 부문에 비해 타격이 적었다고 한다.[23] 또한 일정 규모 이상의 종업원을 보유한 공장의 경우 하나 이상의 군수 관련 생산시설을 설치하도록 되어 있어 군수 경제와 민수 경제의 전환은 예상보다 어렵지 않았다. 유사시 민수시설을 빠르게 군수시설로 전환하기 위한 조치였지만 오늘날에는 그 역방향을 빠르게 하는 데 기여할 것으로 보인다. 〈표 7-1〉과 같이 지금까지 파악된 군수공장 분포를 보면 제2경제위원회에 대부분의 중요 생산시설이 포함되어 있음을 알 수 있다.

이렇게 선군시대 경제 발전전략이 정식화됨에 따라 2002년경부터 북한은 생산시설 전반에 대한 대대적인 수술에 착수했다. '인민경제의 기술 개건'이라는 말로 표현된 이런 흐름은 일부 생산 설비나 공정만 바꾸는 소극적인 것이 아니라 전반적인 생산시설을 한꺼번에 바꾸는 상당히 적극적인 것이었다.[24] 예전처럼 기술 개건을 생산과 병행해서 진행하는 식이 아니라 생산보다 앞세워 진행하려고 했다.[25] 잠시 생산이 중단된다고 하더라도 생산성이 높은 설비를 갖추는 것이 억지로 낡은 설비를 계속 가동시키는 것보다 낫다는 판단이었다. 생산 중단으로 인한 손실은 새로운 설비를 통해 금방 보충할 수 있다는 것이었다.

이런 대대적인 구조조정 사업은 현재를 과거와 질적으로 다른 시대로 규정하면서 진행되었는데, 북한은 지난 시기를 '기계제 산업시대'로, 오늘날을 '정보산업시대'로 규정했다. 이에 따라 과거의 기술 개건이 '성능 높은 기계 설비'를 갖추는 것이었다면, 오늘날의 기술 개건은 컴퓨터와 같은 정보 설비와 첨단 현대과학기술을 갖춘 최신 설비로 경제의 모든 부문을 바꾸는 것이라고 주장했다.[26] 따라서 북한의 인민경제 건설목표는 '주체화, 현대화, 과

23) 전소영, 「북한의 '경제·국방 병진노선'에 관한 연구: 1990년대 경제·안보 위기와 선군 정치를 중심으로」, 51~54쪽.

24) 양호남, 「경제강국건설에서 기술 개건의 절박성」, ≪경제연구≫, 1호(2002).

25) 김동식, 「인민경제의 개건 현대화 사업을 집중적으로 벌리는 것은 현 시기 경제 건설의 중요과업」, ≪경제연구≫, 2호(2006).

26) 리기성, 「새 세기 우리 식의 사회주의경제리론을 연구하는데서 나서는 중요문제」, ≪경

학화'에 '정보화'가 덧붙여져 강조되고 있다.

3) 오늘날 과학기술정책

북한의 과학기술 연구소체계는 여전히 과학원을 중심으로 생산성 산하 연구소와 대학 소속 연구소, 생산현장 연구소로 구성되어 있다. 과학원과 생산성 사이의 협력 사업을 효과적으로 처리하고 생산현장에 대한 과학기술 지원활동을 원활히 진행하기 위해 1962년부터 내각에 '국가과학기술위원회'가 조직되었는데, 1998년 과학원의 역할을 조정하면서 폐지되었다.

연구 중심 조직인 과학원은 1982년 4월 정무원의 행정부서로 편입되어 연구와 함께 행정 관련 활동까지 담당하게 되었다. 1994년 2월에는 각 부·위원회 산하 연구기관을 모두 통합하면서 기구도 확대하고 이름도 '국가과학원'으로 개칭했다. 1998년 9월 국가과학기술위원회와 통합하면서 잠시 '과학원'이라는 이름으로 되돌아갔지만, 2005년 11월 '국가과학원'으로 다시 개칭되었다. 전문 과학연구활동뿐 아니라 기술 지원활동까지 전반적으로 담당하면서 경제 발전의 핵심적인 역할을 담당했던 1950~1960년대 과학원 운영을 모델로 한 변화라고 볼 수 있다. 국가과학원은 모든 과학기술 관련 연구소의 연구활동을 지도할 뿐 아니라 예산 편성을 비롯한 각종 행정활동까지 담당하게 되었다.

『조선대백과사전』(1996)에 따르면 '국가과학원'의 역할은 "나라의 과학발전을 책임진 국가기관으로서 과학기술을 발전시키기 위한 과학연구계획안을 작성하고, 과학연구 사업에 대한 지도와 감독 사업을 진행한다. 또한 과학핵심력량과 인재육성 사업을 계획적으로 진행하며 과학자대렬을 늘려나

제연구≫, 2호(2007).

〈표 7-2〉 국가과학원 행정기구체계

1실 21국		21개 위원회	
과학기술참사실	지방과학기술국	수학/기계위원회	농업위원회
1국	양성 및 급수 사정국	물리위원회	프로그램위원회
2국	과학기술검열국	지리위원회	화학위원회
행정조직국	노동국	지질위원회	생태위원회
종합계획국	생산 및 26호 설비국	광산공학위원회	경공업위원회
과학기술심의국	건설국	금속공학위원회	수송위원회
기초 및 첨단과학기술국	자재국	기계공학위원회	건설위원회
정보과학기술국	재정국	열역학위원회	기상위원회
응용과학기술국	기술무역국	전기공학위원회	전기자동화위원회
에네르기과학기술국	대외과학기술국	의학위원회	수산위원회
과학자·기술자돌격대국	발명국		산림위원회

〈표 7-3〉 국가과학원 연구조직체계

국가과학원(106개)	
직속 연구소(48개)	분원(8개)
자동화연구소, 자동화공학연구소, 조정기계연구소, 콤퓨터과학연구소, 전자공학연구소, 집적회로시험공장, 111호제작소, 전자재료연구소, 과학기술발전문제연구소, 수학연구소, 물리학연구소, 레이자연구소, 인공지구위성정보연구소, 지리학연구소, 지질연구소, 미생물학연구소, 전기연구소, 기계공학연구소, 환경공학연구소, 선광공학연구소, 열공학연구소, 중앙실험분석소, 국가균주보관소, 4·13연구소, 순금속연구소, 건설재료연구소, 평양천문대, 버섯연구소, 애국앶복합물쎈터, 유색금속연구소, 중앙광업연구소, 단천내화물연구소, 단천광업	생물분원(5개)
	세포및유전자분원(1개)
	석탄분원(8개)
	철도과학분원(7개)
	건설과학분원(6개)
	함흥분원(12개)
	경공업과학분원(10개)
	수산과학분원(9개)
연구소, 수리공학연구소, 흑색금속연구소, 5·28연구소, 흑색광업연구소, 용접연구소, 연료연구소, 유리공학연구소, 화학섬유연구소, 종이공학연구소, 분탄가스화연구소, 제염연구소, 림업과학연구소, 목재화학연구소, 도시경영과학연구소, 중앙과학기술통보사	총 58개

· 농업성 산하 농업과학원(21개)
· 보건성 산하 의학과학원(26개)
· 기타 연구소(73개)

가는 사업을 전망적으로 진행"하는 것이다. 북한에는 모두 224개의 과학기술 관련 연구소가 있는데, 그중에서 국가과학원에 106개, 농업성 산하 농업과학원에 21개, 보건성 산하 의학과학원에 26개, 그리고 기타 연구소가 73개 있다. 국방 관련 기관 연구소 30여 개는 제2경제위원회에 귀속되어 있는 '제2자연과학원'에도 소속되어 있는데, 그 구성에 대한 자세한 사항은 외부에 제대로 알려져 있지 않았다.

국가과학원은 직속 연구소로 48개의 연구소를 두었고, 분야별로 8개의 분원을 두었는데 각각의 분원 소속으로 58/21개 위원회를 설치했다. 국가과학원 행정조직체계는 1실 21국, 21위원회로 구성되어 있다(〈표 7-2〉, 〈표 7-3〉 참조).

과학기술을 통한 경제 발전전략이 점차 구체화됨에 따라 과학기술정책 또한 더욱 다듬어졌다. 제1차 과학기술 발전 5개년계획이 마감된 다음에도 제2차(2003~2007), 제3차(2008~2012), 제4차(2013~2017) 과학기술 발전 5개년계획이 연이어 수립, 추진되었다. 강성대국의 문을 열겠다고 밝힌 2012년은 이러한 과학기술정책이 일단락되는 시기와 연결되어 정해진 시기라 할 수 있다. 국제 관계가 제대로 풀리지 않아 2012년까지 이렇다 할 성과를 보이지 못한 북한 지도부는 과학기술 발전계획을 계속 추진 과제로 전환했다. 오히려 2012년 광명성 3-2호 발사 이후 '우주개발 5개년계획'(2012~2017)을 추가로 추진하는 중이라고 한다.

2003년 10월 27일에는 '제7차 과학자·기술자 대회'가 개최되었다. 과거 대략 10년마다 한 번씩 개최되던 과학자·기술자 대회가 1999년 '제6차 전국 과학자·기술자 대회' 이후 4년 만에 개최된 것이다. 과학기술자들의 활동을 더욱 독려하려는 의도인 듯하다. 2006년 4월 개최된 최고인민회의 제11기 제4차 회의에서는 2022년을 목표로 한 '과학기술강국' 건설이라는 장기 계획을 토론했다고 한다.

2012년에 마무리된 '제3차 과학기술 발전 5개년계획'의 경우 외부에는 기본 계획 수준만 알려졌다. '4대 선행 부문 지원, 인민경제의 개건 및 현대화, 식량해결 인민생활 개선, 기초과학, 첨단기술' 등의 분야로 나누어져 기본 계획이 작성되었는데, 그중 주력 연구 과제 20개가 공개되었다. 여기에서 주목할 만한 특징은 정보기술(IT) 분야의 전파식별기술(RFID), 광섬유 품질개선, 대형 병렬컴퓨터, 경영전산화 등의 주제다. 생산현장의 현대화·정보화를 위

〈표 7-4〉 제3차 과학기술 발전 5개년계획(2008~2012년)

분야		주력 연구 과제(20개)
4대 선행 부문 지원	전력	수력(수차 효율, 수력 댐 구조물, 댐 생태환경), 조수력(조수력 발전소 건설과 운용) 화력(석탄 지하가스화 발전) 원자력(핵융합분열 혼성로)
	석탄	
	금속	
	철도	비동기 전기기관차 개발, 기차레일 대면용접기술
인민경제의 개건, 현대화	자원	
	채취	
	기계	
	화학	
	건설	
	환경	
	도시	
	기상	
식량 해결, 인민생활 개선	농업	
	수산업	
	경공업	
	보건	
기초과학	수학	
	물리	레이저 기술
	화학	
	생물	
	지리	
첨단기술	IT	디지털교환기, 광섬유 품질개선, 대형 디스플레이, 대형 병렬컴퓨터, RFID, 경영전산화
	BT	생물 무진실용 공기조화기, 무공해 채소재배와 유전자 전이기술, 동물 클론화 기술
	NT	
	에너지	
	핵	
	우주	극소형 자원위성 개발
	해양	해저로봇 개발
	레이저	

자료: 이춘근·김종선, 「북한의 경제 발전 지원을 위한 과학기술협력 추진방안」, ≪STEPI Insight≫, 제31호(2009. 10).

한 기술 개건 사업을 넘어 유통 구조와 경영 관리 측면의 자동화·정보화를 추구하려는 정책적 방향성을 읽을 수 있다. 〈표 7-4〉는 '제3차 과학기술 발전 5개년계획'을 분야별 및 연구 주제별로 정리한 것이다.

2007년 마무리된 '제2차 과학기술 발전 5개년계획'은 제3차 계획보다 상세하게 알려져 있다. 그 핵심 내용은 '인민경제의 기술적 개조, 인민생활 개선, 첨단기술 개발, 기초과학 육성' 네 가지다. 인민경제 중에서도 주력하는 부문은 북한 경제 발전에 가장 큰 문제점인 '전기, 석탄, 금속, 철도운수' 부문이다. 북한에서는 이를 '인민경제 4대 선행 부문'으로 따로 관리한다. 특히 에너지와 관련해서는 '연료, 동력 문제 해결을 위한 3개년계획'(2004~2006)을 추진하기도 했다. 또한 제2차 계획에서는 '핵심기초기술'이라는 새로운 개념을 사용해 '정보기술, 생명공학기술(BT), 나노기술(NT)'의 발전을 강조한다. 좀 더 구체적인 내용은 〈표 7-5〉로 정리했다.

2007년 ≪경제연구≫에 발표된 리철성의 논문에는 '과학기술 발전 5개년계획'의 내용이 풀어서 설명되어 있다.[27] 그는 '인민경제의 개건 현대화'를 위해 가장 중요한 것이 과학기술의 발전이라고 하면서 생산에 앞세워 하루빨리 개건 현대화 사업을 추진할 것을 다시 한 번 강조했다. 구체적인 내용을 보면 '핵심기초기술' 부문인 정보기술, 나노기술, 생명공학을 '주공방향', '핵심고리'라고 하면서 우선적으로 발전시킬 것을 강조했다. 이와 같은 첨단 과학기술 발전에 기초해 '기계공학, 금속공학, 열공학을 비롯한 중요 부문 기술공학'들을 발전시키고, '국방과학기술'을 더욱 발전시키며 '인민경제 4대 선행 부문(전력, 석탄, 금속, 철도운수)'을 정상화시킬 것을 제시했다. 또한 실생활에서 가장 부족한 '식량 문제', '먹는 문제' 해결도 재차 강조했다.

---

27) 리철성, 「당의 과학기술중시로선을 철저히 관철하는 것은 경제강국건설의 확고한 담보」, ≪경제연구≫, 2호(2007).

〈표 7-5〉 제2차 과학기술 발전 5개년계획(2002~2007년)

분야			내용
기술개건 부문	에너지 문제	전력 생산 / 화력발전소	· 순환비등형 온수보일러 210t/h 도입 사업 지속 · 향후 320t/h 도입으로 중유 절약 추진
		수력발전소	· 수차 효율 개선: 1기 수풍발전소 도입 · 수풍발전소 7기에 모두 도입해 6~7만kw 추가 생산·확대
		송변전체계	· 전력 손실을 현재의 21%에서 15%로 절감 · 고압송전시스템(직류) 기술 준비
		석탄	· 탐사 굴진에 선진 기술 도입 · 발파효율 60%에서 90%로 개선 · 기본적인 운반기계, 석탄기술 개선
		풍력발전	· 중요한 추가 전력원으로 개발
		전력소비 절감	· 비료, 화학, 제철공업의 전기 소모 절약
	기간산업	금속공업 / 코크스를 쓰지 않는 제철법	· 갈탄제철법의 김책제철소 도입(6만 톤 시험로 건설) · 산소열법에 의한 제철법 · 저온 삼화철 생산
		내화물	· 유색금속 생산
		기계공업	· 공작기계: 수출품 품질 개선 · 전기기계와 유압기구의 현대화
		철도운수	· 비동기 4축 전기기관차 개발로 속도를 1.3배로 제고
		화학공업	· 비료 160만 톤 생산: 50~60만 톤으로 족하나 지력 약화로 추가 투입 · 농약: 극미량 살충제가 중요함(현재 대부분 수입) · 회망초: 석고가 없어 시멘트 생산에 차질 발생 · 순천비날론연합기업소: 산소-전기열법 도입
인민생활 부문	알곡		· 비료, 농약 문제 해결을 통해 알곡 800만 톤 생산
	육류		· 풀을 먹는 가축의 우량품종 육성 · 닭 우량품종 육성: 연간 310만 개의 계란 생산 · 오리, 타조 우량품종 육성
	야채, 과일		· 우량품종 육성: 사과와 배 40만 톤 생산
	식용유		· 거의 모두 수입에 의존하고 있으므로 이를 대체할 방법 강구 · 콩 재배 확대: 5t · 유채 재배 확대 · 기름나무 식수: 잣, 호두 수출
	어류		· 양어용 첨가제, 단백질 사료 개발 · 어항 개량
	산림녹화		· 심각한 수자원 문제의 개선을 위해 산림녹화 필요 · 묘목이 가장 부족함: 연간 15억 그루 10년간 식수 필요 · 조직배양, 온실재배를 통해 연간 15만 정보씩 식수 · 화목용 산림 조성
기초	정보과학기술		· 설비, 제품의 국산화 · 프로그램 개발 · 통신기술 개발

과학 및 첨단과학 부문	생명공학	・농업: 형질 전환을 통한 내건성, 내한성 품종 육성 ・의학: B형, C형 간염백신, 인슐린, 성장호르몬 생산 ・유전공학: 핵심 설비 도입 완료, 해외 유학생 파견
	신에너지	・풍력발전, 태양에너지, 연료전지, 2차전지
	신소재	・나노기술, 희토류
	해양, 우주과학	・연해 양식 ・미사일 발사체

자료: 在日本朝鮮人科學技術協會, ≪科學技術≫, 1號(2013) 참조하여 필자 정리.

리철성의 논문에서 가장 자세하게 설명되어 있는 것은 이러한 부문별 목표보다 "과학기술과 생활의 밀착"과 관련된 정책이다. "과학연구기관과 경제 관리기관, 과학기술과 생산 사이의 련계와 결합을 강화"하고, "내각과 성, 중 앙기관으로부터 공장, 기업소와 농목장들에 이르기까지 과학기술과 경제를 통일적으로 지도관리하는 정연한 사업체계"를 수립할 것을 제시했다. 그리고 "과학지구와 과학연구기관들에 생산기지를 꾸려 과학기술적으로 가치 있는 상품을 생산"하도록 할 것과, "현실에서 제기되는 과학기술적 문제들을 기동적으로 풀어나가기 위한 과학자・기술자 돌격대활동"을 강화할 것을 제안했다. 물론 전사회적으로 과학기술을 중요시하는 풍토 조성과 인재 양성도 거론되었다.

"과학기술과 생활의 밀착"과 관련된 정책은 '경제 발전과 과학기술 발전의 일체화', '과학기술과 생산의 일체화'라는 용어로 표현되었다. 이는 최근 들어 상세히 연구되고 있는 정책이라 할 수 있다. 심은심은 과거에 생산과 유리되었던 과학기술활동을 반성하면서 "과학기술이 생산 발전에 전적으로 복무하며, 과학연구 사업 자체가 처음부터 생산적인 적용을 전제로 하여 진행되고, 생산 발전은 결정적으로 과학기술적 진보에 의거함으로써 이루어지게된다"라고 전제하면서 새로운 정책을 설명했다.[28] 그는 "많은 과학력량이 생산실천이 직접 이루어지는 장소들에 배치되어 과학연구 사업을 진행하고 있다"라고 하면서 과학기술과 생산을 밀착시키기 위해 과학기술자들을 현장에 파견하고 있음을 언급했다. 여기에 더해 "과학지구와 과학연구기관들에 생산기지를 꾸려 과학연구성과의 제품화를 촉진"시킬 것을 제시했다. 조웅주는 심은심의 언급에 덧붙여 과학연구기관과 생산기관의 사업 평가방법을 새롭게 개정할 것을 제기했다.[29] 과학기술 발전계획을 수행하는 수준이 아니라 현실에 도입해야 계획을 제대로 완수한 것으로 평가하라는 것이다. 또한 과학지구 및 과학연구기관에 '생산기지'를 건설하는 정책을 거듭 강조하면서 이 정책은 "우리에게 없거나 부족한 설비부속품, 공구, 자재, 시약 같은 것을 적지 않게 생산보장"할 수 있는 장점이 있음을 거론했다.

이처럼 최근 북한의 과학기술정책에서 특징적인 것은 과학기술과 생산을 강력하게 연계시키는 '밀착화'라고 할 수 있다. 앞에서 살펴본 바와 같이 이런 정책은 북한 경제가 급속하게 성장하기 시작한 1950년대 말의 과학기술정책과 같은 맥락에 있는 것이다. 당시 북한 과학원은 과학기술자들을 생산현장에 파견해 과학연구활동과 기술 지원활동을 동시에 수행하는 '현지 연구 사업'이라는 독특한 정책을 수립했다. 그 결과 1956년 12월부터 시작된 '천리마운동'이 '북한식 기술혁신운동'이라고 할 수 있는 '천리마작업반운동'으로 발전하는 데 크게 기여했다. 특히 1998년부터 '제2의 천리마대진군'이 제기되면서 천리마운동이 부활하기 시작했고, 2008년 12월 24일 천리마운동이 시작되었던 천리마제강연합기업소(구 강선제강소)를 김정일이 현지지도하면서 천리마운동 시기처럼 다시 한 번 '혁명적 대고조'의 시대를 열자고 제

---

28) 심은심, 「경제 발전과 과학기술 발전의 일체화」, ≪경제연구≫, 4호(2004).
29) 조웅주, 「과학기술과 생산의 일체화는 경제 발전의 확고한 담보」, ≪경제연구≫, 2호(2006).

안하는 것을 보면 오늘날 과학기술정책은 1950년대 당시의 과학기술정책과 깊게 연관되어 있음을 알 수 있다.

5. 과학기술을 통한 경제강국 건설의 필수 요소: 국방 과학기술의 민수 전환

1980년대 후반부터 과거의 과학기술정책을 연구하면서 새로운 과학기술 정책을 모색한 결과 북한 지도부는 과학기술을 1950년대 후반 과학기술정책을 일부 발전시킨 형태로 회복시켰다. 과학기술계의 지원을 바탕으로 북한 경제가 가장 급속히 성장했던 당시의 수준으로 과학기술정책을 되돌린 것이다. 과학기술 중시정책으로 도입된 것 중 가장 먼저 시행된 것은 생산현장과 떨어져 있던 과학원을 생산현장과 좀 더 가까워지게 하는 것이었다. 연구활동만 하던 과학원이 생산현장에 대한 기술 지원활동도 함께 담당하게 해 생산현장에 대한 기술 지원활동을 대폭 강화했다.

아울러 과거 과학기술자들에 대한 지원이 미흡했다는 반성과 함께 과학기술자들에 대한 우대정책도 다시 시행했다. 1960년대 후반부터 우선순위에서 밀리면서 과학기술활동에 대한 지원은 물론 과학기술자들의 생활수준도 많이 떨어졌는데, 1980년대 중반부터 다시 과학기술 관련 정책의 우선순위를 높여 과학기술활동과 과학기술자들의 생활수준을 대폭 향상시켰다. 또한 영재교육기관이라고 할 수 있는 '제1고등중학교'를 1980년대 초 새로 설립했고, 평성리과대학을 강화해 20대 박사를 양성할 수 있는 제도를 마련했다.

1990년대 후반 고난의 행군 시기를 벗어나면서 과학기술 관련 기구 정비를 완전히 끝냈다. 10여 년을 끌어오던 '국가과학기술위원회'와 과학원의 통합문제를 완결 짓고 과학원을 '국가과학원'으로 개명했다. 이로써 과학원은 연구활동은 물론 예산 집행권과 생산현장에 대한 지원활동까지 담당하게 되었다. 과학원이 직접 생산활동에 개입하면서 과학원과 다른 생산성 사이의 조율을 담당했던 국가과학기술위원회가 더 이상 필요하지 않게 된 것이다.

이처럼 북한 지도부는 과학기술활동을 대폭 강화시키기 위해 조직, 정책 등을 대대적으로 수정했고, 나아가 이전까지 엄격하게 규정되어 바뀔 것 같지 않던 '주체'에 대한 개념도 확대·심화시켰다. 주체를 무조건 자체적으로 생산하고 스스로 해결하는 것만이 아니라 '실리'를 중시하는 방향으로 확대 해석하기 시작한 것이다. 즉, 현물 중심의 계산에서 벗어나 철저한 가격 중심 계산으로 원가 개념, 품질 등에 대한 판단을 세밀하게 따진 다음 수입이나 외부의 도움을 구하는 것이 낫다면 그렇게 해도 괜찮다는 유연성을 발휘하기 시작한 것이다.

이런 흐름에서 원료, 연료의 자립뿐 아니라 '기술 자립'의 수준도 대폭 낮추었다. 북한 지도부는 기본적으로 자체 개발한 기술에만 의존해야 한다는 데서 벗어나 외국의 기술이라도 필요하다면 적극 수입해서 쓰자는 결정을 내렸다. 다만 이렇게 수입을 하더라도 최종 상품 생산까지 자체적으로 할 수 있을 정도로 기술을 이전받는 조건을 내걸었다.

이러한 과학기술정책의 변화는 당시 최고지도자 김정일의 의지가 굳건했기에 가능했다. 1950년대의 김일성보다 김정일이 과학기술에 대한 이해 수준이 높고 과학기술을 중시하는 신념이 더 강했다고 할 수 있다. 과학기술 발전을 위한 필수조건인 '강력한 리더십의 확보'가 이루어진 셈이었다.

문제는 북한이 보유한 고급 과학기술은 대부분 국방 관련 부문에 집중되어 있다는 데 있다. 뛰어난 인재도 대부분 국방 관련 부문에 배치되어 있고 첨단과학기술도 민간 부문보다 국방 관련 부문에서 확보하고 있다. 금속, 기계, 연료, 제어 계측, 핵기술 등은 국방과학기술 부문에서 상당히 앞선 기술을 보유하고 있다. 따라서 북한이 원하는 대로 앞선 과학기술을 적극 활용해 급속한 경제성장을 이루기 위해서는 국방 부문에 몰려 있는 앞선 과학기술을 민간 부문으로 돌려야 한다. 즉, '국방 과학기술의 민수 전환(spin off)'을 성공시켜야 한다.

2009년 4월 인공위성 발사와 5월 제2차 핵실험 이후, 군사적 대비가 어느 정도 완비되었다고 판단한 북한 지도부는 국방 부문에 몰렸던 자원을 재배분하려는 계획을 실행에 옮기기 시작했다. 생산현장의 기술 개건에 들어가는 기술 및 자원을 제2경제 부문에서 끌어들이겠다는 것이 오늘날 북한 지도부의 전략이다. 즉, 원천기술 개발과 핵심 연구활동은 지금까지 키워온 국방과학기술 부문이 담당하고, 민간과학기술 부문은 상품 생산활동을 기술적으로 뒷받침하면서 그에 맞는 전체 시스템을 구축하는 것이다. 국방과학기술을 민간과학기술로 이전해 경제 발전 속도를 높이려는 정책이 실행되기 시작한 것이다. 2009년 4월 말부터 시작된 '150일 전투'와 '100일 전투'는 이전과 달라진 것이 없는 상태에서 단순히 노력 동원만을 위한 것이 아니라 경제환경이나 생산 조건 등이 이전과 현격히 달라진 상태에서 기술혁신을 통한 경제 발전전략을 본격화하기 위한 것이었다.

인공위성 발사 직후인 2009년 4월 9일 있었던 국방위원 인사 조치는 이러한 정책, 즉 '국방 과학기술의 민수 전환 프로그램'을 강력하게 전개하기 위한 방향으로 이루어졌다. 새롭게 선출된 제12기 최고인민회의는 4월 9일 제1차 회의를 개최해 국방위원회를 비롯한 내각을 새롭게 조직했다. 이때 국방위원회 위원이 9명에서 13명으로 대폭 늘었다. 지난 2004년 최용수 전 인민보안상 자리까지 포함하면 모두 5명이 새롭게 국방위원이 된 셈인데, 장성택 당 행정부장과 주규창 조선로동당 군수공업부 제1부부장, 주상성 인민보안상, 김정각 총정치국 제1부국장, 우동측 국가안전보위부 수석 부부장이 그들이다.

이 중 언론에서 가장 주목받은 사람은 장성택과 주규창이었다. 장성택은 김정일 국방위원장의 매제이면서 핵심 측근으로 분류되는 사람으로서 건강에 문제가 있는 김정일을 대신해 실질적인 통치를 수행할 것이라는 분석이 많았다. 그리고 조선로동당 군수공업부 제1부가 로켓 개발을 담당한 부서이므로 이곳의 책임자인 주규창의 발탁은 인공위성 발사에 대한 공을 인정해 지위를 상승시켜준 것이라는 의견이 많았다. 하지만 북한의 경제 발전전략인 국방공업 우선정책, 즉 국방 과학기술의 민수 전환을 통해 경제 발전을 이룩하겠다는 전략을 염두에 두고 국방위원회 전체 명단을 살펴보면 새로운 특징이 발견된다.

북한의 군수산업을 담당하는 곳이 '제2경제위원회'이고, 이를 책임지는 사람은 이미 국방위원으로 활동하고 있던 백세봉이다. 군수담당 비서인 전병호도 국방위원에 이미 포함되어 있었다. 즉, 이전 시기 국방위원회에 이미 군수담당 최고 책임자들이 포함되어 있었고 이들이 실질적으로 북한 경제를 관리한 것이다. 민수 경제 부문보다 국방 경제 부문을 우선적으로 보장하기 위한 조치였다. 여기에 로켓 관련 군수공업을 담당하던 주규창까지 새롭게 국방위원이 된 것이다. 이는 인공위성 발사시험을 통해 기술 수준을 만천하에 공표한 상태에서 이를 경제 발전에 적극 활용하겠다는 의도로 보는 것이 단순한 논공행상의 차원보다 타당성이 크다. 기계 제작기술의 최첨단에 해당하는 인공위성 관련 기술을 민수로 전환할 때 파급효과가 매우 크기 때문에 2009년 발사시험을 계기로 국방 과학기술의 민수 전환 프로그램을 좀 더 구체화하려는 구상이라 할 수 있다. 이후 주규창은 김정일이 경제현장을 현지지도할 때 대부분 동행했다.

실제로 인공위성 발사시험이 있던 2009년 4월 5일, ≪조선신보≫는 "우주개발의 경제적파급효과 '첨단기술은 강성대국건설의 기둥'"이라는 기사에서 우주개발 과정에서 확립된 첨단과학 기술을 이전하는 것이 세계적 추세라고 하면서 기술 이전의 영문 표현인 'spin off'를 직접 언급했다.[30] 즉, 인공위성 발사시험을 통해 확인한 북한의 군수 관련 기술을 민수로 전환해 경제 발전을 이룩하겠다는 구상을 직접 밝힌 것이다. 그리고 4월 7일 ≪로동신문≫은 "강성대국 대문을 두드렸다"라는 제목의 정론에서 광명성 2호 발사시험을 통해 높은 수준의 과학기술력을 과시했고, 이는 과학기술을 앞세워 2012년 강성대국 대문을 열겠다는 계획이 구체화된 것이라고 했다.[31] 자체적으로 개발한 기술로 인공위성을 발사했으므로 과학기술을 앞세워 강성대국을 건설하겠다는 계획이 구체적으로 실현되고 있다는 주장이었다.

물론 인공위성 발사시험이 미국으로 하여금 자신들과 관계 정상화를 하지 않을 수 없게 만들려는 고도로 계산된 외교적 조치일 수도 있다. 하지만 이것만으로는 수억 달러의 비용이 소모되는 일의 내적 정당성을 확보하기 힘들다. 따라서 북한 국내적 맥락인 경제 발전의 전략적 측면에서 이번 일은 이미 확보한 첨단기술을 경제 발전에 적극 사용할 전환점을 마련하기 위한 조치였다고 볼 수도 있다.

이러한 정책적 방향 속에서 북한이 최우선적으로 해야 할 일은 국방과학기술을 민간 부문으로 이전하기 위한 '시스템'을 구축하는 것이다. 동시에 생산현장의 기술 개건 사업도 적극 추진되어 낙후된 생산설비를 버리고 새로운 기술로 생산 시스템을 구축해야 한다. 이러한 일들은 외부의 도움이나 외부 상황의 변화가 없으면 상당히 더디게 진행될 수밖에 없고 효율성도 떨어질 것이다. 그렇다고 자체 노력만으로 불가능한 것은 아니다.

2009년 8월 11일 자 ≪로동신문≫은 "첨단을 돌파하라"라는 정론을 통해 기계공업의 최첨단이라고 할 수 있는 'CNC기술'이 세계적 수준을 돌파했다

---

30) 강이룩, "우주개발의 경제적파급효과와 '첨단기술은 강성대국건설의 기둥'", ≪조선신보≫, 2009년 4월 5일 자.

31) 송미란, "강성대국대문을 두드렸다", ≪로동신문≫, 2009년 4월 7일 자.

고 공언했다.[32] 인공위성 제작에 활용된 국방 기술을 통해 초정밀 고속 자동화 기계 제작기술인 CNC기술을 확보했다는 선언이었다.[33] 그리고 2009년 12월 31일 자 ≪로동신문≫은 "첨단을 돌파한 우리의 CNC기술"이라는 제목의 기사에서 강성대국 건설에 대한 강한 자신감을 드러냈다.[34] 국방 기술에서 이전된 CNC기술은 북한 경제 전반의 자동화·고속화 수준을 한 단계 높일 수 있는 것이다. 이는 과학기술 발전을 통해 경제 발전을 이룩하겠다는 정책의 성과이자 구체적인 사례라고 할 수도 있다.

물론 이러한 기술의 확보만으로 북한 경제 전체를 발전시킬 수 있다고 할 수는 없다. 생산현장을 새로운 기술수단으로 완전히 바꾸기 위해서는 상당한 노력과 시간, 특히 대규모 자본이 필요하다. 이러한 대규모 자본을 북한이 스스로 마련하기에는 역부족이므로 외부로부터 자본을 최대한 유치해야 한다. 이를 위한 조치로 북한 지도부는 2010년 1월 20일 국방위원회 결정으로 "국제금융기구, 국제상업은행들과 거래하며 국가정책에 따르는 중요 대상들에 대한 투자업무를 수행"하기 위해 '국가개발은행'을 설립했다.[35] 그리고 2010년 1월 22일 북한 고위관리들로 구성된 대표단이 투자를 유치하기 위해 네덜란드를 방문했다.[36] 미국과 관계 정상화를 이루지는 못했지만 자신들에게 필요한 조치들을 하나둘 취하고 있는 것이다.

---

32) "[정론] 첨단을 돌파하라", ≪로동신문≫, 2009년 8월 11일 자.
33) 북한이 개발한 CNC 공작기계는 5축 및 7축 공작기계인데, 이는 전 세계적으로 10위권 이내의 기술력을 보유하고 있음을 말해준다. CNC기술과 관련된 세계적 수준에 대해서는 산업자원부, 『정밀제어기기 기술로드맵 최종보고서』(2004)를 참조.
34) 리병춘, "첨단을 돌파한 우리의 CNC기술", ≪로동신문≫, 2009년 12월 31일 자.
35) 김성진, "北, 국방위 결정으로 '국가개발은행' 설립", 연합뉴스, 2010. 1. 23.
36) 장용훈, "北대표단, 투자유치차 네덜란드 방문", 연합뉴스, 2010. 1. 22.

6. 경제 발전을 위한 3대 해결 과제: 자본, 신뢰, 마케팅

북한의 현장 중심 과학기술의 전통은 조건만 갖춰지면 단기간에 효과적인 성과를 가져올 수 있다고 할 수 있다. 이미 과학기술자들은 생산현장의 상황을 잘 인지하고 기술 지원활동을 수행할 수 있는 경험을 쌓은 상태이고, 생산현장에서는 과학원을 비롯한 여러 외부 기관들과 협력해 혁신을 이룬 경험이 많다. 따라서 충분한 자금과 인력, 연료·원료의 제약을 벗어날 수만 있다면 생산현장의 혁신과 변화는 상당히 빠르게 진행될 것이다. 2009년 이후 생산현장의 현대화, 자동화, CNC화 등이 진행 중이므로 이러한 활동을 더욱 강화할 수 있는 조건이 갖춰지면 북한 경제는 지금과는 완전히 다르게 변할 것이다.

남한은 물론이고 일본, 미국과의 관계 정상화로 이들과의 분쟁에서 소비되는 자원을 없애는 것이 북한의 경제 발전을 위해 가장 우선적으로 갖춰야 할 조건이다. 남한과의 관계 개선은 아직 먼 듯하지만 일본과의 관계 정상화 단계는 2002년 수준을 넘어 상당히 구체적인 상태까지 도달한 듯하고, 미국과의 관계 개선도 물밑 접촉에서는 상당한 진척이 있는 듯하다. 이러한 관계 정상화가 이루어진 다음 북한이 경제 발전을 위해 해결해야 할 과제로 대략 세 가지를 거론할 수 있다.

첫째는 물론 생산현장을 일거에 변화시킬 수 있는 '자본'의 확보다. 대규모 사회간접자본(SOC) 건설을 위해서도 필요하지만 새로운 기술을 장착한 생산설비의 완비를 위해서도 상당히 많은 자본이 필요하다. 이 규모를 대략 1000억 달러 정도로 예상하는 듯한데, 이를 위해 '조선대풍국제투자그룹'이 2010년 즈음 활동하기 시작했지만 성과를 거두지 못하고 최근 해체되었다고 한다.[37] 미국과의 관계를 정상화해야 하는 또 다른 이유는 대규모의 자금 확보를 위해서이기도 하다. 미국과의 관계가 정상화되어야 세계은행(World

Bank)이나 국제부흥개발은행(IBRD) 같은 국제기구들이 북한에 투자할 수 있고, 이들이 투자를 해야 민간 자본이 북한에 투자하기 시작할 것이 때문이다. 사실 국제기구의 투자 규모는 크지 않겠지만 이들의 투자가 가져올 투자 위험 등급의 강등은 민간 자본의 북한행을 자극할 수 있기 때문에 중요하다.

두 번째는 대외 무역 활성화를 위해 북한 제품에 대한 신뢰도를 향상시키는 것이다. 지금까지 미국과의 분쟁 과정에서 북한은 신뢰할 수 없는 국가라는 이미지를 갖게 되었다. 게다가 북한 제품의 품질이나 기술 수준에 대한 신뢰도 매우 낮게 형성되어 있다. 국제적인 관계 정상화가 진행되고 내수가 어느 정도 자리 잡는다고 해도 사회주의권 경제가 완전히 붕괴된 오늘날 북한 제품에 대한 신뢰도를 높이지 않으면 북한 경제는 빠르게 성장할 수 없다. 세 번에 걸친 인공위성 발사시험이 단 한 번의 실패를 제외하고 모두 성공할 수 있었던 것은 북한의 기술력에 대한 신뢰도를 높이는 데 큰 도움이 되었다. 고도의 기술력을 필요로 하는 인공위성 발사시험을 상당히 높은 수준의 안정도를 갖고 진행했다는 것은 이러한 기술을 바탕으로 제작된 북한 제품에 대한 신뢰까지 높였다고 할 수 있다. 게다가 거대한 신흥 시장을 보유한 중국이 북한을 적극적으로 밀어준다는 점에서 이를 잘 활용한다면 빠른 시일 안에 북한 제품의 신뢰도는 급격히 높아질 수 있을 것이다.

이러한 선결 조건들이 갖춰진다면 북한 제품의 경쟁력은 지금보다 훨씬 높아질 것이고, 국제 경쟁력을 갖추는 데도 오랜 시간이 걸리지 않을 것이다. 만일 '마케팅' 능력까지 갖춘다면 북한의 경제성장은 더욱 빨라질 수 있

---

37) 조선대풍국제투자그룹은 2005년 소개된 적이 있지만 본격적인 활동을 시작한 것은 2010년 1월부터다. 김양건 아태평화위원장이 이사장을 맡고 재중 동포 박철수가 상임 부이사장 및 총재를 맡았다. 투자 유치를 위해 「2010~2020 북 경제개발 중점 대상」과 같은 자료를 만들어 공개했다[「4개 분야 총 1천억 달러, 철도·도로 250억 달러 투자: 청진·라선·남포지구 개발에 중점」, ≪민족21≫, 11월호(2011)].

을 것이다.

7. 맺음말

북한의 과학기술정책이 구체적으로 수립된 시기는 1960년대 초였다. 자체의 기술, 원료, 연료, 인력을 바탕으로 과학기술을 발전시켜 경제 발전을 꾀하겠다는 전략에 입각해 과학기술정책을 구체화시킨 것은 제1차 과학기술 발전 5개년계획이 끝나고 제1차 7개년계획이 시작되던 시기였다. 하지만 당시 국제정세가 안보 위기를 가중시켜 경제와 국방을 동시에 발전시킨다는 '경제-국방 동시발전' 전략이 수립되면서 국방과학기술을 좀 더 우대해 발전시켰다. 게다가 1960년대 후반 발생한 또 한 번의 종파사건 때문에 북한 지도부의 과학기술자들에 대한 신뢰가 무너졌다. 이로 인해 1970년대부터는 과학기술정책에 대한 지원이 뒤로 밀리기 시작했다. 이전과 달리 종파사건에 과학기술자들의 사상을 담당하던 당 과학교육부장을 비롯한 과학기술 관련 간부들이 대거 연루되었기 때문에 과학기술정책의 우선순위가 뒤로 밀릴수밖에 없었다. 결국 북한은 민수 경제, 민간과학기술 발전이 국방 부문에 비해 한참 뒤처진 '비대칭적 발전' 상태에 빠지게 되었다.

과학기술 우선 발전정책은 1980년대가 되어서야 다시 회복되기 시작했다. 이러한 변화에 앞장선 것은 후계자 김정일이었다. 그의 등장과 함께 '사회주의 경제 건설 10대 전망목표'를 달성하기 위해 과학기술계의 역할이 더욱 중요해졌으므로 그는 과학기술 관련 정책을 우선적으로 정비·집행하기 시작했다. 하지만 이러한 시도는 1990년대 북한이 처한 전대미문의 위기 상황으로 구체적인 결실을 거두지 못했고 경제는 급격히 쇠락했다. 이런 위기 상황을 돌파하기 위해 북한 지도부는 '선군정치' 노선을 제시했다. 군을 앞세운다는 선군정치의 실질적인 의미는 군에서 보유한 앞선 과학기술, 즉 국방 과학기술을 앞세워 경제를 재건하겠다는 전략이었다. 특히 국방과학기술을 적극적으로 활용함으로써 낙후한 생산능력 및 생산기술을 단기간에 높이려 했다. 이것은 단순한 정책 수준이 아니라 '과학기술 중시사상'과 같은 사상으로 불리기 시작했고, 과학기술이 강성대국을 구성하는 3대 기둥 중 하나로 거론되는 수준으로까지 발전했다.

김정은이 이어 받은 북한 과학기술정책의 특징은 '과학기술과 생산의 일체화, 밀착화'라 할 수 있다. 상대적으로 낙후한 민간 부문의 생산기술 수준을 높이기 위한 북한식 과학기술정책이 다시 부활한 셈이다. 생산현장을 중심으로 관련 기관, 역량의 종합화를 꾀하겠다는 것이다. 이는 1950~1960년 대 급속한 경제성장 시기의 정책적 특징을 다시 부각시킨 것인데, 당시 '현지 연구 사업'이라는 현장 중심 과학기술정책을 통해 기술혁신체제를 구축했다. 오늘날은 앞선 과학기술력을 보유한 국방과학기술 부문을 중심으로 생산현장에서 기술혁신체제를 구축하려는 것으로 보인다.

최근 북한은 국방과학기술의 민수 전환 프로그램을 본격적으로 추진하기 시작했다. 2009년을 기점으로 핵관련 기술과 미사일 제작기술이 어느 정도 완숙 단계에 올랐다고 판단한 후 경제강국이 되어 강성대국 건설을 완성하겠다는 계획을 더욱 강하게 추진하기 시작했던 것이다. 국제 정세가 여전히 안정되지 않았기 때문에 이러한 프로그램이 제대로 성과를 낼지 여부는 아직 미지수이긴 하지만 상황이 좀 더 유리하게 조성되기만 한다면 북한 경제가 급성장할 수 있는 여건이나 방향 설정은 이미 상당 수준에 도달해 있는 듯하다.

선군정치를 정치·군사적인 관점에서만 살펴보면 북한 경제의 최근의 변화를 쉽게 인식하기 어렵지만, 과학기술적 관점으로 살펴보면 북한 경제가 군수 부문의 민수 전환이라는 흐름으로 변화했음이 명확해진다. 즉, CNC기술의 전국적 확산을 단순한 선전선동이 아닌 실질적인 변화로 인식해야 하는 것이다. 과학기술적 관점에서 최근 북한 경제의 변화를 좀 더 살펴본다면 앞으로 북한의 변화를 더욱 실질적으로 예측할 수 있을 것이다.

북한 입장에서 경제 발전을 막고 있는 장애 요소들을 제거하기 위한 가장 효과적인 방법은 미국과의 관계를 최대한 빨리 정상화해 각종 경제 제재를 풀고 외국 자본을 자유롭게 유치할 수 있는 환경을 만드는 것이다. 이러한 관계 정상화는 국방 부문에 묶여 있는 각종 자원과 기술, 인력의 민간 부문 이전을 가속화할 수 있기 때문에 북한 경제 발전을 위해서 꼭 필요하다. 북한은 1990년대부터 이를 계속해서 추구했지만 아직 원하는 성과를 거두지 못했다. 오늘날 북한의 자체적인 노력이 제대로 효과를 발휘하기 위해서는 미국과의 관계를 정상화하는 것이 최우선 과제라 할 수 있다.

일단 미국과의 관계가 정상화되고 정전체제가 평화체제로 전환된다면 북한 경제의 가장 큰 짐이라 할 수 있는 국방 부문의 비중을 대폭 줄일 수 있다. 그 대신 이를 민간 부문에 집중 투자하면 경제 발전 속도는 지금보다 훨씬 빨라질 것이다. 게다가 국방과학기술 부문에서 보유한 원천기술들이 민간 부문으로 이전되고, 고급 과학기술자들을 민간 부문에 재배치하면 북한의 과학기술 발전 속도도 이전보다 더욱 빨라질 것이다.

또한 북한이 외국 자본을 유치하는 것이 더욱 쉬워질 것이다. 북한 투자에 대한 위험도나 제재조치가 대거 줄어들 것이기 때문이다. 제재가 사라지면 IMF나 IBRD와 같은 국제금융기구가 먼저 북한으로 진출할 것이고, 그 후 민간 자본이 북한으로 이동하게 될 것이다. 이러한 상태가 되면 북한은 경제 전반을 바꿀 수 있는 자본을 확보할 수 있다.

이를 통해 북한은 자연스럽게 시장경제에 대한 학습을 더욱 깊게 할 수 있고 상품 생산과 마케팅 부문에 대한 경험도 많이 쌓을 수 있다. 아무리 좋은 기술을 보유했다고 하더라도 신뢰도 높은 상품을 생산하지 못하면 시장경제체제에서는 살아남기 힘들다. 사회주의 시장이 대부분 사라진 오늘날 북한 경제의 비상은 시장경제체제에 얼마나 잘 적응하느냐에 달려 있다. 아직까지 많이 미약한 이러한 부문을 북한이 빨리 극복해야만 경제 정상화에 성공할 수 있을 것이다.

이러한 적응의 과정에서 반드시 거쳐야 할 관문이 '주체'나 '자립'의 개념을 좀 더 유연하게 다듬는 것이다. 예전처럼 모든 것을 스스로 해결해야 한다는 수준의 주체나 자립이 아니라 스스로 중심을 잡는 정도로서의 주체, 외부와 소통할 수 있는 정도로서의 자립으로 변화해야 한다. 또한 1990년대 말부터 진행된 '실리주의'를 좀 더 명확히 다듬어나가야 할 것이다. 생산현장에서는 기술 개건 사업을 통해 생산 수준이 높아진 상태로 전환하는 사업을 전개하면서 '상시적 기술혁신'이 가능하도록 '북한식 기술혁신체제'를 안정적으로 마련해야 한다.

이러한 기술혁신 시스템이나 상품 생산 시스템 구축은 시대의 흐름과 세계적 추세를 잘 읽어야 가능하기 때문에 외부와의 교류활동이 막힘없이 이루어져야 한다. 특히 이러한 측면에서 북한보다 앞선 남한의 경험과 혁신 시스템은 많은 도움이 될 것이다. 남한의 기업 중에는 추격 발전 단계를 넘어 선도적 발전 단계로 넘어간 사례가 많다.[38] 즉, 후발 국가 중에서 선진국 대열에 올라선 몇 안 되는 국가 중 하나가 남한이므로 남한 기업의 경험을 최대한 잘 활용하면 북한의 경제도 빠르게 정상화될 것이고 나아가 선진국 대열에 올라서는 데 결정적인 도움을 많이 받을 수 있다. 특히 통일을 위해서도 남한과 함께 효율적인 시스템을 구축하는 것이 바람직하다. 비록 장기적 전망이지만 남한의 협력은 북한 경제가 빠르게 성장하는 데 핵심 요소가 될 것이다.

---

38) 송위진 외, 『탈추격형 기술혁신체제의 모색』(과학기술정책연구원, 2006).

참고문헌

1. 국내 문헌

강호제. 2007. 『북한 과학기술 형성사 I』. 도서출판 선인.

김성진. 2010. 1. 23. "北, 국방위 결정으로 '국가개발은행' 설립". 연합뉴스.

산업자원부. 2004. 『정밀제어기기 기술로드맵 최종보고서』.

송위진·성지은·김연철·황혜란·정재용. 2006. 『탈추격형 기술혁신체제의 모색』. 과학기술정책연구원.

이춘근. 2005. 『북한의 과학기술』. 한울.

이춘근·김종선. 2009. 10. 「북한의 경제 발전 지원을 위한 과학기술협력 추진방안」. ≪STEPI Insight≫, 제31호.

임강택. 2000. 『북한의 군수산업 정책이 경제에 미치는 효과 분석』. 통일연구원.

장용훈. 2010. 1. 22. "北대표단, 투자유치차 네덜란드 방문". 연합뉴스.

전소영. 2004. 「북한의 '경제·국방 병진노선'에 관한 연구: 1990년대 경제·안보 위기와 선군정치를 중심으로」. 이화여자대학교 대학원 석사학위논문, 51~54쪽.

정유진. 1997. 「북한 제2경제권에 대하여」. ≪통일연구≫, 창간호. 연세대학교.

2. 북한 문헌

강이룩. 2009. 4. 5. "우주개발의 경제적파급효과과 '첨단기술은 강성대국건설의 기둥'". ≪조선신보≫. 평양.

「과학기술 발전에서 새로운 전환을 가져오게 한 력사적 문헌」. 1995. ≪자동화공학≫, 3호. 평양.

김동식. 2006. 「인민경제의 개건 현대화 사업을 집중적으로 벌리는 것은 현 시기 경제 건설의 중요과업」. ≪경제연구≫, 2호. 평양.

김일성. 1983a. 「우리의 인테리들은 당과 로동계급과 인민에게 충실한 혁명가가 되여야 한다」(함흥시 대학교원들앞에서 한 연설, 1967년 6월 19일). 『김일성저작집』, 제21권. 평양: 조선로동당출판사.

_____. 1983b. 「혁명가유자녀들은 아버지, 어머니들의 뜻을 이어 혁명의 꽃을 계속 피워야 한다」(창립 스무돐을 맞는 만경대혁명학원 교직원, 학생 및 졸업생들 앞에서 한 연설, 1967년 10월 11일). 『김일성저작집』, 제21권. 평양: 조선로동당출판사.

_____. 1992. 「과학기술연구사업을 우리나라의 실정에 맞게 할데 대하여」(과학기술부문 일군협의회에서 한 연설, 1982년 2월 17일). 『김일성저작집』, 제37권. 평양: 조선로동당출판사.

김정일. 1998. 「과학기술을 더욱 발전시킬데 대하여」(조선로동당 중앙위원회 책임일군들 앞에서 한 연설, 1985년 8월 3일). 『김정일선집』, 제8권. 평양: 조선로동당출판사.

_____. 1999. 「과학기술을 발전시키기 위한 몇 가지 문제에 대하여」(과학 부문 책임일군협의회에서 한 연설, 1988년 8월 31일). 『과학교육사업을 발전시킬데 대하여』. 평양: 조선로동당출판사.

렴태기. 1994. 『조선민주주의인민공화국 화학공업사 1』. 평양: 사회과학출판사.

리기성. 2007. 「새 세기 우리 식의 사회주의경제리론을 연구하는데서 나서는 중요문제」. ≪경제연구≫, 2호. 평양.

리병춘. 2009. 12. 31. "첨단을 돌파한 우리의 CNC기술". ≪로동신문≫. 평양.

리철성. 2007. 「당의 과학기술중시로선을 철저히 관철하는 것은 경제강국건설의 확고한 담보」. ≪경제연구≫, 2호. 평양.

송미란. 2009. 4. 7. "강성대국대문을 두드렸다". ≪로동신문≫. 평양.

신언갑. 1986. 『주체의 인테리 리론』. 평양: 과학백과사전출판사.

신우균. 2007. 「국방공업의 선도적 역할은 사회주의경제강국건설의 합법칙적 요구」. ≪경제연구≫, 3호. 평양.

심은심. 2004. 「경제 발전과 과학기술 발전의 일체화」. ≪경제연구≫, 4호. 평양.

양호남. 2002. 「경제강국건설에서 기술 개건의 절박성」. ≪경제연구≫, 1호. 평양.

윤명수. 1994. 『조선 과학기술 발전사: 해방 후 편 1(해방 후~1970년)』. 평양: 과학 백과사전종합출판사.

조웅주. 2006. 「과학기술과 생산의 일체화는 경제 발전의 확고한 담보」. ≪경제연구≫, 2호. 평양.

차용현·사광웅. 2005. 『조선로동당 인테리 정책의 빛나는 력사』. 평양: 사회과학출판사.

최용덕·김정웅. 1997. 12. 12. "우리는 백배로 강해졌다". ≪로동신문≫. 평양.

최중국. 1989. 「경제, 과학기술 및 정보공학의 일체화과정의 필연성과 균형적 발전」. ≪경제연구≫, 2호. 평양.

≪로동신문≫. 1999. 6. 16. "우리 당의 선군정치는 필승불패이다". 평양.

_____. 1997. 7. 22. "위대한 당의 령도따라 사회주의건설에서 일대 앙양을 일으키자". 평양.

_____. 2009. 8. 11. "(정론) 첨단을 돌파하라". 평양.

≪로동신문≫·≪근로자≫. 2000. 7. 4. "과학중시사상을 틀어쥐고 강성대국을 건설하자". 평양.

≪로동신문≫·≪조선인민군≫·≪청년전위≫. 1999. 1. 1. "올해를 강성대국건설의 위대한 전환의 해로 빛내이자". 평양.

≪민족21≫. 2011. 「4개 분야 총 1천억 달러, 철도·도로 250억 달러 투자: 청진·라선·남포지구 개발에 중점」, 11월호. 평양.

≪조선신보≫. 2003. 4. 11. "국방공업 선행, 대를 이어 계승된 원칙: 조미대결에 대비한 국가경제전략". 평양.

3. 외국 문헌

在日本朝鮮人科學技術協會. 2013. ≪科學技術≫, 2013年 1號. 東京.

제8장

김정은시대의 도시와 도시 건설*

박희진 | 동국대학교 북한학연구소 연구교수

1. 머리말

북한의 김정은 제1위원장이 2009년 후계자로 내정되어 활동하기 시작한 지 6년, 조선로동당 제1비서와 국방위원회 제1위원장에 공식 취임한 지도 3년이 지났다. 김정은체제는 공식적으로 김일성시대, 김정일시대에 이은 계승성을 강조하지만, 시대적 상황에 맞게 새로운 변화도 적극 추구하는 것으로 보인다. 먼저 2012년 4월 김정은 제1위원장은 김일성 탄생 100돌을 기념하는 인민군 열병식 공개연설을 통해 김정은시대의 공식 출범을 알리고 "새 세기 산업혁명을 통해 경제강국을 건설하겠다"[1]라는 구상과 노선을 압축적

---

* 이 글은 박희진, 「김정은 체제의 도시와 도시건설: 개방·관광·상품화」, ≪평화학연구≫, 제16권 제1호(2015)를 수정·보완한 것이다.

으로 제시한 바 있다. 2013년에는 '경제·핵 병진노선'을 공식 채택한 후 경제 건설에 주력하겠다는 뜻을 분명히 했다. 2014년에도 김정은체제는 김정일시 대에 완성하지 못했던 사회주의 경제관리체계를 변화된 상황에 맞게 개선하려는 움직임과 함께 경제개발구를 지정해 경제특구를 확대하는 정책을 실시했다. 또한 아직 평양에 한정되어 있긴 하지만 상업거리 조성 및 슈퍼마켓의 등장, 휴대폰 사용자의 급증, 컴퓨터 및 전자기기 사용의 확대 등 새로운 변화가 나타나고 있다.

김정은체제의 이와 같은 국가 건설 방향에는 도시 건설도 핵심 사안으로 포함되어 있다. 2012년 이후 북한의 수도 평양뿐 아니라 지방의 여러 도시에서 다양한 건설 사업이 진행되었으며, 도시 내 상업시설과 문화체육시설, 주택 건설이 활발하게 진행 중이다. 특히 2013년 김정은 제1위원장은 신년사를 통해 "사회주의 문명국"[2] 건설을 강조하며, "모든 문화 분야를 선진적인 문명강국의 높이에 올려 세울 것"을 지시했으며 「도시미화법」, 「공원유원지법」 등 관련 법규도 속속 정비하고 있다.

최근 북한의 도시 건설과 도시의 외형적 변화가 의미하는 바는 단순하지 않다. 북한의 도시는 자본주의 도시와 달리 오랫동안 사회주의 이념을 대변하는 사회주의의 상징적인 공간이자, 주민들의 공동노동·공동학습·공동생활이 이루어지는 삶과 교양의 터전으로 계획, 관리되어왔다. 전 인민적 소유제 아래 무계급 사회를 지향하는 사회주의 혁명의 거점이자, 사회주의 혁명

---

1) "우리 인민이 다시는 허리띠를 조이지 않게 하며 사회주의부귀영화를 마음껏 누리게 하자는 것이 우리 당의 확고한 결심입니다"(김정은, "선군의 기치를 더 높이 추켜들고 최후승리를 향하여 힘차게 싸워나가자", 조선중앙통신, 2012. 4. 15).

2) 김정은은 사회주의문명국이란 "전체 인민이 높은 문화지식과 건강한 체력, 고상한 도덕품성을 지니고 가장 문명한 조건과 환경에서 사회주의문화생활을 마음껏 누리며 온 사회에 아름답고 건전한 생활기풍이 차 넘치는 가장 선진적인 문명국"을 의미한다고 말했다(≪로동신문≫, 2013년 1월 1일 자).

과제를 실현하는 주체로서의 '도시'는 평등, 균형, 발전, 안녕을 도모하는 국가의 행정 구획이자 주민의 삶이 전개되는 실제적 공간이었다. 따라서 그동안 북한의 도시들은 설계 초기부터 사회주의 이데올로기에 기초해 도시의 물리적 형태뿐 아니라 내용적 구성에서도 이에 근거한 지배전략 측면으로 건설되었다. 각 도시별 변화 발전 또한 일정한 역사적 흐름을 동일하게 반복하며, 인구 증가와 산업 발달에 따라 소소한 확대와 개발, 재건과 신축 등이 부분적으로 이루어졌을 뿐이다. 그러나 최근 북한도시의 건설 양태와 변모 양상은 이념과 지배전략에서 벗어나 세계적 추세를 강조하며 현대화와 상업화가 급속히 진행되고 있다. 그렇다면 최근 김정은체제 아래 적극적으로 전개되는 북한의 도시 건설 양태와 이로 인한 도시의 변모 과정은 어떻게 해석할 수 있을까?

이 글은 북한이 전후 복구 시기부터 추진해왔던 사회주의 도시 건설 과정에서 정립하고 구조화했던 도시와 도시 건설의 개념 등 그 역사적 맥락을 살펴보고, 이에 기초해 현재 북한의 도시와 도시 건설 진행 현황을 연계해 고찰하고자 한다. 또한 이를 통해 김정은체제의 도시 건설 방향에 대한 현재적 의미를 검토하는 것을 목적으로 한다. 다만 사회주의 북한과 북한의 도시는 매우 다양한 주제와 소재를 포괄하는 연구 의제일 뿐 아니라 역사학, 정치학, 지리학, 사회학, 건축학, 문화사 등의 제 학문 분과에서 다양한 방법론으로 접근해야 하기 때문에 이 글은 도시라는 포괄적 연구 의제에 비해 매우 제한적 서술에 이를 수밖에 없다는 점을 전제한다. 그 대신 북한의 내적 논리를 재구성하고 이에 기초해 오늘날의 도시 변화를 연계함으로써 글의 논리적 맥락을 구축하고자 했으며, 도시 변화와 그 함의를 북한체제의 개혁·개방과 연동해 고찰하고자 한다.

2. 북한 도시의 개념과 기능

도시는 고대부터 존재해왔다. 그러나 소련 혁명 후 사회주의자들이 생각하기에 기존의 도시는 노예제-봉건제-자본제의 이데올로기를 충실히 반영하는 공간일 뿐 인민을 위한 공간이 아니었다. 특히 농촌으로부터 혁명을 이룬 사회주의 국가들은 도시에 대해 비판적이었다. 과연 사회주의에 도시가 필요한가? 1920~1930년대 소련의 미하일 오히토비치(Mikhail Okhitovich)와 모이세이 긴즈버그(Moisei Ginzburg) 같은 비(반)도시주의자들이 제기한 문제의식이 바로 그것이었다.[3] 이들이 생각하는 사회주의 도시란 부르주아적 형태에서 나온 것으로 사회주의 도시 건설은 반동적인 시도라고 비판할 정도였다. 즉, 소련 혁명의 성공 이후 정부와 도시계획가들, 건축가들은 사회주의 도시는 왜 필요하며, 이전 시기 자본주의 도시와는 무엇이 다르고 어떻게 건설되어야 하는가에 대한 다양한 논의를 했다. 당시 이들의 많은 논의는 사회주의 도시는 새로운 사회의 모습을 펼쳐 보이며 사회주의의 위대함을 보여주는 방향으로 건설되어야 하며, 사회주의 이념이 구체적으로 실현된 숲과 공원으로 둘러싸인 이상적인 정원도시가 되어야 한다는 것으로 종합되었다.[4]

이것을 개념적으로 정리하면 사회주의 도시란 혁명의 출발지이며 사회주의 이념의 학습 장소로서 도시계획의 목표는 사회주의 이데올로기의 완전한 실현을 위한 도농 간 격차 해소와 도시규모의 성장 억제(적정 규모), 자족적

---

3) K. Frampton, "Notes on a Lost Avant-garde," in Campbell and Lynton(ed.), *Art and Revolution*(London: hayward gallery, 1971); K. Frampton, *Modern architecture: a Critical History*(London: Thames and Hudson, 2002).

4) 김흥순, 「사회주의 도시는 어떻게 만들어졌는가?: 소련 건국 초기 도시주의 대 비도시주의 논쟁을 중심으로」, ≪국토계획≫, 제42권 제6호(2007), 40~42쪽.

이며 균형적인 커뮤니티(community)를 형성하는 것이다.[5] 이에 소련의 도시 계획은 다음 네 가지의 원칙적 방법론을 정의한다. 첫째, 주거 환경 보호를 위해 공업과 주거를 분리하며 공업시설과 주거지라는 토지 이용 간 분리 방법에 기초해 건설한다. 둘째, 자족적인 주거 단위이자 사회주의적 공동생활의 기초 단위로 소구역(micro-district)[6]을 설정해 건설한다. 셋째, 직주근접(職住近接)의 원칙과 공간적 형평성 제고를 위해 소구역별 서비스시설을 균등 배치한다. 넷째, 도심부는 이념적 학습의 장소로서 상업시설이나 업무시설 대신 공공시설과 기념광장 등을 건설한다.[7]

북한 또한 6·25전쟁 발발 직후부터 소련의 도시 건설과 재건의 경험을 총화(總和)하고, 소련 도시계획의 기본 안을 그대로 수용했다. 즉, 인구수에 따라 도시의 적정 규모를 설정하고, 도시 안에 다각적이며 복잡한 기능을 연계해 자족적인 생활이 가능하도록 했다. 거주지역, 산업지역, 교통지역, 녹화지역, 위생보건지대 등으로 구분해 계획했다.[8] 그리고 북한의 주민지대를 도시와 읍, '로동자구'들이 속하는 도시형 주민지와 농촌형 주민지로 구분하고, 도시형 주민지를 문화와 공업의 기본 중심지이자 행정적 중심지로 정의했다.[9] 이에 북한의 도시는 공업도시로서의 역할과 기능을 수행하며 사회주

---

5) P. White, "Urban Planing in Britain and the Soviet Union," *Town Planing Review*, Vol. 51, No. 2(1980), pp. 216~217.

6) 소구역이란 구역 내에 주택, 공동취사시설, 여가시설, 탁아소, 학교, 의료시설 등을 갖춘 자족적인 집단 주거 단위로서 작업장인 공장과 근접 배치해 직주근접의 이상을 실현하고자 하는 도시계획의 기본 방법이다(R. A. French and F. E. Ian Hamilton, "Is There a Socialist Cites?" in R. A. French and F. E. Ian Hamilton(ed.), *The Socialist City: Spatial Structure and Urban Policy*(New York: John Wily & Sons, 1979), p. 8].

7) R. A. French, "The Individuality of the Soviet City," in French and Hamilton(ed.), *The Socialist City: Spatial Structure and Urban Policy*, pp. 73~74.

8) 김청희, 『도시건설』(평양: 조선민주주의인민공화국 과학원, 1953), 142쪽.

9) 리순건·백완기, 『주택 소구역 계획』(평양: 국립건설출판사, 1963), 18쪽.

의 이념에 따라 농촌을 지원함으로서 도농 간 격차 해소를 위한 주도적 역할과 기능이 강조되었다.

그러나 1964년 지역적 거점으로서의 '군(郡)'의 역할과 기능을 강조하는 김정일의 논문이 발표된 이후 북한의 행정체계는 기존의 '도시-농촌'의 이분법적 구획에서 벗어나 '시·군·구'의 행정체계로 정교화되기 시작했다. 기존의 '리(里)'를 폐지하고 '군'을 지역적 거점으로 삼아 통폐합했으며, 군을 통해 사회주의·공산주의 과업 수행을 완성해나간다는 북한식 행정체계를 수립했다.[10] 따라서 1964년 이전 시기에 이 과업을 실현하기 위한 지역적 거점은 '도시'였다. 그러나 김정일의 논문이 발표된 후 지역적 거점은 '도시'가 아닌 '군'이 되었고, 주민생활의 주요 거점도 군을 중심으로 설정되었다.

〈그림 8-1〉과 〈그림 8-2〉에서 보듯이 북한의 군은 정치·경제·문화의 모든 분야에서 도시와 농촌을 연결시키는 접촉점이자 결절점이다. 또한 군은 지방의 종합적이며 통일적인 지도 단위로서 행정체계이자 교육문화, 주민 생활단위의 중심이다. 군은 주민이 '로동+휴식+학습'의 삼위일체 생활을 집단적으로 이룰 수 있도록 소구역체계를 형성하고, 공동의 커뮤니티를 통해 집단생활을 영위하도록 설계되었다. 따라서 1960년대 말부터 기존 도시의 많은 기능과 역할은 대부분 군이 대신 수행하기 시작했고, 도시는 상징화되고 정치적·행정적인 역할을 강화하는 수준으로 변모했다. 더불어 거주지로서의 도시의 규모를 일정 수준으로 제한하고, 큰 도시 주변에 위성도시를 건설함으로써 대도시화를 억제했다.[11] 그리고 1980년대 이후 북한의 도시는 지도자와 사회주의 이념을 상징하는 동상, 공원, 건축물 등 상징 요소를 더욱

---

10) "군의 역할을 높여 도시와 농촌의 차이, 로동계급과 농민의 계급적 차이를 없애는 것은 사회주의제도가 선 다음 로동계급의 당과 국가가 튼튼히 틀어쥐고나가야 할 전략적과업이다"[김정일, 『김정일선집』(증보판), 제1권(평양: 조선로동당출판사, 2009), 415쪽].

11) 라인원, 「위성도시형성계획에 대하여」, ≪조선건축≫, 루계 제27호(1994), 41~42쪽.

〈그림 8-1〉 군의 계획적 설계 도식

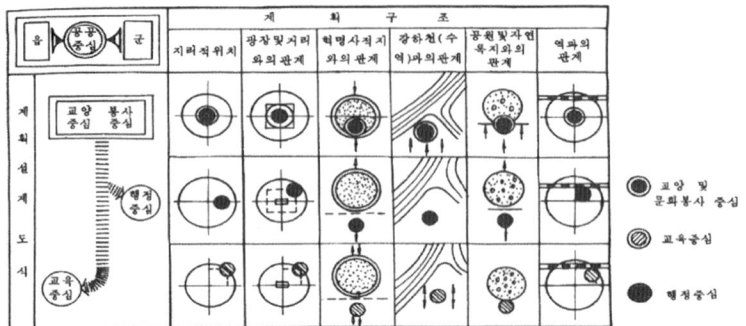

자료: 김광윤·백완기, 「군소재지의 합리적인 계획구조」, 《조선건축》, 루계 제26호(1994), 11쪽.

〈그림 8-2〉 군 단위 구성과 체계

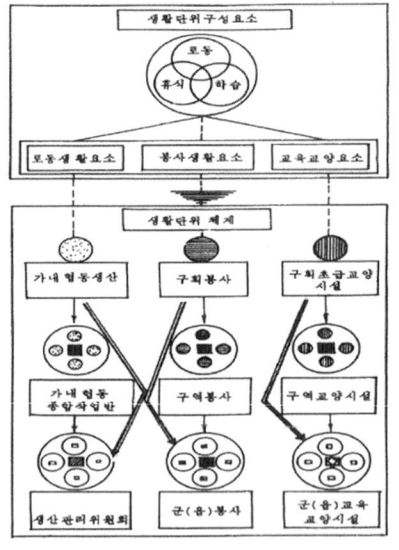

· 〈그림 8-1〉의 우측 범례를 보면 군은 교양 및 문화봉사 중심(◉)과 교육 중심(◍), 행정 중심(●)으로 구성된다. 각각의 중심 구역은 그림 안의 표기와 같이 지리적 위치, 광장 및 거리와의 관계, 혁명사적지와의 관계, 강하천(수역)과의 관계, 공원 및 자연녹지와의 관계, 역과의 관계를 고려해 군 안에 계획적으로 배치된다. 예를 들어 혁명교양과 문화봉사 중심시설들은 군의 한가운데인 광장과 중심거리에 위치하며, 혁명사적지와 공원 및 자연녹지 영내에 위치한다. 반면 교육 중심시설들은 군의 경계(읍과 연결된)에 위치하며, 역(교통시설)과는 근거리에 위치하도록 계획된다.

· 〈그림 8-2〉는 군이 하나의 공동체적 생활 단위를 이뤄 노동, 휴식, 학습의 장이 되도록 군 거주지와 가내협동생산의 작업장, 봉사시설, 초급교양시설을 상호 연계해 설계하고 있음을 보여준다.

자료: 김광윤·백완기, 「군소재지의 합리적인 계획구조」, 11쪽.

강조하는 형태로 변화했다.[12]

결과적으로 북한은 소련의 사회주의 도시계획론을 변형시켜 도시의 많은 기능을 주민생활의 중심인 '군'으로 집약했다. 군을 통해 농업 발전, 농촌경리(農村經理)의 과학화·현대화, 도농 격차의 해소라는 주요 과업을 해결하고자 한 것이다. 도시는 핵심 공업시설 중심으로 형성되었고, 도(道) 안의 군들을 연계, 지원하는 정치적·행정적 기능이 강화되었으며, 각 도를 대표하는 상징적 중심이 되었다.

3. 북한 도시 건설의 원칙과 방법

1) 산업정책과 도시 건설

북한의 행정구역은 〈표 8-1〉에서 보듯이 현재 1개의 직할시(평양), 2개의 특별시(남포, 라선), 9개의 도(평안북도, 평안남도, 자강도, 량강도, 함경북도, 함경남도, 황해북도, 황해남도 및 강원도), 24개의 시, 145개의 군 및 3개의 지구(신의주특별행정지구, 개성공업지구, 금강산관광지구) 등으로 이루어져 있다.

공식적으로 북한 도시의 분류 기준은 ① 도시의 인구수, ② 도시의 정치적·행정적 및 문화·교육적 의의, ③ 도시의 인민경제적 특성, ④ 지방의 자연조건, ⑤ 건축물의 성격이다.[13] 그러나 북한은 도시의 인구수와 규모 등을 제한하기 때문에 실제로는 ②와 ③의 요소가 도시 분류의 중심이 된다. 특히

---

12) 북한의 제2도시 함흥에 대한 도시사적 연구를 참조[박희진, 「함흥시 도시공간의 지배구조와 탈주체의 삶」, ≪북한연구학회보≫, 제17권 제2호(2013); 임동우·라파엘 루나 엮음, 『북한 도시 읽기(North Korean Atlas)』(도서출판 담디, 2014)].

13) 리순건·백완기, 『주택 소구역 계획』, 19쪽.

〈표 8-1〉 북한의 행정구역별 도시와 인구

(단위: 명)

행정구역	주요 도시	행정구역	주요 도시
직할시	평양(3,255,288)	특별시	남포(366,815), 라선(196,954)
평안남도	평성(284,386), 개천(319,554), 덕천(237,133), 순천(297,317), 안주(240,117)	평안북도	신의주(359,341), 구성(196,515), 정주(189,742)
자강도	강계(251,971), 만포(116,760), 희천(168,180)	량강도	혜산(192,680)
황해남도	해주(273,300)	황해북도	사리원(307,764), 개성(308,440), 송림(128,831)
함경남도	함흥(768,551), 단천(345,875), 신포(152,759)	함경북도	청진(667,929), 김책(207,299), 회령(153,532)
강원도	원산(363,127), 문천(122,934)		

주: 괄호 안 숫자는 인구수.
자료: Central Bureau of Statistics, *DPRKorea 2008 Population Census: National Report*(Pyong yang, 2009)

북한의 도시 형성 배치는 생산력 배치이론과 밀접한 연관을 맺고 있다. 즉, 원료 원천지와 소비지의 결합 원칙, 전반적 균형 발전의 원칙, 도농 격차 해소의 원칙, 환경 불파괴 원칙, 국방력 강화 원칙에 따라 생산력 배치를 먼저 한 후 도시를 연계 배치하고, 도시를 중심으로 군 단위의 농촌을 결합하는 방식이다.[14) 따라서 직할시와 특별시를 포함한 북한의 27개 도시는 군사적 관점을 포함한 산업정책에 따라 건설되었고, 이 같은 관점에서 볼 때 북한의 도시는 크게 네 개 그룹으로 구분할 수 있다.[15)

첫 번째는 전통적인 대도시다. 평양, 함흥, 청진, 원산, 사리원, 신의주 및 해주 등이 이 그룹에 속하는 도시들인데, 전통적인 대도시들이고 현재에도 각 도 행정경제의 중심이다. 두 번째 그룹은 만포, 강계, 희천 및 혜산 등의

---

14) 김필수, 『위대한 수령 김일성 동지의 생산력배치에 관한 탁월한 리론』(평양: 사회과학출판사, 1975), 6쪽, 96쪽.

15) 도시별 네 개 그룹 분류는 조남훈, 「북한의 도시화 추이와 특징」, ≪KDI 북한경제리뷰≫, 5월호(2013), 46~47쪽 참조.

북부 내륙 도시들이다. 북한의 균형적인 생산력 배치와 국방력 강화 원칙에 따라 바다연안에 집중되어 있던 공업시설을 내륙으로 이동하고, 군수공업 및 중공업을 기반으로 건설된 공업도시로서 1960년대 이후 본격적으로 개발 건설되었다. 세 번째 그룹은 평양 주변의 위성도시로서 남포, 순천, 평성 및 송림 등이다. 대부분 후발 도시로서, 평성의 경우 평안남도 도소재지를 평양 에서 평성으로 이관하면서 1969년 12월 건설되었고, 순천의 경우 1990년대 에 평안남도의 석탄 생산과 공급 증대라는 경제적 요구와 주변 농업지대의 인구 증가로 건설되었다. 네 번째 그룹은 서해안 지역의 내륙 도시인데, 이 도시들은 평야지대에 위치해 공업뿐 아니라 농업도 함께 발달했다. 평안북 도 정주, 평안남도의 안주, 황해북도의 사리원, 황해남도의 해주 등이 속하 며 이들 도시는 도농 격차 해소를 중점적 기능으로 삼고 도시의 농업 지원 역할을 수행한다.

이렇게 북한의 도시는 역사적으로 산업정책, 즉 중공업 우선발전전략 및 공·농업의 균형발전전략에 따라 네 가지 층위를 형성하며 건설되었다. 따라 서 북한 주민들에게 도시란 네 가지 의미가 있다.

첫째, 평양, 라선, 남포와 같은 특별시는 특별한 정치경제적 지위를 가진 사람들이 거주하는 곳이다. 둘째, 함흥, 청진과 같이 인구 70만~80만 명의 대규모 공업도시 노동자들이 거주하는 곳이다. 셋째, 나머지 대부분의 도시 는 정치적·행정적 기능을 뒷받침하는 군(軍)과 당 및 행정 일꾼, 사무원, 교 육, 편의봉사 및 상업시설에 근무하는 사람들이 거주하는 곳이다. 넷째, 주 민 거주의 중심이 군이기 때문에 거주지로서의 도시는 인구 20만~30만 명 내외 규모로 제한되어 주민들의 도시 진입이 억제되는 곳이다.[16]

---

16) 1993년 1차 인구센서스 이후 2008년 10월 1일 실시된 북한의 2차 인구센서스에 따르 면 북한 전체 인구는 2334만 9859명이다. 그중 도시 인구는 1415만 5393명이고, 농촌

2) 도시 구성과 건설 사업 순위

북한 도시 건설의 상위 범주는 기본 건설 부문이다. '기본 건설'이란 "고정 재산을 새로 조성하며 이미 있는 고정재산을 개건, 확장하는 물질적 생산부 문"[17]을 지칭한다. 기본 건설은 목적과 용도에 따라 생산적 건설과 비생산적 건설로 구분되며, 부문별로 공업 건설, 농업 건설, 운수 건설, 체신 건설, 살림집 건설, 공공 건설, 도시 건설, 마을 건설 등으로 구분한다. 또한 건설 형태에 따라 신설, 확장, 개건, 복구 등으로 구분한다. 즉, 북한의 도시 건설은 전국적인 기본 건설 사업의 일환으로 추진되기도 하며, 독립적인 부문별 건설 사업으로 추진되기도 한다. 기본 건설 사업으로서의 도시 건설은 도시의 발전 방향을 규정한 '도시총계획(도시계획)'에 따라 건설된다.

북한은 6·25전쟁이 끝난 후 사회주의 전면 건설기에 돌입하자마자 일제강 점기에 자연발생적으로 자리 잡고 성장한 도시에 대한 대대적인 계획 조정을 단행했다. 그 전형이 1951년 1월 작성·지시되고, 1953년 7월 완성된 '평양 시 복구 발전 총계획'이다.[18] 당시 북한은 평양의 기본 구성 요소와 배치 문제가 곧 사회주의 도시의 성격과 사명을 규정한다고 보고, 평양 건설 설계와 건축 및 제반 문제들을 다각적으로 검토하고 수정을 거듭했다. 그리고 평양 건설계획에 입각해 다른 도시 건설에도 이 원칙과 방법을 적용했다.[19] 그 결

인구는 919만 4466명이다. 그런데 수도인 평양의 인구가 325만 5288명으로, 이를 제외하면 도시와 농촌의 인구는 각각 절반이라고 볼 수 있다. 또한 특별시와 대표적 공업도시인 남포, 라선, 신의주, 청진, 함흥, 개성의 인구가 도시 전체 인구의 절반에 가깝다(*DPRKorea 2008 Population Census: National Report*).

17) 평양건설전사 편찬위원회, 『평양건설전사 2』(평양: 과학백과사전종합출판사, 1997), 155쪽.

18) 같은 책, 149~151쪽.

19) 이왕기, 「사회주의 모범도시 평양의 도시계획과 건축」, 동국대학교 북한도시사연구

과 북한 당국이 도시 건설에 반영하는 도시 구성의 요소들은 총 일곱 가지 건설 영역으로 나눌 수 있다.

첫째, 도시 중심부의 설정과 광장의 건설이다. 도시총계획에서의 기본은 도시의 규모와 도시거리망 및 용도별 지역의 합리적 배치다. 이때 모든 배치의 중심은 도시 중심부다. 북한은 도시 중심부에 해당 사회의 지도사상과 지도이념, 계급적 성격이 집중적으로 반영되어야 한다는 '주체의 도시 건설 원칙'에 따라 도시의 중심을 상징하는 김일성 동상, 혁명사적관, 조선로동당사 등을 최우선적으로 건설하고 그 주변에 광장과 공원을 조성했다.

둘째, 살림집 건설 및 거리 건설이다. 살림집은 거리 형성과 밀접한 연관을 맺고 건설된다. 즉, 도시 내 거리는 도로 주변을 따라 건물을 배치하는 '살림집의 주변식 배치 방법'을 통해 형성되며, 살림집 아래층에 각종 편의봉사시설을 배치해 거리를 장식하는 방법으로 건설된다. 또한 도시 크기와 인구 구성에 따라 살림집의 층수를 지정하는데, 중소 규모의 도시에는 3~5층 내외, 대도시에는 10층 높이의 고층살림집을 건설했다.[20]

셋째, 공공건물 건설이다. 공공건물은 여러 가지 사회정치생활을 보장하는 대중적인 이용건물로서 도시 주민들의 물질문화생활과 편의를 보장하며 혁명적으로 교양 개조하는 데 필요한 교양적 의의를 갖는 시설이다. 이 역시 도시계획의 원칙적 요구에 따라 살림집 구역을 중심으로 문화기관, 학교, 병원 등이 우선 건설되었다.

넷째, 산업 건설이다. 도시 내 공장·기업소의 건설을 의미한다. 도시계획

팀 비공식세미나 발표문(2013).

20) 1970년대 천리마거리, 1980년대 광복거리, 청춘거리 등 수도 평양에만 15~45층 높이의 아파트가 있었다. 기타 도시의 경우 상징적으로 원산에 30층, 함흥에 22층, 평성에 18층 높이의 관상용 아파트가 건설되었을 뿐 대부분 10층 내외의 살림집이 일반적이었다.

의 기본 원칙에 입각해 산업시설은 주거지와 분리된 지역에 건설되며 각 공장·기업소별 총계획(공장총계획)에 의거해 건설된다. 다만 도시 건설에서는 용도별 지역 구분을 통해 산업시설 지대를 확정하고, 생산건물 주변으로 윤환도로 형성, 녹화 조성, 탁아소, 유치원 등 여러 편의봉사시설을 건설한다.

다섯째, 도시원림 건설로 도시녹지체계를 조성하며 시내의 공원, 유원지 건설을 포함한다.

여섯째, 교통운수시설 건설이다. 인구 증대와 도시 영역의 확장을 고려한 교통시설을 계획, 건설하며 상하수도망 및 지하기술시설망을 확충하는 것을 포함한다.

일곱째, 도시기술시설 건설이다. 대표적으로 상수도계획이 있고, 전기체신 및 열 공급 부분이 이에 해당한다.[21]

기본 건설 사업의 일환으로 도시 건설이 추진될 때는 공장·기업소별 총계획, 국토관리계획, 교통운수계획, 상하수도계획 등이 해당 도시와 맞물려 추진된다. 그러나 부문별 건설 사업으로서의 도시 건설 사업은 앞에서 언급한 요소 중 첫째부터 셋째까지의 구성요소들이 해당 도시의 대상 건설 영역에 속하는 경우가 많다. 이때 도시 건설의 핵심은 살림집 건설이다. 북한은 주택 공급에 대한 의무를 법으로 정하고 있으며, 1세대 1주택 분배원칙에 따라 청소년이 학업을 마친 후 취업을 하고 결혼을 할 경우 1세대마다 1주택에 대한 기본적인 사용료만 지불하고 평생 이용할 수 있는 시스템을 구축했다.[22]

---

21) 이상의 방법론에 따라 건설된 도시계획의 대표적 계획도는 다음의 저서를 참조하라. 1950년대 대표적인 도시계획은 리화선, 「동평양 17호, 18호 구획도」, 『조선건축사』 (평양: 과학백과사전종합출판사, 1987), 122쪽 참조; 1980년대 대표적 계획도는 「남신의주 8호 구획 계획도」, ≪조선건축≫, 루계 제13호(1990), 75쪽 참조; 1980년대 말~1990년대 초의 도시계획은 권영태, 「우리식 거리의 또 하나의 훌륭한 본보기─광복거리 배치도」, ≪조선건축≫, 루계 제13호(1990), 2~6쪽 참조.

22) 국가는 건설 부문에서 이룩한 성과를 공고히 하고, 생산적 건설과 비생산적 건설의

〈표 8-2〉 북한의 주택 건설 목표와 실적

(단위: 만 세대)

구분		목표(세대)	실적(세대)	수행률(%)
5개년계획	1957~1960	60 (도시 40, 농촌 20)	15	25
7개년계획	1961~1970	120	80	67
6개년계획	1971~1976	100	88	88
제2차 7개년계획	1978~1984	140~200 (매년 20~30)	75~105	50
제3차 7개년계획	1987~1993	105~140 (매년 15~20)	16	11~15
합계		525~630	269~304	48~51

자료: 조현식, 『북한의 주택현황』(북한연구소, 1990), 167쪽.

이에 북한 당국은 매 시기마다 도시 살림집 건설을 주요 목표로 설정하고 이를 추진해왔다.

그러나 〈표 8-2〉에 나타난 것처럼 북한의 주택 건설은 전반적으로 목표량을 달성하지 못했으며 지속적인 공급 부족 상태였다.[23] 반면 평양을 비롯한 대도시들은 시간이 지날수록 도시 안에 새로운 거리를 조성하고, 혁명적·교양적 의의를 지닌 상징건물들을 경쟁적으로 건설하는 경향을 보였다(〈표 8-3〉 참조).

현상적으로 볼 때 1990년대 고난의 행군 시기 이전까지 북한의 도시는 앞서 정의하고 살펴본 방법론적 원칙에 근거해 건설되었다. 그러나 1990년대 고난의 행군 시기를 거치면서 공업이 붕괴하고 군 단위와의 공급연계가 차

균형을 보장하면서 도시 살림집과 농촌 문화주택을 국가 부담으로 건설한다[사회과학원 경제연구소, 「조선민주주의인민공화국 '건설법' 제2조」, 『조선민주주의인민공화국 법전』(평양: 법률출판사, 2004), 71쪽].

23) 서우석의 연구에 따르면 1995년까지 북한의 주택 수는 269만~304만 호로 추정되며, 추정 가구 수는 485만 호로 북한의 주택 보급률은 50% 정도 된다[서우석, 「체제전환국가들의 주택개혁 사례 및 적용가능성에 대한 비판적 고찰」, 『주택공사』(국토연구원, 2000), 254쪽].

〈표 8-3〉 평양 중심의 상징 건축물 및 공공건물 건설

시기	주요 건설 건축물
1950년대	평양역사(1950년 착공), 모란봉극장(1954. 8), 조선역사박물관(1954), 조선미술박물관(1954. 9), 대동문영화관(1955. 9), 종합청사1호(1956)
1960년대	평양대극장(1960. 8), 옥류관(1960. 8), 천리마기념탑(1961. 4), 평양소년학생궁전(1963), 인민군교예극장(1964. 10), 보천보전투기념탑(1967. 6, 혜산)
1970년대	조선혁명박물관(1972), 조국해방전쟁승리기념관(1972. 4), 평양체육관(1973. 4), 인민문화궁전(1974. 1), 4·25문화회관(1975. 10), 왕재산대기념비(1975. 10, 온성군), 만수대예술극장(1976. 1),
1980년대	평양산원(1980. 3), 창광원(1980. 2), 빙상관(1982. 4), 인민대학습당(1982. 4), 평양개선문(1982. 4), 주체사상탑(1982. 4), 만수대의사당(1984. 10), 고려호텔(1985. 8), 만경대소년학생궁전(1988), 평양교예극장(1989), 청년중앙회관(1989), 동평양대극장(1989), 청년호텔(1989. 4), 평양국제영화관(1989), 평양국제문화회관, 5·1경기장(1989)
1990년대	금수산태양궁전, 조국해방전쟁기념관, 3대혁명전시관, 당창건기념탑(1995. 10)

자료: 북한 자료 종합해 필자 작성.

단되면서 더 이상 도시로서의 기능을 다할 수 없었던 북한의 도시에는 넓게 조성된 황폐한 거리와 광장, 창문조차 없는 낡은 살림집, 제 목적을 잃어버린 문화시설, 체육시설, 교양시설만이 남게 되었다. 그러나 2000년대 내내 김정일체제는 도시 건설의 의제를 제시할 상황이 되지 못했다. 과거와 같이 도시가 어떠해야 하며 도시 속의 주민생활은 어떻게 고려되고 조직되어야 하는지 살피지 못했다. 토지정리 사업, 국토관리 사업, 도시 환경미화 사업 등 헝클어진 질서를 바로잡기 위한 노력만 했을 뿐이다.[24]

---

24) 토지정리 사업은 1998년 10월부터 2002년 3월까지 진행된 논밭 규격화 사업으로 강원도, 평안북도, 황해남도 지역을 대상으로 했다. 이 과정에서 북한 당국은 협동농장 주변 2~3채 규모의 살림집을 헐고 문화주택구역을 조성해 농촌 살림집을 개건했다. 또한 1996년 효율적이고 체계적인 국토관리를 위해 내각에 국토환경보호성을 설치하고, 10월 23일을 국토환경보호절로 제정하는 등 산림 조성 10개년계획(2001~2010년)에 따라 전국에 나무심기운동을 대중적으로 전개하는 동시에 도시와 농촌의 수림화·원림화 실현을 목표로 도로 건설 및 보수, 도시와 마을 정비 및 산림 조성 등 주민 동원 사업을 적극 추동한 바 있다(이관세 외, 『북한지식사전』(통일부 통일교육원, 2013), 81쪽, 632쪽).

4. 김정은시대의 도시 건설 현황과 특징

김정은체제 등장 이후 북한 경제는 비록 소폭이긴 하지만 꾸준한 성장세를 보이고 있다.[25] 북한이 처한 대내외적 상황이 크게 변화하지 않은 상태에서 나타나는 북한의 경제 성장률은 다양한 해석을 불러오지만, 김정은체제 등장 이후 시행된 개방특구정책 및 '우리식 경제관리 사업' 등 개혁개방 조처의 긍정적 효과에 주목할 만하다.[26] 마찬가지로 최근 북한의 도시 및 도시 건설 현황 또한 김정은체제의 개혁개방전략에 직간접적인 영향을 받고 있다. 현재 김정은 제1위원장은 선군(先軍)경제노선을 계승하면서도 세계적 추세에 맞게 대외개방을 하고 지식경제시대에 맞는 경제관리체계를 개선함으로써 경제발전을 추동하겠다는 국가 운영방침을 밝히고 있다. 이 같은 방침은 북한의 도시 변화에도 그대로 투영되어 나타나고 있다. 그 하나는 지식경제시대를 지향하는 상징적 변화로서의 도시 건설이며, 또 다른 하나는 세계적 추세에 맞는 개방적 도시 건설의 추진이다.

1) 지식경제시대의 도시 건설

김정은체제가 정의하는 지식경제시대를 대변하며 이를 이끌어나가는 도시는 평양이다. 북한은 평양 현대화를 최우선 과제로 놓고 과학자 지구를 신설했으며, 도시 건설 방향에서는 지식경제시대에 그 역할이 강조되는 과학자·교육자의 주택 공급을 우선시하고 있다. 또한 공공건물 건설 부문에서는

---

25) 한국은행(www.bok.or.kr) 통계에 따르면 북한 경제는 2011년 0.8%, 2012년 1.3%, 2013년 1.1% 등 2011년 이후 2% 미만의 성장률을 지속적으로 보이고 있다.

26) 민준규·정승호, 「최근 북한의 경제정책 추진현황 및 평가: '우리식 경제관리방법'을 중심으로」, ≪bok이슈노트≫, 제16호(2014), 2쪽.

사회주의 문명국의 위상을 높일 문화·체육시설에 집중하고, 그에 알맞은 현대 도시의 외형적 변화를 추구하고 있다.

(1) 수도 평양의 현대화

도시 건설 역사상 평양 건설은 중단된 적이 없다. 이미 2009년부터 강성대국 건설을 목표로 '평양시 아파트 10만 세대 건설'을 추진했으며, 2009년 완공된 평양 만수대거리의 아파트는 고난의 행군 이후 10여 년 만에 평양에 공급된 첫 번째 대규모 신축 주택이다. 김정은시대에도 평양 중심의 도시 건설 계획은 계속되고 있다. 먼저 김정은 제1위원장은 자신의 '노작'을 통해 "평양시를 혁명적 수령관이 선 성스러운 혁명의 수도로 웅장화려하고 풍치수려한 세계적인 도시로 만들 것"을 구체적으로 지시했다.[27]

평양 건설의 첫 번째 목표는 혁명의 수도답게 김일성 및 김정일의 동상을 중심축으로 해 화려하며 현대적인 멋이 나는 도시로 만드는 것이다. 2012년과 2013년 두 해 동안 평양의 현대화 작업은 상당한 정도로 진행되었다. 우선, 수도의 관문인 평양국제비행장을 한층 현대적으로 신설 중이다.[28] 또한 김일성 동상에 이어 김정일 동상을 세우고 그 주변 만수대거리 일대를 현대화했다. 금수산기념궁전과 김일성종합대학 등이 위치한 대성구역은 도로현대화 사업의 본보기 단위로 지정해 색 타일과 외장재로 단장하고, 100여 동의 건물에 화려한 조명장식을 더했다. 광복거리를 중심으로 한 광복지구에

---

27) 김정은, 「사회주의강성국가건설의 요구에 맞게 국토관리사업에서 혁명적전환을 가져올데 대하여」(당, 국가경제기관, 근로단체책임일군들과 한 담화, 2012년 4월 27일), 『조선중앙년감 주체 102』(평양: 조선중앙통신사, 2013), 21쪽.

28) 순안국제공항 맞은편에 청사와 활주로를 더 짓고 평양 중심부와 공항을 고속철도와 도로로 연결해 '세계적인 비행장'으로 건설하겠다는 구상이다(이영재, "北 김정은, 평양공항 공사 질책 … 마감공사 중단·재설계 지시", 연합뉴스, 2014. 11. 1).

는 연건평 약 1만 2700m²에 이르는 상업 중심(슈퍼마켓, 구 광복백화점) 건물을 세우고, 2014년 1월에는 중국 자본과 손잡고 동평양지구에 대규모 상업시설 건설에 나섰다.[29] 2015년 현재는 이를 모델로 청전거리의 해맞이 슈퍼마켓, 동평양의 해당화관 슈퍼마켓, 통일거리 슈퍼마켓, 만수대 지하상점 등을 건설했다.[30] 평양 대동강 구역 문수동에는 24시간 편의점도 문을 열었다. 이 외에 3대혁명전시관 개건 보수공사 및 민속공원 제2단계 공사 등 평양 거리 곳곳에서 각종 건설 성과가 가시적으로 나타나고 있다.[31]

(2) 교육자 중심의 아파트 건설

평양 건설 부문에서는 주택 공급 문제 또한 중점적으로 다루어진다. 무엇보다 평양 은정구역 위성동, 과학 1동, 과학 2동, 배산동, 을밀동 일부 지역에 은정첨단기술개발구를 설치하고, '위성과학자거리'를 조성했으며 위성과학자주택지구를 완공했다는 점이 주목된다.[32] 연이어 김일성종합대학의 과학자 살림집이 용흥사거리에 44층과 36층 높이로 신축되었고, 2014년 9월 대동강변의 김책공업종합대학 교육자 살림집 2개동(46층)을 건설한 후 다시 확

---

29) 정창현, "6년 만에 동평양상업거리 착공, 북중합작에 파란불", 통일뉴스, 2014. 1. 20.
29) 정창현, "6년 만에 동평양상업거리 착공, 북중합작에 파란불", 통일뉴스, 2014. 1. 20.
30) 정창현은 북한 당국이 평양의 각 구역(남한의 구(區))에 해당히 최소 한 개 이상의 슈퍼마켓이나 전문 상점을 갖추고 지방의 각 주요 도시에도 이를 건설하려 한다고 해석한다. 또한 이는 김정은시대의 정책 구호인 '세계적 추세'에 맞게 상업 유통망을 재정비하고자 하는 것이라고 본다.
31) 통일부, "김정은, 위성과학자지구 건설장 등 현지지도(2014b)", 북한정보포털 북한통 (http://nkinfo.unikorea.go.kr), 검색일: 2014년 12월 5일.
32) 위성과학자주택지구는 세계적인 과학도시를 표방하며 건설되었고, "24개 호동의 다층살림집과 학교, 병원, 탁아소, 유치원, 각종 편의봉사시설들을 비롯한 공공건물과 공원들이 종합적으로 꾸려져 있다. 이것은 공화국의 과학중시, 인재중시정책의 빛나는 결실이며 사회주의문명국의 체모에 맞는 선군시대의 또 하나의 선경이다"(우리민족끼리, 주체 103(2014)년 10월 21일).

대 계획을 발표했다. 기존 500세대에 500세대를 더한 '미래과학자거리'를 조성해 총 1000세대의 신주거지역을 건설한다는 계획이다.

북한의 주택 배정 원칙을 보면 혁명투사, 혁명열사, 애국열사로부터 시작해서 과학자, 기술자, 공로자, 광부, 기관사 순과 가족 수에 따른 배정에 이르기까지 구체적이다.[33] 그런데 최근 주택 공급의 대상과 계층이 과학자와 교육자에게 집중되어 있다는 점은 김정은시대의 새로운 특징이다. 이것은 과학기술 중시사상과 12년제 무상의무교육제도를 실시하는 김정은체제의 지식경제 강조와 교육중시사상이 반영된 결과다.

그러나 평양의 주택 건설 방법은 여전히 소구역 단위의 도시계획론에 입각해 있다. 즉, 평양은 광장과 거리로 주택지구가 분할 조성되는데, 최근 위성과학자거리와 미래과학자거리 역시 거리를 중심으로 새롭게 형성된 신주거지역이다. 위성과학자거리는 기존 평성에 포함되었던 국가과학원을 평양 행정체계로 인입해 현대화한 주거지역이며, 미래과학자거리는 기존 주거단지 사이에 새 주거지를 건설한 신축 주거지역이다. 이들 주거지역은 "살림집 지구 안에 다층집, 병원, 학교, 유치원 등 공공건물이 함께 건설되어 과학자들의 생활과 편의를 보장해주는 방식으로 건설되었다"[34]고 전해진다. 북한은 여전히 거리 중심으로 주거지를 형성하고 주거지 단위로 집단생활을 영위할 수 있도록 도시를 건설하는 셈이다.

---

33) 북한은 2009년 살림집법을 제정했다. 「살림집법」 제30조 제1호 규정에 따르면 북한의 살림집은 본문에서 설명한 것과 같이 우선적 배정 대상자를 지정하고 있다(이은정, 「북한 살림집법에 대한 고찰」, 『법학논총』, 제20권 제3호(2013), 361~362쪽].

34) 통일부, "北, 수도 평양에 '미래과학자거리' 건설 시작(2014d)", 북한정보포털 북한통 (http://nkinfo.unikorea.go.kr), 검색일: 2014년 12월 5일.

(3) 체육·문화시설 중심의 공공건물 건설

김정은 제1위원장의 국가 운영전략이 반영된 건설 사업은 도시의 공공건물 건설 부문에도 나타난다. '사회주의 문명국' 방침과 동일한 맥락에 있는 공공건물 건설은 류경구강병원, 옥류아동병원, 평양육아원·애육원 등의 대표적 병원과 보육시설을 제외하고는 체육·문화시설 건설에 집중되어 있다. 지난 2014년 6월, 김정은 제1위원장은 '5·1일경기장' 개건 현대화를 지도하면서 "5·1일경기장은 나라의 체육을 발전시키고 인민들의 문화정서 생활에 이바지 하는 중요한 곳이며 우리나라 체육시설의 상징으로 문명국의 체모에 맞는 경기장으로 훌륭히 개건해야 한다"[35]라고 강조한 바 있다. 또 5·1일경기장과 마찬가지로 1980년대에 건설된 평양의 대표적 문화시설로 만경대구역의 만경대유희장과 모란봉구역의 개선청년공원의 구조 변경 사업도 진행했다. 이들 시설은 개선문과 김일성경기장, 우의탑 등 평양을 상징하는 핵심 건축물들과 인접해 있는 중요한 풍치 공간으로 평양의 도시경관을 화려하게 해주는 중요한 역할을 한다. 여기에 최근 '문수물놀이장'을 추가로 건설해 평양의 체육문화시설이 세계적 추세를 따르고 있음을 보여주고자 했다.[36]

이 외에도 2013년부터는 평양 외의 지방 주민들을 위한 여가, 체육시설 건설이 집중적으로 추진되었다. 평안북도에서는 동림폭포 지구 명승지 개발과

---

35) 능라도 5·1경기장은 1989년 제13차 세계청년학생축전을 계기로 건설되어 최근까지 북한의 대표 관광 상품인 〈집단체조 아리랑〉을 공연했던 대표적인 체육시설이다. 2014년 7월 14일 자 ≪로동신문≫은 4면에 걸쳐 경기장 완공을 대대적으로 보도한 바 있다[통일부, "김정은 黨 제1비서, 위성과학자거리 건설장과 5월 1일경기장 개건 현장 현지지도(2014a)", 북한정보포털 북한통(http://nkinfo.unikorea.go.kr), 검색일: 2014년 12월 5일].

36) 조선중앙TV는 2014년 8월 16일 문수물놀이장 영상을 공개한 바 있으며, 자유아시아방송은 이에 관한 대담기사를 보도했다[정영, "평양 물놀이장 초만원, 위생관리는?", 자유아시아방송(rfa), 2014. 8. 20].

압록강유원지 건설에 힘을 쏟고, 신의주는 남산공원, 동하공원, 민속공원 등 여러 개의 공원과 유원지를 새로 건설했다. 이들 공원에는 인라인스케이트장[37])을 비롯한 체육오락시설과 놀이기구들이 들어섰다. 함경남도 함흥에는 기존의 청년공원을 확장하고 인라인스케이트장과 배구장, 테니스장 등을 갖춘 큰 규모의 공원을 새로 건설 중이고, 량강도 혜산에는 숲 속 산책로 등을 갖춘 공원을 새로 건설했으며, 강계에 문화시설인 인풍원을 건설했다. 평안남도 평성에는 매일 수천 명을 수용할 수 있고 길이가 33m에 달하는 물 미끄럼틀을 갖춘 2만 5000m² 면적의 물놀이장을 새로 건설했고, 황해북도 사리원에도 대규모 야외 물놀이장이 완공되었다. 또한 북한은 원산(명사십리해수욕장), 함흥(마전해수욕장) 등 기존의 해수욕장을 리모델링해 수용 능력을 늘렸다.[38])

(4) 도시 미화 사업의 확대

북한은 사회주의문명국 건설을 위해 각종 체육시설과 휴양시설, 문화시설 등을 대대적으로 확충하는 한편 「도시미화법」, 「공원유원지법」 등 관련 법규도 속속 정비하고 있다. 2013년 5월 공개된 「도시미화법」은 도시의 구획정리, 건물과 시설물 미화, 도시정비 사업에서 제도와 질서를 엄격히 세워 도시 주민들에게 문화위생적인 생활환경을 마련하는 데 초점이 맞춰져 있다. 평양의 경우 이 법에 근거해 주요 도로에 잔디 깔기, 건물외장재 바르기, 울타리 보수, 구획 정리, 보도블록 깔기, 하천 원림 녹화와 강기슭 정리, 공원조성 등을 추진 중이다. 대대적으로 도시정비 사업을 진행하고 있는 것이다.

---

37) 지방 주요도시에 건설되어 운영 중인 인라인스케이장에 관한 보도는 다음을 참조하라. 윤일건, "北 전역서 주민편의시설로 롤러스케이트장 건설붐", 연합뉴스, 2013. 5. 7.
38) 정창현, 『키워드로 본 김정은시대의 북한』(도서출판 선인, 2014b), 172~173쪽.

북한은 또한 2013년 7월 공원 및 유원지에 대한 투자를 늘리도록 하는 내용의「공원유지법」을 새로 제정, 공표했다. 이 법은 국가가 증가한 주민들의 수요에 맞춰 공원과 유원지를 더 훌륭하고 현대적으로 꾸미도록 투자를 계통적으로 늘리는 방안을 규정하고 있다. 이 법 역시 공원·유원지의 건설과 관리, 운영에서 다른 나라 및 국제기구와 협조해야 한다고 강조했다. 즉, 새로 마련된「도시미화법」,「공원유원지법」은 모두 도시 미화 사업에 대한 투자 확대, 도시 미화를 위한 국제교류와 협력을 강조한 점이 눈에 띄며, 김정은이 강조하는 세계적 추세를 수용해 도시 환경을 개선하고 공원을 건설하겠다는 것은 결국 개방의 심층적 확대로 이어질 것으로 보인다.

2) 개방특구 중심의 도시 건설

김정은시대 지식경제강국을 표방하며 강조했던 도시 건설의 제 측면은 종국에는 북한의 개혁개방전략과 맞닿아 있다. 특히 외국인의 방문과 투자를 독려하고 관광 사업 활성화를 위한 도시 건설에 집중되어 있다. 내적으로는 건설경기를 활성화시켜 경기를 부양하며 개방 출로를 통해 주민 스스로 주택 및 공공시설의 현대화 사업에 참여하고, 지방의 도시 건설 사업을 더욱 확대해나가도록 하는 방법을 연동하고 있다. 이에 김정은체제는 2012~2013년 평양 건설의 가시적 성과를 배경으로 지방도시, 특히 개방도시 중심으로 건설 사업을 확산하고 있다.

2013년 12월, 북한은 이례적으로 건설 부문 일꾼의 대강습회를 조직했다. 이 강습은 전국 건설 부문 일꾼들이 12월 5일 평양에 도착한 이후 12월 14일 평양을 떠날 때까지 총 10일 동안 진행되었고, 독특하게 문수물놀이장과 미림승마클럽을 참관했다. 이 자리에서 김정은은 "당의 주체적 건축사상을 철저히 구현하여 건설에서 대번영기를 열어나가자"라는 지도방침을 제시했다.[39] 문건의 구체적인 내용은 공개되지 않았지만 북한 당국이 앞으로 건설 부문 사업을 매우 중요시 여기며 평양을 세계적인 도시로 만들기 위한 노력을 더욱 경주할 것이라는 점이 강조되었다. 또 평양의 건설 바람을 지방에도 불어넣어 전국적으로 국가의 건설 사업 전반을 세계적 높이에 올려 세우자는 것이 이번 강습의 핵심내용으로 파악된다.

2014년 5월에는 중앙과 지방의 설계 부문 일꾼들이 송도원 국제소년단 야영소 참관 현장에서 건축미학토론회를 진행했다.[40] 토론회가 열린 송도원 국제소년단 야영소는 관광 중심의 개방특구로 지정된 원산의 국제급 규모의 건축물이다. 이 회의에서 향후 개방특구에 건설되는 문화체육시설 및 공공 건물의 건축미를 어떻게 형상화할 것인지에 대한 토의가 진행되었다. 김정은시대에 개최된 두 번의 건축 부문 회의는 북한의 도시 및 도시 건설 사업이 개방특구정책과 밀접한 연계가 있음을 직접적으로 보여준다.

동일한 맥락에서 북한은 2013년 5월 「경제개발구법」을 제정해 13개 직할시·도와 220개 시·군·구가 지역별 특성에 맞는 자체 개발구(경제특구)를 개발할 수 있도록 함으로써 도·시·군이 자체 수익을 확충할 수 있는 길을 터주었다.[41] 2014년 11월에는 대외경제성 국가개발총국을 통해 "여러 나라들과의 경제적 교류를 확대하기 위한 12개도(직할시)에 경제개발구를 지정"한다고 공표했다.[42] 1990년대 고난의 행군 시기 이후 재정 부족으로 선택적 투자를 할 수밖에 없었던 현실을 타개하고, 모든 단위에 완전 독립채산제를 도입하고 독지적인 해외 투자 유치를 허용함으로써 향후 몇 년 사이에 주요 도

---

39) 통일부, ≪주간 북한동향≫, 제1182호(2013).

40) 통일부, "北, 북한 설계부문일꾼들 '건축미학토론회' 개최(2014c)", 북한정보포털 북한통(http://nkinfo.unikorea.go.kr), 검색일: 2014년 12월 5일.

41) 유욱, 「북한 경제개발구법 제정 배경과 의미」, ≪통일경제≫, 겨울호(2013), 72~73쪽.

42) "조선에서 각도에 경제개발구를 내오기로 결정했다", 조선중앙통신, 2013. 11. 21.

〈표 8-4〉 북한의 경제개발구(지방급 포함) 총 19곳

경제개발구	직할시 및 군
첨단기술개발구	평양 은정구역
국제경제지대	평안북도 신의주
국제록색시범구	황해남도 강령군 일대
지역경제개발구	함경북도 청진, 량강도 혜산, 자강도 만포, 평안북도 신의주 일대
공업개발구	함경남도 함흥, 함경남도 원산, 자강도 위원군, 평안남도 청남구
농업개발구	함경북도 어랑군, 함경남도 북청군, 평안남도 숙천군
수출가공구	황해북도 송림, 남포 와우군 일대
관광개발구	청수관광개발구, 함경북도 온성군, 함경북도 신청군

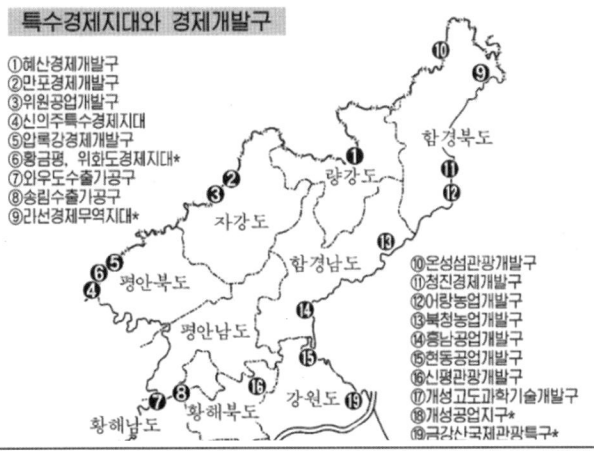

특수경제지대와 경제개발구

①혜산경제개발구
②만포경제개발구
③위원공업개발구
④신의주특수경제지대
⑤압록강경제개발구
⑥황금평, 위화도경제지대★
⑦와우도수출가공구
⑧송림수출가공구
⑨라선경제무역지대★
⑩온성섬관광개발구
⑪청진경제개발구
⑫어랑농업개발구
⑬북청농업개발구
⑭흥남공업개발구
⑮현동공업개발구
⑯신평관광개발구
⑰개성고도과학기술개발구
⑱개성공업지구★
⑲금강산국제관광특구★

자료: 조선중앙통신, 2013. 11. 21; "경제개발구창설, 중앙과 지방에서 활기있게 추진", ≪조선신보≫, 2013. 12. 3 등 언론 보도 종합.

시 중심의 개발 사업을 본격적으로 추진할 조짐을 보였다.

〈표 8-4〉에서 보듯이 평양을 중심으로 신의주, 함흥, 청진, 만포, 원산 등 제1부류의 도시들이 개방도시로서의 선도적 성장을 예고하고 있다. 또한 경제개발구는 도시만이 아니라 주요 군도 포함하고 있어 기존 평양 중심의 도시 건설 사업은 지방으로 확대되고 지방의 주택 건설 및 공공건물 건설, 도시 미화 사업의 확대로도 이어질 것이다.

실제로 2013년 9월 강원도 원산 바닷가에 놀이공원이 개장되었고, 자강도

의 강계청년유희장, 함흥청년공원 등에도 개건 현대화작업이 진행되었다. 함경북도 청진의 포항 구역 중심부에는 2000가구를 수용할 수 있는 7~18층 아파트가 건설되고 있고, 다른 도시에서도 아파트 건설 사업이 진행 중인 것으로 전해진다. 특히 함흥, 원산, 회령 등 주요 도시에 대한 재건설계획도가 마련되어 이 계획에 따라 도시 개발이 순차적으로 진행되고 있다. 지방의 군 중에는 평안북도 창성군과 황해북도 연탄군, 시 차원에서는 회령시와 도 차원에서는 함경북도 등이 본보기 단위로 개발 선전되고 있다. 북한이 도·시·군 인민위원회의 예산 편성과 운영에 자율성을 확대 부여해 자력갱생에 기초한 자체적인 지방경제 활성화에 나서도록 하는 한편 중앙과 지방 차원에서 해외 투자 유치에도 적극 나서고 있는 점은 김정은시대에 확실히 변화된 점이다.

3) 도시건설의 특징

김정은 집권 4년차 시기, 북한의 도시와 도시 건설의 총적 방향은 분명한 변화를 나타내고 있다. 앞의 제2, 3절에서 살펴본 바와 같이 북한의 도시는 도농격차 해소를 주요 목표로 자립경제와 사회주의 공업화를 달성하기 위해 생산력 배치 원칙에 근거해 형성, 배치되었다. 각각의 도시는 도시별로 경제적 토대를 구축한 후 고유의 정치적·행정적 역할을 수행하면서 도시의 기능을 담보했고, 시간이 흐름에 따라 혁명적 이념과 사상교양자적 역할을 수행하는 상징적 기능이 확대되었다. 그런데 1990년대 경제난 이후 북한의 도시는 그 경제적 토대가 붕괴되었다. 자립적 커뮤니티로 구성된 군, 군과 연계된 도시의 생산적 연계는 단절되었으며, 이 가운데 도시의 정치적·행정적 기능과 역할은 무의미하게 되었다. 따라서 기존 도시를 지탱하던 생산시설의 복구와 함께 중요하게 떠오른 것은 도시 자체가 생존기반을 확보하는 것이

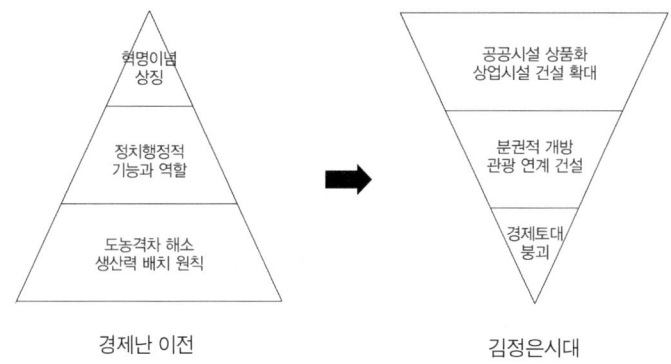

〈그림 8-3〉 북한 도시 건설 방향의 변화

혁명이념
상징

정치행정적
기능과 역할

도농격차 해소
생산력 배치 원칙

경제난 이전

공공시설 상품화
상업시설 건설 확대

분권적 개방
관광 연계 건설

경제토대
붕괴

김정은시대

다. 〈그림 8-3〉과 같이 도시 건설의 주요 방향은 개방전략의 적극적 수용, 관광 사업과의 연계, 문화체육시설의 상품화 등 도시의 외형적 변화를 적극 추구하는 건설 사업을 통해 자립적 기반을 마련하는 것에 집중되었다. 따라서 북한 도시와 도시건설의 총적 방향을 과거와 비교하면 〈그림 8-3〉의 역순으로 진행되고 있다고 판단할 수 있다.

달리 말해 김정은 체제가 추진하고 있는 북한 도시 건설 사업의 목표는 지식경제시대를 지향하며 세계적 추세에 따른 현대 도시로 변화하는 것이지만, 이들이 당면한 도시 건설의 현황은 도시별 개방, 관광, 상품화의 추구로 요약할 수 있다. 현재 북한에서 도시는 개방의 문호이며, 관광의 장소이자, 외화벌이의 상품으로 개발되고 있다. 특히 평양의 경우 과거 북한체제를 대표하는 상징성을 넘어 외국인들이 관광 방문해 소비하는 장소로서의 상업적 측면이 매우 강조되고 있다. 또한 평양의 개방이 진전됨에 따라 평양 시민의 소비수준이 높아지고, 이는 내부 상업 유통망의 고급화된 건설로 이어지는 추세를 순환적으로 나타내고 있다.

각종 보도를 통해 건설 현황을 종합해보면 김정은시대에 신축된 공공건물은 입장료 및 사용료가 매우 비싸다. 예를 들면 평양 1가구당 수입이 공식 임금 5000원, 비공식 수입 1만 5000~2만 원이라고 할 때 지난해 개장한 릉라인 민유원지의 입장료는 2000원이며, 개선청년공원의 입장료는 300원, 몇 가지 놀이기구를 이용하면 1인당 1000원이 넘는다. 최근 현대화된 야외 빙상장 역시 스케이트를 가지고 있는 사람의 입장료는 1800원이고, 대여가 필요한 사람의 대여비 포함 입장료는 3000원이다. 이러한 각종 책정 요금은 신규 건설에 투자된 비용을 회수하기 위한 것이지만 문화체육시설의 공공성을 훼손하고 도시 주민의 시설 이용을 상업화시키고 있다.[43]

더불어 작년 한 해 동안 평양의 천리마동상과 주체사상탑, 개선문, 인민대학습당 등 대기념비적 건축물과 거리, 묘향산의 보현사를 비롯한 유명 역사 유적과 건축물들은 '건축 관광'의 이름으로 상품화되어 북한의 외화벌이 수단이 되었다. 또한 북한의 체육선수들과 관광객들 간의 경기를 통해 관광객들의 기호를 만족시키는 '체육관광'도 진행한 바 있다.[44] 이렇게 평양 및 기타 도시의 상징 시설물 건설은 관광 상품과 연계되어 진행 중이며 관광 사업을 통해 건설비용을 회수하고 있다.

반면 도시 내 건설 사업은 외화벌이와 긴밀한 연계를 맺고 있기 때문에 평양 평천구역 살림집 건설장 붕괴 사고[45]와 같이 부실공사의 문제도 나타나

---

43) 북한전문 여행사인 '우리투어'에 따르면 문수물놀이장은 대략 20유로, 미림승마구락부는 30유로의 시설 이용료를 받고, 마식령스키장은 35달러의 리프트 이용료를 받는다. 북한 주민의 경우 언론사마다 이용료 수준에 차이를 보이는데, NK데일리 기사 "장사 바쁜데 물놀이장 의무방문 지시에 불만"(2013. 12. 3)에 따르면 문수물놀이장의 경우 국정가격 기준 북한 돈 450원 정도이나, 실제 북한 돈으로 5000원의 사용료를 받는다고 한대민준규·정승호, 「최근 북한의 경제정책 추진현황 및 평가: '우리식 경제관리방법'을 중심으로」, ≪bok이슈노트≫, 16호, 5쪽].

44) "다양화되고 호평 받는 북한관광 상품", ≪조선신보≫, 2014. 6. 12.

45) "감독통제를 바로하지 않은 일군들의 무책임한 처사로 엄중한 사고가 발생하여 인명 피해가 났다. 사고 즉시 국가적인 비상대책기구가 발동되어 생존자들을 구출하고 사고현장을 정리하기 위한 긴장한 전투가 벌어졌다"[통일부, "평양시 평천구역 살림집

고 있으며, 아파트를 중심으로 한 부동산 열풍이 확대되는 등 건설 사업의 부작용도 만만치 않게 나타나고 있다.[46] 각 권력기관별로 건설 사업을 통해 기관 이익을 챙기려는 움직임이 만연하기 때문에 건설 이권을 둘러싼 갈등과 경쟁의 움직임이 일어나고, 국가 지시에 의한 건설 외에도 개인이 기획해서 짓는 아파트가 많아지면서 다수의 이해관계자가 결탁, 도모해 이권을 수수하는 등의 부작용이 나타났다.[47] 그 결과 건설의 질이 하락하고, 분양가격이 높이 책정되었으며, 분양 시 분배의 공정성이 훼손되는 등 건설 바람이 가져온 이와 같은 후폭풍은 향후에도 지속될 전망이다.

5. 맺음말

북한의 도시는 변화하고 있는가. 북한의 개혁개방 과정에서 도시 변화는 어떻게 나타나고 향후 북한의 도시와 도시 건설은 어떠한 방향으로 나아갈 것인가. 이 글은 잠재적으로 이와 같은 논점을 염두에 두고 서술되었다. 그 결과 최근 북한의 도시들은 우리가 교류협력을 중단한 지난 몇 년 사이 많은 변화를 보인 것으로 나타났다.

첫째, 도시의 기능과 역할, 도시 건설의 우선적 목표에서 변화가 나타났다. 과거 사회주의 시기 북한의 도시는 혁명을 완성해나가는 중추적 역할과

건설장 붕괴 사고 보도(2014e)", 북한정보포털 북한통(http://nkinfo.unikorea.go.kr), 검색일: 2014년 12월 5일].

46) 정은이, 「북한의 주택시장에 관한 연구: 함경북도 무산지역의 사례를 중심으로」, ≪KDI 북한경제리뷰≫, 7월호(2012), 80쪽.

47) 홍민, 「북한의 아파트 건설 시장과 도시 정치」, ≪KDI 북한경제리뷰≫, 8월호(2014), 46~47쪽.

기능을 도시계획 안에 내포해 도시 거주자의 생활과 학습, 노동과 휴식의 공간으로 조직되었다. 각종 건축물은 사회주의적 집체 생활이 구현되도록 배치, 건설되었다. 따라서 도시 건설의 방향은 산업시설의 배치와 건설을 가장 먼저 시행하고 노동자들의 주택과 문화편의시설을 중점적으로 건설하는 것이었다. 또한 도시 주민의 거주지를 중심으로 학교와 병원 등의 공공시설을 건설하는 방향으로 진행되었다. 그러나 최근 북한의 도시와 도시 건설은 주민들의 공동체적 공간을 회복하고 재형성하는 데 초점이 맞춰져 있지 않다. 오히려 김정은체제의 경제적 성장을 상징하는 상업적 용도로 변화해 외형적 변화만을 집중적으로 추구하고 있다. 낡고 칙칙한 도시 외관을 단장하고, 도시의 중심부를 구성하는 역사, 공원, 유원지 등을 재건설하고, 도시 조명을 밝히는 데 주력하는 것이다. 이는 두 가지 측면에서 해석할 수 있다. 첫째, 과거와 같이 도시가 정상적인 기능과 역할을 담보할 수 있을 만큼 내적 성장을 하고 있지 못하다는 점이다. 도시 안의 산업 생산체계 정상화가 이루어지지 않았기 때문이며, 내부 경제개혁의 지체와 한계가 해결되지 않은 까닭이다. 에너지, 원부자재 및 기술 부족의 문제를 해결하지 못한 북한의 전략적 출로는 대외개방이 될 수밖에 없다. 따라서 현재 도시 건설의 방향 또한 개방에 유리한 환경과 조건을 마련하고 관광 사업 및 도시상품화를 통해 외화벌이를 도모하는 데 맞춰져 있다. 또한 여전히 도시와 도시가 단절되어 있고, 도시 간 연계와 흐름이 차단되어 자생적인 도시화를 억제하기 때문이다. 자본주의체제에서의 도시는 집적경제의 반영이다. 자본과 정보의 집중, 상업 유통의 용이성, 교통운수의 발달 등은 인구를 집중시키고 도시 각 영역을 개발함으로써 도시 거대화로 이어진다. 그러나 북한의 도시는 여전히 이데올로기적 관점에서 탈피하지 못하고 지역적 거점과 균형 발전이라는 개발 인식이 농후하다. 따라서 적은 자본으로 도시 건설 전반의 가시적 효과를 창출하기 위해서는 외형적 변화를 먼저 추구할 수밖에 없는 것이다.

둘째, 도시의 외형적 변화는 긍정적 측면과 부정적 측면을 동시에 보인다. 앞에서 고찰한 것과 같이 현재 북한의 도시는 평양을 중심으로 전면적 재건설이 진행 중이며, 대외개방정책과 밀접한 연관을 맺고 있다. 특히 관광산업의 발전 방향에 따라 상업시설과 문화체육시설 등이 빠른 속도의 건설 사업으로 이어지고 있다. 새로운 지도자 시대를 맞아 개방 확대로 정책을 전환하는 것은 북한 주민뿐 아니라 외부 세계에도 긍정적인 메시지를 전달한다. 남한이 1970년대 '잘살아보세'를 외치며 새마을운동을 벌이고, 각종 건설 사업에서 빠른 성장을 보였듯이 현재 북한 당국은 경제난의 늪에서 벗어나 '인민생활 향상'이라는 경제적 희망과 대안을 제시해야 하는 상황이기 때문에 도시의 외형적 변화 발전상은 그 상황을 극복하고 있다는 긍정적인 메시지를 대내외에 전달하는 것이다.

반면 현재와 같은 북한의 도시 건설 사업은 평양과 평양 외의 도시 간 격차를 더욱 심화시킨다. 평양에 건설되는 초고층 아파트와 외국 상품이 즐비한 백화점, 슈퍼마켓, 200만 명이 가입해 사용한다는 핸드폰과 첨단 놀이문화시설 등은 평양과 평양이 아닌 도시 간 위계와 격차를 크게 벌이고 생활상의 불평등을 가속화시킨다. 나아가 평양 외의 도시 중 신의주, 남포, 원산, 개성, 나선과 같은 개방도시들은 개발과 발전의 속도를 가속화하는 반면, 다수 주민의 삶이 펼쳐지는 군 중심의 주민 거주지들은 낙후하고 저발전 상태의 생활환경에 놓이는 등 도시 간 위계와 주민생활환경의 지역적 차이가 더욱 커질 것이다. 이는 북한 사회주의 도시가 강조했던 도농 격차의 해소, 지역 간 균형 발전, 주민생활의 합리적 배치 원칙을 붕괴시키는 것이다. 내부적으로는 대외무역과 연관된 건설공업이 확대되고 건설 경기가 활성화되면 유휴 노동력의 생산적 활동을 추동하고 건설 부문의 고용 효과를 발생시킨다는 점에서 긍정적 효과가 있긴 하지만, 반대로 관료 부패와 부정 축재, 부실 공사, 가격 담합, 물가 상승, 자원의 불평등한 분배와 사용 등의 부정적 문제도 나타난다.

자본주의 사회뿐 아니라 사회주의 사회에서도 도시란 그곳에 거주하는 주민이 삶을 누리는 총체적 공간임에는 분명하지만, 사회주의의 사회의 경우 체제의 정치·경제·사회 모습을 가장 직접적으로 드러내는 구조물이기도 하다. 따라서 앞으로 북한의 변화·발전 모습은 도시를 통해 그 면모를 더 구체적으로 드러낼 것이다. 북한 연구자들은 향후 개발과 투자의 대상만이 아닌 사회의 반영물로서의 북한 도시에 대한 관심과 연구를 더욱 심화해나가야 할 것이다.

참고문헌

1. 국내 문헌

김흥순. 2007. 「사회주의 도시는 어떻게 만들어졌는가?: 소련 건국 초기 도시주의 대
비도시주의 논쟁을 중심으로」. ≪국토계획≫, 제42권 제6호.

민준규·정승호. 2014. 「최근 북한의 경제정책 추진현황 및 평가: '우리식 경제관리방
법'을 중심으로」. ≪bok이슈노트≫, 16호. 한국은행.

박석삼. 2002. 『북한의 사경제부문 연구: 사경제 규모, 유통현황 및 민간보유 외화규
모 추정』. 한국은행.

박희진. 2013. 「함흥시 도시공간의 지배구조와 탈주체의 삶」. ≪북한연구학회보≫,
제17권 제2호.

반종빈. 2015. 1. 14. "북한, 13개 경제개발구 개발사업 본격 추진". 연합뉴스.

법무부. 2011. 「북한의 주택제도 실태」. 『북한실태 연구보고』. 법무부.

서우석. 2000. 「체제전환국가들의 주택개혁 사례 및 적용가능성에 대한 비판적 고찰」.
『주택공사』. 국토연구원.

윤일건. 2013. 5. 7. "北 전역서 주민편의시설로 롤러스케이트장 건설붐". 연합뉴스.

이관세·김갑식·박희진·홍재형. 2013. 『북한지식사전』. 통일부 통일교육원.

이영재. 2014. 11. 1. "北 김정은, 평양공항 공사 질책 … 마감공사 중단·재설계 지
시". 연합뉴스.

이왕기. 2013. 「사회주의 모범도시 평양의 도시계획과 건축」. 동국대학교 북한도시
사연구팀 비공식세미나(2013. 1. 25) 발표문.

이은정. 2013. 「북한 살림집법에 대한 고찰」. ≪법학논총≫, 제20권 제3호.

임동우·라파엘 루나. 2014. 『북한 도시 읽기(NORTH KOREAN ATLAS)』. 도서출
판 담디.

정영. 2014. 8. 20. "평양 물놀이장 초만원, 위생관리는?". 자유아시아방송(rfa).

정은이. 2012. 「북한의 주택시장에 관한 연구: 함경북도 무산지역의 사례를 중심으로」. ≪KDI 북한경제리뷰≫. 7월호. 한국개발연구원.

정창현. 2014. 1. 20. "6년 만에 동평양상업거리 착공, 북중합작에 파란불". 통일뉴스.

_____. 2014. 『키워드로 본 김정은시대의 북한』. 도서출판 선인.

조남훈. 2013. 「북한의 도시화 추이와 특징」. ≪KDI 북한경제리뷰≫, 5월호. 한국개발연구원.

조현식. 1990. 『북한의 주택현황』. 북한연구소.

홍민. 2014. "북한의 아파트 건설 시장과 도시 정치," ≪KDI 북한경제리뷰≫, 8월호. 한국개발연구원.

통일부. 2013. ≪주간 북한동향≫, 제1182호.

_____. 2014a. "김정은 黨 제1비서, 위성과학자거리 건설장과 5월 1일경기장 개건 현장 현지지도"(6·20. 조선중앙통신). 북한정보포털 북한통. http://nkinfo.unikorea.go.kr(검색일: 2014년 12월 5일)

_____. 2014b. "김정은, 위성과학자지구 건설장 등 현지지도"(6·20. 조선중앙방송). 북한정보포털 북한통. http://nkinfo.unikorea.go.kr(검색일: 2014년 12월 5일)

_____. 2014c. "北, 북한 설계부문일꾼들 '건축미학토론회' 개최"(5·21. 조선중앙통신). 북한정보포털 북한통. http://nkinfo.unikorea.go.kr(검색일: 2014년 12월 5일)

_____. 2014d. "北, 수도 평양에 '미래과학자거리' 건설 시작"(9·10. 조선중앙통신). 북한정보포털 북한통. http://nkinfo.unikorea.go.kr(검색일: 2014년 12월 5일)

_____. 2014e. "평양시 평천구역 살림집 건설장 붕괴 사고 보도"(5·18. 조선중앙통신). 북한정보포털 북한통. http://nkinfo.unikorea.go.kr(검색일: 2014년 12월 5일)

2. 북한 문헌

권영태. 1990. 4. 「우리식 거리의 또 하나의 훌륭한 본보기 ─ 광복거리 배치도」. ≪조선건축≫, 루계 제13호. 평양.

김광윤·백완기. 1994. 1. 「군소재지의 합리적인 계획구조」, ≪조선건축≫, 루계 제26호.

김정은. 2013. 「사회주의강성국가건설의 요구에 맞게 국토관리사업에서 혁명적전환을 가져올데 대하여: 당, 국가경제기관, 근로단체책임일군들과 한 담화」[주체 101(2012)년 4월 27일. 『조선중앙년감 주체 102』. 평양: 조선중앙통신사.

_____. 2012. 4. 15. "선군의 기치를 더 높이 추켜들고 최후승리를 향하여 힘차게 싸워나가자". 평양: 조선중앙통신.

김정일. 2009. 『김정일선집』(증보판), 제1권. 평양: 조선로동당출판사.

김청희. 1953. 『도시건설』. 평양: 조선민주주의인민공화국 과학원.

김필수. 1975. 『위대한 수령 김일성 동지의 생산력배치에 관한 탁월한 리론』. 평양: 사회과학출판사.

「남신의주 8호 구획 건축계획에서 얻은 경험」. 1990. 4. ≪조선건축≫, 루계 제13호. 평양.

라인원. 1994. 「위성도시형성계획에 대하여」. ≪조선건축≫, 루계 제27호(1994. 2). 평양.

리기섭. 1994. 『조선민주주의인민공화국 법률제도』. 평양: 사회과학출판사.

리순건·백완기. 1963. 『주택 소구역 계획』. 평양: 국립건설출판사.

리화선. 1987. 「동평양 17호, 18호 구획도」. 『조선건축사』. 평양: 과학백과사전종합출판사.

사회과학원 경제연구소. 2004. 「조선민주주의인민공화국 '건설법' 제2조」. 『조선민주주의인민공화국 법전』. 평양: 법률출판사.

우리민족끼리. 2014. 10. 21. 평양.

평양건설전사 편찬위원회. 1997. 『평양건설전사 2』. 평양: 과학백과사전종합출판사.

≪로동신문≫. 2013년 1월 1일 자. 평양.

≪조선신보≫. 2013. 12. 3. "경제개발구창설, 중앙과 지방에서 활기있게 추진". 평양.

_____. 2014. 6. 12. "다양화되고 호평 받는 북한관광 상품". 평양.

조선중앙통신. 2013. 11. 21. "조선에서 각도에 경제개발구를 내오기로 결정했다". 평양.

3. 외국 문헌

Central Bureau of Statistics. 2009. *DPRKorea 2008 Population Census: National Report*. Pyongyang.

Frampton, K. 1971. "Notes on a Lost Avant-garde." in R. Campbell and L. Norbert(ed.), *Art and Revolution*. London: hayward gallery.

_____. 2002. *Modern architecture: a Critical History*. London: Thames and Hudson.

French, R. A. 1979. "The Individuality of the Soviet City." in R. A. French and F. E. Ian Hamilton(ed.). *The Socialist City: Spatial Structure and Urban Policy*. New York: John Wily & Sons.

French, R. A. and F. E. Ian Hamilton. 1979. "Is There a Socialist Cites?" in R. A. French and F. E. Ian Hamilton(ed.), *The Socialist City: Spatial Structure and Urban Policy*. New York: John Wily & Sons.

White, P. 1980. "Urban Planing in Britain and the Soviet Union." *Town Planing Review*, Vol. 51, No. 2(1980. 4).

제3부

전환기 북한의
문화생태와 현실

제9장

북한의 문화생태 현실과 구조*

김병로 | 서울대학교 통일평화연구원 교수

1. 머리말

　문화생태는 자연환경과 밀접한 관련을 맺고 살아가는 사람들의 생존과 생활 범주를 포괄적으로 지칭한다. 문화는 사람들의 삶과 사고방식을 말하며, 생태란 인간이 환경과 맺고 있는 관계를 말하는 것으로 생물환경과 무생물환경을 포함한다. 따라서 문화생태는 인간이 자연환경(생물과 무생물)에 적응하고 개발하며 만들어가는 삶의 방식과 그 결과를 의미한다. 이런 측면에서 문화생태는 인간생태와 비슷한 의미로 사용될 수 있다. 이러한 주제를 주로 연구하는 문화생태학은 바로 인간이 사회와 문화를 주어진 환경조건에

---

* 이 글은 김병로, 「북한의 문화·생태적 상황」, 서울대학교 통일평화연구원 엮음, 『녹색평화란 무엇인가』(아카넷, 2013)를 수정·보완한 것이다.

적응한 결과를 설명하는 학문이다. 즉, 인간 집단과 환경의 관계에 초점을 맞추고 사회와 문화를 주어진 환경조건에 적응한 결과로 설명하는 것이다. 문화생태학의 주된 관심은 환경과 인구, 사회문화 조직 간 관계다. 이러한 다양한 지적 활동은 크게 보면 물리적 환경과 인간 사회 간 상호작용에 관해 연구하는 환경사회학의 범주에 포괄된다고 할 수 있다.[1] 물론 구체적인 주제와 방법론에서 조금씩 차이가 있어 문화생태학, 인간생태학, 사회생태학 등으로 구분되지만, 중심 주제는 환경과 인간의 상호관계라는 공통점을 갖고 있다.

자본주의 국가와 마찬가지로 사회주의 국가도 20세기 후반까지 환경에 많은 관심을 기울이지 못했다. 사회주의가 지배했던 시기에는 환경에 대한 관념이 형성되지 않아 생태와 환경에 큰 관심을 쏟지 않았기 때문이다. 20세기 후반 개발과 오염에 따른 환경 문제가 심각해지고 자원과 에너지 확보가 어려워지면서 생태와 환경에 대한 관심이 수면 위로 드러났다. 자본주의에 대한 비판으로 마르크스주의자들이 환경에 대한 관심을 부각시키면서 자본주의 개발의 문제점을 비판했다. 그렇다고 해서 현실 사회주의 국가들이 환경 및 생태 문제에 관심을 갖고 환경보호정책을 적극적으로 펴나간 것은 아니다. 오히려 저개발과 빈곤 문제조차 해결하지 못한 나머지 환경에 대한 관심을 기울일 여유가 전혀 없었다. 북한도 「환경법」이 제정된 1986년까지는 환경 문제에 별다른 관심이 없었다고 볼 수 있다. 1970년대 이후 심각해진 경제난과 식량난을 해소하기 위해 더 많은 개발과 성장에 노력을 집중해야 했기 때문이다.

북한은 1990년대 중반 대규모 홍수 피해와 연이은 한파 등으로 심각한 식량난에 봉착했으며, 그 결과 주민 수백만 명이 목숨을 잃는 유례없는 국가적

---

1) 한국환경사회학회, 『우리 눈으로 보는 환경사회학』(창비, 2004), 15쪽.

재난을 당했다. 대홍수로 인한 주민 피해와 농업 생산 감소는 매년 되풀이되고 있으며, 만성적인 식량난과 기아 사망 문제는 2010년대에도 지속되고 있다. 탈냉전 이후 심각해진 지구 온난화와 이상기후로 세계가 몸살을 앓고 있는 가운데 북한도 반복되는 자연재해와 식량 부족, 기아 사망으로 인한 총체적인 문화생태적 재앙을 겪고 있다.

북한의 이러한 현실은 근본적으로는 북한의 사회주의 농업과 경제정책의 실패 때문인 것으로 보이지만, 세계적으로 진행 중인 이상기후와 환경 문제도 중요한 원인으로 제기된다. 근래에 빈발해진 홍수와 가뭄, 한파 등 기상이변이 식량 생산에 큰 피해를 줄 뿐 아니라 생태환경을 파괴해 주민의 삶을 위태롭게 하기 때문이다. 북한 당국이 주변국의 안보 불안에 대한 깊은 우려에도 기후변화와 관련된 위성자료 수집의 필요성을 고집하며 2012년 두 차례나 장거리 로켓 발사를 강행한 것도 기후 변화에 의한 북한의 문화생태 상황이 매우 심각하다는 사실을 드러낸다.

북한의 이러한 주장과 설명이 얼마나 진정성 있는지에는 논란의 여지가 있으나, 이러한 주장을 통해 북한이 적어도 최근 빈발하는 홍수 피해와 식량난, 자연재해 등 문화생태의 전반적인 상황을 심각하게 인식하고 있다는 것은 짐작할 수 있다. 북한의 농지와 산림, 자연환경 상황이 얼마나 열악한지, 자연재해로 인한 주민의 피해는 어느 정도인지, 식량난으로 사망하는 사람들은 어느 정도인지, 이러한 문제들이 악순환을 반복하는 이유는 무엇인지 따져볼 필요가 있다. 이 글에서는 1990년대 중반 이후 심각한 문제로 부상한 북한 문화생태의 현실과 구조를 살펴보고 그 원인을 분석하며, 한반도 녹색 평화를 위한 문화생태의 미래를 전망해볼 것이다.

2. 북한의 문화생태 현황

1) 기아 실태와 삶의 질

북한 중앙통계국이 2009년 12월 유엔(UN)에 비공개로 제출한 북한의 인구센서스 보고서에 따르면 2008년 기준 북한의 인구는 2405만 2231명이며, 이 중 60.6%가 도시에 거주하고, 39.4%는 농촌에 거주해 남한(6.8%)과 비교할 때 북한의 농가인구 비율이 대단히 높은 것으로 나타났다.[2] 1993년의 인구센서스와 비교해보면 출산율은 인구 1000명당 21명에서 20명으로 다소 떨어졌으나 사망률은 14명에서 19명으로 오히려 늘어났다. 그 결과 평균 기대수명도 72.7세에서 69.3세로 떨어졌고, 특히 산모사망률은 출산 10만 명 당 54명에서 77명으로 30%나 급증했다. 상수도를 통해 식수를 공급받는 비율은 전체 가구의 85%였으며, 개별 수세식 화장실을 갖춘 가구의 비율은 58%로 약 35%의 가구는 여전히 재래식 화장실을 이용하는 것으로 나타났다. 난방연료로 석탄을 사용하는 가구가 47%, 나무를 사용하는 가구는 45%이며 특히 농촌의 경우 약 75%의 가구가 나무를 난방과 취사연료로 사용한다.

이러한 북한의 문화생태환경이 외부 세계로 알려지기 시작한 것은 극심한 홍수 피해를 입은 북한이 유엔에 지원을 요청한 1995년 이후다. 북한은 1995년 8월 북한 역사상 처음으로 유엔 인도국(The United Nations Department of Humanitarian Assistance: DHA)에 홍수 피해 복구 및 식량 지원을 공식 요청했다. 북한은 1995년과 1996년 여름 2년 연속 큰 홍수 피해를 입었으며, 1997

---

[2] Central Bureau of Statistics, *DPR Korea 2008 Population Census: National Report* (Pyongyang, 2009); Central Bureau of Statistics, *Tabulation on the Population Census of the Democratic People's Republic of Korea*(31 December 1993)(Pyongyang, 1995).

년에는 심각한 가뭄 피해를 겪었다. 그 결과 식량 생산에 타격을 받았고 식량 부족으로 많은 주민이 사망했다. 북한은 유엔에 도움을 요청하는 한편 국내적으로는 '고난의 행군'을 선포하고 대대적인 긴축 캠페인을 전개했다.

북한은 식량난이 악화된 1995~1997년 유엔세계식량계획(WFP)과 국제구호단체, 남한 정부 및 사회단체를 통해 쌀과 옥수수 등의 식량을 지원받아 부족분을 공급했다.[3] 특히 중국은 매년 30만~50만 톤 정도의 곡물을 북한에 제공함으로써 중앙 배급체계를 유지하는 데 크게 기여했다. 북한이 필요로 하는 곡물의 총 수요량은 많게는 569만 톤, 적게는 482만 톤으로 매년 100만 톤 정도의 식량이 부족한 실정이다. 1990년대에는 200만 톤 정도의 식량이 부족할 정도로 상황이 심각했으나, 최근 몇 년 사이 농업 생산이 증가해 부족량이 줄어든 것으로 평가된다. 북한은 1970년대 중반부터 1980년대 중반까지는 배가 고프긴 하지만 근근이 생활은 할 수 있는 정도였으나, 1980년대 후반부터 식량 사정이 악화되기 시작해 1993년에는 식량 자급률이 58.7%를 기록할 정도로 만성적인 식량난을 겪었다.[4]

짧게는 3년, 길게는 6년간 지속된 고난의 행군 기간 동안 많은 북한 주민이 목숨을 잃었다. 식량난으로 사망한 사람들의 숫자가 어느 정도인지는 아직까지도 정확히 알려져 있지 않다. 북한 당국은 수해 당시 식량난으로 약 30만 명의 주민이 사망했다고 발표했으나, 미국과 남한의 연구기관은 기아 사망 규모가 그보다 훨씬 클 것이라고 추정했다. 즉, 미국과 남한에서는 북한이 적어도 100만 명 이상의 인명 손실을 입은 것으로 추정했으며, 황장엽 전 조선로동당 비서도 적어도 150만 명은 넘을 것이라고 평가했다.[5] 심지어

---

3) 『통일환경과 남북한관계: 1997~1998』(민족통일연구원, 1997), 80~81쪽; 이금순, 『국제기구 및 비정부기구의 인도적 지원사례』(민족통일연구원, 1998), 77~105쪽.

4) 최수영, 『북한의 농업정책과 식량 문제 연구』(민족통일연구원, 1996), 69~74쪽.

5) 우리민족서로돕기 불교운동본부, 「북한 식량난의 실태」(북한 식량난민 770명 면담 조

굶주린 북한 주민이 인육을 먹는 사건도 발생했다는 루머가 확산될 정도로 생존한 주민들의 삶도 여유롭지는 않았던 것 같다.

1990년대에 세계보건기구(WHO)와 월드비전(World Vision) 등이 보고한 자료에 따르면 북한 주민의 영양 부족과, 특히 취약계층의 질병 감염이 매우 심각했던 것으로 평가된다. WHO 조사팀은 평북 박천군의 한 병원에서 1995년 10월부터 1997년 3월 사이에 소아 영양실조가 3배 증가했고, 감염성 설사와 급성 호흡기 질환이 광범위하게 나타났다고 보고했다. 어린이와 노인 등 취약계층은 면역체계가 약화되어 감염성 설사와 급성 호흡기 질환을 앓는 사람이 특히 많다. 1997년 7월 월드비전 의료팀도 북한의 평양, 원산, 사리원, 해주, 평산 등 다섯 개 지역의 보육원, 어린이센터의 2세 이하 유아 547명 가운데 85%가 영양실조 상태이고, 29%는 매우 극심한 영양실조를 겪고 있으며, 98%는 발육저하 상태에 있다고 보고했다. WFP의 캐서린 버티니(Catherine Bertini) 사무국장은 북한 어린이들은 손마디 뼈가 드러나고, 영양 부족으로 머리색깔이 붉은색으로 변했다고 보고하는가 하면, 월드비전의 앤드루 내치어스(Andrew Natsios)는 북한의 식량 부족은 1980년대 중반 에티오피아의 기근보다 더 심각하며, 북한 어린이들의 상황은 에티오피아 기근사태와 유사하다고 평가했다.[6]

이러한 정보와 루머의 유포 및 자료의 부족으로 최근까지도 1990년대 중반 북한이 직면한 문화생태의 실상이 정확히 파악되지 않았다. 다행히 2009

사 결과 보고서, 1998), 26쪽; Council on Foreign Relations, *Managing Change on the Korean Peninsula*(1998)," p. 11. 황장엽은 그가 북한에 있을 당시인 1996년까지 이미 150만 명이 사망했다는 사실을 믿을 만한 통계를 통해 알고 있었다고 증언했다(≪문화일보≫, 1998년 5월 21일 자).

6) *USA Today*, July 25, 1997; "The North Korean Famine," August 26, 1997, http://www.pbs.org/newshour/

년 유엔의 지원으로 북한 중앙통계국이 북한의 인구센서스를 발표한 후 식량 부족으로 인한 기아 사망 규모 분석 작업이 이루어졌다. 최근 조사에 따르면 식량 부족으로 1990년대에 24만~42만 명의 추가 인명 손실이 있었고, 1993~2008년에는 60만~85만 명이 사망한 것으로 추정된다.[7] 이처럼 많은 주민이 목숨을 잃었는가 하면 생존을 위해 30만~50만 명이 국경 탈출을 시도하는 등 이 시기 북한은 그야말로 엄청난 충격에 휩싸였다. 김정일이 당시의 상황을 '무정부 상태'로 표현했을 정도로 1990년대 중반 이후 북한의 문화생태 현실은 붕괴 혹은 해체로 표현해도 무방하다.[8]

거듭되는 자연재해와 식량 부족으로 북한 주민 2400만 명의 삶은 매우 열악한 것으로 평가되고 있다. 북한이 1997년 6월 유엔에 보고한 자체 경제 평가에는 1989년 1인당 국민총생산(GNP)이 911달러를 정점으로 하강 국면에 접어들어 1995년에는 1인당 GNP가 239달러에 불과한 것으로 되어 있다.[9] 이 수치가 북한 주민의 삶의 질과 수준을 종합적으로 반영한 것이라고 단언하기는 어렵지만, 파국에 이른 북한의 문화생태적 환경의 단면을 보여주는 증거라 할 수 있다. 북한이 2012년 '강성대국의 문을 여는 해'로 규정하고 북한의 국민소득이 가장 높았던 1980년대 후반 수준을 회복하는 것을 구체적인 달성 목표로 설정했음을 감안하면 2012년 기준 북한의 1인당 국민소득 수준은 900달러에 미치지 못하는 것으로 평가할 수 있다.[10]

---

7) T. Spoorenberg and D. Schwekendiek, "Demographic Changes in North Korea: 1993~2008," *Population and Development Review*, Vol. 38, No. 1(March, 2011), pp. 133~158.

8) 「우리는 지금 식량 때문에 무정부 상태가 되고 있다」(1996년 12월 김정일 위원장의 김일성종합대학 창립 50주년 기념 연설문), ≪월간조선≫, 4월호(1997), 306~317쪽.

9) 북한 중앙통계국 및 무역은행; 통일원, ≪주간 북한동향≫, 제336호(1997. 6. 21~27), 16쪽(대미달러 적용). 북한은 기존에는 2430달러(1988년), 2460달러(1991년), 719달러(1996년) 등으로 발표해왔다.

홍수로 인한 직접적인 인적 손실과 식량 부족으로 인한 주민 삶의 파괴는 2000년대에도 계속되었으며, 2012년에도 큰 홍수 피해를 입었다. 7월과 8월에 두 번이나 불어닥친 홍수로 인명 손실은 물론 벼농사 수확에도 심각한 타격을 입었다. 2012년 7월과 8월에는 집중 호우로 농작물과 건물, 도로, 교량 등에 피해를 입어 각각 88명과 170명이 목숨을 잃고 수만 명의 이재민이 발생했다.[11] 유엔은 북한이 홍수 피해지역의 구호와 복구를 위한 식량과 연료 긴급 지원을 요청해왔다고 하면서 북한에 신속한 복구 지원이 필요하다고 밝혔다.[12] 이처럼 자연재해가 반복되고 주민들의 삶이 위협받은 원인은 자연재해가 중요한 한 축을 형성하지만, 이는 북한의 주체 이데올로기와 정책, 주민들의 생활방식과 문화가 복합적으로 작용했기 때문이라 할 수 있다.

2) 생태환경 실태

폐쇄적인 북한 사회에서 평양을 제외한 다른 지역의 자연과 생태환경 실태가 어떠한지를 파악하기는 쉽지 않다. 평양을 중심으로 판단할 때 물과 공기, 생물 다양성(biodiversity) 등의 영역은 국제 기준을 초과하지 않는다는 평가가 나오기도 하지만, 산업화의 진전과 더불어 주요 도시들에서 대기오염과 수질오염이 점점 문제를 야기하고 있다는 상반된 분석도 나왔다. 그러나

---

10) 북한 사회과학원의 한 학자는 2009년 8월, 북한이 강성대국의 문을 열겠다고 공언한 해인 2012년의 구체적인 목표를 북한의 경제 발전이 최고 수준에 이르렀던 1980년대 후반의 수준을 회복하는 것이라고 설명했다. 이 학자는 그러나 이러한 목표가 2011년 말까지 성취되지 못했다는 사실도 언급했다.

11) 영국 BBC방송은 북한의 조선중앙통신을 인용·보도하면서 홍수로 인해 최소한 119명이 사망하고 수천 명의 이재민이 발생했다고 보도했다(BBC, 2012. 8. 3).

12) 뉴시스, 2012. 8. 29. 이에 따라 유엔과 비정부기구 직원들로 구성된 두 개의 평가팀은 홍수 피해가 큰 강원도 천내군과 평안남도 성천군, 안주시 등을 둘러보았다.

산림 황폐화 문제와 토양산성화 등의 문제는 매우 심각한 것으로 지적되었다.[13] 유엔환경계획(UNEP)에서 2003년 최초로 발표한 북한의 환경실태에 관한 보고서와 2012년 10월 공개한 보고서에 따르면 북한의 산림 황폐화와 토질 저하 문제는 심각한 상황이다.[14] 이 보고서에 따르면 북한 국토의 80%를 차지하는 산지의 경우 숲 면적이 크게 감소했으며, 황폐화된 산림 때문에 가뭄, 홍수, 산사태 등의 자연재해가 쉽게 발생하고 농지가 훼손되는 문제가 발생하고 있다. 농지가 상대적으로 부족한 북한은 과거 식량 증산을 위해 산림을 농지로 전환하는 정책을 추진했다. 2005년 북한의 산림 지역(forested land)은 8만 9273km², 농지는 2만 421km²로 조사되었다. 인구 기준으로 보면 산림은 1인당 약 0.4ha인 데 반해, 농지는 1인당 0.08ha밖에 되지 않는다. 대부분의 건답(乾畓)농경은 경사도 10도 미만의 땅에서 이루어지지만 가파른 경사지에서 이루어지는 농경도 보편화되어 있다. 경사도가 10도를 초과하는 경사지는 토양 침식이 흔한데, 일부 지역에서는 토양 침식으로 농업 생산성 저하가 초래되었고, 경사지에 발생하는 토양 침식은 연간 ha당 60톤 정도이며 심한 경우 100톤을 초과하기도 한다.

북한의 농지 면적은 북한 국토의 약 16.5%인 241만ha로 남한의 농지 면적인 214만ha보다 절대 면적은 더 많다. 그중 농작물 경작과 관련된 농지는 199.2만ha이며 논과 밭의 구성비는 29 : 71로 밭이 절대적으로 많은 비중을 차지한다.[15] 북한의 농업에 대한 정확한 정보는 대단히 미흡한 실정이다. 북

---

13) *DPR Korea: State of the Environment 2003*(UNEP, 2003); UNEP and DPRK Ministry of Land and Environment Protection, *Democratic People's Republic of Korea Environment and Climate Change Outlook*(2012).

14) UNEP, DPRK Ministry of Land and Environment Protection, *Democratic People's Republic of Korea Environment and Climate Change Outlook*; 이종운·홍이경, 「북한 환경 문제의 실태와 국제사회의 지원방안」, ≪KIEP 지역경제 포커스≫, Vol. 6, No. 38(2012), 3~4쪽 참조.

한 농지 면적도 자료에 따라 일부분 다르게 나타나는 등 통계 자료의 정확성이 의심스러운 부분이 많다. 그러나 기존의 자료를 종합적으로 볼 때 북한이 농업활동 시 환경을 고려한다고 보기는 어렵다. 게다가 식량 사정의 악화에 따라 산림 지역을 농경 지역으로 전환하는 등의 상황을 고려할 때 환경을 고려한 농업정책을 추진하고 있다고 보기는 힘들다. 그러나 북한의 비료나 농약 사정 등을 고려할 때 농약이나 비료를 사용하는 농업활동으로 인한 자연환경 훼손은 극히 적을 것으로 추정된다.

유엔환경계획 보고서에 따르면 북한의 물 자원은 풍부한 편이지만 물 공급과 수질 관리에 문제가 있는 것으로 나타났다. 전체 지표수의 80% 정도가 수력발전에 사용되고, 최근 들어 강 근처, 특히 평양 시내를 흐르는 대동강에 거주하는 인구가 많아졌다고 한다. 또한 보고서는 수십 개의 공장이 매일 3만㎥ 정도의 폐수를 강에 버린다고 지적한다. 이런 가운데 서해갑문(West Sea Barrage) 건설과 가뭄으로 인한 적은 유량 때문에 강의 자연적인 정화능력이 현저히 떨어져 대동강변에는 계절적인 적조현상이 나타나는 상황이다. 중국과 북한 국경에 위치한 압록강 하류 역시 산업폐수 및 생활하수로 심각히 오염되었다.

보고서는 생활하수와 산업폐수 처리에 대한 투자가 긴급히 필요하며 물 부족에 대비해 정화 및 공급 시스템을 수립해야 한다는 점을 지적한다. 이와 관련해서 북한 정부는 최근 '오염자 부담 원칙'을 적용해 공장이 직접 폐수를 처리하도록 하는 법안을 강화했으며 인민에게 물 보호의 필요성을 교육하기 위해 언론 매체를 이용하기 시작했다. 북한은 발전이나 산업 및 가정용 난방을 위해 석탄을 주로 사용하는데, 이는 도심 지역에 심각한 대기오염을 발생

---

15) 부경생 외, 『북한의 농업: 실상과 발전방향』(서울대학교출판부, 2001). 손기웅, 『남북 환경·에너지 협력 활성화 전략 연구』(통일연구원, 2002), 36쪽에서 재인용.

시킨다. 2012년 유엔환경계획의 조사 보고서에 따르면 북한은 하수처리시설에 대한 투자 부족, 폐수처리 규제 부족, 기술적 한계 등으로 강과 하천에 폐수가 방류됨에 따라 수질 저하가 나타나고 있다.[16]

경제난과 산업 전반에 걸친 생산 침체로 1990년 이후 에너지, 제조업 생산 부문의 온실가스 배출이 감소해 대기오염은 줄어든 것으로 나타났다. 그러나 2000년대 후반 미약하게나마 제조업이 회복세를 보이고 에너지 소비가 다시 증가하면서 대기오염물질 배출량이 증가한 것으로 조사되었다. 특히 평양 지역은 석탄 연소 시 발생하는 분진이 2005년 이후 점차 증가 추세를 보이고 있다.[17]

북한의 생물 다양성 수준은 국가 규모에 비해 높은 편이나 산림 황폐화, 수질오염, 자연재해 등의 환경 문제 때문에 생물 다양성 자원이 훼손되고 있다. 북한은 9950종의 식물종(세계 식물종의 3.2%), 1610종의 척추동물종(세계 척추동물종의 4.5%), 416종의 조류종(세계 조류종의 4.5%)을 보유했다. 세계 다른 지역과 마찬가지로 북한의 기후도 변화하고 있으며, 기온, 강수 패턴, 폭풍 발생, 해수면의 변화가 인간과 생태계에 영향을 미치고 있다. 북한도 매년 기온이 상승해 1971년부터 2006년까지 연간 평균 기온이 10년 단위로 0.38°C씩 상승했다.[18]

북한은 자연 개조에 의한 자연 교란과 부적절한 조림정책에 의해 형성된 대상식생(代償植生) 등으로 특별보호림(백두산 아고산대 자연초원지대 포함)과 일부 산림을 제외하고는 전반적으로 불안정한 산림생태계를 유지하고 있다.[19] 경사지 개발(다락밭 개간과 뙈기밭 개간)과 산림 불량화(땔감 부족으로 인

---

16) 이종운·홍이경, 「북한 환경문제의 실태와 국제사회의 지원방안」, 6쪽.
17) 같은 글, 4~5쪽 참조.
18) 같은 글, 7쪽.
19) 전체 산림 면적 중 18%인 230만ha는 김일성·김정일 부자의 혁명전적비 및 사적지를

한 남벌(濫伐)는 호우 때마다 산사태와 토사 유출을 유발해 하천 범람에 의한 상습적 수해 발생의 원인이 되었다. 또한 산림 벌채 이후 나대지로 방치된 산지(민둥산)의 토지의 경우 토양 영양염류의 유출량 증가와 토사 유출로 산림 복원 잠재력이 크게 훼손되었다. 그러나 함경남북도, 자강도, 량강도 등 북동 지역은 북한 산림 면적의 67.9%, 축적(임지에서 수림의 비중)의 78.9%를 차지하고 있으며, 다른 지역보다 상대적으로 임상(林相)이 양호하다. 북한의 산림은 지속적으로 감소하고 있다. 1980년대 말 이후 1990년대 말까지 지난 10년간 약 51만ha의 산림 면적이 감소했다. 북한의 산림 면적이 약 940만ha 라고 할 때 이는 전체 산림 면적의 5%를 상회하는 면적이다. 또한 도시 인근의 산림생태계를 구성하는 수목의 질도 대단히 낮은 것으로 추정된다. 이 지역에 대한 수목의 질을 판단할 수 있는 다양하고 정확한 자료는 없으나 북한 지역 방문자의 관찰에 따르면 도시 인근지역의 산림을 구성하는 대부분의 임상의 질이 낮은 것으로 판단된다.

3. 북한 문화생태의 복합 구조와 순환 사이클

1) 문화생태의 복합 구조와 문제점

북한의 문화생태 상황이 이처럼 열악하고 근래에 더 악화된 주된 원인은 북한의 경직된 사회주의 국가발전전략에 있다. 북한은 6·25전쟁 이후 경제

보존하기 위한 특별보호림과 수원함양림, 사방림, 방풍림, 교통보호림, 호안림(하천 둑 보존숲), 어부림(물고기 서식지 보호림), 학술연구림 등으로 지정되어 보호림으로 관리된다.

복구 및 사회주의 건설 과정에서 경제 발전전략을 어떻게 설정한 것인지 두고 심각한 논쟁을 거듭한 결과 '중공업 우선, 농업·경공업 병행' 전략을 채택하고, 자력갱생을 위한 농업 기반 마련을 위해 박차를 가했다. 이는 중공업 중심의 산업화 및 공업화를 추진함과 동시에 지방 단위에서는 농업과 경공업을 병행해 자급자족적 지역 분단체제를 구축한다는 전략이었다.[20] 경작지가 충분하지 않은 북한은 식량 자급을 위해 농지 확장 사업을 대대적인 국가 사업으로 추진했다. 1976년 10월 조선로동당 제5기 전원회의에서 결정된 '자연 개조 5대방침'으로 다락밭 개간과 간석지 개간을 적극 추진한 것이다.[21] 이 자연 개조 5대방침은 이듬해 「토지법」으로 명문화되었다.[22]

집단농장과 인민 동원으로 식량 증산을 독려해온 북한은 1970년대 들어 농업 생산이 감소하자 '자연 개조 5대방침'에 근거해 농지 확장을 위한 다락밭 개간 사업을 대대적으로 전개했다. 야산이나 산등성을 막론하고 곡물을 생산할 수 있는 농지를 최대한 확보할 수 있도록 경사도가 45도 이내에 있는 땅은 무차별적으로 개간했다.[23] 식량 문제의 자립적 해결이라는 주체 이데

---

20) 김병로, 『북한의 지역자립체제』(통일연구원, 1999).

21) 자연 개조 5대 방침으로 ① 밭 관개의 완성, ② 다락밭 개간, ③ 토지정리와 토지개량 사업, ④ 치산치수, ⑤ 간석지 개간을 제시했다[김일성, 「알곡 1000만톤 고지를 점령하기 위한 자연 개조 사업을 힘있게 벌릴데 대하여」(조선로동당 중앙위원회 제5기 제12차 전원회의에서 한 결론, 1976년 10월 14일), 『김일성저작집』, 제31권(평양: 조선로동당출판사, 1986a), 335쪽].

22) 「토지법」에는 토지 정리, 개량, 보호, 개간 이용을 위한 방향과 대책, 산림 조성의 방향과 산림 보호, 이용 대책(다락밭 개간 증대, 농지정리 사업, 간석지 건설 강화, 강하천 건설) 등이 규정되어 있다[김일성, 「토지법에 대하여」(조선민주주의인민공화국 최고인민회의 제5기 제7차 회의에서 한 연설, 1977년 4월 29일), 『김일성저작집』, 제32권(평양: 조선로동당출판사, 1986b), 209~223쪽].

23) "평안남도 강동군에서는 경사도가 30도 이상 되는 비탈밭을 다락밭으로 만들어 지난해에 알곡을 정보당 평균 6톤씩 냈습니다"라고 독려했다(김일성, 「토지법에 대하여」,

올로기에 입각해 경작지가 충분하지 않은 북한으로서는 식량 자급을 이룩하기 위해 농지 확장이 가장 중요하다고 판단했기 때문이다. 이러한 다락밭 개간 노력으로 산림에서 농지로 변한 부분이 11개 변화 항목 대비 72.43%인 약 63만ha나 될 만큼 농지가 상당 부분 확대된 것으로 조사되었다.

그러나 이러한 다락밭 개간정책 때문에 산림과 토양의 황폐화가 점점 심화되어 그에 따른 토사 유출이 심각해졌으며 홍수 피해를 더 악화시키는 결과를 초래했다. 이는 곡물 생산을 오히려 감소시켰고, 그럴수록 농지 확보를 위한 다락밭 개간 사업을 더 적극적으로 추진하는 악순환이 반복되었다. 결과적으로 야산의 다락밭 개간으로 많은 산림이 파괴되었으며, 최근의 대규모 수해도 북한이 추진한 무리한 다락밭 개간이 빚은 결과라 할 수 있다. 이처럼 다락밭 개간으로 산림 훼손이 발생하고 환경 피해가 심각해지자 김일성은 1989년 자신의 지시를 번복하면서 다락밭 개간의 문제점을 제기하기도 했다. "나무를 찍어내고 다락밭을 만들기로 계획한 것은 그만두어야 하겠습니다 … 우리도 방탕 나무를 찍어내고 다락밭을 만들다가는 숱한 땅을 못쓰게 만들 수 있습니다. 나는 나무를 찍어내고 다락밭을 만드는 것은 반대합니다"라고 언급한 것이다.[24]

주민들의 경제생활 수준이 낮은 것도 북한의 문화생태환경을 악화시키는 중요한 요인이다. 사회주의 경제정책과 주체농법의 실패는 북한의 경제난과 식량난을 초래했으며, 이러한 경제 상황에서 주민들은 야산에 텃밭과 뙈기

220쪽).

24) 유럽의 일부 나라에서 경사진 땅을 개간해 산사태가 나고 점차 사막화되고 있다는 자료가 있다고 하면서 이미 개간한 다락밭만 이용하고 새로 개간하는 것은 중단하라고 지시했다[김일성, 「평양시의 도시경영사업과 공급사업을 개선할데 대하여」(정무원, 평양시 책임일군협의회에서 한 연설, 1989년 4월 20일), 『김일성저작집』, 제41권(평양: 조선로동당출판사, 1995), 394쪽].

밭 등을 확보하는 방식으로 생계를 유지할 수밖에 없는 처지에 이르렀다. 경제난으로 국가의 식량 배급이 끊겨 북한 주민들은 생존을 위한 자구책으로 소토지와 야산을 개간해 뙈기밭으로 활용했다. 1990년대 이후 농민을 포함한 상당수의 북한 주민은 텃밭, 뙈기밭, 다락밭 등에서 부업 농사를 했으며, 2008년 북한 인구센서스에 따르면 북한 주민 중 900만 명 이상이 가정 단위로 채소 및 과수 재배에 참여했다. 이는 16세 이상 경제활동 대상 인구의 56%에 달한다. 북한 주민들의 농업 관련 부업 활동은 취약계층의 식량난 완화에 기여했으나 농작물 생산을 위해 구릉지 산림을 뙈기밭으로 개간하면서 남벌 문제를 심화시켰다.

한편, 난방과 취사 등에 필요한 에너지가 부족한 주민들이 연료용으로 산림을 남벌한 것도 산림 황폐화를 가속화시켰고, 결과적으로 수해 피해를 가중시키는 중요한 원인이 되었다. 북한의 에너지 공급 규모는 1990년 2390만톤(TOE) 이후 최근까지 연평균 4.7% 감소 추이를 보였다. 2000년의 공급 규모는 1990년의 65.5%에 해당하는 1570만 톤을 기록했다. 1인당 에너지 소비는 1990년 1180만 톤에서 연평균 5.0% 감소해 2000년에는 710만 톤으로 남한의 17% 수준에 그쳤다. 북한은 에너지를 국내에서 생산되는 석탄(71.7%)에 주로 의존하고, 그다음으로 수력(16.2%)에 의존한다. 석유 수입은 외화가 부족해 주로 중국의 원유 제공에 의존하는 상황으로 석유에너지는 전체의 7.1% 수준에 불과하다. 즉, 에너지 자급도는 92.9%에 달하지만 석탄 생산능력이 매우 떨어져 심각한 에너지 부족을 겪고 있다.[25] 따라서 주민들은 난방이나 취사용 연료로 나무와 땔감을 많이 사용한다.

2008년 인구센서스에 따르면 45%의 가구가 난방연료로 나무를 이용하고,

---

[25] 북한의 이러한 에너지 구조는 남한이 석탄 22.3%, 석유 52.0%, 원자력 14.1%에 에너지를 의존하는 상황과 대조적이다.

농촌의 경우 75% 정도가 난방과 취사연료로 사용한다. 농촌 인구의 대부분이 에너지를 땔나무에서 얻는 형편으로 농촌지역 가정에서 난방과 취사를 위해 무분별한 벌목을 지속하는 것이다. 이러한 연료 사용의 현실이 농촌지역 산림 황폐화의 구조적 요인이다. 생활용 땔감으로 소비되면서 감소한 산림의 면적은 1990년 1944km²에서 2005년 3988km²로 거의 두 배 증가했으며, 나무를 연료와 건축자재로 이용하면서 무분별한 벌목에 따라 수목차폐율과 숲 밀도가 감소하고 임상식물의 질과 범위도 감소했다. 여기에 산불과 해충까지 북한 산림 생태계에 상당한 영향을 미치는 것으로 조사되었다. 2000년부터 2002년 사이에 365건의 산불이 보고되어 128km²의 산림에 피해를 미쳤으며, 이로 인해 2000년과 2002년에 각각 2만 1000m³와 1600m³ 면적의 나무가 손실되었고, 솔나방 등의 해충으로 약 300km²의 산림이 피해를 입었다.

이처럼 취약해진 생태환경에서 이상기후로 발생한 대규모 홍수는 이미 파괴된 산림과 토양을 더욱 황폐화시키는 결정적인 계기가 되었고, 북한 전역에 심각한 식량난을 초래했다. 북한 당국의 개발전략과 다락밭 개간정책이 북한 주민의 삶과 생활을 악화시킨 근본적인 원인이지만 홍수와 가뭄 등 자연재해로 입은 피해도 적지 않다. 기후온난화와 이상기후 때문에 빈발하는 홍수와 한파는 예측할 수 없는 돌발적인 자연재해를 일으켜 엄청난 피해를 가져온다. 저수지와 댐 등 관계체계를 붕괴시켜 인명과 재산, 농작물에 큰 피해를 입히는가 하면, 산사태를 일으키거나 다락밭을 휩쓸어 엄청난 토사를 유출시킴으로써 하천의 범람을 일으키고 인명과 재산에 많은 피해를 초래한다.

이처럼 북한 당국의 개발전략과 다락밭 개간정책 문제, 경제난 때문에 발생한 산지 개간, 에너지 부족으로 초래되는 벌목이 산림 황폐화를 야기하고, 이로 인해 산림의 홍수 조절기능이 약화되면서 산사태, 농지 매몰, 토지 유실이 가중되어 농업 생산성 저하와 식량난의 원인이 되고 있다. 또 중국으로 수출하기 위한 목재의 벌채도 하나의 요인이다. 사회주의체제의 자체 모순, 다락밭 개간 위주의 농업정책, 경제 수준의 낙후, 농촌 주민의 에너지 구조, 대홍수와 한파 등 되풀이되는 자연재해 등이 복합적으로 작용해 자연생태계의 근본을 이루는 산림생태계의 훼손이 심화되고 있는 것이다.

2) 북한의 문화생태 사이클

〈그림 9-1〉에서 볼 수 있듯이 환경 파괴는 복합적 순환 사이클을 이루며 진행된다. 홍수와 가뭄 등의 자연재해로 파괴되는가 하면 식량 부족을 해결하기 위한 다락밭 개간정책과 난방과 취사를 위한 주민들의 벌목 문화가 자연재해를 이중, 삼중으로 가중시키는 것이다. 앞에서 살펴본 바와 같이 북한은 6·25전쟁 이후 난방 목적의 땔감을 확보하기 위해 무차별적인 벌목을 했고, 부족한 식량을 확보하기 위해 가파른 언덕과 비탈진 야산까지 다락밭으로 개간했다. 산림의 훼손으로 사막화가 진행되었고 토양이 척박해지면서 자양분 고갈 등의 심각한 문제가 발생했으며, 그 결과 식량 생산성이 지속적으로 감소하게 되었다. 대대적인 다락밭 개간 사업과 벌목 사업을 추진한 결과 홍수로 인한 작물 피해가 가중되었다. 가파른 다락밭의 토사가 하천으로 대량 유입되고, 토사가 쌓인 강물이 범람해 주민들의 피해를 가중시켰을 뿐 아니라 토질 부식과 산성화를 촉진시켰다.

북한의 여러 환경 문제 가운데 가장 심각한 것이 바로 산림자원의 황폐화다. 북한은 그동안 산업화와 경제성장이 이루어지지 않아 수질오염이나 대기오염 등 환경 문제가 아주 심각한 상황은 아닌 것 같다. 물론 수자원과 생물자원, 대기오염 문제가 없는 것은 아니지만 남한과 비교했을 때 상대적으로 나은 것으로 평가된다. 그러나 광범위하게 진행된 산림 훼손과 황폐화는

〈그림 9-1〉 북한의 문화생태 사이클

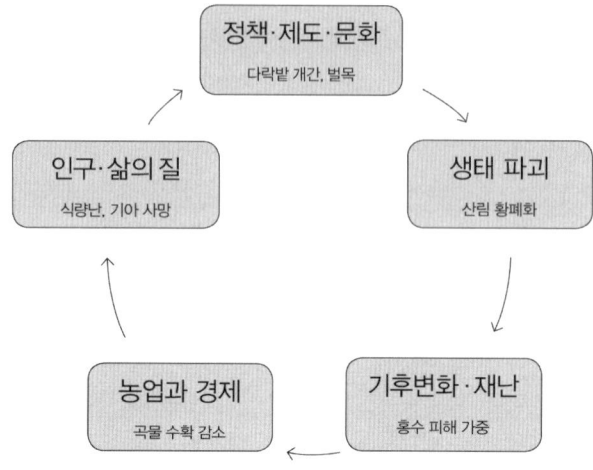

매우 심각한 상황이다. 거기에 1990년대 중반 고난의 행군 시기를 거치면서
에너지 부족과 식량 부족으로 벌목과 산림 파괴가 무차별적으로 이루어지면
서 북한의 산림 황폐화는 걷잡을 수 없는 상태로 치닫게 되었다.

산림 황폐화로 생태 파괴를 야기하는 근본적인 원인은 북한의 '자연 개조
5대방침'과 다락밭 개간 등의 사회주의 국토개발전략, 주체농업정책이라 할
수 있다. 폐쇄적·주체적 발전전략에 입각해 식량을 자급자족하려는 농업정
책으로 간척지 개간, 다락밭 개간 등 농지 면적을 확보하는 정책을 적극 추
진함으로써 결국 산림 훼손과 홍수 피해 가중, 식량난 악화 현상을 야기한
것이다. 이러한 기존 경제정책의 문제점을 개선하기 위해 7·1개혁이나 6·28
방침 등 농업 생산과 제도 및 정책 전반의 변화를 시도하면서 생태환경의 복
원을 추진하기는 하지만, 자립적 민족경제 건설을 국가정책의 목표로 내건
북한의 주체 이데올로기에 따라 국가발전전략과 주체농업의 방향을 수정하
기는 어려우며 따라서 다락밭 개간 사업은 지속적으로 산림 황폐화를 촉진
하고 있다.

북한 당국의 경직된 국가정책이 문제를 악화시키는 본질적인 원인이라면 경제 수준의 낙후와 관련된 주민들의 삶의 방식과 관행은 생태를 파괴하는 또 다른 원인이다. 앞서 설명한 대로 난방과 취사를 위한 자원으로 농촌 주민의 75%가 벌목에 의존하는 에너지 소비 구조도 산림을 훼손하고 생태를 파괴하는 주된 요인이다. 또한 경제난과 식량난 때문에 야산에 텃밭과 뙈기밭을 개간하지 않으면 생존할 수 없는 빈곤층이 인구의 1/4을 차지하는 상황에서 산림은 훼손될 수밖에 없다. 기본적인 경제생활조차 보장되지 않는 경제난과 식량난이 지속되면서 주민들의 건강과 생명, 생존과 삶의 질은 위협받고, 국가가 이들의 생존을 보장해주지 못하는 제도하에서 땔감 벌목과 야산 개간은 관행과 문화로 자리 잡았다.

정책과 제도, 문화와 관행은 결과적으로 생태환경을 파괴하는 산림 황폐화의 원인이 된다. 황폐화된 산림은 홍수 피해를 가중시키는 중대한 요인으로 작용한다. 산림자원은 홍수가 났을 때 유속을 떨어트려 그 피해를 경감시킬 수 있는데, 산림 훼손뿐 아니라 다락밭의 토사가 일시에 하천으로 유입되면서 강바닥에 토사가 누적되어 하천 범람을 초래함으로써 인명과 농작물의 피해를 가중시킨다. 여기에 최근 들어 빈발한 이상기후 현상과 홍수 등의 자연재해 자체도 북한의 문화생태환경을 악화시키는 하나의 원인이 되었음이 분명하다. 홍수가 이미 파괴된 북한의 산림과 토양을 더욱 황폐화시키는 직접적인 계기가 되기 때문이다. 즉, 홍수가 토사를 만들어 경작지를 침해하고, 저수지와 댐을 붕괴시켜 식량난을 가져오기도 하지만, 엄청난 폭우로 인해 그렇지 않아도 취약한 산림과 토양이 완전히 붕괴되는 피해를 입는 것이다. 산림 황폐화로 홍수 피해가 더 악화되고, 그로 인해 식량 생산이 감소하며, 이를 극복하기 위해 더 많은 다락밭 개간과 벌목이 이루어짐으로써 산림을 훼손하는 악순환이 되풀이되고 있다. 이러한 악순환은 저개발 국가에서 식량난과 굶주림이 반복되는 전형적인 패턴이라 할 수 있다.

이러한 피해가 반복되면서 문화생태의 악순환도 되풀이되고 있다. 생태환경의 파괴로 문화와 삶의 질이 저하되고 주민들은 이를 극복하기 위해 생태 자원을 파괴하는 한편 기상·기후 변화로 빈발하는 홍수와 가뭄은 이러한 문화생태의 악순환 구조를 더욱 증폭시킨다. 이미 숲 면적의 감소, 가뭄, 홍수, 해수 역류, 과다한 화학약품으로 인한 산성화, 비료와 농기구 부족 등으로 인해 지난 1990년대 이후 작황이 거의 2/3 수준까지 감소했다. 이러한 경제난과 식량 부족은 주민들의 삶의 질을 저하시키며 사람들은 식량과 에너지 부족을 해소하고, 생존을 유지하기 위해 다락밭 개간과 남벌 등 생태를 파괴하는 관행과 문화를 지속한다. 북한 당국의 사회주의 개발전략과 주체농법에 의한 다락밭 개간정책이 산림을 황폐화시키며 홍수와 가뭄 피해를 가중시켜 구조적인 악순환이 반복되고 있다.

4. 북한의 환경정책과 제도 및 정보

1) 환경정책

북한은 이러한 문제를 인식해 환경보호를 우선적인 과제로 지정하고 법체계 및 행정 분야의 지침을 수정하는 등 환경 문제 해결에 높은 관심을 보이고 있다. 북한의 환경 문제에 대한 접근은 산림녹화와 홍수 방지 등 국토관리 차원에서 이루어졌다.[26] 1977년 「토지법」 제정 전까지는 주로 조림과 강·하천 관리, 천연기념물 보호 등 개별적인 법 위주였는데, 「토지법」을 제정하면서부터 환경관리가 포함된 포괄적인 국토관리를 모색하기 시작했다.

---

26) 손기웅, 『남북 환경·에너지 협력 활성화 전략 연구』, 4~6쪽.

1986년 4월 9일 최고인민회의 제7기 5차 회의에서 환경정책과 관련된 더 직접적인 법규인 「환경보호법」을 채택했다. 「환경보호법」 제2조에서 "환경을 보호하는 사업은 사회주의, 공산주의 건설에서 항구적으로 틀어쥐고 나가야 할 중대한 사업이다"라고 규정함으로써 자연환경의 보존과 조성, 환경오염 방지, 환경보호에 대한 지도관리, 환경 피해에 대한 손해 보상 및 제재 등을 명문화했다. 1995년 10월에는 환경보호법 시행규정을 제정해 환경보호의 관리체계와 규제 방법, 환경 피해에 대한 손해 보상과 제재 등의 구체적인 문제들이 규정되었다.

1990년대 후반 환경 관련 법제를 좀 더 정비했는데, 1995년에는 「어업법」이, 1997년에는 「수자원보호법」, 「자연지역과 기념물보호법」, 「해양오염방지법」이, 1998년에는 「토지 및 환경보전관리법」과 「유용동물보호법」이 각각 제정되었다. 1999년에는 「산림법」과 「환경보호법」이 각각 개정되었다. 2002년 3월 27일 최고인민회의 제10기 제5차 회의에서는 효율적인 국토 및 도시 건설 사업과 병행해 자연재해 예방과 실속 있는 환경보전 사업의 추진을 목표로 「국토계획법」을 채택했다. 「국토계획법」에서 국토관리성의 주무부서를 국토환경보호기관으로 명시함으로써 국토환경보호성의 위상을 강화하고 국토관리와 환경보호 간 연계성을 강조했다.[27] 또 홍수 피해 등을 최소화하고 국토관리 사업을 효율적으로 추진하기 위해 2003년에는 「하천법」을 제정했다. 2006년에는 환경 파괴를 방지하고 청정 환경을 보존하기 위해 「환경영향평가법」을 제정했다.

1993년 2월에는 「환경보호법」 제39조에 의거 국가환경보호위원회를 설립했으며, 1995년 「환경보호법」을 구체적으로 집행하기 위한 '환경보호법

---

27) 손기웅, 「김정일 국방위원장의 환경정책」, ≪통일경제≫, 제82호(2002년 7~8월호), 7 쪽. 손기웅, 『남북 환경·에너지 협력 활성화 전략 연구』, 6쪽에서 재인용.

시행규정'을 채택했다. 그리고 내각 산하 비상설기구로 설치되어 있던 국가환경보호위원회를, 1995년 국토환경부로 개칭해 상설화했으며, 도시경영부와 잠시 통합했다가 1999년 3월 다시 국토환경보호성으로 분리했다.[28] 1996년 11월 27일에는 매년 10월 23일을 '국토환경보호절'로 제정했으며, 1999년 3월에는 식수절(식목일)을 4월 6일에서 3월 2일로 변경했다. 또한 특히 산림 조성 문제가 시급하다는 판단하에 2000년 '산림법 시행규정'을 마련했다.[29] 이를 토대로 북한은 가뭄과 홍수 등으로 황폐화된 산림자원 복구에 필요한 자금 및 기술 확보에 적극 나서고 있다. 또한 2001~2010년을 '산림 조성 10년계획기간'으로 설정하고 산림 면적 확대를 위한 장기 계획을 수립·추진했다. 특히 아카시아가 발열량이 높아 땔나무로 적합하고 목재 생산성이 높으며 꿀 등 부수적인 소득도 많기 때문에 인민경제 발전과 인민생활 향상에 크게 기여할 것이라고 하면서, 산림자원 확충을 위해 '아카시아심기운동'을 적극 권장했다.

북한은 탈냉전 이후 국제환경회의에도 참여하는 적극적인 태도를 보였다(〈표 9-1〉 참조). 1992년 6월에는 브라질 리우데자네이루에서 개최된 환경과 개발에 관한 유엔회의(UNCED)에 참석해 환경 파괴를 방지하면서 경제 발전과 개발을 위한 제반 원칙을 규정한 '리우선언(Rio Earth Charter)', 2000년까지 지구환경계획을 수록한 '의정 21(Agenda 21)', 기후 체계에 위험한 영향을 주지 않는 수준에서 대기 중 온실가스 농도를 안정화시키기 위한 '기후협약(Framework Convention of Climate Change)'(1994), 생물의 다양성을 보존하며 그 지속적인 이용과 공정한 분배를 위한 '생물다양성보존협약(Convention on

---

28) 손기웅, 「북한의 환경관과 환경정책」, 북한연구학회 엮음, 『북한의 사회』(경인문화사, 2006), 524~525쪽. 국토환경부는 1998년 9월 도시경영부와 통합되었다가 1999년 3월 다시 국토환경보호성으로 분리되었다.
29) 같은 글, 533쪽.

<표 9-1> 북한이 가입한 국제환경협약

협약	가입일
유엔생물 다양성협약	1994. 10. 26
유엔기후변화협약	1994. 12. 5
오존층 보호를 위한 비엔나협약	1995. 5. 5
오존층 파괴물질에 관한 몬트리올의정서	1995. 5. 6
잔류성유기오염물질에 대한 협약	2002. 8. 19
바이오 안정성에 대한 카르타헤나의정서	2003. 7. 29
유엔사막화방지협약	2004. 3. 28
국제무역의 대상이 되는 특정유해화학물질 및 구제제에 대하여 사전정보에 근거한 동의 수속에 관한 로테르담 조약	2004. 2. 6
유엔 기후변화협약하의 교토의정서	2005. 4. 27
유해물질의 국경이동 및 그 처분 규제에 관한 바젤조약	2008. 7. 10

자료: UNEP, *DPRK Environment and Climate Change Outlook*(2012), p. 14.

Biological Diversity)'(1994)에 가입했다.[30] 1995년 1월에는 오존층 보호를 위한 '비엔나협약(Vienna Convention for the Protection of the Ozon Layer)'과 '몬트리올의정서(Montreal Protocol)'를 비준했으며 1998년에는 '세계 문화와 자연유산보전에 관한 유네스코 협약(Convention Concerning the Protection of the World Cultural and Natural Heritage)'에 가입했다. 또 유엔개발계획(UNDP)의 후원하에 진행 중인 두만강지역개발계획(TRADP)의 '환경원칙에 관한 양해각서'에 남한과 중국, 러시아, 몽골과 함께 서명했다. 유엔사막화방지협약(United Nations Convention to Combat Desertification: UNCCD)은 1992년 브라질 리우에서 열린 UNCED의 의제21에 따라 1996년 발효되어 남한은 1999년, 북한은 2004년 회원국이 되었다.

1991년 12월 13일 남북이 체결한 '남북 사이의 화해와 불가침 및 교류협력

---

30) 같은 글, 530~531쪽.

에 관한 합의서'에도 남북이 여러 분야에서 교류와 협력을 실시하기로 하면서 환경 분야도 명시해 환경 협력에 대한 관심을 표명했다. 중국과는 1992년 환경보호 협력 협정인 '조선민주주의인민공화국 환경보호 및 국토관리총국과 중화인민공화국 국가환경보호국 간의 협력협정'을 체결해 양국 간 환경 피해 방지 및 환경보호를 위해 환경 관련 통계, 정보, 기술 제공과 환경전문가의 교환 등 환경 관련 협력 활동을 펼치고 있다.

2) 문화와 제도

사회주의는 생산수단의 통제와 중앙집중적 계획을 통해 경제 발전을 추구하는 제도다. 북한은 정권 수립 초기부터 공산주의 이념에 입각해 생산수단의 집단화를 실현했으며 토지개혁과 산업의 국유화, 상업과 농업의 협동화를 빠른 속도로 진행해 대부분의 토지와 산업시설이 국유 또는 협동 소유다. 2002년 7·1개혁 조치 이후 시장화가 진행되면서 개인 위탁 형태의 개인 사업이 성행 중이지만 법적 소유권이 허용된 것은 아니며, 운영권이 개인에게 위임된 형태가 병존하는 상황이다. 농업 분야도 기본적으로 리 단위의 협동농장체계를 유지하며 식량 생산을 자극하기 위해 새로운 분조관리제 및 포전관리제 등을 도입해 주민생활 수준과 삶의 질을 향상하려는 노력을 기울이고 있다. 농업 분야에서 가족농이나 서비스 분야에서 개인 사업을 인정하는 등의 제도적 변화를 시도하면 식량 증산과 경제성장이 활성화될 가능성이 높지만 북한 당국은 이러한 개혁정책을 선뜻 채택하지 못하고 있다. 경제활동에 대한 주민 동원의 방식에도 물질적 인센티브가 활용되지만, '도덕적 자극'과 설득을 중요한 동원기제로 사용할 뿐 '하나는 전체를 위하여, 전체는 하나를 위하여'라는 집단주의 이념이 여전히 북한 사회정책의 기본 방침으로 작동하고 있다.

2013년 신년사에서도 북한은 여전히 자립적 민족경제의 토대 강화와 사회주의의 길을 강조했다. 인민생활과 직결되어 있는 농업과 경공업을 '주공전선'이라고 언급했지만 여전히 사회주의 증산경쟁과 같은 인민 동원에 의존한다. 북한의 김정은 제1위원장은 우리식 사회주의 경제제도로서 생산수단의 국가 소유에 기초한 계획경제의 틀을 근본적으로 변화시키지는 않겠다는 의지를 피력한 바 있어 인민생활 향상을 위한 근본적인 경제개혁과 개방에 나설 가능성은 희박하다고 할 수 있다. 단, 경제지도와 관리 측면을 개선하면서 경제특구 건설이나 외자 유치를 통한 합작 사업 등의 대외 개방 확대로 국면 전환을 모색할 가능성은 있다. 탈냉전 직후인 1991년 라진·선봉 경제특구를 설치한 것이나, 2002년 9월 신의주행정특구를 공포한 것도 경제발전을 위해 북한이 특구 설치와 같은 개방정책에 더 많은 관심을 갖고 있음을 보여준다. 2009년 7월 이후 진행되고 있는 중국과의 경제협력과 공동개발도 북한이 정권에 위협을 초래할 수 있는 대내적 개혁은 최소화하는 반면, 제한된 지역에 경제특구를 설치하는 개방정책의 방식을 더 선호하고 있음을 드러낸다.

　　이런 맥락에서 보면 북한의 아사자가 그처럼 많이 발생한 원인도 단순히 자연재해 때문이 아니라 북한 사회주의 정책의 결과라는 점이 명백하다. 개인 소유를 금지하고 집단농장 형태로 경제시스템을 운영함으로써 노동 인센티브가 저하되었을 뿐 아니라, 수십 년 동안 지속된 '주체농법'이나 사회주의 농촌테제와 같은 경직된 정책이 북한의 식량 생산을 근본적으로 감소시켰기 때문이다. 게다가 북한이 1995년 4월경 중앙 배급을 전격 중단하고 1960년대부터 전시를 대비해 구축해온 지역 자력갱생체제로 급격히 전환함으로써 대규모 기아 사태가 촉발되었다.[31] 이런 점에서 식량난으로 인한 북한 주민

31) 실제로 북한이탈주민의 견해에 따르면 1994년 이후 배급이 끊겼다고 주장하는 사람

의 인명 피해가 단순히 자연재해에만 기인하는 것이 아니라 북한의 정책적 판단에도 기인했을 가능성을 배제할 수 없다. 북한 당국이 홍수 피해를 핑계로 식량난을 정당화하지만 북한의 정책적 결정이 식량난과 기아 사망을 심화시켰을 가능성도 있기 때문에 이에 대한 심층적인 분석이 필요하다.

더욱 눈여겨봐야 할 대목은 민주적 중앙집권제라는 북한식 민주주의 시스템이며 선군(先軍)정치라는 독특한 통치이념이다. 북한이 주민들의 생활 향상을 위한 대대적인 개혁정책을 도입하지 못하는 이유도 그러한 정책 변화가 야기할 정권 불안에 대한 염려 때문이다. 정권 유지를 불안하게 만드는 요소를 지양하면서 인민생활 개선을 도모하고자 하는 소극적 태도 때문에 과감한 경제개혁에 임하지 못하는 것이다. 자연생태환경의 개선을 통해 주민들의 삶의 질을 개선하려면 기본적인 물질 재원이 필요한데, 그러한 재원을 마련하기 위한 경제성장정책보다는 국방력 강화에 필요한 군수산업과 자력갱생 방식의 농업 생산에만 매달리는 형국이다.

3) 과학기술과 정보

이러한 상황에서 사회주의 국토개발전략이나 다락밭 개간과 같은 기존의 정책을 전면 수정하고 나서기에는 정권 차원에서 많은 부담이 있을 것이다. 그러나 기술 개발과 외자 유치, 대외 개방을 통해 북한의 문화생태 전반을 개선하려는 노력은 엿보인다. 북한은 과학기술과 정보기술 개발을 위주로 한 '단번 도약'을 미래 비전으로 내세우는데, 이러한 정책도 바로 정권의 불

이 32.7%로 가장 많았고, 1995년에 끊겼다는 사람(29.1%)과 1993년에 끊겼다는 사람 (13.8%) 등의 순으로 나타났다(우리민족서로돕기 불교운동본부, 「북한 식량난의 실태」, 16쪽). 이처럼 북한이탈주민들은 북한이 1995년 홍수 피해를 입기 전 4월에 이미 중앙 배급체계를 통한 식량 공급을 전면 중단했다고 증언한다.

안정을 최소화하면서 인민생활 향상을 도모하기 위한 북한의 묘책이라 할 수 있다. 또한 국토환경보호성과 기상수문국 간 컴퓨터망이 형성되어 위성 사진을 받아 산불 및 홍수 피해를 미리 막기 위한 감시체계가 세워졌으며, 산림 조성계획 작성에도 산림정보 봉사체계를 활용해 수종이 좋은 나무 위주의 수림화 사업이 추진되고 있다고 주장한다.[32] 북한은 이러한 맥락에서 인공위성의 주요 목적을 기상 관련 정보를 얻기 위한 것이라고 강조한다. 2012년 4월과 12월 두 차례의 장거리 로켓발사시험을 평화적 우주 공간 이용을 위한 인공위성 실험이라고 주장한 것이다. 북한은 2012년 4월 조선우주공간기술위원회 대변인을 통해 12~16일에 인공위성을 발사하겠다고 발표하고, 그 주요 목적은 농업 생산과 기상 관련 정보를 얻기 위한 것이라고 했다. 또한 우주 개발과 평화적 이용 정책에 따라 경제 발전에 필수적인 실용 위성들을 개발하고 이용하기 위한 과학연구 사업을 진행해왔다고 설명했다. 즉, 광명성 3호는 기구 관측을 위한 평화적 목적에 이용될 것이라고 밝히며, 탐사 위성의 성격을 가진 기구 관측 위성으로 지하자원이나 해저의 유용한 광물들을 탐측하는 임무를 수행할 것이기 때문에 경제적 이익 가치를 위한 평화적 위성이라고 주장했다.[33] 북한의 조선우주공간기술위원회 우주개발국 부국장은 조선중앙통신과의 기자 회견에서 " '광명성 3호'는 지구관측위성으로서 북한의 산림자원 분포정형과 자연재해 정도, 알곡예상 수확고 등을 판정하고 기상예보와 자원탐사 등에 필요한 자료들을 수집하게 된다"라고 구체적으로 설명했다.[34]

2012년 12월 쏴 올린 은하 3호 역시 실용 위성이라고 주장한다. 2012년 4

---

32) ≪조선≫(평양: 외국문출판사, 2002), 37쪽. 손기웅, 「북한의 환경관과 환경정책」, 537쪽에서 재인용.
33) 조선중앙통신, 2012. 3. 16.
34) 조선중앙통신, 2012. 3. 28.

월에는 실패 원인을 발견하고 이를 수정해 발사체를 우주 궤도에 올려놓는
데 성공했다. 이번에는 위성 발사의 목적에 대해 지난 4월과 같이 기상 관측
용이라는 구체적인 언급은 하지 않았으나 "지난번 위성과 같이 극궤도를 따
라 도는 기구관측위성"이라고 주장했다. "우리의 과학자, 기술자들은 지난 4
월에 진행한 위성 발사에서 나타난 결함들을 분석하고 위성과 운반로케트의
믿음성과 정밀도를 개선하기 위한 사업을 심화시켜 위성을 발사할 수 있는
준비를 끝내었다. 우리는 지난 4월에 있은 위성 발사 과정을 통해 우리의 평
화적인 과학기술위성 발사의 투명성을 최대로 보장하고 우주과학연구와 위
성 발사 분야에서 국제적 신뢰를 증진시켰으며 이번에 진행하는 위성 발사
와 관련해서도 해당한 국제적 규정과 관례들을 원만히 지킬 것이다"라고 주
장했다.[35]

1960년대 이래로 경제-국방 병진노선을 국가발전 원칙으로 삼고 있는 북
한이 장거리 로켓 발사를 순수한 경제적 목적(실용 위성)에서만 추진했을 리
만무하지만, 그렇다고 농업 생산과 기상 관련 자료 수집을 명분으로 내건 북
한의 주장을 미사일 실험을 가장하기 위한 명분으로만 보는 것도 정확한 판
단은 아닐 듯싶다. 북한이 이처럼 주변국의 반대를 무릅쓰고 위험을 감행하
는 이유는 군사적 목적 외에도 악순환이 되풀이되는 문화생태환경을 개선하
고 식량난 극복과 경제 발전을 위해 기후 변화와 관련된 정보가 절실히 필요
하기 때문이라는 점도 간과해서는 안 될 것이다. 북한의 파괴된 문화생태환
경을 정확히 파악하고 자연재해를 줄일 수 있는 실질적인 환경징책이 시급
히 필요한 것은 이러한 이유 때문이다.

북한 당국은 여전히 대외적으로 폐쇄적인 정책을 추구하고 있으나 점진적
으로 개방을 추진하고, 환경 분야에서도 마찬가지로 도움과 지원을 요청하

---

35) 조선우주공간기술위원회 대변인 담화, 2012. 12. 1. 연합뉴스, 2012. 12. 2에서 재인용.

고 있다. 주체 이데올로기의 폐쇄성이 초래한 비효율성과 낙후성을 극복하기 위해서는 대외교류와 지원을 통해 성장과 발전의 동력을 확보해야 할 필요성이 크기 때문이다. 2012년 3월 식량난 해결과 조림 사업을 목적으로 다섯 명의 미국 전문가를 평양으로 초청했다. 북한이 생태 문제를 미국의 과학자들에게 개방해 도움을 요청한다는 것은 전례 없는 일로 평가된다. 미국 방문단에는 미국과학선진협회(American Association for the Advancement of Science)의 노먼 뉴라이터(Norman Neureiter) 국장과 메릴랜드 대학의 수로복구 전문가인 마거릿 파머(Margaret Palmer)도 포함되었다. 파머의 설명에 따르면 북한의 전문가들과의 토론 결과 세계적으로 기온이 0.7도 상승한 같은 기간 북한은 2도 상승할 정도로 온난화 문제가 심각하다. 가장 중요한 이유가 산림 황폐화로 인한 기온상승인데, 그만큼 북한의 산림 황폐화 문제가 심각하다는 것이다.[36]

　이런 상황을 고려하면 식량난과 북한의 기아 문제, 보건의료 문제 등 주민 생활과 삶은 단순히 농업생산성 문제 이상의 복잡한 구조로 되어 있다. 즉, 기본적으로는 농업 문제이겠지만 조림과 에너지, 정보 문제와 관련된 복합적인 이슈라고 할 수 있다. 따라서 이러한 문화생태 문제를 해결하기 위해서는 산림 복구 지원과 조림 사업 등 생태환경의 개선을 시작으로 벌목을 방지할 수 있는 대체 에너지 제공, 농업생산성을 높이기 위한 기술 지원 등 다각적인 협력과 도움이 필요하다. 유엔환경계획 보고서는 북한에서 사회경제적 발전과 지속가능한 발전이 병행되려면 환경 관련법과 규제가 강화되어야 하고, 환경관리체계가 좀 더 발전되어야 하며 자금 투자 역시 확대되어야 한다

---

36) 820만ha였던 산림 면적이 760만ha로 줄어든 것으로 분석되었다[J. Hudson, "The Environment Is So Bad in North Korea, They'll Even Let Americans Help," *The Atlantic Wire*, April 3, 2012].

고 제안한다. 또한 과학 및 기술 연구가 우선적인 문제에 집중되어야 하고 환경 모니터링과 통계체계가 수립되어야 하며, 국가 차원의 계획 및 정책 입안의 기초가 되는 데이터 수집 역시 필요하다고 지적한 바 있다. 북한의 문화생태 현실이 매우 복합적 구조로 이루어져 있는 만큼 그 해결 방안도 다각적으로 모색할 필요가 있다.

5. 맺음말: 북한의 문화생태 복원과 한반도 녹색평화의 전망

지금까지 살펴본 바와 같이 북한 문화생태의 문제는 정책과 제도, 문화와 관행, 기후 변화 등 자연환경의 복합 구조 속에서 발생하고 있다. 이러한 문제를 해결하기 위해서는 사회주의 농업제도와 환경정책의 변화, 주민 생활문화의 개선, 과학기술과 정보의 협력이 적극 추진되어야 한다. 무엇보다 생태환경에 대한 북한 당국의 인식 전환과 구체적인 정책 및 제도 마련이 절대적으로 필요하다. 북한의 새 지도자 김정은 제1위원장은 2012년 식수절 기념 연설을 계기로 산림녹화의 중요성을 강조했다. 각 지방에서는 봄철 나무 심기에 역량을 집중해 도시의 수림화와 원림화, 경제 수종과 우량 수종의 식재, 산림 조성계획의 작성, '나무모(묘목)' 생산 기술의 전파, 작업 도구와 포장 용기 확보 등에 매진해야 한다고 강조했다. 또 국토환경보호성을 중심으로 '중앙양묘장'과 각 군의 '산림경영소'도 양묘장에서의 묘목 생산을 독려하고 있다.[37] 다락밭 개간을 지양하고 간석지를 확보하기 위해 '곽산간석지'

---

37) ≪로동신문≫, 2012년 2월 12일 자; 2012년 3월 12일 자; 2012년 3월 16일 자; 2012년 3월 19일 자. 김영훈, 「북한의 식량사정 및 농업 동향」, ≪KDI 북한경제리뷰≫, 제14권 제8호(2012), 38쪽에서 재인용.

사업과 '대계도간석지' 사업을 추진하는가 하면, 하천과 수로 정비 사업으로 '미루벌 물길' 공사를 완료하고 관개수로와 저수지 등의 수리 사업도 적극 추진하고 있다.[38]

그러나 앞에서 지적했듯이 북한 문화생태 현실의 복합적 구조는 북한 내부의 자원 동원이나 법제도만으로는 상황을 개선하는 데 많은 한계가 있다. 북한의 전반적인 물적 토대가 붕괴된 상태에서 외부의 지원이나 도움 없이는 문제를 해결할 수 있는 능력이 제한적이다. 실제로 식량난 이후 북한에 제공된 인도주의 지원의 규모는 북한체제를 유지하는 중요한 기반이 되었다. 국제사회는 2000년 이후 총 19억 8514만 달러 상당의 규모로 북한에 인도주의 지원을 실시했고, 남한은 1995년 이후 정부 2조 3459억 원, 민간 8592억 원 등 총 3조 2052억 원 상당의 식량과 물품을 북한에 제공했다.[39] 이는 북한의 한 해 예산 규모가 시장 가격으로 2억 달러 정도에 불과하다는 점을 감안하면 절대적인 비중을 차지하는 규모다.[40] 북한의 문화생태 상황을 개선하기 위한 노력도 남한과 국제사회의 지원 없이는 전망하기 어려워 보인다.

이런 점에서 남한 정부는 북한을 포함한 한반도 문화생태의 미래를 담당할 중요한 행위자라 할 수 있다. 남한 정부는 황폐된 북한 산지의 복구를 위해 '녹색한반도 만들기'와 '북한 지역 1억 그루 나무심기'를 주요 국정 과제로 선정했고, 산림청에서는 이를 구체화하기 위한 「북한 산림 복구 기본계획」

---

38) ≪로동신문≫, 2012년 3월 2일 자; 2012년 3월 14일 자; 2012년 4월 8일 자. 김영훈, 「북한의 식량사정 및 농업 동향」, 38쪽에서 재인용.

39) 통일부 홈페이지(http://www.unikorea.go.kr/CmsWeb/viewPage.req?idx=PG0000000241) (검색일: 2012년 12월 26일).

40) 2011년의 경우 북한의 한 해 정부 예산이 북한 돈으로 5685억 원이었는데, 이는 당시 공식 환율로는 200억 달러지만 실제 시장 가격으로는 2억 달러 정도에 불과하다.

을 수립했다. 1961년 「산림법」을 제정하고 1967년 산림청을 설립한 이래 1960년대와 1970년대에 성공적인 산림녹화 사업을 추진한 남한은 북한의 산림 복구에 최적의 경험을 지원해줄 수 있는 파트너다. 남한 정부는 '기후변화 대응 종합기본계획(안)'에서 북한의 황폐화된 산림 복구를 통한 한반도 탄소 저장 녹색기지 구축을 목표로 설정하고, 북한 지역의 산림 황폐지 규모 및 황폐 정도 분석과 북한의 황폐화된 산림 복구 수단으로 조림 청정개발 사업 (Clean Development Mechanism: CDM), 조림·재조림 사업의 약어인 탄소배출권 조림 사업(Afforestation/ Reforestation Clean Development Mechanism: A/R DDM)을 모색 중이다. 이를 위해 국립산림과학원에서는 북한 산림 황폐지 실태 및 조림 CDM 사업에 관한 연구를 추진하고 있다.

남한의 기업과 시민사회도 북한의 황폐화된 산림 복구에 적극적으로 참여하고 있다. 1999년부터 민간단체 '평화의 숲'이 북한 산림 복구 지원활동을 시작한 이래 민간단체의 산림 분야 대북 지원을 종합적이고 체계적으로 추진할 목적으로 2007년도에 평화의 숲, 민족화해협력범국민협의회, 우리민족서로돕기운동, 홍사단 등 20여 개 단체가 연합한 '겨레의 숲'을 조직했으며, 정부의 남북교류협력기금을 활용해 지원 사업을 추진해왔다. 지금까지 추진한 민간단체의 산림 분야 대북 지원 사업은 크게 양묘, 조림(남북 공동 식목 행사), 병해충 방제, 국민 참여 확대 등 네 개 분야에서 진행되었다.

국제 사회에서도 '북한 산림 복구 지원 사업'이 추진되었으나 초기에 전망했던 기대에는 미치지 못했다. UNDP는 1999년부터 '농업 복구 및 환경보호 (Agricultural Recovery and Environmental Protection: AREP)' 프로그램을 추진하면서 북한 지역의 환경 개선을 위한 사업을 추진하고 있다. AREP 프로그램은 식량 위주의 대북 구호성 지원을 중·장기적으로 농업 생산 증대를 위한 기술 지원과 개발 사업으로 전환하려는 목적으로 추진되었다. 2000년까지 600만 톤의 곡물을 생산한다는 데 1차 목표를 두었고, 이후 장기적이고 지속

가능한 식량 안보 조성을 위한 추가 지원과 황폐화된 산림 복구를 취로 사업 (Food for Work: FFW) 프로그램과 연계해 해결한다는 계획이었다. 그러나 AREP 1차 사업은 식량 지원을 제외하고는 국제사회에서 원조 제공자를 계획대로 확보하지 못해 별다른 진전 없이 마감되었고, 로마 교황청 산하 가톨릭 구호기구인 카리타스(Caritas)와 동북아 산림포럼에서 기금 지원을 해 부분적으로 AREP 양묘장 복구 사업을 시행함으로써 연료림 조성과 양묘장 복구 등 소기의 목적을 달성했을 뿐이다.

　6자회담 재개와 같은 정치적 환경이 개선되기 전에라도 기후 변화에 대처하기 위한 다자 협력과 한반도의 문화생태적 복원 사업은 유엔을 비롯한 국제사회와 남한이 더 적극적으로 추진할 수 있는 의미 있고 전망성 있는 한반도 녹색평화 프로젝트다. 최근 중국의 경제적 협력과 지원, 무역, 공동개발이 활발히 진행되고 중동 자본의 투자가 이루어짐으로써 경제 회복과 주민 생활 향상에 대한 기대가 생겨나고 있다. 북한은 경제 규모가 작기 때문에 외부 세계의 지원과 무역이 조금만 증가해도 북한 내부에서의 효과는 대단히 크게 발휘된다. 2009년 7월 이후 중국의 대북 경제협력과 개발 사업이 북한에 큰 효과를 보인 것도 바로 이 때문이다. 따라서 북한 내부의 자발적 변화를 기대하기 어려운 환경이긴 하지만 북한의 산림녹화와 농업 개선 및 에너지 개발 협력 등 복합적 지원을 실시한다면 그 효과는 예상보다 빠르게 나타날 수 있다. 이러한 효과는 북한의 정책과 제도 변화를 견인하는 동력으로 작용할 것이다.

참고문헌

1. 국내 문헌

권태진·남민지. 2012. 「북한의 가뭄실태와 식량수급 전망」. ≪KREI농정포커스≫, 제22호(2012. 6).

김병로. 1999. 『북한의 지역자립체제』. 통일연구원.

김영훈. 2012. 「북한의 식량사정 및 농업 동향」. ≪KDI 북한경제리뷰≫, 제14권 제8호(2012. 7).

명수정·홍현정·최현일·정주철. 2008. 「북한의 자연재해취약지 추정 및 남북협력 방안 연구」. KEI 연구보고서 RE-16.

민족통일연구원. 1997. 『통일환경과 남북한관계: 1997~1998』.

박경석·이성연·박소영. 2009. 「1990년대 경제난 이후 북한 산림관리 변화 연구」. ≪통일문제연구≫, 통권 제51호.

박동균 외. 2010. 「북한 산림녹화의 사회 경제적 효과」. 『북한 산림녹화를 위한 남북협력방안』. 서울대학교 통일평화연구원 특별심포지움(2010년 2월 9일 한국프레스센터) 자료집.

박종화. 2010. 「MODIS 위성영상을 이용한 북한의 산림황폐화 실태조사」. 『북한 산림녹화를 위한 남북협력방안』. 서울대학교 통일평화연구원 특별심포지움(2010년 2월 9일 한국프레스센터) 자료집.

부경생 외. 2001. 『북한의 농업: 실상과 발전방향』. 서울대학교출판부.

손기웅. 1998. 「농업분야 지원을 통한 북한의 환경개선」. ≪국제정치논총≫, 제28권 제1호.

_____. 2001. 『'남북환경공동체' 형성 방안』. 통일연구원.

_____. 2002. 『남북 환경·에너지 협력 활성화 전략 연구』. 통일연구원.

_____. 2006. 「북한의 환경관과 환경정책」. 북한연구학회 엮음. 『북한의 사회』. 경인문화사.

안득기. 2011. 「북한지역 환경 문제에 관한 남북한 협력에 관한 연구」. ≪평화학연구≫, 제12권 제3호.

우리민족서로돕기 불교운동본부. 1998. 5. 「북한 식량난의 실태」. 북한 식량난민 770명 면담 조사 결과 보고서.

윤여창·박미선. 2010. 「북한 산림녹화와 기후변화 대응」. 『북한 산림녹화를 위한 남북협력방안』. 서울대학교 통일평화연구원 특별심포지움(2010년 2월 9일 한국프레스센터) 자료집.

이금순. 1998. 『국제기구 및 비정부기구의 인도적 지원사례』. 민족통일연구원.

이정민. 2010. 「북한 산림복원 지원 사업」. 『북한 산림녹화를 위한 남북협력방안』. 서울대학교 통일평화연구원 특별심포지움(2010년 2월 9일 한국프레스센터) 자료집.

이종운·홍이경. 2012. 「북한 환경문제의 실태와 국제사회의 지원방안」. ≪KIEP 지역경제 포커스≫, Vol. 6, No. 38.

조철희. 2010. 「남북교류협력을 통한 대북한 산림녹화 사업 추진」. 『북한 산림녹화를 위한 남북협력방안』. 서울대학교 통일평화연구원 특별심포지움(2010년 2월 9일 한국프레스센터) 자료집.

최수영. 1996. 「북한의 농업정책과 식량 문제 연구」. 민족통일연구원.

_____. 2006. 『7·1조치 이후 북한의 농업개혁과 과제』. 통일연구원.

통일원. 1997. ≪주간 북한동향≫, 제336호.

한국환경사회학회. 2004. 『우리 눈으로 보는 환경사회학』. 창비.

황병일. 2010. 「다시 찾은 금강산 소나무의 푸르름」. 『북한 산림녹화를 위한 남북협력방안』. 서울대학교 통일평화연구원 특별심포지움(2010년 2월 9일 한국프레스센터) 자료집.

Choi, Soo Young. 2006. *A Study on the Structure of Industry in North Korea*. Seoul: KINU.

Lim, Kang-Teag et. al. 2009. *Developing Inter-Korean Economic Relations for the Advancement of the Korean Peninsula*. Seoul: KINU.

Teplyakov, V. K. and Seong-il Kim. 2012. *North Korea Reforestation: International Regime and Domestic Opportunities*. Seoul: Jungmin Publishing Co.

2. 북한 문헌

김영훈. 2012. 「북한의 식량사정 및 농업 동향」, ≪KDI 북한경제리뷰≫, 제14권 제8호. 평양.

김일성. 1986a. 「알곡 1000만톤 고지를 점령하기 위한 자연 개조사업을 힘있게 벌릴 데 대하여」(조선로동당 중앙위원회 제5기 제12차 전원회의에서 한 결론, 1976년 10월 14일). 『김일성저작집』, 제31권. 평양: 조선로동당출판사.

_____. 1986b. 「토지법에 대하여」(조선민주주의인민공화국 최고인민회의 제5기 제7차 회의에서 한 연설, 1977년 4월 29일). 『김일성저작집』, 제32권. 평양: 조선로동당출판사.

_____. 1995. 「평양시의 도시경영사업과 공급사업을 개선할데 대하여」(정무원, 평양시 책임일군협의회에서 한 연설, 1989년 4월 20일). 『김일성저작집』, 제41권. 평양: 조선로동당출판사.

≪월간조선≫. 1997. 「우리는 지금 식량 때문에 무정부 상태가 되고 있다」(1996년 12월 김정일 위원장의 김일성종합대학 창립 50주년 기념 연설문), 4월호. 평양.

외국문출판사. 2002. 『조선』. 평양.

Central Bureau of Statistics. 1995. *Tabulation on the Population Census of the Democratic People's Republic of Korea*(31December 1993). Pyongyang.

_____. 2009. *DPR Korea 2008 Population Census: National Report*. Pyongyang.

3. 외국 문헌

Council on Foreign Relations. 1998. 6. *Managing Change on the Korean Peninsula*. Council on Foreign Relations Press.

Eberstadt, N. and J. Banister. 1990. *North Korea: Populations Trends and Prospects*. Washington, DC: Center for International Research. U.S. Bureau of the Census.

Hare, P. 2007. "Industrial Policy for North Korea." *International Journal of Korean Unification Studies*, Vol. 16, No. 2.

Hudson, J. 2012. "The Environment Is So Bad in North Korea, They'll Even Let Americans Help." *The Atlantic Wire*, April 3, 2012.

International Federation of Red Cross and Red Crescent Societies. 2011. "Revised Plan 2011: Democratic People's Republic of Korea." IFRC.

Spoorenberg, T. and D. Schwekendiek. 2011. "Demographic Changes in North Korea: 1993~2008." *Population and Development Review*, Vol. 38, No. 1(March, 2011).

"The North Korean Famine". 1997. 8. 26. http://www.pbs.org/newshour/

UNEP. 2003. *DPR Korea: State of the Environment 2003*.

UNEP. DPRK Ministry of Land and Environment Protection. 2012. *Democratic People's Republic of Korea Environment and Climate Change Outlook*.

UNDP External Independent Investigative Review Panel. 2008. "Confidential Report on United Nations Development Programme Activities in the Democratic People's Republic of Korea, 1999~2007." UNDP.

United Nations. 2011. "Overview of Needs and Assistance: The Democratic People's Republic of Korea." UN.

USA Today. 1997. 7. 25.

제10장

북한 주민의 소비 생활에 나타난 추세 현상 연구*

김석향 | 이화여자대학교 북한학과 교수

1. 머리말

동유럽 사회주의 국가들이 체제 전환을 겪으면서 북한 사회는 대내외 환경 변화에 따라 패러다임 전환을 겪기 시작했다. 이런 상황은 1990년 전후로 북한주민의 생활 전반에 걸쳐 뚜렷한 차이를 만드는 요인으로 작용한 것 같다. 필자가 직접 면담했던 북한이탈주민은 대부분 1990년 전후로 북한 사회를 뒤흔든 패러다임 전환의 주요 국면으로 주민들 차림새와 소비 풍조에 '추세'가 나타난 현상을 지적했다. 바로 이 점이 필자의 눈길을 끌었다.

* 이 글은 2010년도 정부재원(교육과학기술부 인문사회연구역량강화사업비)으로 한국연구재단의 지원을 받아(NRF-2010-330-B00187) 작성된 김석향, 「북한 주민의 소비 생활에 나타난 추세 현상 연구」, ≪북한연구학회보≫, 제16권 제2호(2012)를 수정한 것이다.

북한 당국이 발행한 『조선말대사전』은 추세라는 올림말을 설명하면서 "일정한 방향으로 움직여 나가는 어떤 사회정치적 현상의 일반적 지향이나 경향"이라 설명했고, 대한민국의 『표준국어대사전』은 "어떤 현상이 일정한 방향으로 나아가는 경향"으로 규정해놓았다.[1) 유행이란 단어에 대해서 『조선말대사전』이 "일정한 시기에 옷, 말투, 생활양식 등에 대한 새로운 취미나 형식이 널리 퍼지는 것 또는 그렇게 퍼지는 경향"이라고 서술한 반면, 『표준국어대사전』은 "특정한 행동 양식이나 사상 따위가 일시적으로 많은 사람의 추종을 받아서 널리 퍼짐 또는 그러한 사회적 동조 현상이나 경향"으로 설명하는 것을 볼 수 있다.[2)

사전적 의미를 기준으로 한다면 남북 모두 주민들의 차림새와 소비 풍조에서 일정한 생활양식이 대중적 인기를 끄는 현상을 나타내는 단어로 추세보다 유행이 더 적합한 것으로 판단된다. 그런데 필자가 만났던 북한이탈주민은 대부분 추세라는 단어를 유행이라는 의미로 사용하면서 옷차림과 생활용품 구입에 새로운 경향이 나타나는 풍조를 가리키고 있었다. 이 글에서는 북한이탈주민의 단어 선택 관행을 존중해 북한 주민의 소비 생활에 나타나는 추세 현상을 연구 주제로 선택했다.

1990년 이전의 북한 사회는 비교적 안정된 상태를 유지했고, 당시 주민들은 대체로 예측 가능한 환경을 누리고 살았다. 대다수 주민은 태어난 고장에서 11년제 의무교육을 마친 뒤[3) 그 지역에서 평생을 보냈다. 그중에서도 성

---

1) 사회과학출판사, 『조선말대사전』(증보판), 제3권(평양: 사회과학출판사, 2007), 163쪽; 국립국어연구원, 『표준국어대사전』하권(두산동아, 1999), 6128쪽.

2) 사회과학출판사, 『조선말대사전』(증보판), 제1권, 1442쪽; 국립국어연구원, 『표준국어대사전』중권, 4809쪽

3) 북한 당국은 2012년 9월에 12년제 의무교육제도 도입을 결정했고 2014년 이후 유치원 높은반 1년—소학교 5년—초급중학교 3년—고급중학교 3년으로 이어지는 교육제도를

분이 나쁜 사람들은 군 입대와 대학 진학이 아니면 "조만해서"[4] 출신 지역을 벗어나 살기 어려운 실정이었다. 가까운 친지의 결혼이나 장례 등 일상적 이유로 다른 지역에 가려면 행정조직에 해당하는 지역 인민위원회 2부에 가서 통행증을 발급받는 것이 필수적인 절차였다. 한 사람의 일생을 지배하는 요인은 무엇보다 출신 성분이었다. 성분이 중요한 만큼 기회만 주어지면 누구나 입당하려고 온갖 노력을 기울였다. 입당 여부에 따라 대학 진학, 직장 배치, 직장 내 승진 가능성, 배우자 선택 등 인생의 주요 단계마다 남들이 부러워하는 기회를 누릴 뿐 아니라 나중에 그 자녀도 이른바 '사람값' 하는 삶을 누리게 될 것이기 때문이다.

반면 1990년 이후 북한 주민의 생활세계는 예측 가능성이 상당히 약해져 더 이상 효력을 발휘하지 않는 경우가 많았다. '영원한 수령' 김일성의 죽음 이후 휘몰아친 배급체계의 중단으로 대다수 주민은 고난의 행군기를 견뎌야 했으며, 생활고에 시달린 이웃이 탈북 하는 현상을 일상적으로 지켜보게 되었다. 초라하던 농민 시장이 장마당을 넘어 종합시장으로 번창하면서 예전에 천시하던 장사로 생계를 유지하는 가구가 폭발적으로 늘어났다. 식량을 구하거나 장사를 목적으로 거주지 외 다른 지역을 수시로 오고가는 사람도 많아졌다. "법기관에 있는 권력자에게 뇌물을 고이고" 통행증을 받아내기도 했지만 아예 통행증 없이 다니는 비법(非法) 통로를 이용하는 사람도 많아졌다. 입당의 효력이 없어진 것은 아니지만 한편으로 더 이상 입당의 가치를

시행하기 시작한 것으로 알려져 있다.

4) 이 글에서 별다른 출처를 표기하지 않은 채 따옴표로 직접 인용했음을 표시한 경우 면담 대상자인 북한이탈주민 상당수가 해당 표현을 관행적으로 반복하고 있다는 것을 의미한다. 특정한 사람이나 소수의 몇몇 대상자가 특이하게 사용한 것이 아니라 다수가 사용했기 때문에 누가 그런 표현을 사용했는지 명시한다는 것은 사실상 불필요한 일이다. 그러나 분명히 이런 표현은 면담 대상자인 북한이탈주민이 사용한 것이기 때문에 이 글에서는 해당 부분을 명확하게 표시하고자 따옴표로 구분해놓았다.

인정하지 않고 오히려 장사로 돈을 벌어서 남보다 잘사는 길을 찾는 것이 현명한 일이라고 생각하는 사람이 "분명히" 늘어났다.

변화의 바람은 북한 주민의 생활세계의 근간을 흔들며 총체적인 변화를 불러왔다. 출신 지역과 성분에 따라 전형적인 삶의 방식을 추종하는 것 외에 사실상 다른 길이 없었던 북한 주민에게 개인의 취향을 반영한 생활방식을 선택할 수 있다는 점을 보여주었으니, 그것이 바로 일상적 소비 풍조의 유행을 의미하는 '추세'의 등장이었다. 면담에 응해준 북한이탈주민은 대부분 추세야말로 1990년 이후 북한 사회에서 뚜렷하게 나타난 현상이라는 점에 공감했다.

이들은 추세가 본격화된 계기가 1989년 제13차 세계청년학생축전에 참가한 임수경의 차림새를 보고 젊은 여성들이 따라하는 풍조가 나타났던 일이라고 말했다. 그 이전에는 "별달리 추세라고 할 것이 없었는데" 임수경의 "박쥐옷"과 티셔츠, 머리 모양, 신발을 따라하면서 여자들 차림새가 달라졌고 점차 집안 꾸미기, 가구와 가전제품 구입 등 다양한 측면에서 새로운 추세가 계속 나타났다고 설명했다.

오늘날 지구상에서 가장 폐쇄적인 지역으로 알려진 북한에서 고난의 행군기를 거치면서도 여자들 차림새에 "카프라 수건과 나이롱 양말, 수지 샌달, 꽃스프링,5) 쪼르래기,6) 삼도화7)" 등의 유행 품목이 나타났다가 사라지고 또

---

5) 면담 대상자 중에서 여성들은 이구동성 속내의·내복을 스프링으로 불렀다고 했다. "스프링 입어라" 또는 "스프링 입었니" 하는 말을 일상적으로 했다는 것이다. 특히 스프링 목둘레에 잔잔한 꽃무늬가 있는 것을 꽃스프링이라 한다. 꽃스프링 위에 하얀 셔츠를 입으면 꽃 모양이 또렷하게 보이지는 않지만 살짝 비치는데 그런 차림을 하면 아주 멋스럽게 보았다는 것이다.
6) 전체적으로 잔주름이 있는 여성용 옷인데, 속옷은 아니지만 쪼르래기 차림으로 출근하거나 외출하는 여자는 없다고 했다. 그렇지만 집안에서 실내용으로 입거나 집 앞에 잠깐 나갈 때 쪼르래기를 입은 사람은 많았다고 한다.

"사람들이 먹는 거, 입는 거, 타는 거에서" 새로운 추세가 끊임없이 등장한다는 사실을 발견하고 필자는 이 문제를 분석해보고 싶었다. 그때부터 필자는 북한이탈주민과 면담하는 과정에서 이들의 이야기에 추세 양상을 묘사하는 부분이 나올 때마다 다양한 각도의 질문을 던져 그 상황을 시간의 흐름에 따라 입체적으로 파악하려고 노력했다.

이 글에서 필자는 북한이탈주민의 경험담을 재구성함으로써 1990년 이후 북한 주민의 생활세계에 등장하는 추세를 치밀하게 묘사하는 방식으로 일종의 실록화(實錄化) 작업에 도전해보고자 한다. 실록(實錄)은 그 특성상 옳고 그름이나 좋고 싫음, 중요함과 사소함을 가리지 않고 모든 현상에 대한 치밀한 기록을 확보한 뒤 구체적인 사안 평가는 다음 단계로 넘긴다. 필자 역시 면담 대상자들이 북한에 머무르던 시절, 직접 경험한 추세 현상을 세밀하게 기록하는 작업을 1차적인 목표로 삼았다. 그리고 해당 자료를 토대로 1990년 이후 20여 년에 걸쳐 북한 주민의 생활세계를 지배한 추세를 재구성하는 작업을 이번 글의 또 하나의 목표로 삼았다.

이런 작업을 시도하는 이유는 북한 당국이 공간 문헌을 통해 묘사하는 주민의 생활 모습이 현실과 동떨어져 있는 상황에서 '지금 이 순간' 북한이탈주민의 경험담을 치밀하게 기록하고 재구성하지 않는다면, 오늘날 북한 주민과 북한이탈주민이 이미 경험했거나 지금 경험하는 추세를 학문적으로 분석할 기회가 영원히 사라지고 말 것이라고 생각하기 때문이다. 물론 북한 주민의 생활 현장을 직접 탐색할 수 없는 상태에서 이미 북한을 떠난 북한이탈주민의 기억과 경험담을 활용한다는 점에서 이 글은 극복하기 어려운 한계를

---

7) 연한 색 나일론 속옷으로 꽃이 세 개 그려져 있다고 해서 삼도화라고 불렀다고 한다. "지금은 아마 거저 입으래도 안 입을 것 같은데" 그때 나일론 옷이 처음 나왔고 "핑크색, 노란색" 등 옷에 색깔이 있어서 인기를 끌었다고 설명했다.

지니고 있다. 그런 의미에서 이 글은 최선의 결과가 아니라 단순히 현재의 한계를 넘어 조금이라도 더 좋은 결과를 도출하려는 첫걸음에 불과하다.

2. 자료 수집 방법과 면담 대상자 소개

이 글을 준비하면서 북한이탈주민을 대상으로 면담 자료를 수집할 때 필자는 '치밀한 묘사(thick description)' 방식을 적용하고자 했다.[8] 치밀한 묘사란 필자가 면담 대상자와 공동의 관심사항에 대해 세밀한 수준까지 의견 교환을 하면서 그 내용을 빠짐없이 기록해 면담 대상자의 경험 세계를 총체적으로 그려내는 연구 방법을 의미한다. 치밀한 묘사 방식은 통계적 기법을 활용해 다수의 인원이 제시하는 의견을 분석한 뒤 그들의 의견이 어떤 경향성을 지니는지 전체적인 특성을 설명해주는 '개략적 묘사(thin description)' 방식과 다르다. 또한 필자의 관심사를 중심으로 몇 가지 항목에 한정해 집중적으로 질문하는 구조화된 면담(structured interview) 방법과 구별되는 속성을 지닌다. 치밀한 묘사 방식은 면담 대상자를 주인공의 위치에 놓고 필자는 그 사람이 풀어가는 이야기의 흐름을 놓치지 않고 따라가면서 전체적으로 내용을 촘촘하게 채우는 데 필요한 질문을 하며 일종의 탐구자 역할을 수행한다는 점에서 구조화된 면담과 명확하게 다르다.

연구에 필요한 면담은 2010년 11월 이후 면담 과정에서 필자는 일차적으로 이들의 생애 전반을 파악한 뒤 각 사례자의 경험을 토대로 북한에 머물던 시절의 이야기를 풍성하게 끌어내려 했다. 질문 항목은 미리 준비해두었으나 면담 대상자가 자신이 살아온 이야기를 스스로 주도할 수 있는 분위기를

---

8) C. Geertz, *The Interpretation of Cultures*(Basic Books, 1973), pp. 5~6, 9~10.

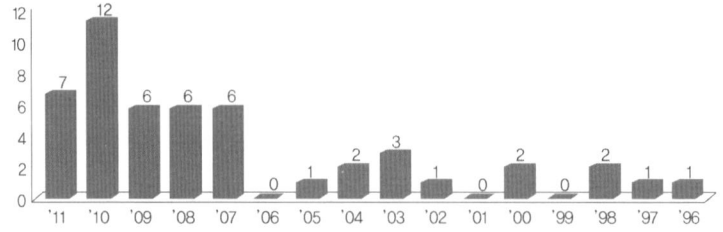

〈그림 10-1〉 최종 탈북년도 기준 면담 대상자의 규모

만들었다. 이들의 이야기를 들으면서 의문이 생기거나 내용이 불일치하는 부분을 발견하면 필자는 해당 사항을 기록해두었다가 말의 흐름이 끊어질 때 질문하는 방식을 취했다. 그러다보니 면담이 길어져 1회 소요 시간이 최소 3시간부터 최대 6시간을 넘긴 경우도 있었다. 50명의 대상자 중에서 1회 면담한 사람은 37명이고, 2회 참석자는 10명, 3회 참석자는 3명이다.

지금까지 만난 면담 대상자는 총 50명으로 여성 32명, 남성 18명인데, 여성의 비율이 64%를 차지한다. 국내에 거주하는 북한이탈주민의 성별 비율을 감안할 때9) 이번 면담 대상자의 성별 비율은 대체로 현실을 반영하는 것으로 판단된다. 이들의 출신 지역은 함경북도, 함경남도, 량강도, 황해도, 강원도, 평양 등이지만 함경북도 출신이 단연코 많아서 38명에 이른다. 함경북도 출신 면담 대상자는 주로 회령에 거주했던 사람이 가장 많았다. 그 이외에 청진·무산·종성·온성 등에서 거주했던 사람이 포함되어 있었다.

면담 대상자의 학력 수준은 고등중학교(중학교) 졸업 이하 년남 대상자가 22명인 반면 대학교육을 받은 사람은 28명으로 현재 국내에 거주하는 북한이탈주민 집단보다 대학교육 수혜자의 비율이 높았다. 연령별 현황은 20대

---

9) "북한 이탈 주민 입국 인원 현황", 통일부 홈페이지(http://www.unikorea.go.kr/content. do?cmsid=1440)

이하 면담 대상자가 13명 있었고, 30대 9명, 40대 10명, 50대 11명, 60대 이상 7명으로 고른 분포를 보였다. 최종 탈북 시기를 기준으로 하면 2006년 이전에 북한을 떠난 사람은 총 13명인 반면, 2007년 이후 탈북한 인원은 37명으로 2.5배 이상을 차지했다.

3. 북한이탈주민의 경험담: 면담 자료의 재구성

이 부분은 북한이탈주민의 면담 자료 중에서 추세/유행이라는 단어를 언급한 내용 위주로 발췌한 뒤 다음과 같은 몇 가지 항목으로 재구성해 정리했다. 필자가 1년 6개월 정도 꾸준히 수집해온 면담 자료의 분량은 실로 방대하기 때문에 한 편의 글에서 전체적인 내용을 요약한다는 것은 불가능한 일이다. 따라서 전체 자료 중 추세 관련 내용 위주로 일부만 선택해 사용할 수밖에 없었다.

1) 1990년 이전의 추세로 볼 수 있는 현상

사람은 아무리 폐쇄적인 지역과 시기에서 산다고 해도 그 나름의 추세/유행을 추종하게 마련이다. 북한 주민도 예외는 아니다. 예전의 북한 사회는 최근과 비교해볼 때 훨씬 폐쇄적이고 엄격한 규율이 지배하는 곳이었지만 추세로 볼 수 있는 현상이 전혀 없었던 것은 아니다.

면담 대상자 상당수는 1990년 이전, 북한 지역에 살던 주민들의 생활양식은 "다 거기서 거기라서" 큰 차이가 없었다고 했다. "간부라고 해서 평백성이[10] 못 먹는 것을 먹는 것도 아니고" 다른 집과 달리 "옷차림이나 가정집물을 특이하게" 갖추고 사는 사람도 많지 않았다는 것이다. 그런 사람이 있었지만 "평백성들 눈에" 그렇게 보이는 사람은 없었다고 설명했다. 간혹 "째포"라고 불렀던 북송재일동포가 눈에 띄는 차림새를 하고 다녔지만 그 외에는 비슷했다는 것이 이들의 의견이었다.

그런 와중에도 "그걸 추세라고 해야 하는지 잘 모르겠지만 어쨌든 그 비슷한 현상이 나타나기는 했다". 군대에서 군수품으로 만든 적위대복을[11] 입고 나서면 "별은 뗐어도 좀 절제 있어 보이고 사람이 패기 있어 보여서" 그 비슷한 천으로 옷을 만들어 입기도 했고 외출복 가슴에 달아야 하는 "김일성 초상화"에도 유행이 있어서 "뒷돈을 주고" 자신이 원하는 상을 달고 다니려고 "당 간부에게만 주는" 형태를 몰래 사들이는 사람도 나타났다.

한때 "러시아 벌목공"가는 추세가 일어나서 사람들이 서로 가려 했고 그들이 돌아오면서 가져온 물건 때문인지 러시아제 가구를 찾는 유행이 지나가기도 했다. 1980년대 후반에는 중국에서 사사여행자가 "요만한 보따리를 쥐고 나오면서" 무슨 물건이 있다고 시장 입구에 작은 팻말을 써놓으면 사람들이 찾아와서 사가지고 갔다. 이 과정을 통해 삼도화라고 부르는 나일론 속옷이나 나일론 양말, 삼색수건[12], 빤짝지천, 카메라, 텔레비전, 범표 재봉기, 삼색 단복 등 "전에 없던 물건이" 북한 주민의 생활 속으로 널리 퍼졌다.

---

10) "간부와 평백성"을 구분하는 언어 습관은 북한이탈주민 사이에서 보편적으로 관찰할 수 있는 현상이었다. 이른바 "사회주의 평등" 이념을 지향하는 북한 사회에 살았던 경험을 이야기하면서 이들은 모든 면에서 매우 자연스럽게 "평민·평백성·하바닥" 사람의 행위를 간부의 경우와 구분해 설명했다.

11) 면담 대상자는 군대에서 군수품으로 만든 군복을 "북한식 명품"으로 불렀다. 같은 적위대복이라고 해도 군대에서 만든 것은 "정품"으로 느껴질 만큼 "척 보면 다르다는 것이 알린다"라고 했다. 반면 "사민들이 만드는 것은 아무리 비슷한 천을 써도 어딘지 어설프다"라는 것이 그의 의견이었다.

12) "겨울에 쓰는 마후라인데 색깔이 빨간색, 흰색, 검은색, 딱 세 개라서" 삼색수건이라 했다. 폭이 넓고 길이가 길어 "담요같이" 따뜻해서 여성들의 겨울 필수품이었다는 것이다.

그래도 당시에는 장사가 크게 활성화되지 않았고 "몰래몰래 숨어서" 하는데 "어떤 집이 장사한다고 알려지면 검찰소에서 막 들이닥치는" 시절이라 장사하는 집 아이들은 학교에 가면 "장사꾼 딸·아들이라고" 놀림을 당했다. 특이한 모양의 옷이 생겨도 사람들 눈총이 무서워 겉으로 드러내 놓고 입지도 못하고 겉옷 속에 가만히 입었던 시절이었다. 자연히 "추세라고 할 만한" 현상이 뚜렷하게 보이지 않았다.

2) 강력한 추세의 원천: 임수경의 등장

이렇게 추세로 볼 현상이 뚜렷하지 않았지만 1989년 제13차 세계청년학생축전에 "남조선 대학생 대표로" 임수경이라는 여학생이 혼자 참석하면서 분위기가 변했다. 당시 북한 전역에서 임수경의 인기는 가히 폭발적이었다. 면담 대상자 중에서 30대 후반·40대 중반 연령층은 성별을 불문하고 임수경의 차림새와 행적 하나하나가 얼마나 충격적이었는지 그 기억을 고스란히 토로했다. 임수경 덕분에 당시 막 대학생이 되었던 면담 대상자는 북한의 교육 현실이 "남조선에 비해서 많이 뒤처지는구나" 하고 생각했고 대학당국은 새로 제2외국어반을 만드는 조치를 시행했으며 예전에 하던 문답식 경연 대신 웅변대회가 생기기도 하는 등 당시 이들이 겪었던 "충격적인" 경험은 다양했다. 굳이 동년배가 아니라도 모든 면담 대상자가 나름 임수경과 관련된 기억을 또렷하게 가지고 있었다. 임수경이 얼마나 유명한 인물이었는지, 사람들이 얼마나 임수경의 옷차림과 머리 모양을 따라하고 비슷한 신발을 구해 신으려 애썼는지, 임수경의 말과 행동이 얼마나 화제의 중심이었는지 등 이들의 기억 속에서 임수경의 행적은 아직도 퇴색하지 않은 채 남아 있는 상태였다.

당시 북한 사회에서 "박쥐옷"과 "사슴슈즈"는 임수경 등장의 여파를 상징적으로 보여주는 품목이라고 지적하는 면담 대상자가 많았다.[13] 당시 15세였던 여성은 "학급이 남녀공학이 된 상태에서 임수경이 왔는데 그땐 시슘슈즈 신지 않은 애가 하나도 없을" 정도였다고 했다. 여자 대학생은 대체로 임수경 머리 모양을 따라 파마해서 어깨 정도 내려오는 단발머리에 "박쥐옷·쫑대바지"를 입고 다녔다.

이런 분위기는 다분히 북한 당국이 권장했던 측면도 강하다. 처음에는 북한 당국의 주도로 대학생 300명을 임수경의 일정에 동행하게 하고, 평양에서 임수경 조각이나 배지(badge)도 만드는가 하면 시도 쓰고 수기도 내놓았다. 지방 사람들은 평양에 가는 사람에게 부탁해 임수경 조각이나 배지를 구해다가 집에 가져다 놓을 정도로 이런 물건까지 인기를 누렸다고 한다. 그러나 시간이 지나면서 "남조선이 자유로운 나라라는 것을" 알고 "백성들이 쉬쉬하면서" 그다음에 온 "박성희 같은 사람은 임수경 같은 파장이 일어날까봐" 북한 당국이 그들의 존재를 공개하지 않았던 것이라고 평가했다.

임수경의 등장은 북한 주민에게 "남조선 생활을 전체적으로" 알려주는 계기가 되었다. 당시 북한 당국은 "남조선이 전두환 때 광주폭동 일어나고 완전히 군사 독재주의라고 했는데" 임수경의 방북으로 "잘사는 나라·자유로운 나라·사람들이 노력하면 할 수 있는 나라라는 것이" 알려졌다. "도무지 대통령을 어렵게 대하는 게 없는" 임수경의 태도는 북한 주민 스스로 자신들의 생활세계를 되짚어보게 하는 계기로 작용했다. 임수경이 판문점을 넘어가는 장면은 그야말로 충격이었다고 했다.

---

13) 이런 품목은 서로 얼굴도 모르는 북한이탈주민 몇 사람이 처음 만났을 때 일종의 동질감을 불러일으키는 기제로 작용하기도 했다. 사람에 따라 슈즈라는 단어 대신 휴즈라는 용어를 사용하기도 했다. 그런데 서로 모르는 사람들이 처음 만나 경계심을 드러내려 하다가도 휴즈라는 단어가 등장했을 때 각자 경험담을 털어놓으며 순간적으로 친밀한 감정을 표현하는 상황도 있었다.

우린 넘어가는 마지막 순간까지 봤어요. 어느 순간에 저거 총 쏘는가 해가지고. 그다음에 그 후에도 임수경이 어떻게 됐을까. 어떻게 됐을까. 호기심으로 … 그다음에 들은 소리가 감옥갔다, 갔다 나왔다, 시집갔다, 애 낳고 산다. 이런 말까지 ….

임수경의 등장은 당시 북한 사회를 크게 뒤흔들어 놓았다. 임수경의 등장은 여성들 차림새에 본격적으로 유행을 불러일으킨 첫걸음이었고, 대학생의 일상생활을 완전히 바꿔놨으며 "남조선이 얼마나 잘사는지 일반적으로 널리 알렸고 사람들 머리를 트게 해준" 사건이었고 "우리 같으면 총살해서 죽일 사람인데 … 남조선에서는 판문점 넘어가도 죽이지 않는다는" 것을 보여주는 일대 변혁이었던 것이다.

3) 외모 가꾸기, 집안 꾸미기, 가정집물 구입의 추세

임수경의 등장으로 북한 사회에서 추세 현상이 본격적 단계로 발전한 뒤 그 여파가 가장 직접적인 영향력을 행사한 분야는 무엇보다 여자들의 외양적 차림새였다. 이런 움직임은 곧바로 여자의 관심사인 외모 가꾸기와 집안 꾸미기, 가정집물 구입에서 새로운 추세를 만들었고 그 추세를 따르는 현상으로 이어졌다.

여성들의 외모 가꾸기 추세는 고난의 행군기를 벗어난 2000년 이후부터 놀라운 속도로 변화했다. 처음에는 "박쥐옷"과 티셔츠·쫑대바지·사슴슈즈를 따라 하느라 중국에서 들어온 옷감으로 비슷한 의상을 만들어 입고 신발도 그런 유형을 찾아서 신는 수준으로 시작했지만 여성들의 외모 가꾸기 추세는 당연히 그 지점에서 멈추지 않았다. "규찰대 단속이 심하지만" 그 와중에 젊은 여자들은 귀걸이도 많이 하고 다녔다고 한다. "미공급 전에는 귀걸이가 없었는데 중국사람들 하고 나온 것을 보면서 확 퍼지기 시작했고" 근래에는 귀에 구멍 뚫어주는 "귀총도 중국에서 들여와" 많이 사용한다. 50대 여성은 2000년 전후 "눈도 찍고 입술도 찍고[14] 쌍꺼풀도 하고 얼굴 박꺼풀 벗기는 거" 그런 것도 "확 퍼졌다"라고 주장했다.

> 난 쌍꺼풀 안했는데 눈썹 찍었어요. 기계들을 사서 다 개인이 해요. 약 사서 개인들이 집에 와서 하고. 우리 집에서 하자고 하면 와서 찍어도 주고. 다 의사들이 해줘요. 가만가만 집에서 돈벌이 해줘요. [어느 의사들이 해요? 아무 의사나 해요?] 다 하는 게 아니지, 할 줄 아는 사람이 하지. 수술 할 줄 아는 사람이 쌍꺼풀 해주고 ….

집안 꾸미기 역시 새로운 추세가 끊임없이 나타났다가 사라지는 영역이었다. 1990년대 초반에는 집집마다 "레자를 까는 것이" 유행이었다. 그 이전에 "레자는 귀국자 집에서나 깔고 서민들은 문양이 있는 벽지나 바르는" 수준이었다. 그런 벽지가 나오기 전에는 석회로 칠을 했는데 점차 "종이 벽지 나오고 비닐 벽지 나오고" 하면서 유행이 바뀌었다고 했다.

분명한 사실은 1990년대 초반에는 "바닥에 레자 깔고 벽에 그림이 있는 종이벽지를 바르면" 잘사는 집이라고 누구나 쉽게 인정할 정도의 수준이었다는 점이다. 이에 더해 "천연색 텔레비하고 냉장고" 두 가지를 갖추면 "세상에 부러울 것"이 없었다. 그런데 점차 "자전기하고 세탁기를 찾는" 사람이 늘어났다. 이렇게 "중기를 갖추어 두면" 그 집이 잘 산다는 것을 의미하기 때문에 장사 물건을 마련할 돈이 부족하면 비교적 쉽게 융통할 수 있어서 좋은 점이

---

14) 눈썹 문신·입술선 문신을 한다는 의미로 '찍는다'는 말을 한다고 면담 대상자가 알려주었다.

많다고 했다. 특히 자전거는 곧 생활필수품으로 자리를 잡았고 "집집마다 한 대씩은 다 가지고" 있게 된다. 그런데 2000년대 중반을 넘어서면서 전체적인 분위기가 또다시 확 달라진다.

> 천연색 티비하고 녹화기하고. 자전거는 그냥 …. 아무 집에나 들어가
> 도 그 세 가지는 다 있거든요. 대부분 매 집마다 티비하고 녹화기는 다 있
> 는데 우리 집만 없으면 우리만 못 사는 거잖아요. 근데 그렇다고 다 집집
> 마다 그런 냉동실, 세탁기가 있는 거는 아니니까. 그런 거는 없어도 되는
> 데 필수품이 티비하고 녹화기란 말이에요.

집안을 꾸미는 것도 다 달라졌다. "레자 같은 것은 일반 사람이나 깔고" 부자들은 집안에 "몽땅 타일 다 박아 넣고 나무 찬장 없애고 시멘트로 만들어 넣고 화장실도 꾸며 놓고 습기가 많은 아파트 벽에는 방지제 다 대고 자체 발동기도 달고 누릴 거 다 누리면서 … 현대적인 맛이 나게" 꾸며 놓는다. 잘 사는 사람 중에는 아예 중국에서 모든 재료를 들여와 잘 꾸며 놓고 "화려하게 사는" 경우도 있다고 했다.

> 중국에서 화보를 가져다가 이 형태로 꾸며달라고 해요. 일체 다 중국
> 에서 오기 때문에 그걸 전문으로 하는 사람들한테 내가 타일을 이걸 쓰겠
> 다. 벽지는 이걸 쓰겠다 …. 다 있어요. 몇 평방 당 총 돈이 얼마 들어간
> 다. 이게 인건비까지 하면 얼마 들어간다 정해져 있어요.

고난의 행군기 들어서면서 "헐값에 집이나 가정집물을" 내놓은 사람들이 많았다. 이 말은 곧 헐값에 그런 물건을 사들인 사람이 많았다는 뜻이다. 당시 "아마 국가가 허용만 했더라면 집을 열 채 정도 사서 부자가 된 사람이 많

았을 것"이라고 했다. 이렇게 뚝 떨어졌던 집값이 2000년 이후에 한 차례, 2006년을 넘어가면서 또 한 차례, 무서울 정도로 가파르게 뛰어올랐다.

집값만큼 올라간 게 없을 거예요. 2001년도에 저희 집이 16만 원 했을 때. 100달러 당 9800원을 했어요. 만 원도 못한 … 1700달러 정도면 아파트 한 채를 샀는데 지금은 7000~8000달러 하거든요.

우리 집은 350만 원에 팔았거든요. 돌아서니깐 한 달 만에 그게 3500만 원 되더라구요. 딱 한 달 만에. [언제, 언제 팔았는데?] 그게 그때 2006년도인지 … 우리 아파트가 그래요. 우리 아파트가 2007년도에 7000만 원 했거든요. 똑같은 집이 ….내가 잘못 팔았다고 ….이 사람 말한 것처럼 7000만 원 …. 단번에 올랐어요. 그기 1년도 아니야. 딱 몇 달에 차이가 나가지고.

2006~2007년을 전후해 집값이 무섭게 뛴 이유가 무엇인지 질문하자 몇몇 사람은 "비사가 지나가서 … 검열을 하고 갔으니까[15] 이제 당분간 그런 일이 없다는 점을 사람들이 다 알았기 때문이라고" 지적했다. 그 당시에는 "내가 돈을 투자해서 차를 사고 오토바이를 사들여도 그거에 대해 말 안하고 국가적으로도 시비 안 걸었다"라는 것이 이들의 의견이었다.

참 묘한 거는 북한에 이런 말이 있어요. 살찐 돼지를 잡아먹는다. 이런 말 있거든요. 어느 정도 활성화되어서 막 일어날 때는 안 다쳐요. 근데 애

---

15) 2000년대 초반, 량강도 혜산 지역을 중심으로 평양의 중앙기관에서 비사회주의 '그루빠'를 조직해 지역에 대한 검열을 수행했다는 사실을 이렇게 표현했다.

가 어느 정도 자본이 확보되고 그럴 땐 무조건 처갈겨요. 유머 같지만 현실에 그런 일이 허다하게 있으니까 그런 말이 나오는 거예요. 오늘날에는 내가 내 차를 사고 돈을 풍청거리면서 쓰고 멋대로 막 흔들거리며 다니죠. 그런 사람들 다 지금 이 순간에는 안 다쳐도, 한 1년쯤 있다 보면 어떤 꼬투리로 얽어 넣더라도 결국 다 감옥에 가는 거예요.

"살찐 돼지를 잡아먹는" 시점이 왜 "비사가 검열을 하고 간" 다음인지 질문하자 다음과 같이 재미있는 분석을 내놓았다.

처음에는 비사가 들어오면 제일 첫 검열에는 규정대로 하거든요. 그 비사가 점차적으로 돈에 대해 안 거야. 돈맛을 알아서 그 사람들 돈을 모으기 시작하고 체계를 만든 게 5년 걸렸어요. 2005년도부터였어. 그리고 2005년 들어가서 부자하고 쌍놈을 탁 나눠 놨어. 2005년에 수첩이 다 만들어졌어. 그 수첩을 보면 부자를 일렬로 딱 줄 세워놨어요. 그니깐 내가 돈이 좀 있다고 해도 그 전에는 저 사람 돈이 어느 마이 있느냐 없느냐 몰랐잖아요. 그러다가 비사가 어느 정도 체계가 잡히고 황색바람으로 넘어가거든. 그렇게 되면서 나는 내가 번 돈이기 때문에 누구도 건드리지 않는다 생각에 돈을 공개하기 시작했어요. 그니깐 내 돈이 어느 만큼 있다는 걸 국가가 알기 시작하죠. 결국 국가죠. 법관도 국가니까. 그러면 2006년부터 새 방법이 나와서 2007~2008년부터는 그 부자를 치기 시작했어요.

이들은 결국 개인의 소비 풍조에 나타나는 추세를 단순한 개인의 행위 수준을 반영하는 차원이 아닌 북한 사회 내부의 구조적 상황이 외연적으로 발현한 현상으로 봐야 한다는 의견을 내놓았다. 그러나 소비 풍조에서 새로운 추세가 나타날 때에는 지극히 개인적인 생활 유형으로 등장한다. 관련 소식을 가장 빨리 알 수 있는 장소는 "개인집에서 머리하는 곳·파마하는 곳"이라고 했다. 잘 모르는 사람이 많이 모여드는 대중목욕탕이나 편의봉사소 같은 곳에서는 "그런 이야기를 하지 않는다". 그러나 파마를 해주는 개인집에 모여 앉으면 "서로 잘 아니까 정치적인 말이나 보위부에 걸릴 말은 빼고 누구네 집 며느리·시어머니 흉도 보고 누구네 집 아이들이 대학가서 공부하면 돈이 많이 들겠다 등 온갖 이야기를 다 듣게" 된다.

4) 뇌물 품목·화폐·수단의 변화 추세

면담 과정에서 뇌물과 비법 행위에 대한 북한이탈주민의 인식 현황을 발견하는 것은 그때마다 새삼 놀라운 충격이었다. 이들은 뇌물이란 "살면서 선택할 수 있는 것이 아니라 원하는 일을 하려면 반드시 필요한" 윤활유 같은 것이라고 했다.

> 뇌물이 굳이 나쁘다고 생각해본 일이 없어요. 통행증을 얻으려고 해도
> 그래 … 자기가 원하는 것을 쉽게 손에 넣으려고 하면 권력을 쥔 사람에
> 게 돈이나 물건을 주는 것은 뭐 … 당연한 일이라고 생각해요.

또한 "법이 무엇인지 확실하지 않고 확인할 방법도 없는 상태에서" 자신의 행위가 비법인지 아닌지 인식하지 않고 살아가는 것으로 나타났다. 게다가 비법 행위를 단속해야 하는 "법기관 사람들이 비법 행위를 제일 많이 하는 상황에서"[16) 법을 지킨다는 것은 아예 생각해보지도 않았다고 토로한다.

---

16) 면담 대상자 대다수는 주로 경찰에 해당하는 인민보안원을 "법기관 사람"으로 지칭했다. 그런데 구체적으로 "법기관 사람"에 누가 포함되는지 질문하면 보안원·보위원·검

비법을 하지 않으면 살 수 없어요. 솔직히 장사하지 않으면 먹고 살 수 없는데 … 장사는 다 비법이라고 하잖아요. 시장에서도 비법하는 게 되게 많아요.

비법 행위가 만연한 상태에서 법의 기준이 명확하지 않으니 "법기관의 단속은" 그야말로 "귀에 걸면 귀걸이, 코에 걸면 코걸이" 방식으로 이루어진다. 이런 상황에서 "장사로 돈을 벌지 않으면 당장 먹고 살 길이 막히는데" 뇌물의 윤활유 기능을 활용하지 않는 사람은 "없다".

그런데 뇌물 품목에도 추세가 분명하게 드러난다는 점이 재미있었다. 예전에는 북한 사회에서 뇌물을 고이는 현상을 찾아보기 어려웠고, 간혹 감사의 표시로 계란 몇 알이나 술 한두 병을 건네는 일은 있어도 주는 사람이나 받는 사람 모두 그런 물건을 뇌물로 생각하지 않았다고 했다. 또 그런 물건 때문에 안 되는 일이 되거나 될 일이 안 되는 경우도 별반 없었다는 것이다. 뇌물이 본격화된 시점으로 "고난의 행군기를 착 지난" 1990년대 말엽을 지적하는 경우가 많았다. 무엇보다 장사하러 다른 지방을 다녀오려면 통행증을 발급받아야 하는데 그 무렵부터 뇌물 없이 통행증을 발급받으려 하는 것은 "양심이 없는" 일이 되었다.

처음에 사람들이 뇌물로 건네는 품목은 주로 담배나 술이 많았다. 간혹 "아이들이 먹는 사탕과자" 몇 봉지를 두고 가는 사람도 있었다. 뇌물로 건네는 품목의 값어치는 대략 장마당 쌀 가격 기준으로 "쌀 한 키로나 두 키로 가격" 수준에 맞추는 것이 일반적인 관행이었다. 예를 들어 2002년 7월 "새경제조치" 시행[17] 후 물건 값이 몇 백배로 뛰어 올라서 잠시 혼란한 시기를 겪

찰 등으로 구분해서 말하기도 했다.

17) 7·1경제관리개선조치를 아는지 질문하면 잘 모른다고 하거나 들어보지 못했다고 하

었지만 곧 "장마당 쌀 거래 가격 기준에 맞춰서 뇌물을 고이는" 현상이 자리를 잡았다.

뇌물 관행에 수요공급의 원리가 나타나기 시작한 것도 이 무렵이다. 뇌물을 주는 사람은 그 결과 얻어낼 통행증이나 "와크"라고 하는 무역 사업권으로 얻어낼 이익이 클수록 더 많은 액수를 "고이게" 된다. 반면 뇌물을 받는 사람은 자신이 발급할 증명서나 이권을 확보하는 과정이 힘들수록 더 많은 액수를 요구한다. 결과적으로 어느 정도 시간이 흐르면서 통행증 발급도 목적지가 평양인지 평양 인근의 평성인지 구분해 뇌물의 액수가 달라지는 현상이 나타난다. 뇌물 관행에도 나름 "정찰제" 현상이 나타났던 것이다.

뇌물을 주고받는 과정에서 이른바 "법기관에 있는" 사람들은 돈으로 받는 일은 극구 피하려 한다고 했다. 그 이유는 "만약 나중에 문제가 생겼을 때 돈을 받은 것이 밝혀지면 시끄러워지기 때문이라고" 설명했다. 물건을 받은 것은 "사람 사이의 정을 나눈 것이라고" 주장해서 넘어가면 되는데 돈을 주고받은 행위는 크게 문제를 삼아서 "결국 받은 사람이 바지를 벗는 것으로" 결말이 나기 쉽다고 했다.

뇌물 받을 사람이 일반적으로 "국돈"이라고 부르는 북한 화폐를 극력 거부하다보니 주민들 사이에서 두 가지 방식의 대응 유형이 등장했다. 첫째, 일부 지역의 보안원이나 보위원이 담배와 술 외에 맛내기, 옥수수, 쌀 등 환금성이 높은 물건을 뇌물로 요구하는 현상이 생겨났다. 이 경우 뇌물을 줄 사람이 실제로 물건을 들고 가서 진달하는 것이 아니라, 뇌물 받을 사람이 지정하는 개인 장사 집에 가서 쪽지 전표를 받아다가 전달해준다. 나중에 장사

는 면담 대상자가 많았다. 그중에는 7·1경제관리개선조치 시행 사실을 전혀 모르는 사람도 있었다. 반면에 내용을 아는 사람은 "새경제조치"라는 용어를 사용하는 경우가 많았다.

〈표 10-1〉 시기별 뇌물 품목·화폐·교환수단의 변화 추세

시기	품목
2000년 이전	국돈·위안화·엔화·담배·맛내기·옥수수·쌀
2000~2005년	국돈·위안화·달러·담배
2005~2009년	국돈·위안화·달러·얼음
2009년 화폐개혁 이후	위안화·달러·얼음

꾼과 뇌물을 받은 사람이 뇌물 액수에 해당하는 돈을 주고받는 것으로 이 과정을 마무리하게 된다. 둘째, 규모가 큰 장사를 하거나 "와크"를 받아 무역거래를 할 사람은 한 번의 뇌물 행위로 한 가지 혜택을 추구하는 범주를 벗어나 상시적인 관리체계를 활용하는 방식으로 대응한다. 자신의 장사나 사업에 필요한 "권한을 쥔 사람들" 몇 명을 정해 명절·생일·기념일마다 큰 선물을 보내거나 아예 한 달에 한 번씩 일정한 금액을 제공하는 방식을 활용한다. 이 과정에서 유용한 뇌물 품목으로 등장한 것이 바로 위안화와 달러·엔화 등이었다.

2005년을 전후해 북한 사회에서 급격한 추세로 떠오른 "얼음"은 외화와 더불어 매우 유용한 뇌물 품목으로 등장했다. 일반적으로 북한 주민 사이에서 얼음·빙두로 알려진 필로폰은[18] 1g 가격이 쌀 10~20kg 값에 해당하는 고가의 물품이다. 뇌물을 받을 사람에게 전달하기도 쉽지만 그 사람이 받아서

---

18) 면담 대상자가 최종적으로 북한을 떠난 시기가 언제인가 하는 점에 따라 얼음에 대한 태도는 명확하게 갈라졌다. 2008~2009년 이후 북한을 떠난 면담 대상자는 이구동성 주민들의 얼음 중독 사태를 염려하는 말을 쏟아냈다. "저 나라는 얼음으로 망할 것, 중학교 아이들도 얼음을 하니 걱정, 얼음에 중독이 되어 문란이 온 사람이 많다" 등 우려하는 말을 멈추지 않았다. 반면 그 이전에 탈북한 면담 대상자는 대부분 얼음의 장점을 강조하는 분위기가 강했다. 북한에 "제대로 된 약이 없는" 상황에서 얼음은 '뇌혈전', '배앓이', '머리 아플 때' 등 온갖 병에 다 효과가 있으니 그야말로 만병통치약이라고 했다.

돈으로 바꾸기도 쉽고 1g을 "소분해서" 직접 흡입한다고 해도 "그 분량은 얼음에 찌들릴 만큼 찌들린" 중독자라고 해도 열 번 이상은 쓸 수 있는 만큼[19] "어디 고이려 할 때 그만한 물건이 없다는" 것이다.[20] 얼음을 주면서 1달러짜리 지폐를 같이 건네는 풍조도 생겼다. "달러 종이를 통해서 얼음을" 흡입하면 그 종이가 얼음의 독성을 다 빨아들인다는 이야기도 같이 퍼졌다.

뇌물로 얼음을 주는 추세는 2009년 11월 화폐개혁 이후 더욱 심해졌다. "아무도 국돈을 믿지 않고 국돈을 가지고 있으려 하지 않았다." 그 이전에는 시장에서 생필품을 살 때 외화보다 국돈을 사용하는 경우가 많았는데, 화폐개혁 이후에는 아무리 작게 장사하는 사람도 국돈 받고 물건을 내주는 경우가 없었다. 사실상 "국돈이 화폐 기능을 잃어버린" 것이다.

4. 추세의 양면성: 변화의 결과 vs. 변화의 원인

북한 주민의 일상적 생활세계에 추세 현상이 나타난다는 것은 이미 발생한 변화에 대응한 결과이기도 하지만, 다른 한편으로는 더 큰 변화를 이끌어내는 추동력으로 작용한 양면적 의미를 지닌다. 그 내용을 살펴보자.

---

19) 1g을 0.05g이나 0.1g 단위로 나누는 것을 대다수 면담 대상자는 "소분"이라고 표현했다. 얼음에 중독된 상태기 아주 심한 사람이 아니면 한 번에 0.1g을 흡입하는 경우는 거의 없다는 것이 이들의 의견이었다. 얼음을 한다고 하면 대체로 한 번에 0.05g 이하를 흡입한다는 것이다.

20) 북한 주민 사이에서 얼음이 퍼져 나가면서 최근에는 국내에 입국하는 북한이탈주민의 마약 중독 및 그와 관련된 사안이 새로운 문제로 떠올랐다. 얼마 전 서울고법 행정 9부는 북한에서 생계 수단으로 마약 거래를 했던 북한이탈주민에게 우리 정부가 정착지원금을 지급하지 않는 것은 정당한 일이라는 판결을 내린 일이 있었다(유선준, "마약거래 탈북자, 정착금 안 줘도 돼", ≪아시아투데이≫, 2012년 5월 9일 자).

1) 변화의 결과: 새로운 변화에 부응하는 대안

앞서 지적한 바와 같이 북한 주민의 일상생활은 1990년을 기준으로 그 이전과 이후를 비교해보면 뚜렷한 차이를 드러냈다. 물론 그 차이는 북한 정권의 변화에 따른 결과인 경우가 많았지만 또 한편으로는 국제적 요인이 빚어낸 측면도 있었다. 그러나 두 가지 요인 외에도 그것이 이런 변화의 소용돌이에서 살아남으려는 주민들의 생존 방식이었다는 점도 감안해야 한다. 이번 면담을 진행하면서 1990년 이후 20여 년이 지나는 동안 북한 주민 상당수가 능동적으로 자신의 삶을 주도해나가려는 시도를 다각적으로 추진해왔다는 결론을 내릴 수 있었다.

정체되어 있던 북한 사회에 임수경을 통해 새로운 문화 조류가 흘러들어갔을 때 수많은 여성이 자신의 외양을 가꾸는 데 예전과 다른 방식을 적극적으로 시도하기 시작했다. 젊은 여성들 사이에서 추세를 따르는 흐름이 폭발적으로 나타난 것이다. 북한 당국이 규찰대나 '비사회주의 그루빠' 등을 내세워 단속했지만 새로운 소비 유형을 갈망하는 추세를 막지는 못했다. 처음에는 옷차림이나 머리 모양, 신발에 도전하던 여성들이 점차 귀를 뚫고 쌍꺼풀이나 문신을 하는 등 범위를 넓혀갔고, 집안을 꾸미거나 가재도구를 구입할 때에도 새로운 추세를 적극적으로 활용했다. 게다가 "파마를 하는 개인집"에 모여 있을 때 평소의 친분 관계를 이용해 소문을 나누는 방식으로 그 추세를 더욱 강력하게 퍼뜨려 나가는 데 기여했다.

이런 대응 방식은 그 자체로 뚜렷한 결과를 만들어낸 것은 아니다. 그러나 북한 사회가 예전과 다른 경로로 흘러갈 수 있는 길을 열어주었다. 새로운 소비품을 구매하는 추세가 등장했기 때문에 중국을 비롯한 외부에서 물건을 가지고 들어오는 사람이 늘어났으며, 북한 내부에서도 비슷한 유형의 물품을 팔려는 움직임이 나타난 것이다. 심지어 북한과 인접한 북·중 국경 지역에는 "원가를 적게 들어서 싸구려 물건을 만들어 북쪽에 들여보내는 공장도 생겼다". 말하자면 북한 주민의 일상적 소비 생활에 나타나는 추세 현상은 큰 변화를 이끌어내는 추동력 역할을 했던 것이다.

2) 변화의 원인: 더 큰 변화를 이끌어내는 추동력

고난의 행군기를 겪으면서 북한 내 제조업 기반은 사실상 완전히 무너지고 말았다. 북한 내 공장 가동률은 20~30% 수준에 머무른 채 그다지 개선될 전망이 보이지 않았다.[21] 반면 고난의 행군기를 거쳐 살아남은 북한 주민은 이 무렵부터 소비 생활에 본격적으로 눈을 뜨기 시작했다. 전례 없이 뚜렷해진 추세의 영향을 받아 주민의 소비성향이 빠르게 변모하는 와중에 북한 내 중앙정부와 지방정부가 주도하는 공장은 멈춰 있으니 폭발하는 수요를 감당할 수 없는 지경에 이르렀다.

이 틈을 노려 멈춰버린 공장에 "적을 걸어 두고" 자기 마음대로 돈벌이를 하러 돌아다니는 사람들이 생겨나기 시작했다. 공장이나 기업소에서 배급과 급여를 전혀 주지 못하는 상태에서도 조직생활에 참여하느라 힘겹게 출근하던 노동자 중에서 "머리가 빨리 돌아가는" 사람들은 공장 지배인과 "사업해서 8·3돈을 내고[22] 시간을 받고 자기 마음대로 돈벌이를 하러 돌아다니는"

---

21) 신지호·김연철, 「제3장 북한경제의 변화 전망」, 『남북경협 Guideline: 북한의 투자환경과 진출전략』(삼성경제연구소 북한연구팀, 2001), 47~91쪽; 김용조·이강복, 『위기 이후 한국경제의 이해』(새미, 2006), 383~389쪽.

22) 8·3돈이란 직장에 "적을 걸어 둔" 사람이 직장에 매일 출근하지 않고 알아서 돈벌이를 하는 대신 매달 정해진 금액을 지배인에게 전달하는 방식이다. 사실상 대다수 공장이 생산을 하지 않고 멈춰 있는 상태에서 직장에 나가도 할 일이 없는데, "중앙에서 요구하는 생산 실적은 맞춰야 하는" 상황에서 마음대로 다니면서 돈벌이를 하고자 하는 노동자의 욕구와 생산 실적을 달성해야 하는 지배인의 욕구가 맞물려 8·3돈을 납부하

풍조가 생겨나기 시작한 것이다. "8·3돈을 내고 시간을 받는" 추세가 일어나면서 북한 내부에서는 사실상 유통업이 발달하는 한편 개인이 나서서 수공업 수준의 제조업 공장을 차리는 현상도 나타났다.

이렇게 유통업과 제조업이 발달하는 현상은 다시 교통수단의 변화를 촉발해 개인이 운영하는 "써비차"의 등장을 이끌어냈다.[23] 북·중 국경을 통해 물건을 들여오거나 북한 내부에서 직접 만들어냈다고 해도 교통수단이 없으면 유통을 할 수 없는 상황인데, 막상 당국이 운영하는 "철도나 우마차 사업소는 다 서 있어서" 제 기능을 하지 못하던 상태였기 때문이다. 처음 "써비차"가 등장했을 때 트럭 뒤에 짐과 사람이 뒤엉켜 타는 수준 외에 다른 대안이 없었지만 점차 이용자가 안락하게 타고 다니는 버스 형태의 교통편이 나타나는 등 그 안에서도 "발전하게" 되었다. 한 걸음 더 나아가 자신이 "직접 움직이지 않고 누구를 시키거나 전화 한 통화로 물건을 받아서" 장사 물품을 확보하는 "돈주"로 인해 일종의 택배 사업망이 구축되는 현상도 나타났다. 이런 현상은 다시 장사하는 사람을 중심으로 집에 "빛전화"를[24] 놓기도 하고 최근에는 아예 비싼 사용료를 감내하면서 손전화를 사서 들고 다니는 사람이 급증하는 현실로 이어졌다.

는 방식이 일종의 제도로 자리 잡았다. 8·3돈이라는 용어는 원래 1984년 8월 3일, 김정일이 각 공장의 유휴 자원을 활용해 생산한 물품은 해당 공장에서 처분할 수 있도록 허용하면서 등장한 8·3제품에 그 유래를 둔 것으로 보인다.

23) 북한 내에서 개인은 공식적으로 자동차를 소유할 수 없다. 그런데 개인이 "써비차" 운영을 할 수 있는 것은 나름의 틈새가 있기 때문이다. "써비차" 운영자는 먼저 기관과 "사업을 해서" 자신의 돈으로 차량을 구입해 해당 기관 명의로 등록한 뒤 대략 한 달을 기준으로 운영 수익의 일부를 납부하는 방식을 취하는 것이다.

24) 최근 북한을 떠난 면담 대상자 몇 명은 예전처럼 교환을 거치지 않고 직접 통화할 수 있는 것이 '빛전화'라고 설명했다. 아마도 광케이블을 이용한다는 뜻이 아닌가 하는 것이 필자의 짐작이다.

이런 변화가 아직 북한 지역에서 대규모 사회 변동을 일으킬 만한 수준에 이른 것은 아니다. 다만 대다수 면담 대상자는 "이제 변화의 흐름은 돌이킬 수 없는" 일이라고 단언했다. "죽은 사람에게 미안하지만 어찌 보면 북한 전체가 고난의 행군을 겪은 것은 잘된 일"이라고 평가하는 사람도 있었다. 북한 전체가 "그 일이 없었으면 아직도 정신을 차리지 못했을 것이니 지금 생각해보면 오히려 잘된 일이 아니냐" 하는 것이 그의 의견이었다.

5. 맺음말

이 글은 1990년 이후 북한 주민 생활세계에 어떤 추세가 왜 등장했는지, 그 추세가 일어났을 때 사람들이 어떻게 대응했는지, 결과적으로 무엇이 변했는지 하는 점을 중심으로 면담 대상자의 발언 내용을 정리해 재구성해본 결과물이다. 면담 과정에서 들려주는 북한이탈주민의 이야기를 종합하면 추세/유행의 시작과 전환 시점을 명확하게 구분하기는 어렵지만, 1990년 이후 북한 사회를 지배하는 소비 유형에 추세가 나타났고, 그 추세에 크게 변화가 나타나는 시점도 몇 차례 있었던 것은 분명한 사실로 보인다.

어느 사회나 상류층의 구성원 몇몇 사람은 자신이 대중과 다르다는 점을 과시하기 위해 '구별짓기' 방식을 활용하기 마련이다.25) 그러나 많은 사람이 선망하는 상류층의 행위 양식이라 해도 주민들 사이에서 폭넓은 인기를 끌어 모으는 대중화(大衆化) 과정을 거치지 않으면 그 사회를 지배하는 추세나 유행으로 발전하기 어렵다.26) 그런 의미에서 한 사회의 추세와 유행 현상을

---

25) P. Bourdieu, *Distinction: A Social Critique of the Judgement of Taste*, translated by Richard Nice(Cambridge, MA: Harvard University Press, 1984).

연구한다는 것은 곧 특정 행위 양식의 대중화 여부를 확인하고 그 행위 양식이 대중적 인기를 얻는 배경과 원인을 분석하는 과정을 뜻하게 된다.

유행 현상을 연구하는 작업이 특정 분야를 넘어 다양한 학문 영역에 걸쳐 널리 분포되어 나타나는 것도 바로 이런 특성이 있기 때문이다. 그러나 아직도 사회적 차원의 추세와 유행 현상을 분석하는 데 필요한 이론적 자원이 촘촘하게 구성되어 있는 상태는 아닌 것 같다. 유행 현상을 분석하는 작업이 주로 디자인, 패션, 문화예술 분야에 몰려 있고,[27] 해당 분야 논문에서 충분한 이론적 논의를 하기보다는 특정한 행위 유형의 발현과 그 영향을 고찰하는 정도에 멈추는 경우가 많다.

기존의 이론에서 유행 현상을 분석할 때 필요한 자원을 동원해야 한다면 아마도 피에르 부르디외(Pierre Bourdieu)의 아비투스(habitus), 문화자본(cultural capital), 구별짓기(distinction) 같은 개념이 가장 유용할 것으로 판단된다.[28] 오늘날 사회과학 연구자가 거대 담론의 그늘에서 벗어나 음식을 먹고 옷을 사 입

26) 대중을 의미하는 'mass'와 명품을 의미하는 'prestige product'를 결합한 'masstige'라는 용어가 소득 수준이 높아진 중산층의 새로운 소비 풍조를 대변하는 현상도 이런 흐름을 나타낸다(김선숙, 「매스티지(Masstiege) 명품에 관한 고찰(제1보): 추구 가치를 중심으로」, ≪한국의류학회지≫, 제29권 제11호(2005), 1381~1388쪽; 주보림, 「한국 명품 브랜드 창출을 위한 로드 맵 연구: 세계적 패션 명품 기업들의 성공 전략 분석을 중심으로」, ≪한국패션디자인학회지≫, 제8권 제1호(2008), 49~63쪽.

27) 박한힘, 「클럽문화가 대중의상에 미친 영향」, ≪한국패션디자인학회지≫, 제10권 제1호(2010), 75~91쪽; 류해춘, 「고전시가와 대중문화의 공감과 소통」, ≪우리문학연구≫, 제35집(2012), 47~74쪽; 옥한석, 「대중화와 전문화에 더욱 다가가기 위한 교양과 지리 경영으로의 지리학 방향 전환에 관한 연구」, ≪대한지리학회지≫, 제45권 6호(2010), 735~747쪽; 전주영, 「마이크로트랜드가 카툰애니메이션 캐릭터 개발에 미치는 영향 연구: 2000년대 안시 수상작 중심으로」, ≪한국디자인문화학회지≫, 제15권 제4호(2009), 480~492쪽; 홍희주, 「20세기 초 미디어 문화에서 나타난 전통음악 상품과 음악 취향에 관한 소고」, ≪인문과학≫, 제49권(2012), 205~224쪽.

28) 홍성민, 『피에르 부르디외와 한국사회』(살림지식총서, 2004).

으며 음악을 듣거나 영화를 보고 여행과 운동을 하고 취미활동을 즐기는 행동 등 소소한 일상생활의 다양한 측면을 학문적 분석 대상으로 끌어올린 것은 부르디외의 영향력을 배제한 상태에서 상상하기 어려운 측면이 있다.[29]

이 글을 쓰면서 필자는 부르디외의 아비투스, 문화자본, 구별짓기와 같은 개념적 도구를 '북한적 현상'을 분석할 때 어떻게 활용할 것인지 생각하고 또 생각했다. 그런데 한국 사회에서 부르디외의 이론은 아직 어떻게 구체적인 현실에 적용해야 하는지 충분한 논의가 이루어진 영역이 아니다. 물론 지금까지 그런 시도가 없었다는 뜻은 아니다.[30] 그렇지만 현재의 단계는 부르디외의 개념적 도구가 한국 사회에서 유용하고 적절하게 활용할 수 없는 이유에 대해 "내가 사는 현실로부터 제기된 문제"를 구성하는 연구가 많지 않은 점에서 찾아야 한다는 의견이 설득력을 지닌다.[31] 그런 측면에서 강명규·이상규는 한국 사회과학의 문제는 "한국적 이론"의 부재가 아니라 "한국적 현상" 분석의 부족에서 찾아야 한다고 지적한다.[32] 보편적 차원의 이론적 논의는 있었으나 구체적인 현장에 근거를 둔 연구가 아직 충분하지 않다는 뜻이

29) 홍성민, 『피에르 부르디외와 한국사회』. 이 외에도 다음과 같은 자료를 참조할 수 있다. 김만기, 「한국적 거주집단의 문화 간 커뮤니케이션 문화 연구: 부르디외(P. Bourdieu)의 구별짓기와 베블렌(T. Veblen)의 베블렌 효과 유사성과 연계하여」, ≪커뮤니케이션학 연구≫, 제18권 제3호(2006), 193~216쪽; 조광익, 「여가 소비와 개인의 정체성: 이론적 탐색」, ≪관광연구논총≫, 제22권 제2호(2010), 3~25쪽; 조광익·도경록, 「여가 소비와 문화자본의 관계: 여가 스포츠 활동을 중심으로」, ≪관광연구≫, 제25권 제5호(2010), 291~314쪽.

30) 최샛별, 「한국사회에 문화자본은 존재하는가?」, ≪문화와 사회≫, 제1권(2006), 123~257쪽; 최항섭, 「명품에 대한 사회학적 해석」, ≪한국사회과학≫, 제25권 제1호(2003), 225~261쪽.

31) 강명구·이상규, 「이론과 현실 사이에서: 부르디외의 이론의 적용과 변용, 혹은 생성」, ≪언론과 사회≫, 제19권 제4호(2011), 122~129쪽.

32) 같은 글.

다. 이 말은 곧 '북한적 현상'을 연구할 때 부르디외의 이론을 차용하는 것이 불가능하지 않아도 그보다 먼저 "북한 주민이 실제로 살아가는 현실에 바탕을 둔 구체적 맥락에서 문제를 구성해내는" 과정을 거쳐야 한다는 점을 강력하게 시사한다.

그런 의미에서 이 글은 필자가 북한 주민의 소비 생활에 나타나는 추세 현상을 관찰함으로써 구체적인 현장에 바탕을 둔 맥락 의존적(contextbound) 문제의식을 개발하고자 하는 시도의 첫걸음이라고 할 수 있다.[33] 사실상 이 글은 부르디외의 이론을 본격적으로 활용해 북한 주민의 생활세계에 나타나는 추세 현상을 분석하는 작업에는 아직 이르지 못한 상태에 머물러 있다. 그보다는 앞으로의 후속 연구에서 부르디외의 이론을 동원해 북한적 현상을 분석하고자 그 이전 단계인 맥락 의존적 문제를 개발하는 작업에 몰두한 상태로 평가해야 한다. 앞으로 북한 주민의 구체적인 생활현장을 토대로 맥락 의존적 연구 주제를 개발하고, 더 나아가 부르디외의 이론적 도구를 활용해 본격적인 사회과학 분석을 시도하는 일이 이어질 것을 기대해본다.

---

33) 같은 글, 125쪽.

참고문헌

1. 국내 문헌

강명구·이상규. 2011. 「이론과 현실 사이에서: 부르디외의 이론의 적용과 변용, 혹은 생성」. ≪언론과 사회≫, 제19권 제4호.

국립국어연구원. 1999. 『표준국어대사전』. 두산동아.

김만기. 2006. 「한국적 거주집단의 문화 간 커뮤니케이션 문화 연구: 부르디외(P. Bourdieu)의 구별짓기와 베블렌(T. Veblen)의 베블렌 효과 유사성과 연계하여」. ≪커뮤니케이션학 연구≫, 제18권 제3호.

김선숙. 2005. 「매스티지(Masstiege) 명품에 관한 고찰(제1보): 추구 가치를 중심으로」. ≪한국의류학회지≫, 제29권 제11호.

김용조·이강복. 2006. 『위기 이후 한국경제의 이해』. 새미.

류해춘. 2012. 「고전시가와 대중문화의 공감과 소통」. ≪우리문학연구≫, 제35집.

박한힘. 2010. 「클럽문화가 대중의상에 미친 영향」. ≪한국패션디자인학회지≫, 제10권 제1호.

신지호·김연철. 2001. 「제3장 북한경제의 변화 전망」. 김연철·신지호·동용승 지음. 『남북경협 Guideline: 북한의 투자환경과 진출전략』. 삼성경제연구소 북한연구팀.

유선준. 2012. 5. 9. "마약거래 탈북자, 정착금 안 줘도 돼". ≪아시아투데이≫.

전주영. 2009. 「마이크로트랜드가 카툰애니메이션 캐릭터 개발에 미치는 영향 연구: 2000년대 안시 수상작 중심으로」. ≪한국디자인문화학회지≫, 제15권 제4호.

조광익. 2010. 「여가 소비와 개인의 정체성: 이론적 탐색」. ≪관광연구논총≫, 제22권 제2호.

조광익·도경록. 2010. 「여가 소비와 문화자본의 관계: 여가 스포츠 활동을 중심으로」. ≪관광연구≫, 제25권 제5호.

주보림. 2008. 「한국 명품 브랜드 창출을 위한 로드 맵 연구: 세계적 패션 명품 기업들의 성공 전략 분석을 중심으로」. ≪한국패션디자인학회지≫, 제8권 제1호.

최샛별. 2006. 「한국사회에 문화자본은 존재하는가?」. ≪문화와 사회≫, 제1권.

최항섭. 2003. 「명품에 대한 사회학적 해석」. ≪한국사회과학≫, 제25권 제1호.

홍성민. 2004. 『피에르 부르디외와 한국사회』. 살림.

홍희주. 2010. 「20세기 초 미디어 문화에서 나타난 전통음악 상품과 음악 취향에 관한 소고」. ≪인문과학≫, 제49권.

2. 북한 문헌

사회과학출판사. 2007. 『조선말대사전』(증보판). 평양.

3. 외국 문헌

Bourdieu, P. 1984. *Distinction: A Social Critique of the Judgement of Taste.* translated by Richard Nice. Cambridge, MA: Harvard University Press.

Geertz, C. 1973. *The Interpretation of Cultures.* Basic Books.

북한으로의 외래문화 유입 현황과 실태* _ 제3국에서의 북한 주민 면접조사를 중심으로

강동완 | 동아대학교 정치외교학과 교수

1. 머리말

김정일 사망 이후 북한에 대한 관심의 초점은 김정은의 권력승계 안정화와 이에 따른 북한체제의 변화 여부에 있었다. 김정은 집권 3년차를 지나면서 북한체제의 전망에 대한 다양한 분석이 이루어졌다. 북한 주민의 체제 결속력 및 충성도 등의 의식 변화는 북한체제의 변화를 전망하는 중요한 변수라 할 수 있다. 김정은은 집권 초반 권력 안정화를 목직으로 이른바 '인민생활 향상' 노선을 주창하며 북한 주민들의 충성심을 고양했다. 북한 주민들에 대한 사상적 통제와 단속을 통해 내부 결속을 강화하려는 김정은의 의도는

---

* 이 글은 강동완, 「북한으로의 외래문화 유입 현황과 실태」, ≪통일인문학논총≫, 제60집(2014)을 수정한 것이다.

북한 사회에서 어떻게 작용하고 있을까.

지난 2000년대 중반부터 급속히 확산되기 시작한 북한에서의 한류 현상은 북한 사회의 변화를 촉진하는 또 다른 요인이라 할 수 있다. 무엇보다 북한 당국의 철저한 사상교육과 학습을 통해 남한에 대해 왜곡된 교육을 받았던 북한 주민들은 남한의 영상물을 접하면서 남한을 동경의 대상으로 인지하게 되었다. 인간으로서 누려야 할 기본적인 생활 모습을 접하게 되면서 자본주의사회의 경제적 발전과 자유, 인권 등을 간접적으로 경험하게 되었으며, 이는 곧 북한체제에 대한 부정적 인식으로 변모해갔다. 북한에서의 한류 현상은 단순히 흥미와 재미라는 관점에서 다루어지는 일시적 현상이라기보다 이념으로 무장한 북한 주민들의 의식과 사상을 변화시킨다는 중요한 의미가 있다.

또한 북한에서의 한류 현상은 장마당을 통한 시장의 남한 제품 확산 효과로 이어진다. 시장은 단순히 상품의 유통뿐 아니라 정보 공유가 이루어진다는 점에서 의미가 있다. 북한에서 장마당은 공식적으로 허용되는 경우도 있지만 비법(非法)적 물품은 대부분 뇌물을 통한 은밀한 거래로 이루어진다. 결국 시장의 확산은 간부들의 뇌물을 통한 부정부패로 이어지는데, 이러한 현상은 북한체제 내구력 약화의 요인이 되기도 한다.

지금까지 북한에서의 한류 현상에 대한 연구와 관련해 외래문화 유입 실태 및 현황, 북한 주민의 의식 변화, 지역·계층·세대·성별을 비롯한 세분화된 분석 등이 다양하게 이루어졌다. 그런데 이들 연구는 남한에 정착한 북한이탈주민을 대상으로 한 면접조사였으며, 그 시기 역시 2011년까지로 국한되었다. 이 글은 김정일 사후 김정은시대 북한의 한류 현상과 미디어 유입 실태를 다루는데, 북한이탈주민이 아닌 북한 주민을 직접 연구 대상으로 삼았다는 점에서 차별성이 있다. 또한 이 글은 김정은시대 북한 주민의 면접을 통해 최근 북한으로의 외래문화 유입 실태와 현황을 살펴보는 데 그 목적이 있다.

이 글은 북한체제가 외부 정보의 엄격한 통제와 단속을 통한 폐쇄성을 그 특징으로 한다는 점에 기초해 북한으로의 외래문화 및 정보의 유입이 북한 사회 변화의 주요 요인이 될 수 있다는 점에서 시작된다. 북한 주민들이 당국의 감시와 단속을 피해 남한 영상물을 시청하고, 북한 당국은 이를 단속하기 위해 사회적 통제를 강화하기도 한다. 북한 주민들의 아래로부터의 변화 요구와 북한 당국의 위로부터의 강압이 상호 충돌하면서 발생하는 현상이 북한체제의 향방에 어떠한 영향을 미치는지 전망하기 위해 우선 북한의 사회 변화에 대한 실태 분석이 필요하다.

2. 북한 주민, 어떻게 만났는가?

북한에서의 한류 현상 및 외래문화 유입 실태는 북한이탈주민의 증언, 북한의 공식 문건 등을 통해 확인할 수 있다. 하지만 아직도 북한에 대한 단편적 인식을 바탕으로 북한을 하나의 고정된 이미지로 각인해 북한 주민들의 사적 활동과 일상사에 대한 연구를 인정하지 않으려는 경향이 있다. 북한이탈주민의 증언을 신뢰하지 않거나 일부 지역에 국한된 것이라며 애써 그 의미를 축소하기도 한다.

이에 따라 기존 연구들은 지역, 계층, 세대, 성별로 세분화해 북한의 한류 현상을 다루거나, 북한에서의 한류 현상을 왜곡된 남한상(像)이라는 부정적 영향 중심으로 살펴보기도 했다. 하지만 그럴 때마다 가장 최근에 입국한 북한이탈주민을 만난다 하더라도 국내 입국과 '하나원 교육과정'을 거치면 최소 6개월 이상의 시간적 차이가 나고, 사례자의 과거 회상을 중심으로 면접이 진행될 수밖에 없다는 점이 문제로 제기되었다.

<표 11-1> 면접 대상자의 기본 인적 사항

구분	성별	연령	지역
사례 1	남성	40대	량강도
사례 2	남성	30대	량강도
사례 3	남성	40대	평안북도
사례 4	남성	40대	함경북도
사례 5	여성	20대	평양
사례 6	여성	50대	평안북도
사례 7	여성	30대	황해남도
사례 8	여성	40대	평안북도
사례 9	남성	40대	평안북도
사례 10	여성	40데	평양
사례 11	여성	30대	평안북도
사례 12	여성	50대	평안남도
사례 13	여성	50대	평안북도
사례 14	남성	50대	평양
사례 15	남성	50대	황해북도
사례 16	여성	40대	평양
사례 17	여성	40대	평안북도
사례 18	남성	50대	황해남도
사례 19	남성	60대	평양
사례 20	남성	50대	평양
사례 21	남성	50대	평안남도
사례 22	남성	50대	평안남도
사례 23	남성	50대	강원도
사례 24	남성	60대	평안북도
사례 25	여성	30대	량강도

따라서 이 글은 북한이탈주민이 아닌 실제 북한에 거주하는 북한 주민의 면접을 위해 지난 2013년 7월부터 11월까지 중국 현지에서 북한 주민들을 직접 면접조사 한 내용을 바탕으로 한다. 연구 방법상 연구 대상자의 성별과 나이, 지역, 학력 등 기본 사항을 공개하고 변인별 교차분석 등을 통해 심층 분석하는 것이 원칙이지만 면접 대상자의 신변 문제라는 특성상 인구학적 기본 사항은 최소한의 내용만 공개하기로 한다.[1]

---

1) 국내에 입국한 북한이탈주민의 면접조사 시에도 본인은 물론 북한에 거주하는 가족들

이 글에서 말하는 '북한 주민'은 남한으로의 입국이나 중국 등 제3국으로의 이주를 목적으로 탈북한 것이 아니라 식량 구입 및 장사를 목적으로 국경을 반복적으로 넘나드는 사람들, 그리고 중국에 사는 친지를 방문하기 위해 공식적으로 비자를 받고 중국에 체류하는 사람들을 의미한다. 총 25명과 면대면 방식으로 약 2시간 정도 면접이 이루어졌다. 이들 25명은 모두 북한에서 남한 영상물을 시청한 경험이 있으며, 일부는 남한 영상매체를 직접 밀수·판매하는 일을 했다.

3. 김정은시대 북한 내 외래문화 유입 실태

1) 디지털 매체의 확산과 보급: '알판(DVD)'에서 'USB'로의 진화

(1) 노트텔(노트콤)의 확산

북한 사회 변화의 주요 양상 중 하나는 북한 내부로 유입되는 미디어 매체의 다변화라고 할 수 있다. 북한에서 '알판'이라 불리는 'CD'나 'DVD'가 유통되는 것은 이를 재생할 수 있는 영상매체가 급속히 진화했기 때문이다. 기존에 녹화기라 불린 비디오 재생장치가 아닌 중국산 노트텔(Enhanced Versatile Disc: EVD)의 확산은 북한 주민이 외래문화를 접하는 데 많은 영향을 끼쳤다. 북한에서 남한 영화나 드라마가 인기를 끌고 이른바 '알판'이 돈이 되기

의 신변 보호 때문에 인적 사항을 파악할 수 있는 내용을 공개하는 것은 매우 조심스럽다. 이 글은 북한 주민들에 대한 면접에 기초하기 때문에 인적 사항이 밝혀질 경우 신변상 매우 위험한 상황을 초래할 수 있어 더욱 신중을 기할 필요가 있다고 판단했다. 따라서 이 글에서는 연구 대상자의 신변 보호를 위해 성별, 연령, 지역 등 최소한의 기본적인 인적 사항만 제시한다.

〈그림 11-1〉 북한에서 노트텔로 불리는 중국산 EVD 플레이어

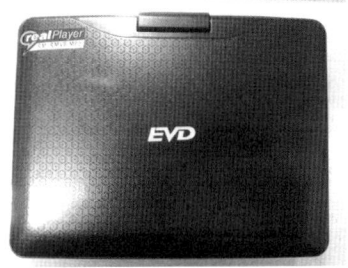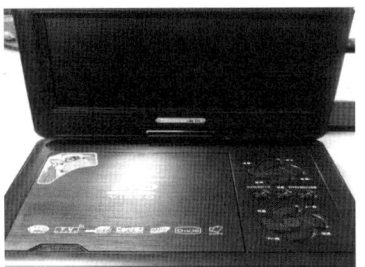

자료: 필자 구입 및 촬영.

시작하면서 저가의 중국산 노트텔이 본격적으로 유통되기 시작했다.

노트텔은 비디오 압축 기술인 'DVD'를 대체할 새로운 포맷으로, 중국이 서구의 기술 표준이 주도하는 세계 경제에서 독특한 위치를 차지하기 위해 개발한 영상 기술 방식이다. 2005년부터 생산된 노트텔은 이후 저가로 공급되면서 북한 지역에 유통되었다. 노트텔의 장점은 CD나 DVD 재생은 물론 파일 저장매체로 인기를 끈 USB를 직접 재생할 수 있다는 점이다. 더욱이 단순히 영상물 시청용으로 사용되는 것이 아니라 게임을 하기 위한 게임 플레이어 단자가 내장되어 있는 점도 노트텔의 주요 특징으로 꼽을 수 있다.[2]

특히 노트텔은 텔레비전기능이 있기 때문에 남한 영상물이 담긴 CD나 DVD, USB 등을 소지하지 않았더라도 중국 방송에서 나오는 남한 관련 영상을 시청할 수 있다는 장점이 있다. 또한 노트북과 동일한 크기로 액정 화면이 10인치부터 15.1인치까지 다양하며, 모양은 노트북과 같지만 텔레비전 방송이 수신되기 때문에 북한에서 '노트텔'로 불린다. 충전하면 4시간가량 영상 시청이 가능하며, 무엇보다 녹화기처럼 별도로 텔레비전에 연결할 필요가 없기 때문에 휴대가 쉬워 단속을 피할 수 있다는 점에서 활용도가 높

---

2) 강동완·박정란, 『한류, 통일의 바람』(명인문화사, 2012), 46쪽.

다. 노트텔은 DVD를 통한 영상물 시청에 사용되며 게임기와 리모컨 등 부속품도 있다.

2005년경부터 급속히 확산된 노트텔에 대한 내용은 이번 조사에서 대부분의 면접 대상자들이 인지하고 있었다. 면접 대상자들의 거주 지역이 평양을 비롯해 각기 다른 지역이라는 점을 감안할 때 노트텔의 확산 속도와 범위가 매우 광범위하다는 것을 알 수 있다. 면접 대상자 중 본인은 노트텔을 소유하지 않았더라도 같은 지역에 거주하는 친한 사람(친구, 친지)이 소유하고 있기 때문에 함께 시청했다는 증언도 있었다. 사례 1의 경우 골동품 장사를 하면서 알게 된 지인의 집에 갔다가 노트텔로 남한 영상물을 시청했다고 한다. 그의 증언을 직접 들어보자.

> 친구는 아닌데, 돈이 없어 돈 좀 꾸러 갔다가 봤지요. 고저, 골동 장사
> 하면서 알게 되었는데 … 나는 골동 하면서 다 망했고 그 친구는 금 장사
> 하면서 돈 좀 벌었지요. 영화 제목은 잘 모르갔습니다. 무슨 영화인지 …
> 싸움하는 영화 됐겠는데, 거기서 같이 몇 장면 봤으니까 뭐 …. [사례 1]

사례 2 역시 자신은 소유하지 않았지만 친한 동무가 갖고 있어서 노트텔을 통해 함께 남한 영화를 시청했다고 말한다. 하지만 단속이 우려되어 주로 가족들하고만 보기 때문에 친한 사이라 하더라도 자주 같이 볼 수 있는 것은 아니었다고 한다.

> 제 친한 동무네 집에 그게(노트텔)[3] 있었어요. 메모리로 보더라구요.
> 녹화기는 텔레비, 기계를 연결해서 전기가 와야 보지만 … 이거는 충전하

---

3) 인용문에서 괄호 안 내용은 필자 추가.

고 보니까 갖고 다니기도 편하지요. 주로 자기 가족들하고 보지 친한 동무한테도 잘 보여주려 하지 않지요. [사례 2]

노트텔은 중국에서 한화 5만 원 정도면 구입할 수 있다. 영상 재생 화소 및 본체 구성에 따라 가격 차이가 있지만 대략 한화 5만~6만 원 선에서 거래된다. 주로 연선 지역에서 밀수를 통해 유입되지만, 노트텔 자체는 단속 대상이 아니기 때문에 중국 세관을 통해 공식적으로 거래되는 품목이다. 북·중 접경지대에서 장사를 하는 사람들이 구매를 하며, 주로 젊은 세대가 노트텔을 통해 영상물을 시청하는 것으로 조사되었다. 노트텔의 장점이 기존의 DVD보다 소형화된 USB를 재생할 수 있다는 점이기 때문에 USB에 남한 영상물 파일을 담을 줄 아는 젊은 층 사이에서 인기가 높다.

아무래도 젊은 사람들이 노트텔을 많이 갖고 있지요. 메모리 꽂아서 영화도 보고 …. [사례 3]

중국에서 복제된 남한 영화나 드라마 DVD는 한화 1000원 정도면 쉽게 구입할 수 있다. 20부작 드라마도 남한에서 종영되고 약 1주일 정도만 지나면 곧바로 CD 두 장에 복제되어 거래된다. 하지만 노트텔의 확산은 기존의 이러한 DVD보다 USB의 확산을 촉진하는 요인이 되었다고 볼 수 있다. 북한에서 '막대형 메모리카드'로 불리는 USB는 최근 주로 남한 영화를 보거나 음악을 듣기 위해 사용된다.

특히 휴대가 간편하고 북한 당국의 검열을 피할 수 있다는 장점 때문에 USB를 선호한다. 노트텔은 CD와 USB를 모두 재생할 수 있는데, 북한 영화가 담긴 CD를 넣어놓고 남한 영상물이 들어 있는 USB를 보다가 단속이 오면 그것을 빼서 숨기면 되는 것이다.

〈그림 11-2〉 중국에서 복제된 남한 드라마와 영화 DVD

자료: 필자 구입 및 촬영.

　　남조선 영화 최근에는 메모리로 많이 봅니다. 이제는 백공구(109 그루
빠)가 검열 와도 일이 없단 말입니다. 메모리 뽑아서 감춰버리면 되니깐
조선 CD알, 예를 들면 홍길동 같은 것을 넣어놓고 USB에 남조선거 넣어
서 보니까 … 단속 나오면 USB만 빼서 숨기면 되니까 걸려도 문제없지요
…. [사례 4]

　　한편 USB의 확산은 콘텐츠 파일 공유를 위한 네트워크 형성이라는 점에
서 의미가 있다. 친구들끼리 USB를 서로 돌려가며 파일을 공유했다고 하는
데, 이는 컴퓨터가 있는 다른 집에 가서 USB에 파일을 담고 이를 자신의
MP3에 옮겨 음악을 듣는 방식이다. USB에 파일을 담기 위해서는 컴퓨터가
있어야 하는데, '사진관'이라 불리는 기업소에서 주로 담아준다고 한다. 내용
이 담겨 있지 않은 공 USB는 중국에서 공식 무역을 통해 들어올 경우 단속
대상이 아니기 때문에 컴퓨터를 보유한 개인이 여기에 남한 영화나 드라마

를 담아 북한 내에 유통시킨다. 물론 처음부터 남한 영화나 드라마가 들어 있는 USB가 밀수를 통해 전문적으로 유입된다는 증언도 있다.

> 컴퓨터를 연결해서 잡아들이지. 메모리 영화 한두 개 잡아넣고 컴퓨터
> 를 싹 지운단 말이에요. 간부 자식들인데 영화 몇 개 잡아서 동무들에게
> 팔아먹는 거죠. 중국에서 메모리 몇십 개를 가지고 나오니깐 …. [사례 5]

(2) 태블릿 PC와 MP5의 유입 및 확산

이번 조사에서 중국산 저가 태블릿 PC 이용 사례를 확인했다는 점에도 주목할 필요가 있다. 앞서 중국산 노트텔이 한화 5~6만 원 선에 거래되는 것과 달리, 중국산 태블릿 PC는 한화 9만 원 정도면 최소 사양의 제품을 구입할 수 있다. 노트텔이 북·중 연선 지역을 거쳐 북한의 내륙 지역으로까지 확대된다면, 태블릿 PC는 연선 지역의 밀수업자들을 비롯한 소수의 사람들이 사용한다.

태블릿 PC의 활용은 노트텔과 비교하면 더욱 소형화된 제품이라는 점과 단순히 영상 시청에 그치지 않고 사진을 촬영하거나 음악을 들을 수 있다는 점에서 차이가 있다. 특히 마이크로 SD카드 단자가 있어 USB보다 더욱 경량화·소형화된 파일 저장매체로 인기가 있다. 필자가 북한에서 유통되는 것 중 카메라 화질 및 중앙처리장치(CPU) 속도 면에서 최소 사양의 태블릿 PC를 직접 입수해 분석한 결과 노트텔과 비교할 만한 여러 가지 장점이 있었다. 예를 들어 충전 시간은 짧은 데 반해 재생 시간은 10시간 이상이며, 영상 재생 시 화질 역시 일반 모니터와 비교할 때 HD화소의 차이를 확인할 수 있었다. 또한 기기의 확장성에서 'HDMI' 단자 및 마이크로 SD카드, USB 등의 저장장치를 활용할 수 있다는 장점이 있었다. 특히 카메라가 내장되어 있어 사진 촬영이 가능하다는 점이 노트텔과의 가장 큰 차이점이었다.

<그림 11-3> 테블릿 PC의 앞뒷면 모습과 확장단자

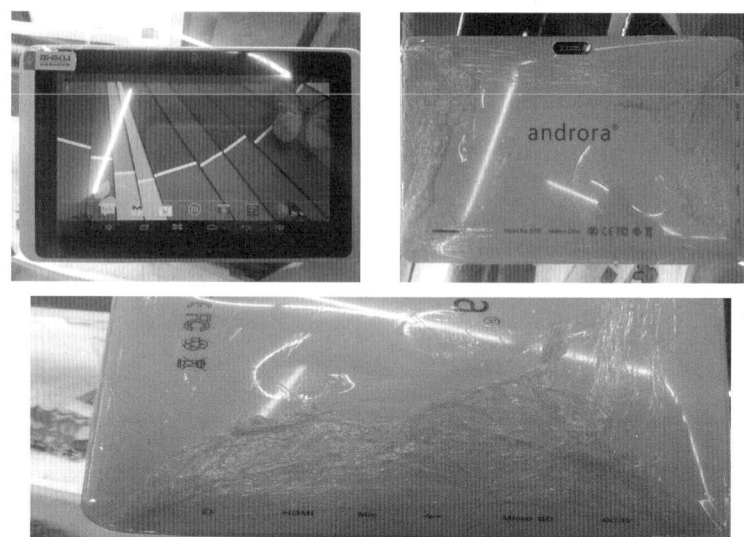

자료: 필자 구입 및 촬영.

<그림 11-4> MP5 메인 화면과 마이크로 　　　<그림 11-5> MP5의 한국 걸그룹 뮤직비디
　　　　　　　 SD카드 　　　　　　　　　　　　　　　 오 재생 화면

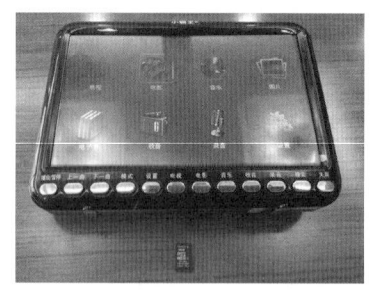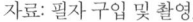

자료: 필자 구입 및 촬영.

〈그림 11-6〉 MP5의 라디오 재생 화면 〈그림 11-7〉 MP5의 동영상 목록 재생 화면

자료: 필자 구입 및 촬영.

한편 북한에서 '엠피오'로 불리는 MP5 미디어 기기도 중국을 통해 북한으로 유입된다. 이전의 MP3가 음악재생을 위한 용도였다면, MP5는 주로 고화질 영상 시청을 위해 사용된다. 이 기기의 장점은 노트텔과 같이 휴대가 용이하다는 것인데, 무엇보다 USB보다 더 소형인 마이크로 SD카드를 사용한다는 점이 큰 특징이다. 마이크로 SD카드의 소형화는 남한 영상물 시청 단속을 피하는 데 매우 유용하면서도 저장 용량은 크다는 장점이 있다. 또한 영상 재생뿐 아니라 전자사전, 라디오, 음악 파일 재생, TV 수신 등 다용도로 사용될 수 있다. 게다가 MP5가 널리 확산될 수 있는 이유 중 하나는 충전하지 않아도 건전지로 재생할 수 있다는 점인데, 이는 북한의 전기 사정을 감안할 때 매우 유용하다고 할 수 있다.

(3) 북한에 부는 '손전화' 바람: 장사에서 필수품이 되어버린 '손전화'

북한에 유입된 정보의 내부 확산이라는 점에서 손전화 확산이 시사하는 바가 크다. 북한 당국은 지난 2004년 용천역 폭발사고 시 내부 소식이 손전화를 통해 외부로 급속히 확산된 것을 계기로 손전화 사용에 대한 엄격한 단속을 시행했다. 하지만 북한 당국은 이집트 오라스콤 텔레콤과 다시 손전화

사업을 재개했으며, 고려링크 서비스 가입자 수는 2011년 3월 53만 5133명으로 이는 2010년 12월보다 10만 명 이상 증가한 수준이다. 오라스콤 텔레콤은 서비스 마케팅을 위해 현재 평양에 판매 대리점 네 개를 운영하고 9곳의 조선체신회사 영업소에서 선불통화카드(scratch cards)를 판매한다. 이는 손전화를 당정 관료나 엘리트들만 사용할 수 있다는 편견과 달리 다양한 계층의 사람들이 사용하고 있다는 사실을 확인시켜준다.[4)]

최근 평양을 중심으로 급속히 확산된 손전화는 이제 지방에서도 사용할 수 있으며, 일부 면접 대상자의 경우 손전화가 없으면 장사를 할 수 없을 정도가 되었다고 증언한다. 이번 면접을 통해 확인된 사실은 앞서 평양뿐 아니라 지방에서도 손전화 사용이 확산되고 있다는 점이다. 평양 외 지방의 경우 주로 장마당에서의 장사를 위한 목적으로 활용된다. 남한 제품을 비롯해 장마당에서 인기리에 거래되는 제품은 도매상에 전화로 미리 예약하지 않으면 구할 수 없을 정도라고 한다. 따라서 손전화는 장사를 위한 필수품이 되었다고 할 수 있다.

손전화는 평양시만 썼댔는데, 이젠 지방도 다 풀어놨습니다. 고저 돈만 있으면 다 삽니다. 그게 있어야 장사하지요. 이제는 손전화 없인 장사도 못합니다. 누가 먼저 낚아채서 물건 가져가면 그다음엔 잘 팔리는 거는 전화해서 내 것 좀 남겨놓아라 해야지, 길디 않으면 남겨 놓지 않으면, 다 팔리면 장사 이렇게 합니까. [사례 6]

사례 15의 증언을 통해서도 역시 북한에서의 손전화 확산이 빠르게 진행

---

4) 윤황·고경민, 「북한 이동통신의 현황과 과제」, ≪사이버사회문화≫, 제2권 제1호(2011), 70쪽.

되고 있는 것을 확인할 수 있었다. 손전화가 아닌 일반 유선전화를 사용하기 위해서는 전화기를 취급하는 '취급소'에 가서 전화를 해야 하는데, 여기에 가면 줄을 서야 하고 또 어떤 경우에는 전화 연결이 안 되는 경우가 많아 제대로 이용할 수 없다고 한다. 이처럼 손전화는 간부들이 먼저 사용했지만 지금은 일반 주민들도 많이 사용하고 있다는 말도 덧붙였다.

> 조선에 지금 손전화 없으면 일 못해요. 전화기 '취급소'가 한 도시에 몇 개 안 된다구 …. 거기 가서 전화 한 번 걸려면 나가서 또 줄서야디. 뭐 어떤 때는 또 전화가 안 될 때가 있디. 그냥 뭐, 바쁜 사람들은 전화도, 무슨 연락도 못하게 되는 건데, 손전화나 있으면 얼마나 편리해요. 처음에는 간부들이 먼저 썼고, 근데 이제는 뭐 백성들도 쓰는 거 많아요. 기본 못사는 건 농촌이 못살디. 농촌은 어쨌든 유통이 안 되니까. 유통이 안 되니까, 돈이 없디. [사례 15]

북한에서 손전화는 다양한 용도로 사용된다. 경제적 상황이 여유롭지 않은 사람들도 장사 목적으로 빚을 지고서라도 손전화를 구입해야 한다는 것이다. 젊은 층의 경우 손전화를 기본적인 통화용보다는 영상 시청이나 음악을 듣기 위한 용도로 사용한다고 한다. 또한 체면 문화로 손전화를 구입하는 경우도 많다고 한다.[5]

손전화 가격은 사양에 따라 다른데, 중국에서 거래되는 가격은 대략 200달러에서 400달러까지 다양하다. 북한에서 거래되는 가격은 폴더형이 300~

---

5) 북한에서 2013년 제작된 〈체면바람에〉라는 영화를 보면 북한의 체면 문화의 심각성을 잘 보여준다. 이 영화는 딸의 결혼을 앞둔 어머니가 사돈에 잘 보이기 위해 자신의 직장에 있는 집기류를 집으로 옮겨 놓고 자랑한다는 내용으로 체면 문화를 없애야 한다는 사상교육을 담고 있다.

<그림 11-8> 3G 방식의 폴더형 제품

<그림 11-9> 터치스크린 방식의 스마트폰

자료: 필자 구입 및 촬영.

400달러이며 슬라이드 방식은 250달러 정도다. 최근에는 스마트폰 기능과 비슷한 터치스크린 방식이 유행하는데, 이것은 700달러 선에서 거래되는 최고가 상품이라 한다. 필자가 입수한 북한 손전화는 터치스크린 방식의 제품으로 문자메시지는 '통보문' 등으로 표시되어 있으며 안드로이드 운영체제를 사용했다.

주목할 점은 북한에서 사용되는 손전화의 일부가 중국에서 복제된 제품이라는 점이다. 필자가 중국에서 구입한 북한 손전화는 내부 시스템과 상표는 북한 것으로 되어 있었다. 즉, 일명 '껍데기'로 불리는 북한 상표 스티커를 부착했지만 본체는 중국산 제품임을 확인할 수 있었다. <그림 11-9>에서 보는 바와 같이 류성이라는 상표와 시스템은 모두 북한 말로 되어 있지만 본체는 중국산 제품인 것이다. 북한에서 구입하면 가격이 너무 비싸기 때문에 중국에서 복제된 손전화를 값싼 가격에 구매하는 것이다.

북한 주민들이 남한 휴대폰을 구입해 북·중 국경 지역에서 사용할 경우 문자, 사진, 영상뿐 아니라 카카오톡도 가능하다고 한다. 이렇듯 휴대전화와 국경 무역의 발달로 북한 주민들에게 외부 정보의 유입이 확산되고 있는 실정이다.[6] 손전화는 중국에 체류하는 북한 주민들이 도청을 우려해 북한 내부로 연락할 때 주로 중국판 카카오톡이라 할 수 있는 '큐큐'나 음성메시지 등을 사용하기 위한 목적으로도 많이 활용된다. 한 20대 여성은 '카카오톡'에 대해서도 알고 있었다. 북한에서는 문자를 유료로 사용해야 하는데 '카카오톡'은 무료로 문자 수신 및 발신이 가능하다는 점을 알고 있었고, '카카오톡'에 대한 정보는 평양에서 친구들과 이야기를 나누면서 알게 되었다고 했다.

2) 남한 영상물 시청 실태와 의식 변화

면접 대상자들의 증언을 보면 대부분 김정일 사망 이후 김정은시대에 들어오면서 사상 강화와 내부 단속을 위한 통제가 상대적으로 강화되었다고 인식하고 있었다. 김정은의 권력승계 기간이 상대적으로 길지 않았기 때문에 김정은정권 초기에는 비사회주의 행위에 대한 엄격한 단속과 김정은체제의 충성도 고양을 위한 사상 강화가 이루어진 것이다. 김정은 집권 초기는 북한이탈주민에 대한 엄중 처벌과 국경 통제가 강화되고 사상 강화에 주력하던 시기였다고 볼 수 있다.

그런데 면접 대상자들의 증언을 종합해보면 2011년의 상황과 비교했을 때 비록 통제와 단속이 강화된 것을 느끼기는 했지만 실상은 이전과 크게 달라지지 않았다고 증언한다. 특히, 이 시기 통제나 단속 때문에 남한 영상물 시청이 잠시 주춤하기는 했지만 남한 영상물 시청 행위가 근절되지는 않았다고 한다.

---

6) 장인숙·최대석, 「김정은시대 정치사회 변화와 북한주민 의식: 탈북민 의식조사를 중심으로」, ≪북한학연구≫, 제10권 제1호(2014), 19쪽.

2011년 상황과 비교하면 작년이 훨씬 통제가 심했죠. 하지만 그래두 본단 말이에요. 내래 그래서, "보지 마라. 너 이제 이런 거 보다가 그냥 없어지면 어떻게 할래?" 하고 친구한테 말한 적도 있어요. [사례 8]

사례 9의 증언을 통해 현재 북한에서는 DVD보다는 USB가 많이 사용되고 있음을 알 수 있었다. 이전에 DVD를 이용할 때에는 정전이 되면 녹화기 안에서 재생 중이던 DVD가 나오지 않아 단속이 많이 되었는데, USB는 그러한 단속 방식을 피할 수 있기 때문에 인기가 좋다고 한다. 남한 영상물을 시청하다 단속에 걸리면 감옥이나 교화소에 가기도 하고, 텔레비전 및 녹화기를 다 압수당하지만 젊은 사람들은 단속에 크게 신경 쓰지 않는다는 것이다.

조선에서 그거 통제하는데 아주 못 보게 … 녹화기에 계속 검열하고 하는데 지금은 메모리 사용하지. 그 전에는 정전이 되면 알판은 뽑지를 못 하잖아, 그래서 많이 걸리고 했는데 지금은 메모리가 나왔으니깐 그걸 뽑구서 … 쭉 뽑으면 다니깐 뭐 젊은 사람들 축에서는 … 감옥도 가고 강제로 교화소 가고 계속 통제를 세게 해도 근데 젊은 사람들은 거기에 뭐 크게 신경 안 쓰지 …. 그러니깐 메모리로 잡히는 날에는 메모리도 빼앗기지, 뭐 거기에 텔레비전, 녹화기도 다 빼앗기지. [사례 9]

면접 당시 남한 드라마 중 인기가 높았던 프로그램은 SBS의 〈신사의 품격〉이었다. 이 드라마는 남한에서도 인기리에 방송되었는데, 이 드라마로 인해 배우 장동건의 인기가 매우 높아졌다고 증언했다. 한편, 북한에서 남한 영상물을 시청한 사람의 경우 가장 많이 알려진 드라마로 〈천국의 계단〉을 꼽았다. 이 작품은 2000년 초반에 나와 이른바 한류를 주도했던 대표적인 드라마 중 하나다. 주인공으로 나온 배우 권상우와 최지우는 여전히 북한에서 인기가 높다고 한다. 사례 9의 증언을 보면 한 가지 흥미로운 점은 배우 최지우와 송혜교를 비교하는 대목이다. 송혜교 역시 한류를 주도했던 남한 드라마 〈올인〉의 주인공으로 북한에서도 인기가 높다. 그런데 사례 9는 '송혜교가 얼굴이 예뻐서 인기가 있지만 몸매는 좋지 않다'라고 표현했다.

> 여자는 최지우 썩 괜찮습니다. 송혜교도 인기 쎄게 있고 … 예쁘잖아요. 근데 (송혜교는) 몸매가 안 돼요. [사례 9]

북한 주민들은 남한 영상물을 시청하면서 북한체제와 정권에 불만을 갖기도 한다. 무엇보다 남한 영상물 시청 자체를 단속하거나 통제하는 것에 대해 사상이 없는데 왜 단속하는가 하는 불만을 갖는다고 한다. 남한 영화가 사상이 없는 연애에 대한 내용을 담고 있는데 왜 단속하느냐는 불만을 주위 사람들과 함께 이야기했다는 것이다.

> 한국 영화는 다 연애치고, 헤어지고 그런 영화들 많잖아요. 그래도 사람들이 그런 것들 보느라고 그러고 있어요. 그러면서 "이거 뭐 사상 없는 영화인데, 왜 이렇게 기나 …", "사상도 없는 영화인데 왜 잡나, 윗사람들이" 사상 없잖아요. 연애 튀고서, 헤어지고 그런 영화인데 왜 못 보게 하는가 그런단 말이야. 보고 서로 이야기 나누기도 하죠 뭐. 왜 못 보게 하는가 이걸, 사상도 없는데 …. 그렇게 말해요. [사례 13]

북한 주민들은 남한 영상물이 사상적인 내용을 담고 있지 않는데도 왜 북한 당국이 남한 영상물 시청을 단속하는지에 불만을 표출한다. 그런데 남한의 영화나 드라마가 정치적 내용을 직접 언급하지 않더라도 미디어 수용자인 북한 주민들은 배경이나 장면 등에서 간접적으로 남한의 경제적 발전상이나 정치의식 등을 인지하게 된다. 영화나 드라마를 선호하지 않기 때문에, 혹은 남한에 대한 정보나 호기심 때문에 남한 뉴스를 접하는 경우도 있다.

사례 7은 남한 드라마도 보지만 가끔 남한 뉴스도 시청한다고 증언한다. 남북 접경 지역 인근에 산다는 그는 자동차 배터리를 통해 전기를 얻어 남한 방송을 수신하는데, 전기나 방송 수신 상태가 좋지 않아 드라마 전체 내용을 파악하지는 못한다고 한다. 사례 7은 남한 뉴스를 보면서 남한이 자유롭다는 사실을 인지하고 북한체제와 비교했다고 한다. 하지만 뉴스를 통해 대통령을 욕하는 장면을 보면 오히려 남한의 정치가 '물러 터졌다'고 인식하며, 자신들은 한 번도 지도자를 욕해본 적이 없다고 말한다. 사례 7의 증언을 보면 뉴스를 통해 남한이 자유롭다고 인식하지만 정작 대통령을 욕하는 모습은 자유의 문제가 아니라 정치가 잘못된 것이라고 생각하는 이중적인 모습을 확인할 수 있다.

> 드라마는 보다 말다 하니깐 내용은 잘 모르겠어요. 드문드문 보니깐 제목은 잘 모르고 …. 보도(뉴스)를 봅니다. 세계 소식 같은 거 …. 남조선 보도 보면 자유가 모든 사람들한테 다 있다고 해야 하나, 대중이 다 알고 있고 그것이 조선하고 차이점이고 그리고 또 모든 사람들에게 자유를 준다고 생각해요. 우리는 조직적으로 되면서 뭉치는 게 일상이라고 생각하지만 한국의 일상을 보면 그런 감이 안 들어요. 우리는 아직 대통령을 욕해본 적이 한 번도 없어요. 그러니깐 좀 어떻게 보면 남조선은 정치가 너무 물러 터졌다는 생각도 들어요. [사례 7]

사례 18 역시 남한 뉴스를 시청하며 자유를 인식했다고 한다. "할 말을 다하고 사는 것이 자유"라고 인식하지만, 남한의 정치에 대해서는 "당파 싸움"이라고 표현해 부정적인 인식을 내보였다.

뉴스를 보면 뭐라고 할까 … 할 말을 다 하고 산다고 할까, 숨기지 않고 다 내보낸 거 …. 조선에서는 마음대로 다 말 못해요. 그런데 한국의 정치권에서는 당파가 많이 싸움하는 거 같아요. [사례 18]

사례 24의 경우는 자신의 집에서 직접 남한 방송을 수신했는데, 간혹 "남조선 보도"를 봤다고 증언한다. 방송 수신 상태가 좋지 않기 때문에 여러 편을 봐야 내용을 알 수 있는 드라마나 영화보다 오히려 뉴스를 보는 경우가 더 많았다고 한다. 북한은 소식을 감추는 경우가 많은데 남한의 뉴스는 사건을 다 보도하는 것이 인상적이었다고 한다.

한국이 많이 발전했다는 건 알아. 민주주의 국가면 이렇구나 생각했지. 민주주의라는 건 뉴스 보니까 한국 사회가 좀 리해가 많이 나더라고. 우리는 사실 좀 많이 감추지만 한국은 감추는 게 없잖아. 무슨 사건이다, 모든 면에서 다 솔직하니 보도하니까 …. 조선은 다 감춘단 말야. [사례 24]

한편, 뉴스나 드라마 외에 교양프로그램을 시청한 사례도 확인되었다. 사례 20은 〈생생정보통〉이라는 교양프로그램을 시청했는데, '먹는 장면'을 보면서 남한이 경제적으로 잘산다는 것을 느꼈다고 한다. 북한 당국은 주민들에게 남한이 못살고 도둑질하는 곳이라고 사상교육을 시켰는데, 사례 20은 〈생생정보통〉의 내용을 통해 그것이 사실이 아님을 인지한 것이다.

조선말로 생생통 뭐 정보 … (생생정보통이요?) 어, 생생정보통 맞아요. 큰 상 차려서 막 먹는 거 나오고. 먹는 것 보면서, 야 이거 한국이 잘사는구나 느꼈어요. 그전에 조선에, 한국 고저 어케 가르쳤냐면, 한국은 못살고 도둑질하고 강도 많고 …. [사례 20]

사례 12는 남한 영상물을 통해 자유를 경험했다고 한다. 자유는 한마디로 말하고 싶은 대로 말하고 하고 싶은 대로 하는 것인데, 북한은 정치범으로 잡힐 수 있어 말 한마디 제대로 못한다는 것이다.

> 그러니깐 고저 한마디로 조선에서야 이거 발언을 맘대로 못 하잖아요. 정치범으로 걸리고 그러니깐 좀 두렵고 …. 근데 남조선은 그런 게 없잖아요. 남조선에서야 언론 자유 출판 다 있지만 우리는 자유가 없어요. (선생님은 무엇이 자유라고 생각하세요?) 자유라는 건 내가 말하고 싶은 대로 말하는 거 …. 우리는 자기 하고픈 말도 못 하고 살죠. [사례 12]

북한 주민들은 남한 영상물을 시청하고 북한체제에 대한 반감과 남한에 대한 동경을 동시에 가졌다고 한다. 남한 영상물에 비친 남한의 모습은 북한 당국으로부터 교육받은 "썩고 병든 자본주의"가 아닌 "태어나서 꼭 가보고 싶은 풍요로운 곳"으로 다가온 것이다. 사례 1은 남한이 잘산다는 것을 알고 있었지만 자신의 눈으로 직접 가서 체험하고 싶었다고 한다.

> 백 번 듣는 거보다 한 번 체험 해보는 게 낫다고 생각했지. 내가 실지로 가서 체험해봐야지만 그 한국이 좋구나, 그런 걸 느끼게 되지, 말을 계속 들어서 그런 게 없잖아. 그러나 한 80%는 남조선이 어떤 사회라는 거 다 안단 말입니다. 나도 한국에 한 번 가보고 싶더라고 …. [사례 1]

한편, 북한에서는 남한의 영상물뿐 아니라 대중가요도 인기가 있다고 했다. 북한 노래는 대부분 사상을 주제로 한 노래들이지만 남한 노래는 사랑과 인간의 감정을 그대로 노래하기 때문에 북한 주민들 사이에서 많이 불린다고 한다. 남한 노래를 중국이나 연변 가요로 알고 부르는 경우도 있는데, 중국에 나와서 그 노래들이 남한 노래라는 것을 알았다고 한다.

> 우리 노래도 많이 들었는데, 솔직히 말해서 남한 노래인데도 거기 사람
> 은 모른단 말입니다. 나는 드나들면서 이건 중국 노래다, 연변 노래다 하
> 는데 나는 여기 드나들면서 그게 남조선 노래라는 거 알게 된다 말이에
> 요. 주현미, 현철이 부르는 노래들 …. 생일노래라든가 기쁜 날 있으면 가
> 까운 사람들끼리 모여서 메모리 갖고서 음악을 튼단 말이에요. 다 한국노
> 래지. 모르는 사람은 모르니깐 우리는 말은 모르고 가만 듣고 거기 사람
> 들은 한국말을 듣는데도 연변 노래인 줄 알고 그냥 크게 틀어놓고 듣지.
> [사례 10]

3) 남한 영상물 시청에 따른 시장의 확산 및 생활상 변화

북한에서 남한 영상물의 확산은 장마당에서 영상매체 및 남한 제품의 유
통을 촉진하는 계기가 되었다. 남한 영상물 시청을 위해 DVD와 USB 등의
저장 장치는 물론 앞서 살펴본 노트텔, 태블릿 PC, MP5 등의 제품을 국경 지
대에서 입수해 북한 내륙지역에 판매하는 비조직적 연계망도 형성되어 있
다. 북·중 접경지대에서 밀수를 통해 북한으로 유입된 제품은 간부들에게 뇌
물을 주고 북한 내륙 지역으로 확산되며 거래가 이루어진다. 북·중 국경 지
역보다 북한 내륙 지역에서 거래를 하면 상대적으로 비싼 가격을 받을 수 있
기 때문이다.

남한 영상물 시청에 따른 북한 주민의 의식 변화는 북한 사회의 일상생활
과 행태 또한 변화시켰다. 무엇보다 시장이 단순히 물건만 거래되는 곳이 아
니라 사람과 사람 간의 정보 유통의 장으로 기능하게 되었다는 점에 주목해
야 한다. 북한의 폐쇄성에 기인해 상품 및 정보의 유통이 엄격히 통제된다는

점에서 북한체제의 내구력은 강하다고 볼 수 있다. 하지만 최근 장마당을 통해 비법적으로 거래되는 유통망 형성은 북한 내부에 정보 확산을 가져와 사람과 사람을 연결하는 기능을 한다.

남한 영상물을 시청하기 위한 영상매체와 소프트웨어의 거래뿐 아니라 남한 제품의 유통을 촉진시키는 현상에도 주목할 필요가 있다. 북한 주민들은 남한 영상물 시청을 통해 남한산 옷, 화장품, 의약품, 생필품 등에 관심을 갖는다. 특히, 중국을 오가는 사람들이 북한 내부로 들여오는 남한 제품은 영상으로만 보던 간접 경험과 인식을 직접 체험할 수 있는 계기가 된다. 남한산 옷은 상표를 표시하는 라벨을 모두 제거하고 상인들에 의해 북한에 유입된다. 북한 주민들은 비록 라벨이 없어도 옷의 품질 비교를 통해 중국산과 남한산을 구별할 수 있을 정도라고 한다. 그만큼 남한 옷의 디자인이나 품질이 좋기 때문에 장마당에서 인기리에 거래되는 품목 중 하나다. 남한 영상물 시청을 통해 새로운 디자인에 대한 선호 현상이 곧 상품 구매 욕구로 이어지고, 수요와 공급의 필요에 의해 이를 전문적으로 판매하는 상인이 생겨나는 것이다.

결국 남한 영상물의 확산은 북한 내부에서 영상 관련 제품뿐 아니라 남한 제품의 확산으로 이어지며, 이는 장마당의 활성화와 '남한 따라하기'라는 새로운 사회상의 변화를 만들어낸다. 북한 주민들은 남한 영상물 시청을 통해 이른바 남한식 패션과 헤어스타일, 말투 등을 주로 따라 한다.

4. 외래문화 유입에 따른 북한 당국의 단속과 통제

1) 비사회주의 행위 단속을 위한 '7·27그루빠'

북한 당국은 남한 영상물 시청과 배포를 비사회주의 행위로 규정하고 엄격히 통제·단속한다. 강연회 때 '남조선 영상물을 시청하지 말라'고 사상학습교육을 시키는데, 젊은 세대들에 대한 교육이 특별히 강조된다고 한다. 강연회를 통한 교육뿐 아니라 실제로 단속이 이루어지기도 하는데, 남한 영상물 시청 및 판매 행위 단속과 비사회주의 양식에 대한 통제 강화를 위해 일명 '비사회주의 그루빠'를 운영한다. '비사그루빠'로 알려진 합동 단속반원은 불시에 가택 수색을 하기도 하며 위장 단속까지 하는 것으로 알려져 있다. 사례 8 및 사례 13은 강연회 학습을 통해 남한 영상물 시청을 금지하는 사상교육을 받았다고 증언한다.

조선에 백공구라고 있는데 백공구는 그냥 집 문 열고 들어와서 검사합니다. 위에서 지시 내리는 게 CD알판, 특히 남조선 CD알판은 추방하라고 해요. 강연회 때 … 강연할 때 비서들이 남조선 CD알판 보지 마라, 젊은 애들한테 더 강조해요, 보지 말라고 …. [사례 8]

한국제 드라마를 보지 말라고. 이렇게 모아 놓고 회의를 해. 반에서 이렇게 모아놓고 … 한국제, 외국제 보지 말라고. 생활총화 때도 아니지 뭐 … 반에 사람들 모아놓고 그런걸 보지 말라는 거 … 작년도는 진짜 썼다고. [사례 13]

'109상무조'를 비롯한 다양한 비사그루빠 단속이 이루어지는데, 이번 조사를 통해 새롭게 알게 된 사실은 '7·27그루빠'라는 이름의 단속반이다. 북한 주민들은 7·27그루빠의 등장 이후 이전의 109상무조는 상대적으로 권한이 약해졌다고 인식했다.

　　지금 109그루빠가 예전에는 힘이 있었는데 이젠 힘이 없습니다. 7·27 그루빠가 나오게 될 때부턴, 작년 가을(2012년)에 나왔습니다. 7·27그루 빠는 고저 보는 즉시 그 자리에서 추방 두 번 할 수 있고 자기들 마음대로 입니다. 예, 백곰군은 고저 안전부에다가 이렇게 넘겨가지고 그러잖네? 갸들 이렇게 하는데 … 기카네는 어떻게 좀, 조금 다 또 사업해서 빼냈는 데 … 7·27은 기케도 못 합니다. [사례 6]

7·27그루빠의 단속 권한이 강해졌다는 증언은 사례 18을 통해서도 확인할 수 있다. 과거에는 단속이 되면 뇌물을 주고 풀려나거나 봐주는 경우가 있었 는데, 7·27그루빠는 중앙당 소속이라 뇌물을 줘도 봐주는 일이 거의 없었다 고 한다.

　　109는 고저 안전부에다가 이렇게 넘겨가지고 그러잖네. 109는 어떻게 또 사업해서 빼냈는데 …. 7·27은 기케도 못합니다. 7·27은 얼마나 쎈지, 아예 듣고 보니까 직접 중앙당 소속이니까 군에서 한 명, 도에서 한 명, 중 앙당에서 한 명 이런 식으로 그루빠가 구성되는데 몰려다니면서 단속해 요. [사례 18]

사례 21은 7·27그루빠가 막강한 권한을 행사하는 것은 이들이 군인이기 때 문이라고 증언한다. 앞서 사례 18은 중앙당 소속으로 인식했는데, 사례 21은 109그루빠가 검찰과 보안성, 보위부 등의 연합이라면 7·27그루빠는 109까지 검열할 수 있는 권한을 가진 군부라고 증언한다.

> 7·27그루빠가 아마 4~5년 전에 생겼을 거예요. 백공구가 그 전에 생겼
> 고 …. 한국 드라마 나와 돌아가기 시작한 게 10년 넘었는데, 한국 드라마
> 가 돌면서 그다음에 백공구가 나왔단 말이에요. 알판 통제하느라고. 7·27
> 은 안전부 군대 뭐, 상관없이 단속하는 그루빠라고 그래요. 군대도 백프
> 로 다 단속하게 되어 있어. 백공구보단 높단 말이에요. 백공구가 보위부,
> 검찰이라면 7·27은 군인들이란 말이에요. [사례 21]

2) 간부들의 부정부패와 뇌물을 통한 공생

필자가 면접을 위해 만난 북한 주민들은 중국에 사는 친지 방문을 목적으
로 공식적으로 비자를 발급받아 나온 사람들이다. 이들은 비자를 받을 때도
기본적으로 200~300달러를 뇌물로 주었으며, 많게는 1000달러까지 내야 비
자를 받을 수 있었다고 한다. 또한 자신이 거주하는 지역에서 국경 지역까지
나오는 데 수십 개의 초소를 거쳐야 하는데, 그때마다 술, 담배, 돈, 남한 제
품 등을 '고여야만(뇌물로 바쳐야만)' 쉽게 통과할 수 있다고 한다. 중국에서
다시 북한으로 들어갈 때 역시 그들에게 뇌물을 줘야 잡음 없이 통과할 수
있다고 한다.

사례 7은 1000달러를 뇌물로 주고 나왔다고 했는데, 그 돈을 마련하기 위
해 북한에서 주변 사람에게 20%라는 높은 이자율로 돈을 빌렸다고 한다.
1000달러도 그나마 적게 주고 나온 경우라고 하는데, 국가기관에 친척이 있
어 가능했다고 한다. 주로 40대 이하인 경우 비자를 받을 때 뇌물을 많이 줘
야 한다고 증언한다.

1000달러도 적게 주고 나온 거예요. 기관에 친척이 있어서 그나마 그거 내고 나온 거예요. 두 사람한테 500달러씩 20% 이자 주고 빌렸어요. 우리가 남새를 키우다보니까 장사 나가서 알게 된 사람들이에요. [사례 7]

사례 21은 650달러를 뇌물로 주고 나왔는데 앞서 사례 7과 같이 이 돈을 주변 상인에게 빌린 경우였다. 비자를 받는 금액이 차이가 나는 것은 연령대와 관계가 있지만 지역에 따라서도 다르다고 한다. 사례 21도 역시 장사를 하는 지인에게 20% 이자로 돈을 빌렸는데, 중국에서 한 달에 250달러 정도를 벌어 이를 조금씩 갚는다고 한다.

조선에도 지역별로 다 다르단 말이에요. 여기 와서 지금 한 달에 250불 정도 버니까 석 달만 일하면 수속비가 나오잖아요. 석 달 일하고 갈 것이 아니고, 좀 더 일해서 나도 이거 조선에서 이잣돈 주기로 하고 돈을 지금 빌려서 쓰고 지금 나왔으니까 여기서 버는 족족 빨리빨리 보내줘야 된단 말이에요. 거기서 빌렸던 돈을 물어줘야지. 내 리자가 작아지지. 조선에 들어가는 사람한테 부탁해서 돈을 보내줘요. 고저 전문적으로 돈을 빌려주는 사람은 아닌데 장사를 해서 돈이 좀 있어요. 친분 관계도 좀 있고 해서 빌렸죠. 이자는 친분 관계가 있으니까 20% …. [사례 21]

주목할 점은 간부들에게 뇌물을 줘도 중국에 나오는 일이 그리 쉬운 일이 아니라는 것이다. 지역마다 특정 기간에 허가를 해주는 할당량이 정해져 있기 때문에 같은 돈을 주더라도 간부들과 친분이 있어야 한다. 고난의 행군 시기에는 북한 내부의 극심한 경제난 때문에 중국에 친척이 있으면 무조건 허가해주었는데, 지금은 조건부로 허가를 해준다고 한다.

돈 쎄게 맥이고도(돈을 많이 주고도) 여기(중국) 못 나오는 경우도 많습니다. 돈은 받아먹었지 해주긴 해야 하는데 기간에 도장 찍어줄 수 있는 수가 제한되어 있으니까 …. 그러니까 간부 친척이나 아는 사람 먼저 해주지. 고난의 행군 때는 중국에 친척 있으면 무조건 해줬는데 지금은 그렇지도 않아. [사례 8]

한편, 북한에서 판매하는 손전화는 매우 비싼 가격에 거래되기 때문에 중국에서 복제된 북한 손전화가 인기가 있다고 한다. 중국에 친지 방문을 오는 사람들을 통하거나 밀수로 손전화가 유통되는데, 손전화를 개통해주는 간부들에게 손전화를 하나씩 뇌물로 주고 사용한다고 한다. 또한 북한에서 뇌물 공여나 권력자와의 유착 관계를 형성해놓지 않으면 단속 시 처벌이나 형량도 달라진다고 한다. 사례 2는 남한 영상물을 시청하다 단속되면 무조건 교화소에 가는데, 돈이 있으면 풀려날 수 있고 뇌물로 돈을 주지 않으면 감옥도 "꼽배기"로 가야 한다고 증언한다.

그 뭐 잡히면 단련대 가야되고 좀 더 심하면 교화소 가야지요. CD알이고, 한국 텔레비 하나만 보면 무조건 교화 갑니다. 풀려나가는 거 돈 있으면 풀려나고 우리 같이 돈이 없는 사람들이야 뭐 잡히면 꼽빼기입니다. 기래서 한두 번 보다가 안 봅니다. [사례 2]

북한에서의 남한 영상물 확산 이면에는 간부들의 봐주기 현상이 있다. 남한 영상물 시청을 단속한다고 해도 특별히 정치적인 내용이 아니면 뇌물을 주고 풀려나는 경우가 많다. 사례 15는 주변 사람이 겪은 단속과 뇌물에 관한 사건을 증언했다. 자기 옆집에 살던 부부가 부부싸움을 했는데 화가 난 부인이 남편이 남한 영상물을 시청한 사실을 고발했고 자신은 뇌물을 주고 풀려난 경우다.

> 부부싸움이 일어나게 되니까 여편네가 몰아 제껴서 잡혀 들어갔어 ···.
> 재판해가지구 잡혀 들어갔어. 부부싸움이라는 게 칼로 물 베기라지만 어
> 떻게 해서 뭐 리혼을 하게 되었는데, 남조선 영화 본 이야기를 고발했단
> 말이야. 안전부에다가 여자가 ···. 그러나 남자도 같이 여자도 같이 봤다
> 고 말했는데 여자는 뇌물 주고 나왔더라구. [사례 15]

북한에서 유통되는 남한 영상물은 중국을 통해 불법적으로 밀수되기도 하
지만, 원본 파일을 북한 내에서 복사해 유통되는 경우도 있다. 실제로 2009년
북한에서 발간된 「법투쟁부문 일군을 위한 참고서」라는 내부 문건에는 남한
영상물을 북한에서 직접 복제하다 적발된 사건이 소개되어 있다. 사례 25는
제대 군인으로 평양에서 군 복무를 하다 고향 집에 돌아와서 남한 영상물을
시청하다 적발된 사건을 들려주었다. 주목할 점은 자신과 남한 영상물을 함
께 시청한 친구도 같이 단속되었는데 그 친구의 오빠가 바로 남한 영상물을
직접 복제해 판매하는 일을 했다고 한다. 자신은 단순 시청자로 풀려날 수
있었는데 끝까지 출처를 캐내 복제한 사람을 잡아 교화형 5년을 선고했다고
한다. 하지만 이 역시 뇌물을 "고이고" 2년 만에 풀려났다고 한다.

> 제대하고 와서 친구와 같이 보다가 잡혔어요. 끝까지 누구 거냐고 출
> 처를 캐더라구요. 나중에 알고 보니까 친구 오빠가 CD알을 복사한 거예
> 요. 원래 교화형 5년 받았는데 그나마 갖다 바쳐서 2년 교화형 받고 나왔
> 어요. [사례 25]

북한 당국은 남한 영상물 시청이 북한 주민의 사상 균열을 초래한다는 점

에 기인해 남한 제품의 유통 역시 강력히 단속하고 있다. 최근 ≪로동신문≫의 기사를 보면 연일 비사회주의 행위와 제국주의 사상 문화 침투 봉쇄를 주된 내용으로 하는 사상전을 강조하고 있다. 특히, 북한 당국은 외래문화의 유입으로 인한 청년들의 사상 약화 문제를 강조하는데, 동유럽 사회주의 국가의 붕괴는 청년들이 사상문화적으로 오염되었기 때문이라고 인식했다.

> 지난 시기 제국주의의 사상문화적침투에 문을 열어놓은 동유럽나라들에서 청년들이 사회주의제도를 뒤집어엎고 자기조국과 인민을 배반하는 데 앞장섰던 사실이 그것을 말해주고 있다. 새세대들이 사상정신적으로, 도덕적으로 병든 나라와 민족에는 사실상 전도가 없으며 종당에는 쇠퇴 몰락을 면할 수 없다. 청년들을 노린 부패한 부르죠아사상문화는 이처럼 극히 반동적이며 그 후과는 매우 치명적이다. 오늘도 제국주의자들의 사상문화적침투책동의 마수가 청년들에게 뻗쳐지고 있다. 청년들은 적들의 사상문화적침투책동의 본질과 위험성을 똑바로 꿰뚫어보고 그것을 짓부셔버리기 위하여 적극 투쟁하여야 할 것이다.[7]

북한에서 남한 영상물 시청이 근절되지 않는 이유는 바로 뇌물을 통한 공생 관계가 형성되어 단속이 실효성을 거두지 못하기 때문이다. 장마당에서의 비법적인 거래는 개인 차원의 소소한 거래뿐 아니라 간부들과 결탁된 조직적인 거래망까지 갖추었을 정도로 다양하다. 북한 경제난이 지속되고 생필품과 식량 공급이 원활히 이루어지지 못하는 상황에서 밀수와 장마당은 그나마 주민들의 생존을 위한 최소한의 장이 되고 있다.

---

7) 전영희, "청년들을 목표로 한 반동적사상문화침투책동", ≪로동신문≫, 2014년 10월 19일 자.

북한 사회의 시장화가 자체 동력을 가지고 지속적으로 확산되어가는 것과 마찬가지로, 시장화를 동력으로 급속히 확산되고 있는 외래문화 유입 현상은 북한 당국의 미온적 정책 변화를 압박하는 요인이 될 것으로 보인다.[8] 북한 당국으로서는 어려운 경제 현실을 감안해 장마당을 통한 생필품과 식량 등의 거래를 묵인할 수밖에 없는 상황이기 때문에 시장에서의 비법적 거래 품목이 확산된다 하더라도 이를 통제하거나 폐쇄하기는 힘들다. 이미 자생적으로 확산되어 그나마 북한 경제의 숨통 역할을 하고 있는 밀수와 장마당에서 북한 당국이 '하바닥'으로 표현하는 일반 주민들부터 간부에 이르기까지 조직적으로 연계된 부정부패의 뇌물 고리가 형성되어 있기 때문이다.

5. 맺음말

지금까지 김정은시대의 북한 사회 변화 실태를 외래문화 유입에 따른 현상과 이에 대한 북한 당국의 대응 차원에서 살펴보았다. 북한 당국은 외래문화의 북한 유입을 '제국주의 사상문화 침투'로 간주하고 엄격히 단속·통제하지만 북한 주민들의 정보에 대한 호기심은 외래문화 유입 확산의 요인이 된다. 또한 남한 영상물 시청과 관련된 소프트웨어나 영상매체는 북한 장마당에서 인기리에 거래되는 품목으로 이미 수요와 공급이라는 자본주의 양식이 구조화되고 있는 북한에서 사실상 이를 무조건 통제하는 데는 분명 한계가 있다.

중국에서 유입되는 저가형 디지털 제품 역시 북한에서의 영상물 시청을

---

8) 전미영, 「북한의 외래문화 수용 실태와 문화전략: 북한 텔레비전 방송 분석을 중심으로」, ≪통일정책연구≫, 제23권 제1호(2014), 26쪽.

확산시키는 요인이다. 북·중 접경 지역에서 북한 내륙 지역으로 이어지는 밀수 연계망은 국경 경비대 및 간부들과 조직적으로 연계되어 있다. 사회주의 체제 전환 과정에서 국가와 당을 위해 충성해야 할 간부들이 권력을 자신의 부 축적을 위해 남용한 역사적 전례가 오늘날의 북한에서도 발생하는 것이다. 주체사상에 기반을 둔 유일지도체제라는 북한체제의 특수성을 감안한다 하더라도 북한 주민들의 외래문화 접촉에 의한 사상 이완은 분명 기존 사회주의체제 전환 과정을 북한에 적용해볼 수 있는 하나의 단서가 된다.

북한 당국 역시 변화하는 '수준 높은 인민들의 요구'를 수용하며 대응할 수밖에 없는 상황에 놓여 있다 해도 과언은 아니다. 특히, 북한 당국이 외래문화의 철저한 단속과 통제를 지시하지만, 이에 대응하는 새세대들의 변화 양상은 향후 북한체제 변화의 주요한 실마리가 될 수 있다. 고난의 행군 시기에 공교육 시스템의 붕괴로 체계적인 사상학습교양을 받지 못하고 외부 문물을 경험한 새세대들의 증가는 기존의 북한식 통제 시스템만으로는 통치의 정당성을 확보할 수 없다는 점을 잘 보여준다.

외래문화의 수용과 접변을 통해 이완된 사상 의식과 자본주의 행위 양식을 체득하는 북한 주민, 그리고 이를 단속하고 통제해 체제를 고수하려는 북한 당국 사이의 충돌이 아직까지 표면적으로는 드러나지 않았다. 북한으로의 외래문화 유입이 북한 주민들의 사상을 이완시킬 수는 있지만 한류가 직접 북한의 사회 변화, 나아가 혁명적 변화의 핵심 요인으로 작용하고 있다고 규정하기에는 한계가 있다. 북한으로의 외래문화 유입은 엄격한 북한의 통제 시스템에 일정 부분 균열을 초래한다. 이러한 균열 요인이 북한체제 전반에 어떠한 영향을 미칠지 단정 지을 수는 없지만 체제 내구력의 약화로 이어질 수는 있을 것이다. 이러한 균열의 틈새는 지금도 진행 중이다.

김정은정권의 위로부터의 권력 변화에 관심을 갖고 그 추이를 주시하는 것도 의미가 있지만, 그와 함께 '아래로부터의 변화'라 할 수 있는 북한 주민들의 사회적 일탈과 외래문화 수용의 방향 및 속도에도 주목해야 한다. 단순한 흥미와 재미가 아닌 체제에 대한 저항, 반감 등의 의식 변화와 관련 상품의 시장 유통, 간부들의 부정부패 등으로 이어지는 일련의 미시적 행위들이 북한체제라는 거시적 단위에 어떤 영향을 미칠지 주목할 필요가 있다.

참고문헌

1. 국내 문헌

강동완. 2014. 『모란봉악단, 김정은을 말하다』. 도서출판 선인.

강동완·박정란. 2010. 「남한 영상매체의 북한 유통경로와 영향: 지역간·대인간 연결 구조 분석을 중심으로」. ≪통일정책연구≫, 제19권 제2호.

_____. 2011. 『한류, 북한을 흔들다』. 늘품플러스.

_____. 2012. 『한류, 통일의 바람』. 명인문화사.

_____. 2014. 「김정은시대 북한사회 변화 실태: 북한주민 심층면접조사를 중심으로」. 2014 세계 북한학 학술대회(2014. 10. 29) 발표논문집. 연세대학교

곽정래·박승관. 2006. 「새터민의 매스미디어 이용과 사회적응」. ≪한국언론학보≫, 제25권 제3호.

김창희. 2009. 「북한 사회의 시장화와 주민의 가치관 변화」. ≪한국동북아논총≫, 제52집.

박정란·강동완. 2012. 「북한주민의 남한 미디어 수용과 왜곡된 남한 상(像)」. ≪통일정책연구≫, 제21권 제1호.

_____ 2013. 「북한주민의 남한 미디어 수용과 인권의식 변화」. ≪북한학연구≫, 제9권 제2호.

윤선희. 2011. 「북한 청소년의 한류 읽기: 미디어 수용에 나타난 문화 정체성과 사회 변화」. ≪한국언론학보≫, 제55권 제1호.

윤황·고경민. 2011. 「북한 이동통신의 현황과 과제」. ≪사이버사회문화≫, 제2권 제1호.

이교덕·임순희·조정아·이기동·이영훈. 2009. 『새터민의 증언으로 본 북한의 변화』. 통일연구원.

이주철. 2008. 「대북 미디어의 현황과 과제」. 『대북 미디어의 효율성 제고를 위한 세미나 자료집』. [사]NK지식인연대.

이창현. 2000. 「탈북자들의 남한방송 수용과 문화적응: Q방법론을 통한 방송프로그램 선호유형 분석을 중심으로」. ≪한국방송학보≫, 제14권 제2호.

장인숙·최대석. 2014. 「김정은시대 정치사회 변화와 북한주민 의식: 탈북민 의식조사를 중심으로」. ≪북한학연구≫, 제10권 제1호.

전미영. 2014. 「북한의 외래문화 수용 실태와 문화전략: 북한 텔레비전 방송 분석을 중심으로」. ≪통일정책연구≫, 제23권 제1호.

2. 북한 문헌

전영희. 2014. 10. 19. "청년들을 목표로 한 반동적사상문화침투책동", ≪로동신문≫. 평양.

≪로동신문≫. 해당 일자. 평양.

3. 외국 문헌

Ingelhart, R. and C. Welzel. 2005. *Modernization, Cultural Change, and Democracy: The Human Development Sequence.* Cambridge: Cambridge University Press.

Inkeles, A. and D. H. Smith. 1974. *Becoming Modern: Individual Change in Six Developing Countries.* Cambridge, M.A: Harvard University Press.

지은이(가나다순)

강동완

성균관대학교 정치학 박사

동아대학교 정치외교학과 교수

주요 저서: 『모란봉악단, 김정은을 말하다』(2014), 『한류, 통일의 바람』(공저, 2012), 『한류, 북한을 흔들다』(공저, 2011) 등

주요 논문: 「김정은 시대 북한사회 변화 실태 및 북한주민 의식조사」(2014), 「북한주민의 통일의식 조사 연구」(2014), 「체험인지형 지역통일교육 활성화 방안」(2014), 「북한주민의 남한미디어 수용과 인권의식」(2013), 「김정은 시대 북한사회 변화와 전망」(2013), 「통일대비 정부인력 양성방안」(2012) 등

강호제

서울대학교 과학사 및 과학철학 협동과정(과학기술정책사 박사)

극동문제연구소 객원연구위원

주요 저서: 『남북 관계사: 갈등과 화해의 60년사』(공저, 2009), 『북한 과학기술 형성사 I』(2007), 『한국 현대 과학기술의 사회사 연구』(공저, 2006) 등

주요 논문: 「북한 과학기술의 독특한 스타일과 경제 발전 가능」(2014), 「선군 정치와 과학기술중시 정책: 경제발전 전략의 핵심」(2011), 「현지연구사업과 북한식 과학기술의 형성」(2003) 등

김병로

럿거스 대학교(Rutgers University) 사회학 박사

서울대학교 통일평화연구원 교수

주요 저서: 『한반도 분단과 평화부재의 삶』(2013), 『북한 김정은 후계체제』(2011), 『노스코리안 디아스포라』(2011), 『북한-중국 간 사회경제적 연결망의 형성과 구조』(2008) 등

주요 논문: 「한반도 통일과 평화구축의 과제」(2014), 「통일환경과 통일담론의 지형변화」

(2014), 「분단체제와 분단효과」(2013), 「북한의 분절화된 시장화와 정치사회
적 함의」(2012) 등

김석향

조지아 대학교(University of Georgia) 사회학 박사

이화여자대학교 북한학과 교수

주요 저서: 『회령 사람들, 기억 속 이야기를 들려주다!』(2013), 『북한이탈주민의 언어생
활에 나타나는 북한 언어정책의 영향』(2003) 등

주요 논문: 「북한 내 "사람값" 담론과 소수자 유형 분류 시도」(2015), "Useless Men,
Entrepreneurial Women, and North Korea's Post-Socialism: Transform-
ation of Gender Roles Since the Early 1990s"(공저, 2014), 「북한여성 연구
의 동향과 과제」(공저, 2012), 「1990년 이후 북한주민의 소비생활에 나타나는
추세 현상 연구: 북한이탈주민의 경험담을 중심으로」(2011), 「북한 내 공적
(公的)·사적(私的) 인권담론 분석」(2011), 「북한 장애인의 일상생활 현황:
북한이탈주민의 인식을 중심으로」(2010), 「북한의 공식담론에 나타나는 영예
군인과 그를 돌보는 여성 이야기의 사회적 의미 분석」(2010) 등

김성수

성균관대학교 문학 박사

성균관대학교 학부대학 교수

주요 저서: 『한국근대서간문화사연구』(2014), 『삼대세습과 청년지도자의 발걸음』(공저,
2014), 『북한의 우리문학사 재인식』(공저, 2014), 『프랑켄슈타인의 글쓰기』
(2009), 『북한문학의 지형도(1~4권)』(공저, 2008~2013), 『통일의 문학, 비평
의 논리』(2001) 등

주요 논문: 「단숨에 '마식령속도'로 건설한 '사회주의 문명국'」(2014), 「4.19와 1960년대
북한문학」(2014), 「'선군(先軍)'과 '민생' 사이: 김정은 시대 초 북한의 '사회주
의 현실' 문학 비판」(2013), 「김정은 시대 초 북한문학의 동향」(2012) 등

박희진

이화여자대학교 북한학 박사

동국대학교 북한학연구소 연구교수

주요 저서: 『함흥과 평성: 공간·일상·정치의 도시사』(공저, 2014), 『사회주의 도시와 북
한』(공저, 2013), 『선군시대 북한여성의 삶』(공저, 2010), 『김정일의 북한, 어디
로 가는가?』(공저, 2009), 『북한과 중국: 개혁개방의 정치경제학』(2009) 등

주요 논문: 「함흥시 도시공간의 지배구조와 탈주체의 삶」(2013), 「북한경제의 개방화 구상
과 반개혁의 이중주」(2012), 「비사회주의적 행위유형으로 본 북한사회변화」
(2011), 「동독과 중국의 인적자본 개발방식 비교」(2010), 「7.1조치 이후 북한 여
성의 사경제활동」(2010) 등

이주철

고려대학교 문학 박사(북한정치사 전공), 북한대학원 북한학 박사

KBS 연구위원

주요 저서: 『북한의 텔레비전방송』(2012), 『남북한교류협력발전방안』(2012), 『조선로동
당 당원조직연구』(2008), 『김정일의 생각읽기』(2000) 등

주요 논문: 「북한주민의 외부접촉과 대남인식변화」(2014), 「김정은시대 북한언론방송의 변
화」(2014), 「휴전후 북한주재 소련대사의 활동」(2014), 「북한최고인민회의연구」
(2001), 「토지개혁이후 북한농촌사회 변화」(1995)

이춘근

서울대학교 공학 박사

과학기술정책연구원 선임연구위원

주요 저서: 『북한의 체제와 정책』(공저, 2015), 『이제는 통일이다』(공저, 2014), 『북한의 과
학기술』(2005), 『과학기술로 읽는 북한핵』(2005) 등

주요 논문: 「과학기술분야 대북현안과 통일준비」(2014), 「북한의 핵무기 개발과 능력」(2014),
「북한의 핵, 로켓 개발과 향후 전망」(2009) 등

전미영

한국학중앙연구원 정치학 박사

이화여자대학교 통일학연구원 연구위원

주요 저서: 『김정일과 북한의 정치』(2010), 『북한의 학문세계』(2009), 『김정일의 북한,

어디로 가는가?』(2009), 『현대북한연구의 쟁점 2』(2007) 등

주요 논문: 「김정은 권력승계이후 북한 텔레비전 방송의 실태와 변화」(2012), 「사회변혁
기 북한지식인의 역할과 정치의식」(2011), 「북한의 사회문화적 환경 변화와
사상교양정책」(2011), 「북한에서의 남한연구 현황과 특징: 대북, 통일정책 분
야를 중심으로」(2010)

전영선

한양대학교 문학 박사

건국대학교 통일인문학연구단 HK연구교수

주요 저서: 『북한의 언어: 소통과 불통 사이의 남북언어』(2015), 『북한의 정치와 문학: 통
제와 자율사이의 줄타기』(2014), 『북한 애니메이션(아동영화)의 특성과 작품세
계』(2014), 『문화로 읽는 북한』(2009), 『북한 예술의 창작지형과 21세기 트렌
드』(2009) 등

주요 논문: 「북한 문화예술에서 리얼리즘과 환상의 접점: 고전문학 〈심청전〉과 〈용궁부연
록〉에 대한 평가와 환상 담론」(2014), 「북한이탈주민과 한국인의 집단적 경계
만들기 또는 은밀한 적대감」(2014), 「북한미학의 미적범주: 리기도의『주체의
미학』(2010)을 중심으로-」(2014), 「집단적 치유와 제의로서 북한영화: 〈자강
도사람들〉을 중심으로」(2013), 「북한 문화협정의 전개양상과 그 특징: 해방 이
후부터 1950년대를 중심으로」(2013) 등

조정아

서울대학교 교육학 박사

통일연구원 선임연구위원

주요 저서: 『탈북청소년의 경계 경험과 정체성 재구성』(공저, 2014), 『새로운 세대의 탄
생: 북한 청소년의 세대경험과 특성』(공저, 2013) 등

주요 논문: 「김정은시대 북한 교육정책 방향과 중등교육과정 개편」(2014), 「북한 주민의
'일상의 저항': 저항 유형과 체제와의 상호작용」(2011), 「탈북이주민의 학습경
험과 정체성 재구성」(2010) 등

한울아카데미 1791
북한연구학회 연구총서 03

김정은시대의 문화: 전환기 북한의 문화현실과 문화기획

ⓒ 북한연구학회, 2015

기획 ㅣ 북한연구학회
편저 ㅣ 전미영
펴낸이 ㅣ 김종수
펴낸곳 ㅣ 도서출판 한울
편집책임 ㅣ 배유진
편집 ㅣ 신유미

초판 1쇄 인쇄 ㅣ 2015년 5월 14일
초판 1쇄 발행 ㅣ 2015년 5월 30일

주소 ㅣ 413-120 경기도 파주시 광인사길 153 한울시소빌딩 3층
전화 ㅣ 031-955-0655
팩스 ㅣ 031-955-0656
홈페이지 ㅣ www.hanulbooks.co.kr
등록번호 ㅣ 제406-2003-000051호

Printed in Korea.
ISBN 978-89-460-5791-3 94340(양장)
        978-89-460-6006-7 94340(반양장)
        978-89-460-4937-6(세트)

* 책값은 겉표지에 표시되어 있습니다.
* 이 책은 강의를 위한 학생용 교재를 따로 준비했습니다.
  · 강의 교재로 사용하실 때에는 본사로 연락해주십시오.